RESTful Web API

웹 API를 위한 모범 전략 가이드

RESTful Web APIs

By Leonard Richardson, Mike Amundsen, Sam Ruby

RESTful Web API

초판 1쇄 발행 2015년 9월 9일 **3쇄 발행** 2020년 6월 22일 **지은이** 레오나르드 리처드슨, 마이크 애먼슨, 샘 루비 **옮긴이** 박세현, 박진형 **펴낸이** 한기성 **펴낸곳** 인사이트 **편집** 송우일 **제작·관리** 신승준, 박미경 **출력·인쇄** 에스제이피앤비 **용지** 월드페이퍼 **제본** 서정바인텍 **등록번호** 제2002-000049호 **등록일자** 2002년 2월 19일 **주소** 서울시 마포구 연남로5길 19-5 **전화** 02-322-5143 **팩스** 02-3143-5579 **블로그** http://blog.insightbook.co.kr **이메일** insight@insightbook.co.kr **ISBN** 978-89-6626-163-5 책값은 뒤표지에 있습니다. 잘못 만들어진 책은 바꾸어 드립니다. 이 책의 정오표는 http://blog.insightbook.co.kr에서 확인하실 수 있습니다. 이 도서의 국립중앙도서관 출판예정도서목록(CIP)은 서지정보유통지원시스템 홈페이지(http://seoji.nl.go.kr)와 국가자료종합목록 구축시스템(http://kolis-net.nl.go.kr)에서 이용하실 수 있습니다(CIP제어번호: CIP2015022702).

프로그래밍 **인사이트**

RESTful
Web API

웹 API를 위한 모범 전략 가이드

레오나르드 리처드슨·마이크 애먼슨·샘 루비 지음
박세현·박진형 옮김

인사이트

차례

1장 웹 서핑하기   1

2장 간단한 API   21

3장 리소스와 표현   35

12장 리소스 설명과 연결된 데이터　　　　　　　　317

13장 CoAP: 임베디드 시스템을 위한 REST　　　　　　347

옮긴이의 글

이제는 모바일 플랫폼을 기본으로 지원해야 하는 시대가 되었습니다. 이에 따라 API 서버를 작성하는 일도 많아지고 REST라는 개념 역시 훨씬 더 자연스럽게 다가옵니다. 그래서 REST를 공부해야 하나 하는 궁금증이 생길지도 모르겠습니다. 『RESTful Web API』는 이제 막 API 프로그래밍을 접해 보는 분들뿐 아니라 이미 REST에 대해 어느 정도 알고 있고 현업에서도 많이 사용하는 분들에게도 도움이 되리라 생각합니다.

한국어로 번역하기 전 책을 읽어보며 리뷰하는 과정에서 개발자들에게 도움이 많이 될까 하는 의문이 있었지만 번역을 마친 시점에서는 도움이 되리라는 확신이 생겼습니다. REST라는 개념이 나타난 배경이나 이와 관련된 여러 가지 다양한 표준에 대해 더 정확하게 알 수 있고, API 설계 시에 어떤 점을 고려해야 하는지, 개발자들이 많이 힘들어 하는 네이밍과 관련하여 API를 작성할 때 어떻게 해결할 수 있는지 등 현업에서도 바로 적용해 볼 수 있는 내용이 많습니다. 특히 기존에 잘 정의된 개념을 재활용하여 API 작성을 장려하는 부분들은 많은 교훈을 줍니다.

기존에 관련 서적이 번역된 사례가 없어서 번역을 하는 과정에서 용어 선정에 상당히 많은 고민을 하였습니다. 여러 책을 번역해 보았지만 이번 책만큼 용어 선정이 어려웠던 책은 없었던 것 같습니다. 최대한 번역하여 한국어로 소개할 수 있도록 하려고 했지만 원어를 사용하지 않으면 의미 전달이 어려워지는 경우는 어쩔 수 없이 원어를 사용하기도 하였습니다. 책의 마지막 부록 「용어 해설」 부분에서 최대한 잘 설명하려고 노력하였습니다. 이 부분이 책을 이해하는 데 많은 도움이 되었으면 좋겠습니다.

꼭 참으며 번역 원고를 기다려 주신 한기성 사장님에게 먼저 감사의 말을 전합니다. 또한 같이 번역하며 고생한 박세현 님에게 감사의 말을 전합니다. 두꺼운 이 책을 빠르게 리뷰해 준 김영후 님에게도 감사의 말을 전합니다. 책 번역하는 동안 아빠에게 놀아달라고 보채지도 않고 잘 참고 기다려 준 첫째 딸 리나, 그리고 리나와 로이를 보느라 고생한 아내 효정이에게도 감사의 말을 전합니다.

마지막으로 이 책을 구입해 주신 독자 여러분들에게 정말 감사하단 말을 전하고 싶습니다. 정말 조금이라도 도움이 될 수 있었으면 좋겠습니다. 감사합니다!

-박진형

무한한 인내로 계속 늘어지는 일정을 기다려 주시고 좋은 책을 만들어 주시는 한기성 사장님께 감사를 표한다. 책 번역과 여러 가지 고생을 공유하는 진형 군에게도 고마운 마음과 축하인사를 건네고 싶다. 늘 시간에 쫓기는 날 이해해 주고 참아 준 사랑하는 아내 소영, 매일 웃음을 주는 아들 도준에게 사랑과 감사를 전한다.

-박세현

추천사 ———————————————————

사용자 인터페이스 디자인에서 단계적 공개(Progressive Disclosure)란 바로 그 시점에 필요한 정보만 사용자에게 표시해야 한다는 개념이다. 여러모로 이 책이 그 원칙의 예에 속한다. 사실, 7년 전만 하더라도 이 책은 전혀 팔리지 않았을 것이다.

이 책보다 앞서 『RESTful Web Services』(『RESTful 웹 서비스』, 강정민 옮김, 정보문화사 펴냄)가 쓰인 이후, 지금의 프로그래밍 세계는 그때와 굉장히 많이 달라졌다. 그 시절엔 'REST'라는 용어는 거의 사용되지 않았다. 사용되더라도 잘못 쓰인 경우가 많았고, 사람들도 그 의미를 오해하곤 했다.

그런데 이미 1990년대 후반부에는 HTTP와 HTML 같이 REST의 기반을 이루는 표준이 대략 현재의 형태로 개발되었고 IETF와 W3C 표준이 되었다. 또, 이 책이 기반을 두고 있는 로이 필딩(Roy Fielding)의 2000년도 논문에서 REST란 용어가 소개되었다.

레오나르드 리처드슨(Leonard Richardson)과 나는 이런 부당한 현실을 고치기로 결심했다. 이를 위해 먼저 HTTP의 기초 개념에 집중하고, 애플리케이션에 이런 개념을 어떻게 적용할 수 있는지 실용적인 가이드를 제공했다.

나는 우리가 그때 눈사태처럼 커져버린 REST 지원의 첫 삽을 떴다고 생각하고 싶다. REST는 곧 자리를 잡았고 전문적인 유행어가 되었다. 사실 이제 너무 흔해져서 웹 인터페이스를 표시한다 하면 거의 기본적으로 REST라 부르게 될 정도다. 몇 년 새에 정말 많이 바뀌었다.

REST 용어가 과하게 쓰이기도 하고, 잘못 사용되는 경우가 많다는 것을 인정한다. 그렇지만 모든 걸 고려해도, 리소스와 URI의 개념이 애플리케이션 인터페이스 디자인에 잘 스며들어 기쁘다. 결국 웹은 탄력적인 곳인지라 비록 불완전하더라도 새로운 인터페이스가 등장하면 기존 기술을 대체해 훨씬 더 나은 환경을 제공한다.

물론 지금보다 더 잘 해낼 수 있다.

이제 소재가 갖춰졌으니 한 발짝 뒤로 물러나 지형을 관찰하고, 이들 개념 위에 쌓아 올려보자. 자연히 다음 단계는 일반적인 미디어 종류, 특히 하이퍼미디어 유형을 알아보는 것이다. 첫 책이 제대로 된 HTTP 활용을 집중적으로 다룬 반면, 이번에는 HTML과 같은 하이퍼미디어 뒤의 개념을 깊이 파고 들어 간다. 즉, 단일 애플리케이션이나 벤더에 긴밀히 묶이지 않는 미디어 유형을 다룬다.

HTML은 여전히 이런 하이퍼미디어 유형의 주요 예이며, 웹 아키텍처에서 특수한 위치를 차지하고 있다. 사실 내 개인적인 여정을 하나 밝히자면, 난 이제 HTML5가 된 WC3의 HTML 표준 개발에 깊이 관여하고 있다. HTML이 이 새 책에서 독보적인 위치를 가지고 있지만 하이퍼미디어도 아주 많은 내용을 포함하는 주제다. 그래서 레오나르드는 나 대신 이 내용을 써줄 능력 있는 공동 저자 마이크 애먼슨(Mike Amundsen)을 찾아냈다.

이 책이 쓰이는 과정을 보는 것은 매우 기쁜 일이었고, 책을 읽으며 다른 데서는 보지 못한 미디어 유형도 배웠다. 더 중요한 것은, 이 책이 이런 유형들의 공통점, 차이점, 각각의 특징을 잘 알려준다는 것이다.

이 책이 뜬 첫 삽이 전작과 같은 효과를 내길 기대한다. 이 책이 7년 뒤에 REST(Representational State Transfer)에서 여전히 저평가된 어떤 부분을 돋보이게 해줄지 누가 알겠는가!

- 샘 루비(Sam Ruby)

머리말

"대다수 소프트웨어 시스템은 전체 시스템이 한 개체의 컨트롤 아래 있거나 적어도 시스템에 참여하는 모든 개체가 동일한 목표를 가지고 있고 상반되는 의도를 가지고 있지 않다고 은연중에 가정한다. 만일 시스템이 인터넷에서 공개되어 동작한다면 이런 가정이 문제없을 거라고 안심할 수 없다."

- 로이 필딩(Roy Fielding)

「아키텍처 스타일과 네트워크 기반 소프트웨어 아키텍처 디자인(Architectural Styles and the Design of Network-based Software Architectures)」

"디스코르디안은 항상 공식적인 디스코르디안 문서 넘버링 시스템을 사용해야 한다."

- 그레고리 힐(필명: Malaclypse the Younger) · 케리 웬델 쏜리(필명: Lord Omar Khayyam Ravenhurst)

디스코르디아 원리(Principia Discordia: 불화의 원리, http://principiadiscordia.com)

    나는 이 책에서 역사상 가장 성공적인 분산 처리 시스템인 월드 와이드 웹에 내재하는 아이디어를 사용해 분산 컴퓨팅의 개선된 방법을 보여줄 것이다. 부디 여러분이 이 책을 읽고 있는 이유가 회사에서 웹 API를 만들 필요가 있다고 본인이나 매니저가 결정했기 때문이기를 바란다. 공개 API인지, 내부 API인지, 신뢰하는 파트너에게만 공개된 API인지는 중요하지 않다. 모두 REST의 사고방식에서 혜택을 얻을 수 있다.

이 책은 API 클라이언트를 어떻게 작성하는지 배우기에는 적절하지 않다. 현존하는 대부분의 API 디자인은 수년 전에 세워진 가설에 기반을 두고 있으며, 나는 개인적으로 이 가설들을 제거해 버리고 싶다.

오늘날 대다수 API는 큰 문제를 가지고 있다. 한 번 배포되면 바꿀 수가 없다는 것이다. 이름난 API는 바꾸는 게 너무 어렵기 때문에, 주변 산업 자체가 바뀌더라도 배포된 그 상태로 수년간 유지된다.

하지만 RESTful 아키텍처는 변화를 다룰 수 있도록 설계되었다. 월드 와이드 웹 세계에서는 수백만 개의 사이트가 수천 개의 다른 서버 구현 위에서 돌아가고 있으며 정기적으로 디자인이 갱신된다. 또 수십억 명의 사용자가 수십 개의 하드웨어 플랫폼 위에 올라간 수백 개의 다른 클라이언트 구현 위에서 웹 사이트에 접속하고 있다. 여러분이 배포한 웹 사이트가 이런 난장판은 아니겠지만, 웹의 스케일이 더 커질수록 이 모습을 더 명확히 보게 될 것이다.

항상 간단한 시스템이 변경이 쉽다. 작은 스케일에서, 버튼 하나 누르면 끝나는 솔루션보단 RESTful 시스템이 초기 디자인 비용이 더 많이 든다. 그렇지만 API가 더 커지고 바뀌어감에 따라 REST 같은 방식으로 변화에 적응해야 할 필요성을 느낄 것이다.

- 상업적으로 성공한 API는 수년간 유효할 것이다. 어떤 API는 수백 또는 수천 명의 사용자가 있다. 문제의 도메인이 가끔 바뀌는 수준이라 할지라도 고객들에게 미치는 영향의 총합은 엄청나게 크다.
- 어떤 API는 새 데이터 요소와 비즈니스 규칙이 계속 추가됨에 따라 항상 변화한다.
- 어떤 API는 각 고객이 필요에 따라 작업 흐름을 변경할 수 있다. API 자체는 결코 변화되지 않지만 각 고객마다 API를 사용하는 경험은 달라질 수 있다.
- 보통 API 클라이언트를 작성하는 사람들은 서버를 작성하는 사람과 다른 팀에서 일한다. 모든 오픈된 API는 이 카테고리에 속한다. 어떤 종류의 클라이언트가 있는지 잘 모른다면, 변화를 가하기 전에 매우 주의를 기해야만 한다. 아니면 모든 클라이언트를 망가뜨리지 않고 변화할 수 있는 디자인이 필요하다.

API에 기존 디자인을 베끼면 아마 과거의 실수를 다시 반복하게 될 것이다. 불행히도, 대부분의 개선책은 표면 아래의 실험과 매우 느린 속도의 표준화 절차를 통해 이루어진다. 이 책에서 수십 개의 특정 기술들을 다루는데, 그중 일부는 여전히 개발 중인 기술이다. 그렇지만 이 책의 주목적은 독자에게 REST의 밑바탕을 이루는 원칙을 가르치는 것이다. 이걸 배우고 나면, 어떤 실험 단계의 기술이든 승인된 표준이든 활용할 수 있을 것이다.

이 책에서 해결하고자 하는 두 가지 문제점이 있다. 비슷한 노력을 되풀이하는 것과 하이퍼미디어를 사용하지 않는 문제다. 이것들을 한번 살펴보자.

노력의 반복

오늘날 발표되는 API들은 보통 회사의 이름을 딴다. '트위터 API', '페이스북 API', '구글+ API'를 종종 언급하곤 한다. 이 세 API는 비슷한 일을 수행한다. 모두 사용자 계정 정보를 제공하고 (다른 많은 것들도 하지만) 계정에 텍스트를 올리도록 하는 기능을 제공한다. 하지만 각 API는 완전히 다른 디자인을 가지고 있다. 한 API를 배운다 해서 다른 API를 익히는 데 별다른 도움이 되지 않는다.

물론 트위터, 페이스북, 구글은 서로 경쟁하는 대기업이다. 당연히 경쟁자의 API를 쉽게 배우기를 바라지 않는다. 하지만 작은 회사와 비영리 기업들도 마찬가지다. 다들 다른 누군가가 결코 비슷한 아이디어를 가진 적이 없었던 것처럼 API를 디자인한다. 이게 사실 이 API들을 사용할 사람을 얻고자 하는 목표에 방해가 된다.

예를 하나 들어보겠다. ProgrammableWeb(http://www.programmableweb.com/)이라는 웹 사이트는 8000개 이상의 API 디렉터리를 가지고 있다. 이 책을 쓰는 현재 57개의 마이크로 블로깅 API가 있는데, 이 API들의 주목적은 사용자 계정에 텍스트를 포스팅하는 것이다.[1] 이쪽 분야에 57개 회사가 API를 공개하고 있다는 게 훌륭한 일이긴 하지만, 정말 57개의 다른 디자인이 필요한 것일까? 뭐 보험 정책이나 법률 준수 사항 같이 복잡한 무언가를 얘기하고 있는 것이 아니다. 그저 사용자 계정에 텍스트 좀 포스팅하는 것에 대한 이야기다. 58번째 마이크로블로깅 API를 만드는 누군가가 되고 싶은가?

분명한 해결책은 마이크로블로깅 API 표준을 만드는 것이다. 하지만 이미

---

1 ProgrammableWeb API 중 microblogging 태그(http://www.programmableweb.com/apitag/microblogging)가 붙은 API 전체 목록에서 이 API들의 정보를 찾을 수 있다

APP(Atom Publishing Protocol)라는 잘 동작하는 표준도 있다. 2005년에 공개되었는데, 거의 아무도 사용하지 않고 있다. 사업 측면에서 볼 땐 말이 안 되지만 API를 만드는 모두가 처음부터 자신만의 설계를 하길 원하는 이유가 있다.

나 혼자 힘으로 이런 노력의 낭비를 멈출 수 있다고 생각하지 않는다. 하지만 문제를 이해할 수 있는 단위로 쪼개고, 새 API에서 이미 만들어진 작업을 재사용할 수 있는 방법을 제공하고자 한다.

하이퍼미디어는 어렵다

지난 2007년 레오나르드 리처드슨과 샘 루비는 이 책의 전신인 『RESTful 웹 서비스』를 썼다. 그 책에서도 두 가지 큰 문제를 해결하고자 했다. 문제 하나는 해결되었지만, 다른 하나는 전혀 해결되지 않았다.[2]

첫 번째 문제를 보자. 2007년 REST 가르침을 따른 API 디자인은 SOAP 기반의 경쟁 가르침과의 교착 상태를 버텨야만 했고, REST 학계 자체의 정당성을 계속 의심받아야만 했다. 『RESTful 웹 서비스』는 이 상황의 지원 폭격이 되어 SOAP 학계의 공격을 RESTful 디자인 원칙으로 방어할 수 있게 해주었다.

이제 과거의 이 교착 상태는 끝나고 REST가 이겼다. SOAP API가 여전히 사용되긴 하지만, 처음부터 SOAP 계열을 지지하던 큰 회사 내에서나 그러하다. 이제 거의 모든 공개된 API는 다 RESTful 원칙을 칭송하고 있다.[3]

이제 두 번째 문제를 살펴보자. REST는 기술적인 용어로만 쓰이는 게 아니다. 마케팅 버즈워드로도 많이 쓰인다. 아주 오랫동안 REST는 SOAP 계열에 대한 반대 슬로건으로 쓰여 왔다. SOAP를 쓰지 않는 API라면 REST의 원칙에 맞지 않거나 반할지라도 REST로 홍보되었다. 이는 부정확하고 헷갈릴 뿐 아니라 기술 용어로서의 REST에 악영향을 미쳤다.

이 상황은 2007년 이후 많이 개선되었다. 이제는 이 책의 앞 장에서 설명하는 개념을 이해하는 개발자들이 만든 새 API를 보곤 한다. REST의 깃발을 흔드는 대다수의 개발자는 이제 리소스와 표현, URL로 리소스 부르기, HTTP 메서드 제대로 사용

---

2 『RESTful 웹 서비스』는 오라일리의 오픈 북 프로젝트의 일부로 무료 제공된다. 책 페이지에서 PDF 본을 다운로드할 수 있다.

3 혹시 궁금했다면 이것이 바로 책 제목을 바꾼 이유다. '웹 서비스'라는 용어는 SOAP와 너무 긴밀히 연결되어 있어서 SOAP 시대가 저물면서 이 용어도 같이 자취를 감췄다. 요즘은 다들 API에 대한 얘기를 주로 한다.

하기 등을 잘 이해하고 있다. 이 책의 세 장은 새 개발자들이 빠르게 적응할 수 있도록 도와준다.

하지만 대다수의 개발자가 여전히 잘 이해하지 못하는 REST의 측면이 있다. 바로 하이퍼미디어다. 우리는 하이퍼미디어를 웹이라는 콘텍스트에서 이해한다. 사실 하이퍼미디어 웹은 링크를 멋지게 표현한 것에 지나지 않는다. 웹 페이지는 서로 링크되어 있고, 그 결과 하이퍼미디어로 돌아가는 월드 와이드 웹이 탄생한다. 그러나 웹 API에서 하이퍼미디어를 다룰 때는 뭔가 정신적인 벽이 존재하는 것 같이 느껴진다. 하이퍼미디어야말로 웹 API가 변화를 잘 수용할 수 있도록 해주는 기능이기에 매우 심각한 문제라 할 수 있다.

4장부터는 『RESTful 웹 서비스』의 목표를 이어받아 하이퍼미디어가 어떻게 동작하는지 가르칠 것이다. 이 용어를 처음 접한다면, 다른 중요한 REST 개념들과 함께 배우게 될 것이다. 하이퍼미디어를 들은 적이 있지만 그 개념이 위협적으로 느껴진다면, 용기를 북돋아줄 것이다. 하이퍼미디어를 온전히 이해하지 못했다면, 독자가 이해할 때까지, 생각할 수 있는 모든 방면에서 알려줄 것이다.

『RESTful 웹 서비스』에서도 하이퍼미디어를 다뤘지만 책의 핵심 내용은 아니었다. 하이퍼미디어 파트를 건너뛰고도 동작하는 API를 디자인할 수 있었기 때문이다. 반면 『RESTful Web API』는 하이퍼미디어에 대한 책이라 할 수 있다.

이렇게 한 이유는 하이퍼미디어야말로 REST에서 가장 중요한 요소이면서도 가장 잘 이해되지 않았기 때문이다. 우리 모두가 하이퍼미디어를 잘 이해하기 전까지는 REST는 분산 컴퓨팅의 복잡성을 다루기 위한 진지한 시도가 아니라 마케팅 버즈워드로 인식될 것이다.

이 책에 포함된 것들

첫 네 장은 웹 API에 적용되는 REST 뒤의 개념을 다룬다.

1장. 웹 서핑하기
이미 친숙한 RESTful 시스템인 웹 사이트를 통해 기본 용어를 설명한다.

2장. 간단한 API
1장에서 다룬 웹 사이트와 같은 기능을 수행하는 프로그래밍 가능한 API를 다룬다.

3장. 리소스와 표현

리소스는 HTTP 하부의 핵심 개념이고 표현은 REST 하부의 핵심 개념이다. 이 둘이 어떻게 연결되는지 설명한다.

4장. 하이퍼미디어

하이퍼미디어는 표현을 한데 모아 긴밀한 API로 만들어주는 필수 요소다. 하이퍼미디어가 어떤 일을 할 수 있는지를 친숙한 데이터 형식인 HTML을 위주로 설명한다.

다음 네 장은 하이퍼미디어 API를 디자인하는 다른 전략들을 설명한다.

5장. 도메인 특화 설계

가장 명백한 전략은 처해 있는 그 문제를 해결하기 위해 완전히 새로운 표준을 디자인하는 것이다. Maze+XML 표준을 예로 들었다.

6장. 컬렉션 패턴

여러 패턴 중 컬렉션 패턴은 API 설계에서 반복해서 나온다. 이 패턴을 설명하기 위해 Collection+JSON과 AtomPub이라는 두 개의 다른 표준을 설명한다.

7장. 순수 하이퍼미디어 설계

컬렉션 패턴이 요구 사항에 맞지 않는다면 원하는 표현을 다목적의 하이퍼미디어 포맷을 사용해 전송할 수 있다. 세 개의 다목적 하이퍼미디어 포맷(HTML, HAL, 사이렌)을 통해 어떻게 동작하는지 알아본다. 또, HTML 마이크로포맷과 마이크로데이터를 소개한다.

8장. 프로파일

프로파일은 (다양한 API가 사용할 수 있는) 데이터 포맷과 특정 API 구현 사이를 메워준다. 추천하는 프로파일 포맷은 ALPS이지만 XMDP와 JSON-LD도 설명한다.

　이 장에서 내 조언은 이 책이 쓰이는 시점의 최신 기술을 앞지른다. 충분한 포맷이 없어 이 책을 위해 ALPS 포맷을 작성했다. 하이퍼미디어 기반 디자인이 친숙하다면 8장까지는 건너뛰어도 좋지만 8장은 넘기지 말았으면 좋겠다.

9장부터 13장은 올바른 하이퍼미디어 포맷 선택하기, HTTP 프로토콜 최대한 활용하기 같은 실용적인 주제를 다룬다.

9장. 설계 절차

이 책에서 앞 장까지 다룬 모든 내용을 모아 RESTful API를 설계하는 단계적 가이드를 제시한다.

10장. 하이퍼미디어 동물원

하이퍼미디어가 어떤 것들을 할 수 있는지 보여주기 위해 20개의 표준화된 하이퍼미디어 데이터 포맷을 설명한다. 이들 대다수는 이 책의 다른 부분에서는 전혀 다루지 않는다.

11장. API를 위한 HTTP

API를 구현할 때 HTTP를 모범적으로 사용하는 방법을 알려준다. 또 HTTP 2.0 프로토콜을 포함해 HTTP 확장에 대해서도 설명한다.

12장. 리소스 설명과 연결된 데이터

연결된 데이터(Linked Data)는 REST에 대한 시맨틱 웹 커뮤니티의 접근법이다. JSON-LD는 연결된 데이터 표준에서 가장 중요한 내용이다. 8장에서 간단히 다루었는데, 여기서 다시 설명한다. RDF 데이터 모델과 10장에서 다루지 못한 RDF 기반의 하이퍼미디어도 설명한다.

13장. CoAP: 임베디드 시스템을 위한 REST

HTTP를 전혀 사용하지 않는 RESTful 프로토콜인 CoAP을 다루며 책의 주요 부분을 마감한다.

부록 A. 상태 목록

11장의 확장 측면으로, 이 부록은 HTTP 규약에 정의된 41개의 표준 상태 코드와 확장으로 정의된 유용한 코드들도 살펴본다.

부록 B. 헤더 목록

부록 A와 비슷하게 이 부록도 11장의 확장이다. HTTP 표준에 정의된 46개의 요청/
응답 헤더 코드와 몇 개의 확장 코드를 설명한다.

부록 C. API 디자이너를 위한 필딩 논문 가이드

이 부록은 API의 설계에서 REST의 의미와 REST의 기반을 이루는 문서에 대해 설명
한다.

용어 해설

이 용어집은 RESTful 웹 API를 만들 때 자주 만날 용어의 정의를 포함한다. 기본 개
념에 익숙해지거나 특정 개념의 정의를 빠르게 보고 싶을 때 보면 좋다.

이 책에 없는 것들

『RESTful 웹 서비스』는 REST에 대해 길게 설명한 첫 책으로 굉장히 많은 내용을
다뤄야 했다. 다행히 이제 REST의 다양한 측면을 다루는 책이 꽤 나와서 『RESTful
Web API』는 핵심에 집중할 수 있게 되었다.

책의 내용이 집중될 수 있도록 넣을 만한 주제 중 몇 가지는 의도적으로 뺐다. 혹
시나 책을 사고 실망하는 경우가 없도록 이 책에 없는 것을 미리 알려주고 싶다.

- 클라이언트 프로그래밍은 다루지 않는다. 하이퍼미디어 기반 API를 사용할 클
  라이언트를 작성하는 것은 또 다른 차원의 도전 과제를 제공한다. 일단, API
  클라이언트 대신 HTTP 요청을 보낼 라이브러리를 사용한다. 2007년에도 그랬
  지만 여전히 그렇다. 문제는 서버 측에 있다.
  기존 API를 위해 클라이언트를 작성하면, API 설계자의 인정에 매달리게 된다.
  현재는 API에 일관성이 없기 때문에 일반적인 조언을 주는 것이 불가능하다.
  그래서 이 책을 통해 서버 측을 일관성 있게 만들려는 열정을 좀 살려보고자
  하는 것이다. API가 서로 더 비슷해지면 더 복잡한 클라이언트 도구를 작성할
  수 있게 될 것이다.
  5장에서 일부 클라이언트 샘플 구현으로 클라이언트의 다른 종류를 구분하긴

하지만, API 클라이언트에 대한 책을 원한다면 이 책이 아니라 다른 책을 알아
봐야 한다. 지금 그런 종류의 책은 없는 것으로 알고 있다.

- 가장 널리 사용되는 API 클라이언트는 자바스크립트의 XMLHttpRequest 라
이브러리다. 모든 웹 브라우저에 사본이 들어 있으며 대다수의 웹 사이트는
XMLHttpRequest로 소비하도록 설계한 API들 위에 만들어져 있다. 이는 이 책
에서 다루기엔 너무 큰 영역이다. 각 자바스크립트 라이브러리에 대해 쓰인 책
이 많다.

- HTTP의 동작 구조에 대해 꽤 많은 시간을 할애하는데(11장과 부록 A, B)
HTTP 주제를 깊이 있게 다루진 않는다. 특히 캐시나 프락시 같은 HTTP 매개
체는 거의 설명하지 않는다.

- 『RESTful Web Services』는 비즈니스 요구 사항을 상호 연결된 리소스 조합으
로 쪼개는 과정을 매우 깊이 다룬다. 2007년 이후의 경험을 통해 API 디자인을
리소스 디자인으로 보는 것이, 하이퍼미디어에 대한 생각을 피하는 굉장히 효
과적인 방법이라는 확신이 들었다. 이 책은 다른 접근법을 취하는데, 리소스보
다는 표현과 상태 전이에 집중한다.

  그렇지만 이 리소스 디자인 접근법은 여전히 유요하다. 이쪽 방향으로 더 알
  고 싶다면 수부 알라마라주(Subbu Allamaraju)가 쓴 『RESTful Web Services
  Cookbook』(오라일리)을 추천한다.

주의 사항

이 책의 지은이는 두 명(레오나르드와 마이크)이지만, 책을 쓰는 동안 한 명의 저자
'나'로 합쳐서 표현한다.

　이 책의 내용 중 어떤 것도 특정 언어에 매이지 않는다. 모든 코드는 네트워크 프
로토콜(주로 HTTP) 위에 보내지는 메시지(주로 JSON이나 XML 문서) 형태를 띤다.
나는 독자가 안티패턴, 너비 우선 탐색 같은 일반 프로그래밍 개념에 친숙하며 월
드 와이드 웹이 어떻게 돌아가는지 기본적인 이해를 하고 있다고 가정한다.

　책에 제시하지는 않지만 1장, 2장, 5장에서 설명하는 서버와 클라이언트의 실제
코드가 있다. 『RESTful Web API』 깃허브 리포지터리(https://github.com/RESTful-
Web-APIs)나 공식 웹 사이트(http://www.restfulwebapis.org)에서 소스 코드를 받

아 직접 돌려볼 수 있다. 이 클라이언트와 서버는 노드(Node.js) 라이브러리를 사용하는 자바스크립트로 작성했다.

노드를 사용한 이유는 클라이언트와 서버에 동일한 프로그래밍 언어를 사용할 수 있기 때문이다. 클라이언트-서버 트랜잭션을 이해하기 위해 프로그래밍 언어를 바꿔야 하는 수고를 들이지 않아도 된다. 노드는 오픈 소스이며 윈도, 맥, 리눅스 시스템에서 사용할 수 있다. 운영 체제에 설치하기 쉬워 예제 구동에 별 어려움이 없다.

최신 구현 버전으로 업데이트하기 쉽도록 코드를 깃허브에 올렸다. 독자들이 다른 프로그래밍 언어로 클라이언트-서버 예제를 포팅할 수도 있을 것이다.

표준 이해하기

월드 와이드 웹은 과학적으로 접근하고 연구할 수 있는 대상이 아니다. 어떤 일을 어떤 방식으로 하자고 한 의견 일치의 모음, 즉 사회적 구조라 할 수 있다. 다행히도 (에티켓 같은) 여타 사회적 구조와 달리, 웹을 구성하는 동의 사항들은 거의 다 의견이 일치한다. 웹을 이루는 핵심 동의 사항은 RFC 2616(HTTP 표준), HTML 4에 해당하는 W3C 규약, ECMA-262(ECMAScript라고도 알려진 자바스크립트 표준)가 있다. 각 표준은 서로 다른 일을 수행하며 이 책의 전반에 걸쳐 설명한다. API에서 사용하도록 특별히 설계된 다른 표준들도 설명할 것이다.

이런 표준이 있어서 가장 좋은 점은 든든한 기준을 제공한다는 것이다. 이것들을 사용해 다른 사람들이 사용해 보지 않은 새로운 웹 사이트나 API를 만들 수도 있다. 전체 시스템을 모든 사용자에게 설명하지 않고 새로운 부분만 알려주면 된다.

안 좋은 점도 있는데, 이런 동의 사항들이 읽기 어려운 경우가 많다는 것이다. 길고 긴 아스키(ASCII) 텍스트가 두통을 유발하는 정확한 영어로 작성됐다. 예를 들어, 일상용어인 "should(~해야 한다)"가 기술적인 의미를 가진 대문자 "SHOULD"[4]로 사용된다. 사람들이 많은 수의 기술 서적을 구매하는 이유는 바로 이런 표준 문서를 읽길 원치 않기 때문이다.

나도 뭔가 보장할 수는 없다. 만일 이 표준 중 하나가 작업에 필요하다면, 직접 뛰어들어서 규약의 내용을 파악하고 정말 이해할 각오를 하거나 더 상세히 다루는 책을 사야 할 것이다. 사이렌(Siren), CoAP, 히드라(Hydra) 같은 표준은 간단히 소

---

4 SHOULD의 뜻은 RFC 2119에 정의되었다.

개할 공간밖에 없다. 너무 상세히 다루면 이런 표준을 전혀 필요로 하지 않는 독자들이 지루해 할 것이 분명하다.

표준의 숲을 탐험할 때는, 모든 표준이 동일한 힘을 지니지 않는다는 사실을 염두에 두는 것이 유용하다. 일부는 굉장히 잘 자리 잡아서 모두가 사용하며, 표준을 어길 경우 굉장히 많은 문제에 봉착하게 된다. 어떤 표준은 그저 한 사람의 의견일 뿐이고 내 의견과 수준 차이가 안 나는 경우도 있다.

표준을 살펴볼 때 명목 표준, 개인 표준, 기업 표준, 개방형 표준의 네 카테고리로 나누는 것이 유용하다. 이 용어들을 이 책에서 계속 사용하므로 각각을 설명하겠다.

명목 표준

명목 표준은 사실 표준이 아니고 행동 양식이라 할 수 있다. 어느 누구도 동의하지 않는 표준으로 누군가가 무언가를 하는 방식을 설명한 것에 지나지 않는다. 이런 행동 양식을 문서화할 수 있지만, '다른 사람들도 동일한 방식으로 해야 한다'는 표준의 핵심 가정이 빠져 있다.

오늘날 거의 모든 API가 명목 표준으로 특정 회사에 결부된 일회용 설계다. 그래서 '트위터 API', '페이스북 API', '구글+ API'에 대한 얘기를 하는 것이다. 이 설계에 맞춘 클라이언트를 작성하거나 작업을 수행하려면 이것들의 설계를 이해해야만 할 수도 있다. 하지만 해당하는 회사에서 일하는 게 아니라면 이것들의 설계를 내 API에 사용해야 할 필요는 없다. 만일 명목 표준을 재사용하면 API가 표준을 따른다고 하지 않고, 그냥 복제본이라 부른다.

이 책에서 내가 해결하고자 하는 주된 문제는 수백 년에 해당하는 설계에 사용되는 수백 년에 해당하는 인력이 재사용이 불가능한 명목 표준에 묶여 있다는 것이다. 더 이상 계속되어서는 안 된다. 오늘날 새 API를 디자인하는 것은 굉장히 여러 단계를 걸쳐 바퀴를 재발명하는 것을 의미한다. API가 완료되면 클라이언트 개발자들도 마찬가지로 클라이언트의 바퀴를 재발명해야 한다.

최적의 상황이더라도 각각의 비즈니스 요구 사항이 약간씩 다를 것이므로 여러분이 만든 API는 명목 표준이 되고 말 것이다. 이상적으로 말하자면 명목 표준은 몇 개의 다른 표준 위에 약간 추가된 정도일 것이다.

명목 표준을 설명할 때는, 사람이 읽을 수 있는 문서를 링크해 놓았다.

개인 표준

개인 표준은 표준이다. 문서를 읽을 수 있고, 표준을 직접 구현할 수 있다. 하지만 이 표준은 단 한 사람의 의견이다. 5장에서 설명하는 Maze+XML 표준이 좋은 예다. Maze+XML이 미로(maze) 게임 API의 표준 구현법인 것은 아니지만, 만일 처한 상황에 적용할 수 있다면, 사용할 수 있는 표준이다. 누군가가 설계 작업을 대신 해준 것이다.

개인 표준은 다른 종류의 표준보다 좀 덜 공식적인 언어를 사용한다. 많은 수의 개방형 표준도 개인 표준으로 시작해서 많은 실험을 거쳐 공식화된 것이다. 7장에서 설명하는 사이렌이 좋은 예다.

개인 표준을 설명할 때는 표준 명세서를 링크한다.

기업 표준

기업 표준은 공통으로 경험하는 문제를 해결하려는 기업 연합체나, 반복해서 발생하는 고객의 문제를 대신 해결해 주고자 하는 단일 기업에 의해 만들어진다. 기업 표준은 개인 표준보다 더 잘 정의되고 공식적인 언어를 사용하는 경우가 많지만 개인 표준보다 더 큰 강제력을 갖진 않는다. 그저 한 회사 또는 회사 집단의 의견일 뿐이다.

기업 표준은 10장에서 설명하는 액티비티 스트림즈(Activity Streams)와 schema.org의 마이크로데이터 스키마를 포함한다. 많은 산업 표준은 기업 표준으로 시작한다. 역시 10장에서 설명하는 OData는 마이크로소프트의 프로젝트로 시작했지만 2012년 OASIS(Organization for the Advancement of Structured Information Standards)에 보내져 OASIS 표준이 됐다.

기업 표준을 설명할 때는 표준 명세서를 링크한다.

개방형 표준

개방형 표준은 위원회에 의한 설계 과정을 거치거나, 그렇지 못했다면 적어도 많은 사람이 명세서를 읽고 불평하고 개선 방안을 제안할 수 있도록 공개 논평(Open Comment) 기간을 거친 표준을 말한다. 이 과정의 끝부분에 표준 기구로 인정되는 기관에 의해 이 명세서가 승인을 받는다.

이 과정으로 개방형 표준이 어느 정도 도의적인 힘을 얻는다. 만일, 원하는 수준을 충족시키는 개방형 표준이 있다면 명목상 표준을 만들기보다는 개방형 표준을 사용하는 것이 좋다. 직접 명목상 표준을 만들 때는 너무 늦게 발견할 법한 많은 이슈가 이 설계 과정과 논평 기간 동안 제기되고 수정되었을 것이다.

일반적으로 개방형 표준은 표준화 과정에 관여한 회사로부터 특허 공격을 받을 일 없이 구현할 수 있다는 일종의 약속이 암묵적으로 존재한다. 반면, 누군가의 명목상 표준을 구현하다가 특허 침해로 소송을 당할 수도 있다.

이 책에서 다루는 몇 가지 개방형 표준은 ANSI, ECMA, ISO, OASIS, 특히 W3C 같은 대형 표준 기구로부터 나왔다. 이런 표준 기구에서 위원으로 활동한 적이 없어서 어떤 기분일지 잘 모르겠다. 하지만 가장 중요한 표준 기구[5]인 IETF에는 누구나 기여할 수 있다. 이 기구는 모든 중요한 RFC를 관리한다.

RFC(Requests for Comments)와 인터넷 드래프트

대다수의 RFC는 표준 트랙(Standards Track)이라는 절차를 거쳐 탄생한다. 이 책을 통해 각기 다른 표준 트랙에 놓인 문서들을 언급할 것이다. 이 트랙이 어떻게 동작하는지 간단히 설명할 텐데, 내 추천을 어느 정도로 받아들여야 하는지 알려준다.

RFC는 인터넷 드래프트(Internet-Draft)로 시작한다. 이 문서는 표준 문서와 비슷해 보이지만, 이걸 가지고 구현해서는 안 된다. 이 문서는 명세서의 문제를 찾고 피드백을 제공하는 용도다.

인터넷 드래프트는 수명이 6개월이다. 발간되고 6개월이 지난 드래프트는 RFC로 승인되거나 업데이트된 드래프트로 교체되어야 한다. 이 둘 중 어느 것에도 해당하지 않는 드래프트는 만료되어 아무 용도로도 사용할 수 없다. 반면 드래프트가 승인되면, 바로 만료되고 RFC로 교체된다.

인터넷 드래프트의 이런 태생적인 만료 기간과 딱히 어떤 표준도 아니라는 특성 때문에 인터넷 드래프트를 이 책에서 언급하기는 좀 위험하다. 한편 API 설계는 굉장히 빠르게 변하는 분야이고 인터넷 드래프트가 있는 건 아무것도 없는 것보다 낫다. 책에서 언급하는 많은 인터넷 드래프트는 큰 변화 없이 RFC가 될 거라 가정하고 있다. 여태까진 이 가정이 잘 맞아떨어졌다. 여기서 언급한 몇 가지 인터넷 드래프트는 책이 쓰이는 동안 RFC가 되었다. 특정 드래프트가 RFC가 되지 못한다면

---

5 이 책의 목적에서 말이다. 만일 스크루나 볼트의 표준 크기 같은 게 필요하다면 ANSI나 ISO를 봐야 한다.

미리 사과한다.

RFC와 인터넷 드래프트는 코드명이 부여된다. 이것들을 설명할 때, 명세의 링크를 걸지는 않을 것이다. 그냥 코드명을 얘기하면 직접 찾아보면 된다. 예를 들어, HTTP/1.1 명세는 RFC 2616이라 부를 것이다. 인터넷 드래프트는 이름으로 부를 것이다. 예로 LINK와 UNLINK 메서드를 HTTP에 추가하는 제안서는 "draft-snell-link-method"라 부를 것이다.

이런 코드명을 보고 웹 검색을 통해 RFC나 인터넷 드래프트의 최신판을 찾을 수 있다. 책이 출간된 뒤 인터넷 드래프트가 RFC가 되면, 마지막 버전의 인터넷 드래프트가 RFC로 링크될 것이다.

W3C나 OASIS 표준을 설명할 때는, 별도의 코드명이 부여되지 않으므로 명세서를 링크할 것이다.

책에서 사용하는 규칙

 이 아이콘은 팁, 제안 등을 표시한다.

 이 아이콘은 경고나 주의를 표시한다.

코드 예제 사용하기

이 책은 독자의 일을 완료하는 데 도움을 줄 목적으로 썼다. 일반적으로, 책에 포함된 코드 예제는 독자의 프로그램이나 문서에 사용해도 된다. 코드의 상당 부분을 복제하는 것이 아니라면 별도의 허가를 구할 필요가 없다. 예를 들어, 이 책에서 나오는 코드의 여러 부분을 사용하는 프로그램을 작성한다면 허가가 필요하지 않다. 이 책 예제 코드의 여러 부분을 여러분 제품 문서에 넣는 데 허가가 필요하지 않다.

감사의 글

Glenn Block에게 감사한다. 그는 아이디어를 듣고 그 아이디어를 테스트할 수 있는 실제 코드를 짜는 데 많은 시간을 썼다. RESTFest의 Benjamin Young과 다른 모든 친구들에게 감사한다. 우리 실험에 참여해 엄청난 피드백과 조언을 해주었다.

Layer 7 Technologies에서 일하는 Dimitri Sirota와 Matt McLarty를 비롯한 마이크의 동료는 마이크가 이 집필 작업을 할 수 있도록 지지하고 격려해 주었다. 이 책의 전신인 『RESTful 웹 서비스』를 쓴 Sam Ruby와 Mike Loukides에게 감사하고, Sumana Harihareswara와 Leonard의 부인에게 감사한다. REST와 API에 관해 협력하고 대화를 나눌 수 있는 공간을 마련해준 멋진 커뮤니티, 특히 야후의 REST-Discuss, 구글 그룹스의 API-Craft, LibreList의 하이퍼미디어 그룹에 감사한다.

마지막으로 이 책의 초고를 읽고 비평과 격려를 보내준 Carsten Bormann, Todd Brackley, Tom Christie, Timothy Haas, Jamie Hodge, Alex James, David Jones, Markus Lanthaler, Even Maler, Mark Nottingham, Cheryl Phair, Sergey Shishkin, Brian Sletten, Mark Stafford, Stefan Tilkov, Denny Vrandečić, Ruben Verborgh, Andrew Wahbe에게 감사한다.

1장

RESTful Web APIs

웹 서핑하기

월드 와이드 웹이 인기를 끈 이유는 일반 사람들이 약간의 훈련으로 굉장히 유용한 일들을 할 수 있기 때문이다. 하지만 이런 측면 외에도 웹은 분산 컴퓨팅을 위한 강력한 플랫폼이기도 하다.

웹을 일반 사용자들이 사용할 수 있게 만든 원칙은 '사용자가 자동화 소프트웨어 에이전트인 경우에도 동일하게 동작한다. 은행 사이에 돈을 송금하도록 설계된 소프트웨어나 실세계의 다른 일을 처리하는 소프트웨어 역시 사람이 사용하는 동일한 기본적인 기술을 사용해 작업을 수행할 수 있다.

이 책에서는 웹이 URL 명명 규칙, HTTP 프로토콜, HTML 문서 형식의 세 가지 기술로 이루어져 있다고 본다. URL과 HTTP는 간단하지만, 분산 프로그래밍에 사용하려면 일반 웹 개발자들보다 더 깊이 이해해야 한다. 이 책의 처음 몇 장은 이 내용을 이해하는 데 할애했다.

HTML 이야기는 좀 더 복잡하다. 웹 API 세계에는 HTML의 자리를 차지하려는 수십 개의 데이터 형식이 존재한다. 5장부터 이 책의 몇 장에 걸쳐 이 형식들을 살펴볼 것이다. 일단은 URL과 HTTP에 집중하고 HTML만 예로 들겠다.

월드 와이드 웹의 설계 원칙과 성공의 이유를 설명할 간단한 얘기로 시작한다. 이미 웹이 익숙하겠지만, 웹을 동작하게 하는 개념은 들어본 적이 없을 수 있으므로 간단하게 하도록 한다. 간단하지만 견고한 예제로 "애플리케이션 상태의 엔진으로서 하이퍼미디어" 같은 용어로 인해 혼란스러워질 경우를 방지할 수 있다.

자, 시작해 보자.

에피소드 1: 광고판

어느 날 앨리스는 마을을 돌아다니다가 광고판을 하나 보게 된다(그림 1-1).

그림 1-1 광고판

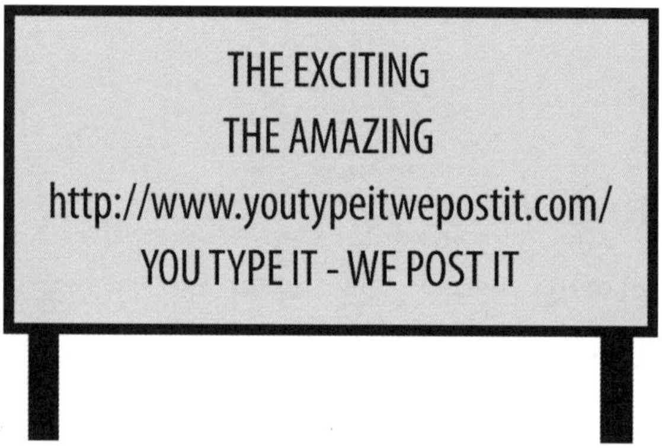

(이 가상의 광고판은 이 책을 위해 만든 실제 웹 사이트를 광고한다. 한번 방문해 보자.)

앨리스는 1990년대 중반을 기억할 만큼 나이를 먹었으므로 광고판에 처음 URL이 등장했을 때 사람들의 반응을 떠올려 본다. 먼저 사람들은 이 이상한 글자들을 놀려댔었다. 'http://'나 'youtypeitwepostit.com'이 무슨 의미인지 명확하지 않았기 때문이다. 그러나 20년이 지난 지금은 누구나 URL을 가지고 어찌 해야 할지 안다. 웹 브라우저의 주소 바에 입력하고 엔터를 치면 된다.

그리고 앨리스도 바로 그렇게 했다. 휴대 전화를 꺼내 브라우저의 주소 바에 http://www.youtypeitwepostit.com/을 입력한다. 우리의 첫 이야기는 요 아슬아슬한 시점에서 끝난다. 이 URL의 끝엔 뭐가 있을까?

리소스와 표현

이야기 중간에 끊어서 미안하지만 몇 가지 기본 용어를 설명해야 할 필요가 있다. 앨리스의 웹 브라우저가 지금 막 URL http://www.youtypeitwepostit.com/의 웹 서버에 HTTP 요청을 보내려 하고 있다. 하나의 웹 서버가 여러 개의 URL을 호스트할 수 있고, 각 URL은 서버의 다른 데이터에 접근하게 해준다.

보통 URL은 어떤 것들의 URL이라고 말한다. 예를 들면 제품, 사용자, 홈페이지의 URL 같은 식이다. 이렇게 URL이 붙은 것들의 기술적 용어가 리소스다.

URL http://www.youtypeitwepostit.com/은 리소스를 식별한다. 아마 광고판에 나온 웹 사이트의 홈페이지일 것이다. 하지만 앨리스의 웹 브라우저가 HTTP 요청을 보내는 이야기를 다 듣기 전엔 분명히 알 수 없다.

웹 브라우저가 리소스에 HTTP 요청을 보내면 서버는 응답으로 문서를 보낸다 (주로 HTML 문서지만 때로 바이너리 이미지거나 다른 것일 수도 있다). 서버가 어떤 문서를 보내건, 그 문서를 그 리소스의 표현(representation)이라고 부른다.

각 URL은 하나의 리소스를 식별한다. 클라이언트가 URL에 HTTP 요청을 보내면, 하부 리소스의 표현을 받아오는 것이다. 클라이언트가 그 리소스를 직접 보는 일은 없다.

3장에서 리소스와 표현에 대해 더 많이 다룰 예정이다. 지금은 리소스와 표현이라는 용어를 사용해 주소 지정 가능성(addressability)의 원칙을 설명한다.

주소 지정 가능성

하나의 URL은 단 하나의 리소스만 식별한다. 만일 웹 사이트가 두 개의 개념적인 다른 리소스를 가지고 있다면, 이 사이트는 두 개의 다른 리소스를 각기 다른 URL로 처리할 것이다. 만일 웹 사이트가 이 규칙을 어긴다면 굉장히 좌절할 것이다. 레스토랑 웹 사이트들이 보통 이 문제를 많이 일으킨다. 아주 많은 경우에 전체 웹 사이트가 플래시 인터페이스로 되어 있고, 메뉴나 레스토랑의 위치 지도 등을 가리키는 URL을 찾을 수가 없다. 우리는 이런 것들을 각각의 주소를 가지고 얘기하고 싶은데 말이다.

주소 지정 가능성의 원칙은 모든 리소스는 각각 자신의 URL을 가져야 한다는 말이다. 애플리케이션에 중요한 무언가가 있다면 그것의 고유 이름, URL을 가져야 사용자가 분명히 언급할 수 있다.

에피소드 2: 홈페이지

우리 이야기로 돌아가자. 앨리스가 광고판의 URL을 브라우저 주소 바에 입력하면 인터넷을 통해 http://www.youtypeitwepostit.com/에 있는 웹 서버로 HTTP 요청을 보낸다.

```
GET / HTTP/1.1
Host: www.youtypeitwepostit.com
```

웹 서버는 이 요청을 처리하고(앨리스와 웹 브라우저는 어떻게 그렇게 하는지 알 필요가 없다) 응답을 보낸다.

```
HTTP/1.1 200 OK
Content-type: text/html

<!DOCTYPE html>
<html>
    <head>
        <title>Home</title>
    </head>
    <body>
        <div>
            <h1>You type it, we post it!</h1>
            <p>Exciting! Amazing!</p>

            <p class="links">
              <a href="/messages">Get started</a>
              <a href="/about">About this site</a>
            </p>
        </div>
    </body>
</html>
```

응답 앞부분의 200은 상태 코드(status code)인데, 응답 코드(response code)라고 부르기도 한다. 요청이 어떻게 되었는지를 서버가 클라이언트에 빠르게 알려주는 방법이다. HTTP 상태 코드는 굉장히 많은데 부록 A에서 모두 설명한다. 하지만 가장 많이 보게 될 녀석이 바로 이 녀석이다. 200(OK)은 요청이 아무 문제없이 잘 처리되었음을 나타낸다.

앨리스의 웹 브라우저는 응답을 HTML 문서로 해독해 화면에 표시한다(그림

그림 1-2 You Type It... 홈페이지

1-2).

이제 앨리스는 웹 페이지를 보고 광고판이 무슨 얘기를 하는지 이해할 수 있게 되었다. 트위터와 비슷한 마이크로블로깅 사이트를 광고하고 있었던 것이다. 광고판의 설명처럼 흥미롭진 않지만 예제로는 충분하다.

앨리스의 웹 서버와의 진정한 첫 상호 작용은 웹의 중요한 기능을 몇 가지 더 보여준다.

짧은 세션

이야기의 이 시점에서 앨리스의 웹 브라우저는 사이트의 홈페이지를 보여주고 있다. 그녀의 입장에서는 이 페이지에 '도착'했고, 그곳이 사이버 세계에서 그녀의 현재 '위치'다. 그런데 서버 입장에서 보면, 앨리스는 어느 곳에 있는 것이 아니다. 서버는 이미 그녀의 존재를 잊어버리고 말았다.

HTTP 세션은 하나의 요청 동안 유지된다. 클라이언트가 요청을 보내면 서버는 응답한다. 이 말은 앨리스가 밤에 전화기를 꺼뒀다가 다음 날 페이지를 내부 캐시로부터 불러들인 후, 링크 중 하나를 클릭해도 여전히 동작한다는 뜻이다(컴퓨터가 꺼지면 종료되는 SSH 세션과 비교해 보라).

앨리스가 이 웹 페이지를 6개월간 열어뒀다가 링크를 클릭해도, 웹 서버는 마치 그녀가 몇 초간 기다린 것처럼 동작할 것이다. 웹 서버는 앨리스를 걱정하며 밤새 기다리던 게 아니다. HTTP 요청을 하지 않으면 서버는 그녀가 존재하는지도 모를 것이다.

이 원칙은 때로 무상태(statelessness)라 부르기도 한다. 내 생각에는 좀 혼동을 주는 용어로 보이는데, 이 시스템에서 클라이언트와 서버가 모두 상태를 저장하고 있

기 때문이다. 그저 각기 다른 종류의 상태를 저장하고 있는 것뿐이다. '무상태'라는 용어는 클라이언트가 어떤 상태인지 서버가 전혀 신경 쓰지 않는다는 사실을 나타낸다(다음 장에서 다른 종류의 상태에 대해 더 자세히 설명할 것이다).

자기 서술형 메시지

HTML을 보면 이 사이트가 그저 홈페이지가 아니라는 점이 분명해진다. 이 홈페이지의 마크업은 두 링크를 포함하고 있다. 하나는 상대 URL /about(즉, http://www.youtypeitwepostit.com/about)이고, 또 다른 하나는 /message(즉, http://www.youtypeitwepostit.com/messages)이다. 처음에 앨리스는 홈페이지를 가리키는 URL 하나만 알고 있었지만 이제 세 개를 알게 되었다. 서버가 자신의 구조를 그녀에게 알려주고 있는 것이다.

지금까지 서버가 앨리스에게 알려준 정보로 웹 사이트의 지도를 그림 1-3과 같이 그릴 수 있다.

/messages와 /about 링크의 끝에는 뭐가 있을까? 분명히 알아내려면 직접 가 보는 수밖에 없다. 그 전에 앨리스가 HTML 마크업을 보거나 브라우저가 마크업을 화면에 표시한 걸 보고 추측해 볼 수 있다. "이 사이트에 대하여(About this site)"라는 텍스트가 달려 있는 링크는 아마도 사이트에 대해 설명하는 페이지로 이동할 것이다. "시작하기(Get started)" 텍스트가 달린 링크를 누르면 아마 그녀가 메시지를 실제로 남길 수 있는 곳으로 더 가까이 이동할 것이다.

웹 페이지를 요청하면 받는 HTML 문서는 요청한 그 정보만 주는 것이 아니다. 이 문서는 다음에 무엇을 해야 할지 알 수 있게 도와준다.

그림 1-3. 웹 사이트 지도

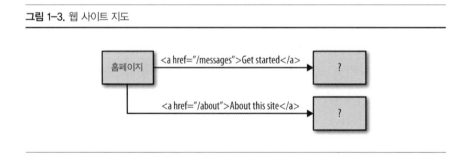

에피소드 3: 링크

홈페이지를 읽은 뒤 앨리스는 사이트를 한번 사용해 보기로 결정한다. "시작하기 (Get started)"라고 적힌 링크를 클릭한다. 물론, 웹 브라우저에서 링크를 클릭하면, 웹 브라우저에게 HTTP 요청을 하라고 지시하는 것이다.

앨리스가 클릭한 링크의 코드는 다음과 같다.

```
<a href="/messages">Get started</a>
```

브라우저는 아까와 동일한 서버에 HTTP 요청을 날린다.

```
GET /messages HTTP/1.1
Host: www.youtypeitwepostit.com
```

여기 요청에 보이는 GET은 HTTP 메서드(HTTP 동사)다. HTTP 메서드는 클라이언트가 리소스에 무엇을 원하는지 서버에 알려주는 방법이다. 'GET'은 가장 흔한 HTTP 메서드인데, "이 리소스의 표현을 나에게 줘"라는 뜻이다. 웹 브라우저는 GET을 기본값으로 갖는다. 링크를 따라가거나 주소 바에 URL을 입력하면, 브라우저가 GET 요청을 보내는 것이다.

이 서버는 이 GET 요청의 응답으로 /messages의 표현을 보낸다.

```
HTTP/1.1 200 OK
Content-type: text/html
...

<!DOCTYPE html>
<html>
    <head>
        <title>Messages</title>
    </head>
    <body>
      <div>
        <h1>Messages</h1>

        <p>
          Enter your message below:
        </p>

        <form action="http://youtypeitwepostit.com/messages"
            method="post">
          <input type="text" name="message" value=""
                required="true" maxlength="6"/>
          <input type="submit" value="Post" />
```

```
    </form>

    <div>
      <p>
        Here are some other messages, too:
      </p>
      <ul>
        <li><a href="/messages/32740753167308867">Later</a></li>
        <li><a href="/messages/7534227794967592">Hello</a></li>
      </ul>
    </div>

    <p class="links">
      <a href="http://youtypeitwepostit.com/">Home</a>
    </p>

    </div>
  </body>
</html>
```

이전과 마찬가지로 앨리스의 브라우저는 이 HTML을 화면에 뿌린다(그림 1-4).

그림 1-4. You Type It... "시작하기(Get started)" 페이지

앨리스는 이 렌더링된 페이지를 보고, 이 페이지가 다른 사람들이 이 사이트에 게시한 메시지 목록임을 알았다. 오른쪽 위에 텍스트 상자와 Post 버튼이 앨리스를 유혹하고 있다.

이제 서버가 어떻게 동작하는지 조금 더 알게 되었다. 그림 1-5는 앨리스의 브라우저에서 보인 대로 갱신된 사이트 지도를 보여준다.

그림 1-5. 브라우저의 시각에서 본 You Type It...

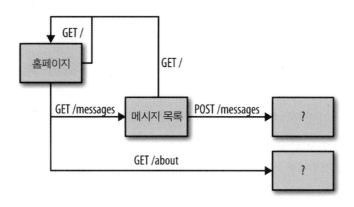

표준화된 메서드

앨리스의 두 번에 걸친 HTTP 요청은 모두 GET을 HTTP 메서드로 사용했다. 마지막에 받은 표현에는 앨리스가 Post 버튼을 클릭하면 HTTP POST 요청을 동작시킬 HTML이 들어 있다.

```
<form action="http://youtypeitwepostit.com/messages" method="post">
    <input type="text" name="message" value="" required="true"
           maxlength="6"/>
    <input type="submit" />
</form>
```

HTTP 표준(RFC 2616)은 클라이언트가 리소스에 적용할 수 있는 메서드 여덟 개를 정의한다. 그중 이 책에서는 GET, HEAD, POST, PUT, DELETE 이 다섯 개에 집중할 것이다. 3장에서 이 메서드들을 상세히 설명하며, 웹 API에서 사용하도록 특별히 디자인된 확장 메서드인 PATCH도 설명한다. 지금은 표준 메서드가 몇 개 있다는 것만 알고 있으면 된다.

PATCH의 경우처럼 새 HTTP 메서드를 만드는 것이 불가능하지는 않지만 굉장히 큰일이기는 하다. 원하는 대로 메서드 이름을 지을 수 있는 프로그래밍 언어와는 다르다. 이 예제를 위해 간단한 마이크로블로깅 웹 사이트를 만들었을 때, GETHOMEPAGE나 HELLOPLEASESHOWMETHEMESSAGELISTTHANKSBYE 같은 새로운 HTTP 메서드를 정의하지 않았다. "홈페이지를 보여줘"와 "메시지 목록을 보여줘"의 용도로 GET을 사용했다. 두 경우 모두 GET("이 리소스의 표현을 줘")이

HTTP의 인터페이스 중 내가 원했던 것과 가장 잘 맞았기 때문이다. 홈페이지와 메시지 목록을 구분하기 위해 새 메서드를 정의한 게 아니고, 이 두 문서를 GET으로 접근할 수 있는 각자의 URL을 이용해 별도의 리소스로 처리한 것이다.

에피소드 4: 폼과 리다이렉트

우리의 이야기로 돌아가자. 앨리스는 이 마이크로블로깅 사이트 폼의 유혹을 받고 있다. "Test"를 입력하고 Post 버튼을 누른다.

앨리스의 브라우저는 다시 한 번 HTTP 요청을 날린다.

```
POST /messages HTTP/1.1
Host: www.youtypeitwepostit.com
Content-type: application/x-www-form-urlencoded

message=Test&submit=Post
```

서버는 다음과 같이 응답한다.

```
HTTP/1.1 303 See Other
Content-type: text/html
Location: http://www.youtypeitwepostit.com/messages/5266722824890167
```

앨리스의 브라우저가 앞의 두 번의 GET 요청을 날렸을 때 서버는 HTTP 상태 코드 200("OK")과 앨리스의 브라우저가 표시할 HTML 문서를 보냈다. 여기서는 HTML 문서가 없지만 서버는 상태 코드 200("OK")이 아니라 303("See Other") 및 다른 URL의 링크를 Location 헤더에 담아 제공했다.

상태 코드 303은 앨리스의 브라우저가 Location 헤더에 주어진 URL로 네 번째 HTTP 요청을 자동으로 보내게 한다. 앨리스의 허락을 별도로 구하지 않고 바로 처리했다.

```
GET /messages/5266722824890167 HTTP/1.1
```

이번에 서버는 200("OK")와 HTML 문서로 응답했다.

```
HTTP/1.1 200 OK
Content-type: text/html

<!DOCTYPE html>
<html>
    <head>
```

```
            <title>Message</title>
        </head>
        <body>
            <div>
                <h2>Message</h2>
                <dl>
                    <dt>ID</dt><dd>2181852539069950</dd>
                    <dt>DATE</dt><dd>2014-03-28T21:51:08Z</dd>
                    <dt>MSG</dt><dd>Test</dd>
                </dl>
                <p class="links">
                    <a href="http://www.youtypeitwepostit.com/">Home</a>
                </p>
            </div>
        </body>
    </html>
```

앨리스의 브라우저는 이 문서를 화면에 그래픽으로 표시하고(그림 1-6) 드디어 앨리스의 입력을 기다리는 상태로 돌아간다.

그림 1-6. You Type It... 등록된 메시지

 아마 HTTP 리다이렉트를 이전에 경험해 봤으리라 확신한다. HTTP에는 이것 말고도 많은 작은 기능이 넘쳐난다. 그중 일부는 접한 적이 없을 것이다. 서버가 클라이언트에게 응답을 다르게 처리하도록 요청하거나 조건을 붙이거나 요청에 추가 기능 등을 알리는 방법이 많이 있다. API 디자인의 큰 부분 중 하나는 이 기능들을 올바르게 사용하는 것이다. 11장은 웹 API에서 가장 중요한 HTTP의 기능들을 다루며 부록 A와 부록 B에서 이 주제에 대한 추가 정보를 제공한다.

그래픽 렌더링을 보고 앨리스는 그녀의 메시지("Test")가 YouTypeItWePostIt.com의 완전한 게시물이 되었음을 알았다. 앨리스 얘기는 여기서 끝이다. 마이크로블로

깅 사이트를 사용해 보려는 앨리스의 목표는 달성되었다. 하지만 이 간단한 네 번의 인터랙션에서 우리가 배울 것이 더 있다.

애플리케이션 상태

그림 1-7은 앨리스의 모험 전체를 그녀의 웹 브라우저 입장에서 그린 상태도다.

그림 1-7. 앨리스의 모험: 클라이언트의 시각

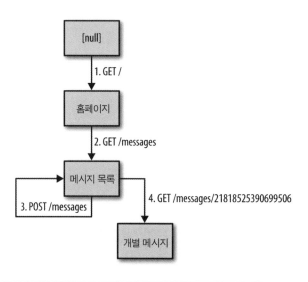

앨리스가 휴대 전화의 브라우저를 띄웠을 때는 로드된 페이지가 없이 빈 화면이었다. 앨리스가 URL을 입력했고, GET 요청이 브라우저를 사이트의 홈페이지로 이동시켰다. 앨리스가 링크를 클릭했고, 두 번째 GET 요청이 메시지 목록으로 브라우저를 이동시켰다. 앨리스가 폼을 전송하자 세 번째 요청(POST 요청)이 날아갔다. 그 응답으로 HTTP 리다이렉트가 왔고 앨리스의 브라우저는 자동으로 이를 수행했다. 결국 앨리스의 브라우저는 앨리스가 방금 만든 메시지를 표시하는 웹 페이지에 도달했다.

이 도표의 모든 상태는 앨리스의 브라우저 창에 열려 있는 특정 페이지(또는 페이지 없음)에 해당한다. REST 용어는 '어떤 페이지에 와 있는가?'라는 이 정보를 애플리케이션 상태라고 부른다.

웹 서핑을 할 때, 한 애플리케이션 상태에서 다른 상태로 전환하는 것은 따라가 보기로 한 링크나, 채우기로 한 폼에 해당한다. 모든 상태에서 모든 전환이 가능한 것은 아니다. 앨리스가 홈페이지에서 직접 POST 요청을 날릴 수는 없다. 홈페이지에서는 브라우저가 POST 요청을 구성하게 해줄 폼이 없기 때문이다.

리소스 상태

그림 1-8은 앨리스의 모험을 웹 서버의 시각에서 그린 상태도다.

그림 1-8. 앨리스의 모험: 서버의 시각

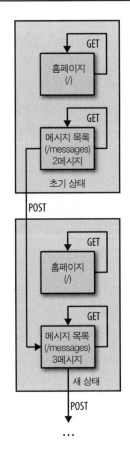

이 서버는 두 개의 리소스를 관리한다. /에서 제공되는 홈페이지와 /messages에서 제공되는 메시지 목록이다(또 서버는 각 메시지의 리소스를 관리하지만, 이 도표에서는 단순하게 하기 위해 생략했다). 이 리소스들의 상태는 간단히 리소스 상태라고 부른다.

이야기가 시작할 때, 메시지 목록에는 "Hello"와 "Later" 두 개의 메시지만 있었다. 홈페이지에 GET을 날려도 리소스 상태가 변하지 않는데, 홈페이지는 정적 문서로 변하지 않기 때문이다. 메시지 목록에 GET을 보내는 것도 마찬가지다.

하지만 앨리스가 메시지 목록에 POST를 보내면, 서버에 새 상태를 넣게 된다. 이제 메시지 목록은 "Hello", "Later", "Test" 이 세 개의 메시지를 갖게 된다. 이전 상태로 돌아갈 방법은 없지만 새 상태도 매우 친숙하다. 이전과 마찬가지로 GET을 홈페이지나 메시지 목록에 보내도 아무것도 변하지 않는다. 하지만 POST를 메시지 목록에 또 보내면 네 번째 메시지가 목록에 추가될 것이다.

HTTP 세션이 매우 짧기 때문에 서버는 클라이언트의 애플리케이션 상태를 전혀 알지 못한다. 클라이언트는 리소스 상태에 대해 직접적인 컨트롤을 전혀 할 수 없고, 모든 것은 다 서버 쪽에서 이루어진다. 그래도 웹은 REST를 통해 잘 동작한다.

애플리케이션 상태는 클라이언트 측에서 관리하지만, 서버는 가능한 상태 전이를 나타내는 표현(이 경우는 HTML 문서)을 보내 조작할 수 있다. 리소스 상태는 서버에서 관리하지만 클라이언트 역시 서버에 원하는 새 상태를 설명하는 표현(이 경우 HTML 폼)을 보내 조작할 수 있다.

연결

이 이야기에서 앨리스는 네 개의 HTTP 요청을 YouTypeItWePostIt.com에 보내고 세 개의 HTML 문서를 응답으로 받았다. 앨리스가 이 문서에 있는 모든 링크에 가 본 것은 아니지만, 이 링크를 사용해 클라이언트 입장에서 이 웹 사이트의 대강의 지도를 그려볼 수 있다(그림 1-9).

이는 HTML 페이지의 망으로 볼 수 있다. 웹의 망을 이루는 요소는 HTML의 ⟨a⟩ 태그와 ⟨form⟩ 태그로 각각 앨리스가 사용할 수 있는 GET과 POST HTTP 요청을 나타낸다. 나는 이를 연결의 원칙이라고 부른다. 각 웹 페이지는 인접한 페이지에 어떻게 갈 수 있는지 알려준다.

웹은 연결의 원칙 위에 동작하는데, 이는 '애플리케이션 상태의 엔진으로서 하이

그림 1-9. 클라이언트가 본 것

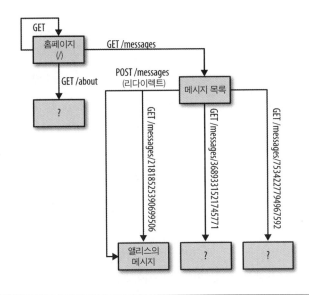

퍼미디어(hypermedia as the engine of application state)', 또는 줄여서 HATEOAS 라고 부른다. 나는 '연결'이나 '하이퍼미디어 제약 조건'이라 부르기를 좋아하는데 '애플리케이션 상태의 엔진으로서 하이퍼미디어'는 좀 겁먹게 하는 표현 같기 때문이다. 여기서는 두려워할 필요가 전혀 없다. 애플리케이션 상태(클라이언트가 현재 있는 페이지)가 이제 뭔지 알기 때문이다. 하이퍼미디어는 HTML 링크와 폼 같은 것들을 부르는 일반 용어다. 즉 서버가 다음에 무엇을 할 수 있는지 클라이언트에 설명하는 기법이다.

애플리케이션 상태의 엔진으로서 하이퍼미디어를 말하는 것은 우리 모두가 웹을 폼을 작성하고 링크를 따라가는 것으로 사용한다고 말하는 것과 같다.

웹은 뭔가 특별하다

앨리스의 이야기는 그다지 재밌어 보이지 않는다. 월드 와이드 웹이 이미 지난 20년 동안 인터넷 애플리케이션의 주요 활용도가 되었기 때문이다. 하지만 1990년대로 돌아가 보면 이 이야기는 굉장히 흥미진진한 이야기다. 월드 와이드 웹과 초기 경쟁 자들을 비교해 보면 차이점을 알게 될 것이다.

고퍼(Gopher) 프로토콜(RFC 1436에 정의되어 있다)은 HTTP와 굉장히 비슷하나 주소 지정이 불가능하다. 고퍼스페이스에서는 특정 문서를 식별할 분명한 방법이 없다. 적어도 월드 와이드 웹이 고퍼스페이스를 불쌍히 여겨서 URL 표준을 발표해 주기 전까지는 그랬다. 이 표준(RFC 1738에 처음 정의)은 http://와 비슷한 URL 스킴인 gopher://를 제공한다.

웹 이전 시대 인기 있던 파일 전송 프로토콜인 FTP(RFC 959에 정의) 역시 주소 지정이 불가능하다. RFC 1738에서 ftp:// URL 스킴을 추가하기 전까지는 FTP 서버에 있는 특정 파일을 기계가 이해할 수 있는 방식으로 지시할 수 없었다. 영어 산문으로 파일이 어디 있는지 설명해야 했다. 서버에서 어떤 파일을 찾으려면 사람의 뇌의 힘을 빌어야만 했던 것이다. 이 얼마나 낭비인가!

FTP는 또한 오래가는 세션을 지원한다. 일반적인 사용자가 FTP 서버에 로그인하면 서버의 TCP 커넥션을 계속 물고 있게 된다. 이와 대조적으로 '영속적인(persistent)' HTTP 연결조차 TCP 연결을 30초 이상 붙들고 있으면 안 된다.

1990년대에는 다양한 아카이브와 데이터베이스를 검색하기 위해 아키(Archie), 베로니카(Veronica), 저그헤드(Jughead), WAIS, 프로스페로(Prospero) 같은 많은 인터넷 프로토콜이 만들어졌었다. 하지만 결국 우리가 그렇게 많은 프로토콜을 필요로 하지 않는다는 게 밝혀졌다. 그저 GET 요청을 다양한 웹 사이트에 보낼 수 있기만 하면 된다. 이 프로토콜들은 사라지거나 웹 사이트로 대체되었다. 이들의 복잡한 프로토콜 특화 규칙들은 결국 HTTP GET으로 통합되었다.

웹이 왕좌를 차지하자 새 애플리케이션 프로토콜을 만들어야 하는 정당성을 찾기 더 어려워졌다. 모두가 사용할 수 있는 웹 사이트를 올릴 수 있는데, 기술 전문가만 이해할 새 도구를 만들 필요가 대체 뭐란 말인가? 웹 시대 이후에 성공한 모든 프로토콜은 웹이 할 수 없는 일을 수행한다. 비트토런트(BitTorrent)처럼 P2P 프로토콜이거나 SSH처럼 실시간 프로토콜이다. 일반적인 용도로는 HTTP면 충분하다.

앞서 볼 수 없었던 웹의 유연함은 REST 원칙으로부터 나온다. 1990년대 우리는 웹이 경쟁 솔루션보다 더 잘 동작함을 발견했다. 2000년에 로이 필딩의 박사 학위 논문[1]에서 왜 그런지 설명하며 그 과정에서 REST라는 용어를 탄생시켰다.

---

1 로이 필딩, 「Architectural Styles and the Design of Network-based Software Architectures」(네트워크 기반 소프트웨어 아키텍처의 구조적 스타일과 설계). 박사 학위 논문, 캘리포니아 대학교 어바인(University of California, Irvine), 2000.

웹보다 뒤처지는 웹 API

필딩의 논문은 2010년대의 웹 API 문제도 많이 설명하고 있다. 방금 설명한 간단한 웹 사이트도 현재 만들어지고 있는 웹 API, 심지어 스스로 REST API라 부르는 것들보다도 훨씬 더 복잡하다. 웹 API를 설계해 본 적이 있거나, 클라이언트를 작성해 본 적이 있다면 다음 문제를 접한 경험이 있을 것이다.

- 웹 API는 각기 다른 리소스에 접근할 URL 구성 방법을 사람이 읽을 수 있는 문서로 설명한다. 이는 마치 특정 파일을 FTP 서버에서 찾는 법을 영어 산문으로 설명한 것과 같다. 웹 사이트가 그랬다면 아무도 웹을 사용하지 않았을 것이다.

  어떤 URL을 입력해야 하는지 설명하는 대신, 웹 사이트는 ⟨a⟩ 태그와 ⟨form⟩ 태그를 포함시켰다. 링크나 버튼을 눌러 활성화할 수 있는 하이퍼미디어 컨트롤 말이다.

  REST에서 URL 구성법을 사람이 읽을 별도 문서로 설명하는 것은 연결의 원칙이나 자기 서술 메시지 원칙을 어기는 것이다.

- 많은 웹 사이트에서 도움말 문서를 가지고 있지만, 실제로 써 본 적이 언제였는가? 정말 심각한 문제가 있는 경우(물건을 샀는데 배송이 안 되었다거나)가 아니라면 사이트를 직접 사용해 여기저기 둘러보면서 자기 서술하는 HTML을 보는 게 더 쉽다.

  오늘날 API는 자신의 리소스를 상호 연결된 웹 대신 옵션이 잔뜩 있는 큰 메뉴로 제공한다. 이러면 특정 리소스가 다른 리소스와 어떤 상관이 있는지 알기 어렵다.

- 새 API를 추가하면 커스텀 소프트웨어나 누군가 작성한 일회성 라이브러리를 설치해야 하는 필요성이 생긴다. 하지만 새 웹 사이트를 쓰려고 특별한 소프트웨어를 다시 작성할 필요는 없다. 광고판의 URL을 보면 그냥 브라우저에 입력하면 된다. 이 브라우저는 그동안 다른 웹 사이트를 구경하느라 사용해 왔던 바로 그 동일한 브라우저다.

  하나의 API 클라이언트가 전 세계의 모든 API를 이해하는 상황이 오지는 않을 것이다. 하지만 오늘날 클라이언트는 일반 라이브러리로 리팩터링이 필요한 코드가 너무나 많다. 이는 API가 자기 서술형 표현을 가질 때에만 가능하다.

- API가 변경되면 커스텀 API 클라이언트는 동작하지 않아 고쳐줘야 한다. 웹 사이트가 새 디자인으로 변경되면 사이트 사용자가 새 디자인을 마음에 들어 하지 않더라도 적응하면 그만이다. 브라우저가 동작을 멈추진 않는다.
REST에서 웹 사이트 재디자인은 웹 사이트가 제공하는 자기 서술형 HTML 문서에 완전히 캡슐화되어 있다. 클라이언트가 이전의 HTML 문서를 이해했다면 새 문서도 이해할 수 있다.

이 책에서는 이런 문제를 해결해 보고자 하는 것이다. 좋은 소식은 예전엔 이보다 더 끔찍했다는 것이다. 몇 년 전에는 RESTful API에서 안전한 HTTP 메서드를 위험한 방식으로 사용하는 경우도 많았고, 애플리케이션 상태와 리소스 상태가 뒤섞여 있는 경우도 많았다. 이제 이런 일은 거의 발생하지 않는다. 설계가 좀 나아졌지만, 더 나아질 여지가 있다.

의미 체계(semantic)의 문제

이제 나쁜 소식 차례다. 앞서 얘기한 앨리스의 웹 사이트 여행은 느리지만 매우 비싼 하드웨어 덕택에 부드럽게 잘 동작했다. 바로 앨리스 그녀 자신이다. 그녀의 브라우저가 웹 페이지를 렌더링할 때마다 사람인 앨리스가 페이지를 보고 그다음에 무엇을 할지 결정했다. 웹은 어떤 링크를 클릭할지 어떤 폼을 입력할지 사람이 모든 결정을 내리기 때문에 동작하는 것이다.

웹 API의 요점은 사람이 온종일 웹 브라우저 앞에 앉아서 모든 결정을 내리지 않아도 동작한다는 것이다. 우리가 컴퓨터를 어떻게 프로그래밍을 해야 어떤 링크를 클릭할지 결정을 내릴 수 있을까? 컴퓨터가 HTML 마크업 〈a href="/messages")Get started〈/a〉를 파싱할 수는 있지만, "시작하기(Get started)"를 이해하지는 못한다. 만일 이 메시지를 소프트웨어 소비자들이 이해할 수 없다면 왜 API에 자기 서술형 메시지를 넣어야 하는 걸까?

이것이 웹 API 설계에서 가장 큰 도전이다. 문서의 구조를 이해하는 것과 문서의 의미를 이해하는 것 사이의 의미적 차이를 이어주는 것이다. 짧게 부르기 위해 이를 의미 체계의 문제라 부르겠다. 의미 체계의 문제는 아주 약간의 진척이 있었을 뿐이고 완전히 이를 해결하는 날은 오지 않을 것이다. 다행인 것은, 지금껏 진척 사항이 매우 조금이라 처음 진척하기는 매우 쉽다는 것이다. 각자 서로의 작업을 반복해서 하는 대신 함께 공동으로 작업하기만 하면 된다.

이제 뒤의 몇 장에 걸쳐 웹의 기술을 설명하고 API 설계에서 어떻게 사용하는지 이야기하면서 의미 체계의 문제를 다룰 것이다. 8장에 이르면 이 의미 체계의 문제를 정면으로 받아치기에 필요한 도구를 갖추게 될 것이다.

2장

RESTful Web APIs

간단한 API

1장에서 간단한 마이크로블로깅 웹 사이트인 http://www.youtypeitwepostit.com/을 보여줬다. 이 웹 사이트에 프로그래밍 API도 설계했는데, http://www.youtypeitwepostit.com/api/에서 볼 수 있다.

이상적인 API는 사용하기 쉬운 월드 와이드 웹과 같은 특성이 있을 것이다. 개발자라면 광고판에서 URL을 본 것만으로도 이 API를 어떻게 사용할지 알아낼 것이다.

이제 상상을 어떻게 현실로 가져올지 알아보자. 먼저, 프로그램이 가능한 클라이언트로 해당 광고판 URL에 GET 요청을 날린다. 이는 브라우저의 주소 창에 URL을 입력하는 것과 동일하다. 클라이언트는 여기서 시작해서, 응답을 살펴 가능한 옵션이 무엇인지 알아낸다. 링크를 따라가고(꼭 HTML 링크일 필요는 없다) 폼을 채우고(HTML 폼일 필요는 없다) 궁극적으로는 목표로 삼은 작업을 완료할 것이다.

이 책은 이 목표에 도달하는 모든 방법을 다 설명하진 않는다. 책으로 해결할 수 없는 문제들이 있기 때문이다. 표준 부재로부터 나오는 문제, 현재 도구 지원 수준의 문제, 컴퓨터가 사람만큼 똑똑하지 않다는 무서운 현실 등 말이다. 하지만 그 목표를 향해 생각한 것보다 더 멀리 나아갈 수 있다.

이미 언급한 대로, http://www.youtypeitwepostit.com/api/에서 진짜 마이크로

블로깅 API를 찾을 수 있다. 모험심이 끓어오르면 이 API를 가지고 무언가 하는 코드를 작성해도 좋다. URL 말고 아무것도 아는 게 없는 상태에서 얼마나 알아낼 수 있는지 확인해 보자. 사실 모든 웹 사이트에서 이 작업을 했던 경험이 있다. 홈페이지 URL만 가지고 알아내는 것이다. API를 가지고 어디까지 알아낼 수 있을까?

만일 모험을 하고 싶지 않거나, 웹 API를 위한 클라이언트 작성 경험이 없다거나 (굉장히 먼 미래에 책을 읽고 있어서 더 이상 해당 웹 사이트가 호스팅되지 않고 있다거나) 하는 경우라면 같이 살펴보도록 하자. 첫 단계는 API의 홈페이지 표현을 가져오는 것이다.

HTTP GET: 확실한 시도

http://나 https://로 시작하는 URL에 무엇이 있는지 모른다면, 가장 먼저 할 것은 HTTP GET 요청을 보내는 것이다. REST 용어로 보자면 리소스를 가리키는 URL만 알고 있는 것이다. 선택할 옵션을 알아내야 하는데, 이 말은 해당 리소스의 표현을 받아오는 것이다. 그게 HTTP GET의 존재 이유다.

GET 요청을 날리는 코드를 프로그래밍 언어로 작성할 수도 있겠지만, API의 초기 조사 시기에는 Wget 같은 커맨드라인 도구를 쓰는 게 보통 더 쉽다. -S 옵션을 사용하면 서버의 HTTP 응답 전체를 표시하며, -O 옵션을 사용하면 문서를 파일로 저장하는 대신 화면에 출력한다.

```
$ wget -S -O - http://www.youtypeitwepostit.com/api/
```

그러면 다음과 같은 HTTP 요청이 서버에 전송된다.

```
GET /api/ HTTP/1.1
Host: www.youtypeitwepostit.com
```

HTTP 표준은 GET 요청이 표현을 요청한다고 설명한다. 서버의 리소스 상태를 변경할 의도가 전혀 없는 것이다. 이 말은 리소스의 URL만 알고 있을 때 언제든 GET 요청을 보내고 표현을 받을 수 있다는 것이다. GET 요청은 데이터를 삭제하는 것 같은 끔찍한 일을 야기하지 않는다. 그래서 GET 요청은 안전한(safe) 메서드라 부른다.

GET 요청으로 인해 히트 카운터가 증가하거나 파일 요청 로그를 작성한다거나 하는 등의 부수적인 변화가 서버에 발생해도 괜찮지만, 이것이 GET 요청의 목적은 아니다. 어느 누구도 히트 카운터를 증가시키기 위해 HTTP 요청을 보내지 않는다. 실제 현실에서는 HTTP GET이 안전하다는 보장은 없다. 어떤 오래된 설계에서는 데이터를 삭제하길 원할 때에 HTTP GET 요청을 날리도록 강제하기도 한다. 하지만 이는 새로 설계된 경우에는 찾기 어려운 잘못된 기능이다. 이제 대다수 API 설계자들은 클라이언트가 그 뒤에 무엇이 있는지 파악하기 위해 URL에 GET 요청을 자주 날린다는 사실을 이해한다. GET 요청이 큰 부작용을 야기하도록 해선 안 된다.

HTTP 응답 읽기

GET 요청의 응답으로 서버는 다음과 같은 데이터 덩어리를 보내준다.

```
HTTP/1.1 200 OK
ETag: "f60e0978bc9c458989815b18ddad6d75"
Last-Modified: Thu, 10 Jan 2013 01:45:22 GMT
Content-Type: application/vnd.collection+json

{ "collection":
  {
    "version" : "1.0",
    "href" : "http://www.youtypeitwepostit.com/api/",
    "items" : [

    { "href" : "http://www.youtypeitwepostit.com/api/messages/21818525390699506",
      "data": [
       { "name": "text", "value": "Test." },
       { "name": "date_posted", "value": "2013-04-22T05:33:58.930Z" }
      ],
      "links": []
    },

    { "href" : "http://www.youtypeitwepostit.com/api/messages/3689331521745771",
      "data": [
       { "name": "text", "value": "Hello." },
       { "name": "date_posted", "value": "2013-04-20T12:55:59.685Z" }
      ],
      "links": []
    },

    { "href" : "http://www.youtypeitwepostit.com/api/messages/7534227794967592",
      "data": [
       { "name": "text", "value": "Pizza?" },
       { "name": "date_posted", "value": "2013-04-18T03:22:27.485Z" }
      ],
      "links": []
```

```
      }
    ]
  },
  "template": {
    "data": [
      {"prompt": "Text of message", "name": "text", "value":""}
    ]
  }
}
```

여기서 우리가 얼마나 배울 수 있을까? 모든 HTTP 응답은 세 부분으로 나눌 수 있다.

상태 코드(status code), 때로 응답 코드(response code)라 부른다

세 자리 숫자로 요청이 어떻게 됐는지를 요약해 보여준다. 응답 코드는 API 클라이언트가 처음 보는 것으로 응답의 나머지 분위기를 결정한다. 여기서 상태 코드는 200(OK)이었다. 이 상태 코드가 클라이언트가 기대하는 것으로 모든 것이 잘 되었음을 의미한다.

부록 A에서 모든 표준 HTTP 응답 코드와 몇 가지 확장 코드를 설명한다.

엔티티 바디(entity-body), 때로 본문(body)이라 부른다

클라이언트가 이해할 수 있으리라 예상되는 어떤 데이터 형식으로 작성된 문서다. GET 요청을 표현에 대한 요청이라 생각한다면 엔티티 바디를 표현으로 생각할 수 있다(사실 전체 HTTP 응답이 '표현'이지만, 중요한 정보는 보통 엔티티 바디 안에서 찾을 수 있다).

이 경우 엔티티 바디는 응답 끝에 붙은 {}로 둘러싸인 거대한 문서다.

응답 헤더

이것은 HTTP 응답과 엔티티 바디를 전반적으로 설명하는 키-값 묶음이다. 응답 헤더는 상태 코드와 엔티티 코드 사이에 들어간다. 부록 B에서 표준 HTTP 헤더 전체와 유용한 확장 헤더를 설명한다.

가장 중요한 HTTP 헤더는 Content-Type인데, HTTP 클라이언트에게 엔티티 바디를 어떻게 이해해야 할지 설명해 준다. 굉장히 중요하기 때문에 그 값은 특별한 이름을 갖는다. Content-Type 헤더의 값은 엔티티 바디의 미디어 유형(media type)

이라고 부른다(또는 MIME 유형이나 콘텐트 유형이라고 부르기도 한다. 때로 미디어 유형은 하이픈으로 이어서 media-type이라 쓰기도 한다).

사람이 웹 브라우저에서 보는 웹에서 가장 흔한 미디어 유형은 (HTML을 위한) text/html과 image/jpeg 같은 이미지 유형이다. 여기서는 아마 이전에 본 적 없었던 application/vnd.collection+json이라는 미디어 유형을 다룬다.

JSON

웹 개발자라면 아마 이 엔티티 바디가 JSON 문서라는 사실을 알아챘을 것이다. 그렇지 않은 사람들을 위해 JSON을 짧게 소개한다.

RFC 4627에 설명된 JSON은 평문(plain-text)으로 간단한 자료 구조를 표현하는 표준이다. 문자열은 다음과 같이 큰 따옴표를 사용해 표시한다.

```
"이건 문자열이다"
```

목록(list)의 경우 대괄호를 사용한다.

```
[1, 2, 3]
```

객체(키-값 묶음 모음)의 경우 중괄호를 사용한다.

```
{"key": "value"}
```

JSON 데이터는 자바스크립트나 파이썬 코드와 굉장히 비슷하다. JSON 표준은 평문에 제약을 거는데, It was the best of times처럼 사람은 이해할 수 있더라도 따옴표 없이 사용하는 문자열은 유효하지 않은 것으로 처리한다. 유효한 JSON이 되려면 문자열은 다음과 같이 큰 따옴표 안에 묶여 있어야만 한다. "It was the best of times."

Collection+JSON

그럼 아까 엔티티 바디 문서는 JSON일까? 너무 급하게 결론을 내리진 말자. 이 문서를 JSON 파서에 넣더라도 파서가 강제 종료되지는 않겠지만, 그게 이 웹 서버가 원하는 일은 아니다. 서버가 뭐라 말했는지 살펴보자.

```
Content-Type: application/vnd.collection+json
```

이는 JSON RFC와 충돌한다. RFC에 따르면 JSON 문서는 다음과 같이 application/json으로 제공되어야 한다고 한다.

```
Content-Type: application/json
```

그럼 application/vnd.collection+json은 뭘까? JSON처럼 생기기도 했고, 이름에 'json'이 들어 있는 걸 보아 분명 이 형식은 JSON에 기반을 두고 있다. 대체 이건 뭘까?

웹에서 application/vnd.collection+json을 찾아보면, Collection+JSON에 등록된 미디어 유형임을 찾을 수 있을 것이다.[1] GET 요청을 http://www.youtypeitwepostit.com/api/로 보내면 그냥 일반 JSON 문서를 받는 것이 아니라 Collection+JSON 문서를 받는 것이다.

6장에서 Collection+JSON을 자세히 설명하니 여기서는 짧게 살펴보자. Collection+JSON은 웹에서 검색 가능한 리소스 목록을 발표하는 표준이다. JSON은 평문에 제약을 걸고, Collection+JSON은 JSON에 제약을 건다. 서버는 아무 JSON 문서를 가져다가 application/vnd.collection+json으로 제공할 수는 없다. JSON 객체 하나만 제공할 수 있다.

```
{}
```

하지만 그것도 그냥 아무 객체나 가능한 것은 아니다. 이 객체는 collection이라 부르는 프로퍼티가 있어야 하는데, 그 프로퍼티는 다른 객체를 매핑한다.

```
{"collection": {}}
```

"collection" 객체는 목록을 매핑하는 items라는 프로퍼티를 가져야 한다.

```
{"collection": {"items": []}}
```

"items" 목록 안에 들어가는 항목도 역시 객체여야 한다.

```
{"collection": {"items": [{}, {}, {}]}}
```

계속해서 제약 조건이 추가된다. 최종적으로는 다음과 같이 고도로 형태가 갖춰

---

1 Collection+JSON은 http://amundsen.com/media-types/collection/에 정의된 개인 표준이다.

진 문서를 얻게 된다.

```
{ "collection":
  {
    "version" : "1.0",
    "href" : "http://www.youtypeitwepostit.com/api/",
    "items" : [

    { "href" : "http://www.youtypeitwepostit.com/api/messages/21818525390699506",
      "data": [
       { "name": "text", "value": "Test." },
       { "name": "date_posted", "value": "2013-04-22T05:33:58.930Z" }
      ],
      "links": []
    },
    ...
  }
}
```

문서 전체를 보면 이 제약 조건들의 목적을 분명히 알 수 있다. Collection+JSON
은 목록을 제공하는 방법인데, 일반 JSON이 하듯 데이터 구조의 목록이 아니라
HTTP 리소스를 설명하는 목록을 제공한다.

collection 객체는 JSON 문자열을 값으로 갖는 href라는 프로퍼티를 갖는다. 하
지만 그냥 문자열이 아니고, 방금 GET 요청을 보낸 URL이다.

```
{ "collection":
  {
    "href" : "http://www.youtypeitwepostit.com/api/"
  }
}
```

Collection+JSON 표준은 이 문자열을 "이 문서의 표현을 가져오는 데 사용
한 주소"라고 정의한다(다시 말하면 이 컬렉션 리소스의 URL이다). 이 컬렉션
의 items 목록에 들어 있는 각 객체는 http://www.youtypeitwepostit.com/api/
messages/21818525390699506처럼 자신의 href 프로퍼티와 URL을 포함하는 문자
열을 값으로 갖는다(다시 말하면, 목록의 각 항목은 자기 자신의 URL로 HTTP 리
소스를 표현한다).

이 규칙을 따르지 않는 문서는 Collection+JSON 문서가 아니다. 그저 그냥 JSON
문서일 뿐이다. Collection+JSON의 제약 조건을 따르면 리소스와 URL 같은 개념을
얘기할 수 있게 된다. 이들 개념은 JSON에 정의되지 않았으며, JSON을 사용하면 문
자열과 목록 같은 간단한 것들만 얘기할 수 있다.

API 작성하기

이 마이크로블로그에 메시지를 공개할 API를 어떻게 사용해야 할까? 이런 경우 Collection+JSON 표준이 무엇을 제시하는지 살펴보자.

> 컬렉션에 새 항목을 생성하려면 클라이언트는 먼저 template 객체를 사용해 유효한 item 표현을 작성하고 HTTP POST를 사용해 해당 표현을 보내 서버에서 처리해야 한다.

단계별 설명이라 할 수는 없지만 답의 방향을 가리켜주기는 한다. Collection+JSON은 HTML처럼 동작할 수 있다. 서버는 일종의 폼(template)을 제공하는데, 이를 채워 문서를 작성한다. 그 문서를 서버에 POST 요청으로 보낸다.

다시 말하지만 6장에서 Collection+JSON을 상세히 다루므로 여기서의 설명은 간단한 버전이다. 앞에서 보여줬던 큰 객체를 다시 보자. template 프로퍼티가 Collection+JSON 규격에서 말한 "template 객체"다.

```
{
 ...
 "template": {
   "data": [
       {"prompt": "Text of message", "name": "text", "value":""}
     ]
 }
}
```

원하는 문자열로 value의 빈 문자열을 대체해 템플릿을 작성한다.

```
{ "template":
  {
    "data": [
      {"prompt": "Text of the message", "name": "text", "value":"Squid!"}
    ]
  }
}
```

입력한 템플릿을 HTTP POST 요청으로 전송한다.

```
POST /api/ HTTP/1.1
Host: www.youtypeitwepostit.com
Content-Type: application/vnd.collection+json

{ "template":
 {
```

```
  "data": [
   {"prompt": "Text of the message", "name": "text", "value":"Squid!"}
  ]
 }
}
```

(내 요청의 Content-Type이 application/vnd.collection+json임을 주의하자. 입력한 템플릿 자체도 유효한 Collection+JSON 문서다.)

서버는 다음과 같이 응답한다.

```
HTTP/1.1 201 Created
Location: http://www.youtypeitwepostit.com/api/47210977342911065
```

응답 코드 201(Created)은 200(OK)보다 조금 더 상세하다. 모든 게 잘 처리되었고 새로운 리소스가 요청에 따라 생성되었음을 의미한다. Location 헤더는 새로 탄생한 리소스의 URL을 알려준다.

1장에서 앨리스는 웹 인터페이스를 통해 마이크로블로깅 사이트에 글을 작성했다. 이제 사이트의 웹 API를 통해 성공적으로 동일한 작업을 수행했다.

HTTP POST: 리소스는 어떻게 탄생할까

새 항목을 컬렉션에 추가하려면 POST 요청을 해당 컬렉션의 URL로 보내면 된다. 이건 Collection+JSON이 무언가 하는 게 아니고 HTTP의 기본적인 기능 중 하나다. HTTP 규격인 RFC 2616은 POST에 대해 다음과 같이 설명한다.

POST는 다음 기능을 다루도록 허가된 단일 메서드다.

- 기존 리소스에 주석을 단다.
- 게시판, 뉴스그룹, 메일링 리스트, 그 밖에 비슷한 특정 그룹에 메시지를 등록한다.
- 폼 전송의 결과 같은 데이터 블록을 데이터 처리 프로세스에 전송한다.
- 추가(append) 작업으로 데이터베이스를 확장한다.

두 번째 강조점인 "~ 그룹에 메시지를 등록한다"가 바로 마이크로블로그를 포함한다.

전송한 POST 요청은 HTTP 응답과 매우 비슷하다. Content-Type 헤더와 엔티티 바디를 포함하고 있다. 앞에서 보여줬던 GET 요청들은 헤더를 포함하지 않았지만 HTTP 요청은 헤더를 가질 수 있고, Accept처럼 몇 가지 헤더는 GET 요청에서 굉장히 중요하다. 이렇게 특히 중요한 HTTP 헤더들이 나오면 설명하겠지만, 표준 HTTP 헤더의 전체 목록은 부록 B를 참고하자.

다음으로 넘어가자. 아까 보낸 POST 요청의 응답이다.

```
201 Created
Location: http://www.youtypeitwepostit.com/api/47210977342911065
```

응답 코드 201을 받으면, Location 헤더가 방금 생성된 것을 어디서 찾을 수 있는지 알려준다. RFC 2616은 응답 코드 201과 Location 헤더의 의미를 지정하고 있으며, Collection+JSON 규격도 이를 언급한다.

만일 다음 GET 요청을 보내면,

```
GET /api/47210977342911065 HTTP/1.1
Host: www.youtypeitwepostit.com
```

다음과 같은 친숙한 결과를 받게 된다.

```
HTTP/1.1 200 OK
Content-Type: application/vnd.collection+json

{ "collection":
  {
    "version" : "1.0",
    "href" : "http://www.youtypeitwepostit.com/api/47210977342911065",
    "items" : [

    { "href" : "http://www.youtypeitwepostit.com/api/messages/47210977342911065",
      "data": [
       { "name": "date_posted", "value": "2014-04-20T20:15:32.858Z" },
       { "name": "text", "value": "Squid!" }
      ],
      "links": []
    }
    ]
  }
}
```

이 마이크로블로그 포스트는 온전한 application/vnd.collection+json 문서로 표현되었다. 항목이 하나만 들어 있는 items 목록을 갖는 collection인 것이다. collection 프로퍼티를 전혀 사용하지 않았지만 채워진 템플릿 역시 유효한 application/vnd.collection+json 문서였다.

이는 Collection+JSON의 편의 기능이다. 이 문서의 거의 모든 것이 선택 사항이다. 이 말은 다른 종류의 문서를 처리하기 위해 다른 파서를 작성할 필요가 없다는 뜻이다. Collection+JSON은 동일한 JSON 형식으로 아이템 목록, 개별 항목, 채워진 템플릿, 검색 결과를 표현한다.

제약 조건으로 자유해짐

RESTful 디자인의 반직관적인 가르침 중 하나는 제약이 자유를 줄 수 있다는 것이다. HTTP GET 메서드의 안전 제약 사항이 좋은 예다. 안전 제약 조건 덕택에 URL로 무엇을 해야 할지 모를지라도 언제나 GET을 보내 표현을 살펴볼 수 있다. 그게 도움이 되지 못할지라도 GET 요청을 날린 것으로 뭔가 끔찍한 일이 일어나진 않는다. 이는 마음을 편하게 해주는 약속인데, 서버 측에 굉장히 강력한 제약을 건 덕택에 가능한 것이다.

서버가 9라고 적힌 평문을 보내면 그게 숫자 9인지 문자열 "9"인지 알 방법이 없을 것이다. 하지만 9라고 된 JSON 문서를 받으면 숫자임을 확실히 알 수 있다. JSON 표준은 문서의 의미에 제약을 걸기 때문에 서버와 클라이언트가 서로 의미 있는 대화를 나눌 수 있게 된다.

지난 수년간 수백 개의 회사가 이 일반적인 사고를 거쳐 왔다.

1. 우리는 API가 필요해.
2. JSON을 문서 형식으로 사용할 거야.
3. JSON으로 무언가의 목록을 배포할 거야.

이 세 가지 생각은 모두 좋지만, API가 어떻게 생겨야 하는지에 대해서는 별로 얘기하지 않는다. 그 결과로 (다 JSON을 사용해 무언가의 목록을 배포하므로) 거의 비슷하지만 전혀 호환되지 않는 수백 가지 API가 탄생한다. 하나의 API를 배운다고 해서 클라이언트가 다음 API를 배우는 데 전혀 도움이 되지는 않는다.

이것은 바로 제약이 더 필요함을 보여주는 신호다. Collection+JSON 표준은 몇 가지 제약을 더 제공한다. Collection+JSON 대신 나만의 커스텀 API 설계를 선택했다면 목록 내 개별 항목은 다음과 같이 생겼을 것이다.

```
{
 "self_link": "http://www.youtypeitwepostit.com/api/messages/47210977342911065",
 "date": "2014-04-20T20:15:32.858Z",
 "text": "Squid!"
}
```

그 대신, Collection+JSON 제약을 따르기로 했으므로 개별 항목은 다음과 같이 생겼다.

```
{ "href" : "http://www.youtypeitwepostit.com/api/messages/1xe5",
  "data": [
    { "name": "date_posted", "value": "2014-04-20T20:15:32.858Z" },
    { "name": "text", "value": "Squid!" }
  ],
  "links": []
}
```

분명 커스텀 설계가 더 간결하지만, JSON은 매우 잘 압축되므로 그건 그렇게 중요하지 않다. 표현이 덜 간결한 대신 유용한 기능 몇 가지를 얻을 수 있다.

- 모든 사용자에게 href의 값이 URL이라고 알려줄 필요가 없으며, 그 URL이 뭔지 설명할 필요도 없다. Collection+JSON 표준은 항목의 href는 그 항목의 URL을 포함한다고 정의한다.
- text가 메시지의 텍스트임을 사용자에게 설명하기 위해 사람이 읽을 문서를 따로 작성할 필요가 없다. 그 정보는 실제로 필요한 곳에 들어가는데, 바로 새 메시지를 작성할 때 채워 넣는 템플릿이다.

```
"template": {
  "data": [
    {"prompt": "Text of the message", "name": "text", "value": null}
  ]
}
```

- application/vnd.collection+json을 이해하는 라이브러리라면 바로 내 API를 어떻게 써야 할지 알 수 있다. 커스텀 설계를 따랐다면, JSON 파서와 HTTP 라이브러리 말고는 온전히 새로운 클라이언트 코드를 작성해야 하거나, 모든 사용

자에게 직접 코드를 작성하도록 요청해야 할 것이다.

Collection+JSON의 제약을 따름으로써 상당히 많은 양의 문서와 코드를 작성하지 않아도 되고, 내 API 사용자들이 또 다른 커스텀 API를 배우지 않아도 된다.

애플리케이션 의미 체계가 의미적 차이를 만든다

물론 Collection+JSON 제약이 모든 것을 제약하지는 않는다. Collection+JSON은 컬렉션 안의 항목이 마이크로블로그 포스트여야 한다거나 date_posted와 text를 가져야 한다고 강제하진 않는다. 그 부분은 이 책에서 사용할 간단한 마이크로블로깅 예제를 설계할 목적으로 내가 만든 것이다. '요리책' 예제를 선택했을지라도 여전히 Collection+JSON을 사용할 수 있다. 그러면 항목은 ingredients(재료)와 preparation_time(준비 시간) 같은 데이터 필드를 가질 것이다.

이런 설계에 추가되는 정보들은 애플리케이션 의미 체계라고 부르도록 하겠다. 그 이유는 각 애플리케이션마다 차이가 나기 때문이다. 애플리케이션 의미 체계가 1장에서 설명한 의미적 차이를 발생시키는 원인이다.

진짜 마이크로블로깅 API를 설계하고 있었다면, 그냥 text와 date_posted로 끝나는 것이 아니라 더 복잡한 애플리케이션 의미 체계를 만들었을 것이다. 그래도 좋다. 하지만 현재 수없이 많은 회사들이 마이크로블로깅 API를 설계하고 있는데, 각기 다른 수십 개의 설계로 상호 호환되지 않는 애플리케이션 의미 체계를 만들고, 수십 개의 구분되는 의미적 차이를 만들어 내고 있다. 이 회사들은 모두 동일한 일을 다른 방식으로 하고 있는 것이다. 이것들을 사용하는 사람은 동일한 작업을 완료하기 위해 각기 다른 소프트웨어 클라이언트를 작성해야만 한다.

Collection+JSON이 이 문제를 해결해 주지 않는다고 해서 Collection+JSON을 쓸 필요가 없는 것은 아니다. 호환성이 어느 정도인지가 중요한 것이다. 1990년대에 커스텀 인터넷 프로토콜 만들기를 중단하고 HTTP로 표준화한 것은 호환성을 향해 큰 발을 내딛은 일이었다. 우리 모두가 JSON 문서를 제공하기로 결정했다면, 기술적으로는 좋은 생각이 아닐 수 있지만, 의미적 차이를 줄여줄 수 있을 것이다. Collection+JSON으로 표준화하면 더 좁힐 수 있다.

마이크로블로깅 API를 제공하는 이들이 함께 모여 공통된 애플리케이션 의미 체계를 사용하기로 동의하면, 마이크로블로깅의 의미적 차이는 거의 완전히 사라질 것이다(이는 8장에서 다룰 프로파일(profile)이 될 것이다). 공유하는 제약이 많을수록 설계의 호환성이 높아질 것이고, 의미적 차이가 적을수록 사용자에게 혜택이 늘어난다.

어쩌면 내가 만들 API가 경쟁자의 API와 호환되길 원치 않을 수도 있지만, 의미적 차이를 일부러 늘리는 것보다 더 나은 방식으로 차별화할 수 있을 것이다. 이 책을 통한 내 목표는 여러분이 만들 API에서 무언가 새로운 것을 제공하는 부분에 집중하게 해주는 것이다. 다른 누군가는 그 길을 가지 않았기 때문에 의미적 차이가 존재하는 바로 그 지점을 공략하도록 말이다.

3장

리소스와 표현

지금껏 1장의 웹 사이트와 2장의 웹 API로 REST의 두 예제를 살펴봤다. 예제 관점에서 설명했는데 HTTP나 JSON의 RFC 같은 게 REST에는 없기 때문이다.

REST는 프로토콜, 파일 형식, 개발 프레임워크가 아니다. 애플리케이션 상태의 엔진으로서의 하이퍼미디어, 상태 없음 등의 설계 제약 조건 모음을 말한다. 이를 모아 우리는 필딩 제약 조건이라 부르는데 로이 필딩의 2000년 소프트웨어 아키텍처 박사 학위 논문에서 처음 구별해 "REST"라는 이름 아래 모였기 때문이다.

"REST" 용어의 엄청난 인기는 필딩의 논문에서 REST의 중요성을 넘어버렸다. 필딩은 이미 친숙한 웹을 일반적인 설계 절차의 하나로 연결하기 위한 예제로 REST를 사용했다. REST가 이렇게 인기를 끈 이유는 인류 역사상 가장 성공적인 기술의 아키텍처 하나를 설명하고 있기 때문이었다.

이 장에서는 월드 와이드 웹의 입장에서 필딩 제약 조건을 설명할 것이다. 내 '교과서'는 필딩의 논문이 아니다(API에 집중하는 필딩의 논의는 부록 C에서 찾을 수 있다). 그 대신, W3C의 웹 가이드인 "The Architecture of the World Wide Web, Volume One"(이하 "Architecture", http://www.w3.org/TR/2004/REC-webarch-20041215/, 2권은 없다)을 참고할 것이다. 필딩의 논문은 웹의 설계 뒤의 결정을 설명하고 있지만 "Architecture"는 이런 결정으로부터 나온 세 가지 기술, 즉

URL, HTTP, HTML을 설명한다.

이미 이 기술들을 알고 있겠지만, 필딩 제약 조건과 이 조건들이 어떻게 웹을 성공으로 이끌었는지, 이 제약 조건들을 내 API에 어떻게 활용할 수 있을지를 이해하려면 이 내용을 더 깊이 이해해야 한다.

이 세 가지 웹 기술 아래에는 리소스와 표현이라는 두 가지 필수적인 개념이 있다. 이미 언급했지만 이제 깊이 살펴볼 차례다.

무엇이든 리소스가 될 수 있다

리소스는 어느 것이든 될 수 있는데, 매우 중요해서 이것만 다룰 필요가 있다. 사용자가 "무언가에 하이퍼텍스트 링크를 만들거나, 주장을 하거나 반박하거나, 그것의 표현을 받아오거나 캐시를 만들고 싶거나, 다른 표현으로 전체나 일부를 인용하거나, 주석을 달거나, 다른 작업을 취하고 싶다면"("Architecture") 그것을 리소스로 만들어야 한다.

리소스는 보통 컴퓨터에 저장할 수 있는 무언가다. 전자 문서, 데이터베이스의 행, 알고리즘 수행 결과 등이다. "Architecture"는 이를 "정보 리소스"라고 부르는데 이것들의 기본 형태가 비트 스트림이기 때문이다. 하지만 리소스는 석류, 사람, 검정색, 용기라는 개념, 엄마와 딸 사이의 관계, 모든 소수의 집합 등 정말 아무것이나 될 수 있다. 유일한 제약 조건이 있는데, 바로 모든 리소스는 URL을 가져야 한다는 것이다.

이전에 가지고 있었던 그거 기억나는가? 지금 무슨 얘기하는지 알겠는가? 충분히 구체적으로 설명하지 않았기 때문에 물론 무슨 말하는지 모를 것이다. 그것은 정말 아무거나 이야기하는 것일 수 있다. 웹도 마찬가지로 클라이언트와 서버가 무언가에 대한 대화를 하려면 그것을 부를 때 동의하는 이름이 있어야 한다. 웹에서 우리는 URL을 사용해 각 리소스에 전 세계에서 고유한 주소를 부여한다. 무언가에 URL을 부여하면 그게 리소스가 된다.

클라이언트 입장에서 보면 리소스가 뭔지는 별로 중요하지 않다. 클라이언트는 그저 URL과 표현만 볼 뿐 직접 리소스를 보는 경우는 없기 때문이다.

표현은 리소스 상태를 설명한다

석류는 HTTP 리소스일 수 있으나 인터넷으로 석류를 전송할 수는 없다. 데이터베이스의 한 행도 HTTP 리소스일 수 있다. 사실 이 경우는 인터넷으로 전송할 수 있으니 정보 리소스이기도 하다. 그런데 클라이언트는 알지도 못하는 데이터베이스에서 뜯어낸 바이너리 데이터 덩어리로 문맥도 없이 뭘 해야 할까?

클라이언트가 리소스에 GET 요청을 보내면 서버는 그 리소스를 유용한 방식으로 나타내는 문서를 제공해야 한다. 그게 바로 표현이다. 리소스의 현재 상태를 기계가 읽을 수 있는 설명으로 나타낸 것이다. 석류의 크기와 익은 정도, 데이터베이스 필드에 담긴 데이터 말이다.

서버는 데이터베이스 행을 XML 문서, JSON 객체, CSV, 생성할 때 사용했던 SQL INSERT 문 등으로 나타낼 수 있다. 모두 유효한 표현이다. 클라이언트가 무엇을 요청하느냐에 달려 있을 뿐이다.

어떤 애플리케이션은 커스텀 XML 표현으로 석류를 판매용 상품으로 표시할 수도 있다. 다른 경우는 석류캠으로 찍은 바이너리 이미지로 표현할 수도 있다. 이 역시도 애플리케이션에 달린 것이다. 표현은 리소스에 대한 어떤 정보든 담을 수 있고, 기계가 읽을 수 있는 어떠한 문서이든 상관없다.

표현은 양방향으로 전송된다

2장에서 POST 요청으로 마이크로블로그에 글을 쓰는 클라이언트를 보여주었다. 이 클라이언트는 HTTP GET 요청을 날려 새 글의 표현을 받는다.

```
GET /api/5266722824890167 HTTP/1.1
Host: www.youtypeitwepostit.com
```

서버는 다음과 같은 application/vnd.collection+json 형태로 된 표현으로 응답했다.

```
HTTP/1.1 200 OK
Content-Type: application/vnd.collection+json
...
{
  "collection" :
  {
    "version" : "1.0",
```

```
        "href" : "http://localhost:1337/api/",

        "items" :
        [{
          "href": "http://localhost:1337/api/5266722824890167",
          "data": [
            {
              "name": "text",
              "value": "tasting"
            },
            {
              "name": "date_posted",
              "value": "2013-01-09T15:58:22.674Z"
            }
          ]
        }],

        "template" : {
          "data" : [
            {
              "prompt" : "Text of message",
              "name" : "text",
              "value" : ""
            }
          ]
        }
      }
    }
  }
```

하지만 여기에는 다른 표현도 존재한다. 바로 클라이언트가 POST 요청과 함께 보내는 것이다. 이 역시도 application/vnd.collection+json 문서이며 다음과 같이 생겼다.

```
{ "template":
 {
  "data": [
   {"prompt": "Text of the message", "name": "text", "value":"Squid."}
  ]
 }
}
```

이 두 표현은 굉장히 다르게 생겼다. 하나는 필수 정보가 template 객체에 담겨 있고, 다른 하나는 items 목록에 담겨 있다. 하지만 이 다른 표현은 동일한 리소스, 즉 "Squid"라는 마이크로블로그의 글 하나를 나타낸다.

클라이언트가 POST 요청을 보내 새 리소스를 생성하려 할 때는 표현을 보낸다. 이 표현은 새 리소스가 어떻게 보여야 하는지에 대한 클라이언트의 생각을 보여준다. 서버의 역할은 이 리소스를 생성하거나 생성을 거절하는 것이다. 클라이언트의 표현은 그저 제안일 뿐이다. 서버는 그 표현을 추가하거나 변경하거나 일부를 무시할 수 있다(여기서는 서버가 데이터에 date_posted 값을 추가했다).

웹도 동일하게 동작한다. 1장에서 가상의 캐릭터 앨리스가 마이크로블로깅 웹 사이트에 글을 올리기 위해 POST 요청을 날릴 때도 표현을 application/x-www-form-urlencoded 형식으로 보냈다.

```
message=Test&submit=Post
```

앨리스가 응답으로 받은 복잡한 HTML과는 전혀 다르게 생겼지만, 둘 모두 "Test"라는 마이크로블로그 글의 표현이다.

우리는 표현을 서버가 클라이언트에 보내는 무언가로 생각한다. 그 이유는 우리가 웹 서핑할 때 대부분의 요청이 GET 요청이기 때문이다. 우리가 표현을 요청하고 있는 것이다. 하지만 POST, PUT, PATCH 요청에서는 클라이언트가 서버에 표현을 보낸다. 서버는 받은 요청을 반영하도록 리소스 상태를 변경하는 작업을 수행한다.

서버는 리소스의 상태를 나타내는 표현을 보낸다. 클라이언트는 그 리소스가 가졌으면 좋을 상태를 설명하는 표현을 보낸다. 이것을 표현의 상태 전송이라 부른다.

많은 표현이 있는 리소스

한 리소스에 표현이 하나 이상 있을 수 있다. 정부 문서는 보통 여러 개의 언어로 제공된다. 특정 리소스는 상태 정보를 딱히 많이 전달하지 않는 개요형 표현과 모든 것을 담고 있는 별도의 상세 표현을 가질 수 있다. 특정 API들은 동일한 데이터를 JSON 또는 XML 데이터 형으로 제공할 수도 있다. 이렇게 되면, 클라이언트는 자신이 원하는 표현을 어떻게 지정해야 할까?

11장에서 더 상세히 설명할 테지만 두 가지 전략이 존재한다. 첫 번째는 내용 협상(content negotiation)인데 클라이언트는 HTTP 헤더의 값을 기준으로 각 표현을 구분한다. 두 번째는 그 리소스의 각 표현마다 다른 URL을 부여하는 것이다.

한 사람이 상황에 따라 다른 이름으로 불릴 수 있는 것처럼, 한 개의 리소스도 여러 개의 URL로 식별될 수 있다. 이 상황에서 서버는 이 URL 중 하나를 공식 또는 표준 URL로 지정해야 한다. 이에 대한 상세한 설명도 11장에서 할 것이다.

HTTP의 프로토콜 의미 체계

어떤 것이든 리소스가 될 수 있지만, 클라이언트가 리소스에 원하는 것을 뭐든지 할 수 있는 것은 아니다. 규칙이 있는데, RESTful 시스템에서 클라이언트와 서버는 다음과 같이 미리 정의된 프로토콜을 따라 메시지를 보내는 것으로 상호 작용한다.

웹 API 세계에서 이 프로토콜은 HTTP다(13장 HTTP를 사용하지 않는 RESTful API 아키텍처 참조). API 클라이언트는 몇 개의 HTTP 메시지 형태를 통해 API와 상호 작용한다.

HTTP 표준은 여덟 개의 다른 메시지 종류를 정의한다. 다음 네 가지가 가장 많이 사용된다.

GET

리소스의 표현을 얻어온다.

DELETE

리소스를 제거한다.

POST

주어진 표현에 기반을 두고 이 리소스 아래 새 리소스를 생성한다.

PUT

이 리소스의 현재 상태를 주어진 표현으로 대치한다.

다음 두 메서드는 API를 살펴보려는 클라이언트가 주로 사용한다.

HEAD

이 리소스의 표현과 함께 주어질 헤더를 받아오지만, 표현 자체는 받지 않는다.

OPTIONS

이 리소스가 어떤 HTTP 메서드에 응답하는지 알아낸다.

HTTP 표준에 정의된 나머지 두 메서드, CONNECT와 TRACE는 HTTP 프락시에서만 사용한다. 이것들은 이 책에서 다루지 않는다.

API 설계자들에게 HTTP 표준은 아니지만 부록인 RFC 5789에 정의된 아홉 번째 HTTP 메서드를 고려해 보길 권장한다.

PATCH

이 리소스의 일부 상태를 주어진 표현으로 변경한다. 주어진 표현에 리소스 상태의 일부가 빠져 있다면 그대로 둔다. PATCH는 PUT과 비슷하나 리소스 상태 변화에 세세한 조절을 할 수 있게 해준다.

또 현재 표준화 진행 중인 두 가지 확장 HTTP 메서드도 소개하고 싶다. 인터넷 드래프트 "snell-link-method"에 정의되어 있고 11장에서 다시 설명할 것이다. 그때는 좀 더 이해가 잘될 것이다.

LINK

다른 리소스를 이 리소스에 연결한다.

UNLINK

다른 리소스와 이 리소스의 연결 관계를 제거한다.

이 메서드들이 HTTP의 프로토콜 의미 체계를 정의한다. HTTP 요청에서 사용되는 메서드를 보기만 하면 클라이언트가 무엇을 원하는지 대략 알 수 있다. 표현을 얻고 싶은지, 리소스를 지우고 싶은지, 두 리소스를 연결하고 싶은지 말이다.

리소스가 어떤 것이든 될 수 있으므로 정확히 무슨 일이 일어나는지 이해할 수는 없다. '블로그 글' 리소스에 보내진 GET이나 '주식 종목 코드' 리소스에 보내진 GET이나 다 똑같이 생겼다. 이 두 요청은 프로토콜 의미 체계가 동일하지만 애플리케이션 의미 체계는 다르다. HTTP는 HTTP지만 블로깅 API와 주식 시세 조회 API는 다른 것이다.

HTTP 프로토콜이 애플리케이션 의미 체계를 정의하지 않으므로 HTTP를 제대로 쓰는 것만으로는 의미 체계의 문제를 해결할 수 없다. 하지만 애플리케이션의 의미는 언제나 HTTP의 프로토콜 의미 체계와 동일해야 한다. "블로그 포스트 가져오기"와 "주식 시세 가져오기"는 모두 "이 리소스의 표현을 가져오기"에 속하므로 둘 모두 HTTP GET을 사용해야 한다.

다음 절은 많이 사용되는 HTTP 메서드의 프로토콜 의미 체계를 더 상세히 설명한다.

GET

이 메서드는 이미 친숙할 것이다. 클라이언트는 GET 요청을 보내 URL로 식별하는 리소스의 표현을 받아온다. 다음 코드에서 클라이언트는 마이크로블로그의 글에 해당하는 표현을 요청하고 서버는 application/vnd.collection+json 형식으로 응답한다.

```
GET /api/45ty HTTP/1.1
Host: www.youtypeitwepostit.com

HTTP/1.1 200 OK
Content-Type: application/vnd.collection+json
...

{
  "collection" :
  {
    "version" : "1.0",
    "href" : "http://localhost:1337/api/",

    "items" :
    [{
      "href": "http://localhost:1337/api/2csl73jr6j5",
      "data": [
        {
          "name": "text",
          "value": "Bird"
        },
        {
          "name": "date_posted",
          "value": "2013-01-24T18:40:42.190Z"
        }
      ]
    }],

    "template" : {
      "data" : [
        {"prompt" : "Text of message", "name" : "text", "value" : ""}
```

```
            ]
        }
    }
}
```

이미 GET은 안전한 HTTP 메서드로 정의되어 있다고 설명했다. 그저 정보를 요청하는 것뿐이다. 리소스 상태는 GET 요청을 서버로 보내거나 보내지 않거나 전혀 영향이 없어야 한다. 부수적으로 로깅이나 레이트 제한 등은 괜찮지만 클라이언트가 GET 요청으로 리소스 상태를 바꿀 것을 예상해서는 안 된다.

GET 요청의 가장 흔한 응답은 200(OK)이다. 301(Moved Permanently) 같은 리다이렉트 코드 역시 흔하다.

DELETE

제거하고 싶은 리소스가 있을 때 클라이언트는 DELETE 요청을 보낸다. 클라이언트는 서버가 해당 리소스를 제거하기를 바라고 다시는 보고 싶지 않은 것이다. 물론, 서버가 원하지 않는다면 지울 필요가 없다.

이 HTTP 코드 조각에서 클라이언트는 마이크로블로그 글을 삭제해 달라 요청한다.

```
DELETE /api/45ty HTTP/1.1
Host: www.youtypeitwepostit.com
```

서버는 상태 코드 204(No Content)를 응답해 포스트가 삭제되었고 그 밖에는 할 말이 없음을 나타냈다.

```
HTTP/1.1 204 No Content
```

DELETE 요청이 성공한다면 가능한 상태 코드는 204("삭제되었고 그 밖에는 할 말 없음"), 200("지워졌고 그 결과임"), 202("나중에 삭제하겠음")이다.

클라이언트가 삭제(DELETE)된 리소스에 GET 요청을 보내면 서버는 보통 404(Not Found) 또는 410(Gone)의 에러 응답 코드를 반환할 것이다.

```
GET /api/45ty HTTP/1.1
Host: www.youtypeitwepostit.com
```

```
HTTP/1.1 404 Not Found
```

멱등성

분명 DELETE는 안전하지 않은 메서드다. DELETE 요청을 보내는 것은 DELETE 요청을 보내지 않는 것과 굉장히 다른 결과를 야기한다. 하지만 DELETE 메서드는 굉장히 유용한 속성을 가지고 있다. 바로 멱등성(idempotence)이다.

리소스를 삭제하면 그건 그걸로 끝이다. 리소스 상태는 영구히 변경된다. DELETE 요청을 또 보내고 404 에러를 받을 수 있지만, 해당 리소스의 상태는 첫 요청 후와 동일하다. 여전히 리소스는 없어진 상태다. 이게 바로 멱등성이다. 요청을 두 번 보내도 한 번 보냈을 때와 마찬가지로 리소스 상태에 동일한 영향을 미친다.

멱등성은 굉장히 유용한 기능인데, 인터넷이 안정적인 네트워크가 아니기 때문이다. 예로 DELETE 요청을 보냈는데 타임아웃이 발생했다고 하자. 응답을 받지 못해서 DELETE가 제대로 갔는지 알 수가 없다. 이런 경우 그냥 DELETE 요청을 다시 보내어 응답을 받을 때까지 계속 재시도할 수 있다. DELETE가 두 번 불린다 해서 한 번 불렸을 때와 다른 결과가 발생하지 않는다.

멱등성이라는 개념은 수학에서 왔다. 숫자에 0을 곱하는 것은 멱등 연산이다. 5×0은 0이고, $5 \times 0 \times 0$ 역시 0이다. 숫자를 0으로 곱하면 그 이후에 0을 계속 곱해도 동일한 결과가 나온다. HTTP DELETE는 결국 리소스를 0으로 곱하는 것과 같다.

1을 곱하는 것은 안전한 연산인데 HTTP GET도 마찬가지로 안전해야 한다. 종일 1을 곱해도 아무 일도 발생하지 않을 것이다. 따라서 모든 안전한 연산은 마찬가지로 멱등하다.

POST로 추가하기

POST 역시 사용해 본 적 있는 HTTP 메서드일 것이다. POST 메서드는 두 가지 역할이 있는데 따로 설명할 것이다. 먼저 POST로 덧붙이기는 POST 요청을 리소스에 보내 그 아래에 새 리소스를 생성한다. 클라이언트가 POST로 추가하기 요청을 보내면 생성하길 원하는 리소스의 표현을 요청의 엔티티 바디에 담아 보낸다.

2장에서 새 글을 추가하기 위해 마이크로블로그 API에 POST로 추가하기를 사용했다. DELETE 예제를 보이면서 해당 글을 삭제했으니 다시 새 글을 만들어 보자.

```
POST /api/ HTTP/1.1
Content-Type: application/vnd.collection+json
```

```
{
  "template" : {
    "data" : [
      {"name" : "text", "value" : "testing"}
    ]
  }
}
```

POST로 추가하기 요청의 가장 흔한 응답은 201(Created)이다. 새 리소스가 생성되었음을 클라이언트에 알려준다. Location 헤더는 새 리소스의 URL을 클라이언트에 알려준다. 또 다른 흔한 응답은 202(Accepted)인데, 서버가 받은 표현으로 새 리소스를 만들 계획이나 아직은 만들지 않았음을 의미한다.

POST 메서드는 안전하지도 않고 멱등성을 갖지도 않는다. 이 POST 요청을 다섯 번 보내면 아마 text는 같고 date_created는 약간 다른 다섯 개의 새로운 마이크로블로그 글을 작성하게 될 것이다.

이게 POST로 덧붙이기다. 하지만 "새로운 리소스 만들기" 외에도 온갖 종류의 작업에 POST를 사용했을 것이다. 그것도 POST의 다른 역할이다. 이는 오버로드한 POST라 부르는데 이 장의 뒷부분에서 설명한다.

PUT

PUT 요청은 리소스 상태를 변경할 때 보내는 요청이다. 클라이언트는 GET 요청으로 받은 표현을 수정하고 PUT 요청의 페이로드로 돌려보낸다. 마이크로블로그 포스트의 텍스트를 수정해 보겠다(text 필드를 기존 값이 뭐였든 tasting으로 변경하려 한다).

```
PUT /api/q1w2e HTTP/1.1
Content-Type: application/vnd.collection+json

{
  "template" : {
    "data" : [
      {"name" : "text", "value" : "tasting"}
    ]
  }
}
```

서버는 엔티티 바디가 말이 안 되거나, 리소스 상태의 읽기 전용인 부분을 수정하려 한다거나, 뭐 그 밖의 어떤 이유로 인해 PUT 요청을 거절할 수 있다. 서버가 PUT

요청을 수락하기로 결정하면 클라이언트가 표현으로 전달한 것에 맞춰 리소스 상태를 변경하고, 200(OK)이나 204(No Content)를 보낸다.

PUT은 DELETE와 마찬가지로 멱등하다. 동일한 PUT 요청을 열 번 보내도, 한 번 보냈을 때와 결과는 동일하다.

클라이언트가 새 리소스가 생성될 URL을 안다면 PUT을 사용해 새 리소스를 만들 수도 있다. 다음 가상의 예에서 새 마이크로블로그 글을 생성하는데 이미 그 글의 URL을 알고 있다고 가정하자.

```
PUT /api/a1s2d3
Content-Type: application/vnd.collection+json

{
  "template" : {
    "data" : [
      {"name" : "text", "value" : "Created."}
    ]
  }
}
```

클라이언트가 어떻게 이 마법 같은 URL을 구성할 수 있을까? 4장에서 가능한 경우를 살펴볼 것이다. 지금은, PUT이 멱등 연산이고 새 리소스를 생성할 때 사용해도 그렇다는 것만 알아두자. PUT 요청을 다섯 번 보내더라도, 동일한 텍스트로 다섯 개의 글이 생성되는 POST 요청과 달리 여러 개가 생성되지 않는다.

PATCH

표현은 굉장히 커질 수 있다. "표현을 수정하고 PUT으로 수정한다"라는 간단한 규칙이지만 리소스 상태를 아주 조금 바꾸고 싶은 경우 굉장한 낭비가 발생할 수 있다. 또 PUT 규칙은 동일한 문서를 다른 사용자가 수정하고 있다면 의도하지 않은 충돌이 발생할 수도 있다. 서버에 수정을 원하는 부분만 보낼 수 있다면 훨씬 더 좋을 것이다.

PATCH 메서드가 바로 이것을 가능하게 해준다. 표현 전체를 PUT으로 보내는 대신 변경을 나타내는 특수한 'diff' 표현을 만들고 서버에 PATCH 요청의 페이로드로 보낸다. RFC 5261은 XML 문서로 된 패치 형식을 설명하며, RFC 6902는 JSON 문서로 된 비슷한 패치 형식을 설명한다.

```
PATCH /my/data HTTP/1.1
Host: example.org
Content-Length: 326
Content-Type: application/json-patch+json
If-Match: "abc123"

[
  { "op": "test", "path": "/a/b/c", "value": "foo" },
  { "op": "remove", "path": "/a/b/c" },
  { "op": "add", "path": "/a/b/c", "value": [ "foo", "bar" ] },
  { "op": "replace", "path": "/a/b/c", "value": 42 },
  { "op": "move", "from": "/a/b/c", "path": "/a/b/d" },
  { "op": "copy", "from": "/a/b/d", "path": "/a/b/e" }
]
```

PATCH가 성공했을 때 받을 응답은 PUT이나 DELETE와 마찬가지로 서버가 업데이트된 리소스의 표현과 같은 데이터를 보내고 싶다면 200(OK)이며, 성공만 알리고 싶다면 204(No Content)이다.

PATCH는 안전하지 않고 멱등하지도 않다. PATCH 요청이 멱등할 수도 있어서 동일한 문서에 동일한 패치를 두 번 적용하면 두 번째는 에러를 받는 경우가 있을 수도 있다. 하지만 그게 표준은 아니다. PATCH 프로토콜의 의미에 있어서는 POST와 마찬가지로 안전하지 않은 작업이다.

PATCH가 HTTP 명세에 정의되지 않았음을 잊지 말았으면 한다. 웹 API를 위해 설계된 확장으로 상대적으로 최근에 만들어졌다(RFC 5789는 2010년에 발표되었다). 이 말은 PATCH를 지원하는 도구와 사용하는 diff 문서가 PUT만큼 지원이 잘되지 않는다는 뜻이다.

LINK와 UNLINK

LINK와 UNLINK는 리소스 간 하이퍼미디어 링크를 관리한다. 이 메서드를 이해하려면 하이퍼미디어와 연결 관계(link relation)를 먼저 이해해야 하므로 상세한 설명은 11장으로 미루겠다. 여기서는 간단한 예제만 살펴본다.

(http://www.example.com/story로 식별되는) 어떤 이야기와 (http://www.example.com/~omjennyg로 식별되는) 그 저자 사이의 링크를 UNLINK 요청으로 제거한다.

```
UNLINK /story HTTP/1.1
Host: www.example.com
Link: <http://www.example.com/~omjennyg>;rel="author"
```

다음 LINK 요청은 (http://www.example.com/~drmilk로 식별하는) 다른 리소스를 이야기 리소스의 저자로 선언한다.

```
LINK /story HTTP/1.1
Host: www.example.com
Link: <http://www.example.com/~drmilk>;rel="author"
```

LINK와 UNLINK는 멱등하지만 안전하진 않다. 이 메서드들은 인터넷 드래프트("snell-link-method")에 정의되어 있고, RFC로 승인되기 전까지 도구의 지원은 PATCH보다 더 안 좋을 것이다.

HEAD

HEAD는 GET과 마찬가지로 안전한 메서드다. 사실 HEAD는 GET의 가벼운 버전이라 생각하는 것이 좋다. 서버는 HEAD 요청을 GET 요청과 동일하게 처리하고 엔티티 바디는 빼고 HTTP 상태 코드와 헤더만 전송하게 되어 있다.

```
HEAD /api/ HTTP/1.1
Accept: application/vnd.collection+json

HTTP/1.1 200 OK
Content-Type: application/vnd.collection+json
ETag: "dd9b7c436ab247a7b69f355f2d57994c"
Last-Modified: Thu, 24 Jan 2013 18:40:42 GMT
Date: Thu, 24 Jan 2013 19:14:23 GMT
Connection: keep-alive
Transfer-Encoding: chunked
```

GET 대신 HEAD를 사용한다고 해서 시간이 줄어들지는 않을 것이다(여전히 서버는 적절한 HTTP 헤더 전체를 만들어야 하므로). 하지만 대역폭 사용량은 분명히 줄어들 것이다.

OPTIONS

OPTIONS는 HTTP의 기초 발견 기법이다. OPTIONS 요청의 응답은 HTTP Allow 헤더를 담고 있는데, 해당 리소스가 지원하는 HTTP 메서드를 나열한다. PUT 예제에서 생성한 마이크로블로그 글에 OPTIONS 요청을 보내보자.

```
OPTIONS /api/a1s2d3 HTTP/1.1
Host: www.youtypeitwepostit.com
```

```
200 OK
Allow: GET PUT DELETE HEAD OPTIONS
```

이제 다음에 보낼 수 있는 HTTP 요청을 알게 되었다. 이 리소스의 표현을 GET으로 받아올 수 있고, PUT으로 수정할 수 있으며, DELETE로 삭제할 수 있다. 이 리소스는 HEAD와 당연히 OPTIONS도 지원하지만 PATCH 확장이나 LINK, UNLINK는 지원하지 않는다.

OPTIONS는 개념상으로는 좋지만, 거의 어느 누구도 사용하지 않는다. 잘 설계된 API는 GET 요청에 대한 응답에 하이퍼미디어 문서를 제공해(4장 참조) 리소스가 어떤 작업을 지원하는지를 알려준다. 이 문서들의 링크와 폼은 클라이언트가 다음에 어떤 HTTP 요청을 보낼 수 있는지 설명한다. 엉망으로 설계된 API는 사람이 읽을 수 있는 문서로 클라이언트가 보낼 수 있는 HTTP 요청이 무엇이 있는지를 설명한다.

오버로드한 POST

이제 HTTP의 비밀을 드러낼 차례다. 웹 개발을 해봤다면 알겠지만 HTTP POST 메서드는 추한 비밀을 하나 가지고 있다. POST는 새 리소스를 생성할 때만 사용되는 것이 아니다. 우리가 브라우저로 서핑하는 웹 세계에서 HTTP POST는 온갖 종류의 변화를 지시할 때 사용된다. PUT, DELETE, PATCH, LINK, UNLINK가 한데 모여 있는 메서드인 것이다.

웹에서 볼 수 있는 HTML 폼의 예를 하나 들자. 이 폼의 목적은 기존에 올렸던 블로그 글을 수정하는 것이다.

```
<form method="POST" action="/blog/entries/123">
 <textarea>
  Original content of the blog post.
 </textarea>
 <input type="submit" class="edit-post" value="Edit this blog post.">
</form>
```

프로토콜의 의미에 따르면 "이 블로그 글을 수정하기"라는 이 작업은 PUT 요청을 써야 할 것 같다. 하지만 HTML 폼은 PUT 요청을 보낼 수 없다. HTML 데이터 형식이 이를 허용하지 않으므로 우린 POST를 대신 사용한다.

이는 완전히 합법적이다. HTTP 규격에서 POST는 다음과 같이 사용할 수 있다고 한다.

> 폼 전송의 결과와 같이 데이터 블록을 데이터 처리 프로세스에 제공한다.

여기서 말하는 "데이터 처리 프로세스"는 어떤 것이든 될 수 있다. 어떤 데이터든 어떤 목적이든 POST의 일부로 보내는 것이 허용된다는 말이다. 정의 자체가 워낙 모호해서 POST 요청은 프로토콜 의미 체계라는 게 존재하질 않는다. POST의 뜻은 "새 리소스를 만들기"가 아니라 "아무거나!"이다.

이런 POST의 "아무거나!" 사용법을 나는 오버로드한 POST라고 부른다. 그 이유는 오버로드한 POST에는 어떤 프로토콜 의미 체계가 존재하지 않으므로 애플리케이션 의미 체계로만 이해할 수 있기 때문이다.

다음 몇 장에 걸쳐 애플리케이션 의미에 대해 얘기할 거리가 많으므로 지금은 이 HTML 폼에 대해서만 살펴보자. 이 폼에서의 애플리케이션 의미는 전송 버튼에 붙은 CSS 클래스(edit-post)와 버튼에 붙은 사람이 이해할 수 있는 레이블("Edit this blog post.")이다.

이 두 문자열을 가지고 뭐 할 수 있는 게 그렇게 많지 않다. 최근까지는 애플리케이션 의미가 잘 이해되지 않아서 나는 오버로드한 POST는 아예 쓰지 말라고 권장했었다. 하지만 8장에서 주는 조언을 따른다면 클라이언트에 애플리케이션 의미를 안정적으로 의사소통하도록 돕는 프로파일을 사용할 수 있을 것이다. 모든 HTTP 클라이언트가 GET의 의미를 파악하는 프로토콜 의미 체계 수준으로 안정적이지는 않겠지만, 사용할 수 있을 것이다.

오버로드한 POST 요청이 어떤 작업이든 수행할 수 있기에 이 POST 메서드는 안전하지도, 멱등하지도 않다. 어떤 오버로드한 POST 요청은 안전할 수도 있겠지만 HTTP에서 보면 POST는 안전하지 않다.

어떤 메서드를 사용해야 할까?

RESTful 시스템은 개별 컴포넌트로 구성된다. 서버, 클라이언트, 캐시, 프락시, 캐싱 프락시 등으로 구성된다. 이 구성 요소들은 서로 다른 사람들이 만들었고, 대화를 시작하기 전에는 서로의 존재도 모르고 있으며, HTTP(또는 비슷한 프로토콜)를 통해 문서를 주고받는 것으로만 소통할 수 있다. 따라서 모두가 미리 프로토콜 의미 체계 조합에 동의하고 있어야만 서로 이해할 수 있다.

대부분의 HTTP의 프로토콜 의미 체계는 HTTP 메서드에 의해 정의된다. 하지만 이 메서드들에는 중복이 많다. PUT은 PATCH로 대체할 수 있다. GET은 HEAD의 일을 수행할 수 있다. POST는 모든 걸 다 대체할 수 있다. 우리는 정말 이 메서드들이 다 필요한 것일까?

공식적인 프로토콜 의미 체계 조합은 없다. 어떤 HTTP 메서드가 최고인지 논의하는 즐거움은 많이 가질 수 있겠지만, 결국은 어떤 커뮤니티에 속할 것이냐로 결정된다. 사용할 HTTP 메서드를 고르면 이 메서드들을 이해하는 클라이언트와 여타 컴포넌트의 커뮤니티를 고르는 것이 된다.

대다수의 웹 API에서 사용할 메서드로 내가 추천하는 메서드들은 GET, POST, PUT, DELETE, PATCH다. 하지만 다른 메서드를 추천할 만한 여러 상황을 생각해 낼 수 있다.

- 2008년 전까진 PATCH 메서드가 존재하지 않았다. 그때 웹 API에 추천할 메서드는 GET, POST, PUT, DELETE였다.

- 1997년 HTTP 1.1 규격(RFC 2068)에서 처음으로 HTTP 메서드 LINK와 UNLINK를 정의했다. 1999년, 이 메서드들은 최종 규격(RFC 2616)에서 제거되었는데, 아무도 사용하지 않았기 때문이다.
  LINK와 UNLINK는 대략 2년간 HTTP의 공식 프로토콜 의미 체계였다가 없어진 것이다. 이 메서드들이 많은 API에서 유용하게 쓰일 수 있으므로 인터넷-드래프트 "snell-link-method"가 이것들을 다시 살려내려 하고 있다.

- WebDAV 표준(RFC 4918에서 규격 정의, 11장에서 간단히 설명함)은 HTTP 리소스를 파일 시스템의 파일처럼 다루는 데 사용하도록 API에서 사용할 일곱 개의 새 HTTP 메서드를 정의한다. 이 메서드들은 COPY, MOVE, LOCK을 포함한다.

- 사람들이 웹 브라우저로 웹 서핑을 즐길 때 HTTP 규격에 정의된 메서드의 대부분은 잊어버리고 GET과 POST만 사용한다. 그 이유는 HTML 문서가 허용하는 프로토콜 의미 체계가 GET과 POST뿐이기 때문이다.

- 13장에서 설명하는 CoAP 프로토콜은 GET, POST, PUT, DELETE 메서드를 정

의한다. 이것들은 HTTP 메서드를 따라 만들어졌지만 CoAP이 HTTP가 아니므로 약간 다른 의미를 가진다.

HTML 문서에만 의존하는 API를 원한다면 프로토콜 의미 체계는 GET과 POST로 제약될 것이다. 마이크로소프트의 웹 폴더 같은 파일 시스템 GUI 애플리케이션과 통신하길 원한다면 HTTP에 WebDav 확장이 필요하다. 다양한 HTTP 캐시와 프로토콜에 통신하고 싶다면 PATCH와 같이 RFC 2616에 정의되지 않은 다른 메서드는 피해야 한다.

특정 커뮤니티는 다른 커뮤니티보다 거대하다. 직접 프로토콜 의미 체계를 만들고자 한다면 결국은 혼자만의 커뮤니티에 자신을 가두게 될 것이다.

4장

하이퍼미디어

지금까지 이야기를 살펴보자. URL은 리소스를 식별한다. 클라이언트는 이런 URL에 HTTP 요청을 보낸다. 서버는 응답으로 표현을 보내고, 시간이 지나면서 클라이언트는 표현을 통해 리소스 상태의 그림을 그려나간다. 결과적으로 클라이언트는 서버에 PUT, POST, PATCH 요청으로 표현을 전송해 해당 리소스 상태를 변경한다.

더 자세히 살펴보면 지금껏 답을 주지 않았던 질문이 떠오를 것이다. 대체 클라이언트는 어떤 요청을 해야 할지 어떻게 아는 것일까? URL은 셀 수 없을 만큼 많다. 클라이언트는 어떤 URL은 표현으로 응답하고 어떤 URL은 404 에러를 반환할지 어떻게 알 수 있을까? 클라이언트가 POST 요청에 엔티티 바디를 보내야 할까? 만일 그렇다면 엔티티 바디는 어떻게 생겨야 할까? HTTP가 몇 가지 프로토콜 의미 체계를 정하긴 하지만, 이 웹 서버가 지금 이 URL에서 어떤 의미를 지원하고 있을까?

이 퍼즐의 연결 고리가 바로 하이퍼미디어다. 하이퍼미디어는 리소스를 서로 연결하며, 기계가 이해할 수 있는 방식으로 지원 가능 기능을 설명한다. 하이퍼미디어를 제대로 사용하면 오늘날 웹 API가 가지고 있는 사용성 및 안정성 문제를 해결하거나 적어도 완화할 수 있다.

REST와 마찬가지로 하이퍼미디어도 어딘가 표준 문서 하나로 설명하는 단일 기술이 아니다. 하이퍼미디어는 수십 개의 기술로 다양한 방식으로 구현되는 전략이다. 다음 세 장에 걸쳐 하이퍼미디어 표준 몇 개를 다루며 10장에서 훨씬 더 많이 설명할 것이다. 비즈니스 요구에 맞는 기술을 선택하는 것은 독자의 몫이다.

하이퍼미디어 전략은 목표가 언제나 동일했다. 하이퍼미디어는 서버가 클라이언트에게 나중에 어떤 HTTP 요청을 보낼 수 있을지 설명하는 방식이다. 이는 서버가 제공하는 메뉴이며 클라이언트는 마음대로 고를 수 있다. 서버는 어떤 일이 일어날 수도 있는지 알고 있지만, 실제로 일어나는 것은 클라이언트가 결정한다.

딱히 새로운 건 없다. 월드 와이드 웹은 이런 식으로 동작해 왔고, 우리는 당연히 이렇게 동작해야 한다고 여겨왔다. 제대로 동작하지 않는다면, 엉망진창이었던 1980년대로 회귀일 것이다. 하지만 API 세계에서 하이퍼미디어는 혼돈스럽고 논란거리인 주제다. 그래서 오늘날 API가 변화를 처리하는 데 끔찍한 것이다.

이 장에서는, 하이퍼미디어의 신비를 풀어 웹의 유연성을 갖는 API를 만들 수 있도록 해준다.

하이퍼미디어 유형으로서의 HTML

이미 HTML[1]은 친숙할 테니, HTML 예제부터 시작하자.

HTML ⟨a⟩ 태그의 예를 보자.

```
<a href="http://www.youtypeitwepostit.com/messages/">
 See the latest messages
</a>
```

이 태그는 간단한 하이퍼미디어 컨트롤이다. 이 컨트롤은 가까운 미래에 브라우저가 할 수 있는 HTTP 요청을 설명한다. ⟨a⟩ 태그는 다음과 같은 HTTP GET 요청을 만들 수 있음을 브라우저에 알려주는 신호다.

```
GET /messages HTTP/1.1
Host: www.youtypeitwepostit.com
```

HTML 표준은 사용자가 링크를 활성화하면 그 링크의 끝에 있는 리소스를 '방문'한다고 말한다.[2] 현실에서 이 말은 리소스의 표현을 가져와서 브라우저 창에 기존에 표시하던 (링크를 포함한) 표현을 대체해 표시하는 것을 의미한다. 물론 이

---

1 알아둬야 할 HTML 규격으로 HTML 4(http://www.w3.org/TR/html4/)와 HTML 5(http://www.w3.org/TR/html5/) 규격이 있다. 둘 다 W3C가 만든 공개 표준이다. HTML 4는 10년 넘게 안정적으로 동작해 왔고, HTML 5는 현재 작업 중인 규격이다.

2 HTML 4 규격의 12.1.1에 있다.

게 자동으로 되는 것은 아니다. 사용자가 링크를 클릭하기 전까진 아무 일도 일어나지 않는다. ⟨a⟩ 태그는 특정 URL이 방문할 수 있는 리소스를 부른다는 웹 서버의 약속이다. GET 요청을 http://www.youtypeitwepostit.com/give-me-the-messages?please=true 같이 그냥 만들어 낸 URL에 보내면 아마 404 에러를 받을 것이다.

⟨a⟩ 태그와 HTML의 또 다른 하이퍼미디어 컨트롤인 ⟨img⟩ 태그를 비교해 보자.

```
<img rel="icon" src="http://www.example.com/logo.png" />
```

이 ⟨img⟩ 태그도 브라우저가 가까운 미래에 요청할 수 있는 HTTP 요청을 설명하긴 하지만, 문서 사이를 이동한다는 뜻은 담겨 있지 않다. 대신, 연결된 리소스의 표현 자체가 현재 문서에 이미지로 포함되어야 한다. 브라우저가 ⟨img⟩ 태그를 발견하면 사용자가 클릭할 필요 없이 자동으로 그 이미지를 요청한다. 그리고 보이는 문서에 사용자의 허가를 구하지 않고 바로 표현을 포함시킨다.

더 복잡한 하이퍼미디어 컨트롤인 HTML 폼을 살펴보자.

```
<form action="http://www.youtypeitwepostit.com/messages"
method="post">
  <input type="text" name="message" value="" required="true" />
  <input type="submit" value="Post" />
</form>
```

이 폼은 URL http://www.youtypeitwepostit.com/messages/에 보내지는 요청을 설명한다. ⟨a⟩ 태그를 설명했던 바로 그 URL이다. 하지만 ⟨a⟩ 태그는 GET 요청을 나타내지만 폼은 POST 요청을 설명한다.

이 폼은 그저 URL만 주고 POST 요청을 보내도록 하는 게 아니다. 텍스트 필드와 전송 버튼 이 두 개의 컨트롤이 웹 브라우저의 GUI 요소로 표시된다.

전송 버튼을 누르면 HTML 규격에 정해진 규칙에 따라 텍스트 필드에 입력한 값과 버튼의 값이 표현에 전송된다. 이 규칙은 이 표현의 미디어 유형이 application/x-www-form-urlencoded라고 정의하며, 다음과 같은 형태를 지닌다.

```
message=Hello%21&submit=Post
```

이 ⟨form⟩ 태그는 모든 걸 합쳐 다음과 같은 POST 요청을 보낼 수 있다고 브라우저에 알려준다.

```
POST /messages HTTP/1.1
Host: www.youtypeitwepostit.com
Content-Type: application/x-www-form-urlencoded

message=Hello%21&submit=Post
```

⟨a⟩ 태그와 마찬가지로 서버가 어찌할지 안내하지만 굉장히 소극적이다. 이 폼을 채우기 싫다면 그냥 무시해도 된다. 폼을 채운다면 message 필드에 원하는 값을 무엇이든 적어도 된다(물론 서버가 특정 값은 무시할 수도 있다). 이 ⟨form⟩ 태그는 서버가 가능한 한 모든 POST 요청 중에서 어떤 한 형태의 요청이 유용한 결과를 낳을 것임을 알려주고 있다. 그게 /messages로 보내는 POST 요청인데, 폼 인코딩된 (form-encoded) 엔티티 바디가 들어 있다.

여기 ⟨form⟩ 태그를 하나 더 보자.

```
<form method="GET" action="http://www.youtypewepostit.com/
messages/">
 <input type="text" id="query" name="query"/>
 <input type="submit" name="Search"/>
</form>
```

이 폼 역시 입력할 텍스트 박스가 있는데, 이 폼은 엔티티 바디를 포함하지 않는 GET 요청을 한다. 텍스트 박스에 입력한 데이터는 요청 URL에 포함된다. 이 역시 HTML 규격에 정해진 규칙이다.

이 폼을 채워 넣고 HTTP 요청을 보내면 다음과 같을 것이다.

```
GET /messages/?query=rest HTTP/1.1
Host: www.youtypeitwepostit.com
```

종합하자면 익숙한 HTML 컨트롤은 서버가 다음 네 종류의 HTTP 요청을 설명할 수 있게 해준다.

- ⟨a⟩ 태그는 특정 URL에 보내는 GET 요청을 나타낸다. 사용자가 해당 컨트롤을 활성화할 때만 요청이 진행된다.
- ⟨img⟩ 태그는 특정 URL에 보내는 GET 요청을 나타낸다. 이 요청은 백그라운드에서 자동으로 일어난다.
- ⟨form⟩ 태그 중 method="POST"인 경우는 특정 URL에 보내는 POST 요청을 나타낸다. 이 요청은 클라이언트가 구성한 커스텀 엔티티 바디가 포함된다. 요

청은 사용자가 컨트롤을 활성화할 때만 보내진다.

- ⟨form⟩ 태그 중 method="GET"인 경우는 클라이언트가 구성한 특정 커스텀 URL에 보내는 GET 요청을 나타낸다. 요청은 사용자가 컨트롤을 활성화할 때만 보내진다.

또 HTML은 낯선 하이퍼미디어 컨트롤과 더 이상한 컨트롤을 정의할 수 있는 데이터 형식도 정의한다. 이것들 모두 필딩 논문의 공식적인 하이퍼미디어 정의에 포함된다.

하이퍼미디어는 애플리케이션 컨트롤 정보가 정보 표현 내부에 포함되거나 그 위 계층에 존재하는 것으로 정의한다.

월드 와이드 웹은 HTML 문서로 가득 차 있으며, 이 문서는 사람들이 읽길 원하는 가격, 통계, 개인 메시지, 산문, 시 등으로 가득 차 있다. 하지만 이 모든 것은 정보의 표현이라는 범주에 포함된다. 정보 표현의 측면에서 보면 웹은 인쇄된 책과 그다지 다르지 않다.

HTML 문서와 책을 구분 짓게 하는 것은 애플리케이션 컨트롤 정보다. 지금 말하는 것은 사람들이 언제나 상호 작용하지만 상세히 살펴볼 일은 거의 없는 하이퍼미디어 컨트롤이다. ⟨img⟩ 태그는 특정 이미지를 포함시키라고 브라우저에 지시한다. ⟨a⟩ 태그는 최종 사용자를 웹의 다른 부분으로 이동시키고, ⟨script⟩ 태그는 브라우저가 실행할 자바스크립트를 제공한다.

시를 포함하고 있는 HTML 문서는 아마 "이 저자의 다른 시" 같은 링크를 제공하거나, "이 시 평가하기" 같은 폼을 포함하고 있을 것이다. 이것이 시를 인쇄한 책에서는 볼 수 없는 애플리케이션 컨트롤 정보다. 애플리케이션 컨트롤 정보가 있으면 시를 읽을 때의 감동이 좀 줄어들겠지만, 시만 있는 HTML 문서는 웹의 온전한 구성원으로 받아들이기 어렵다. 그저 인쇄된 책을 흉내 내고 있을 뿐이다.

URI 템플릿

HTML ⟨form⟩ 태그로 만들 수 있는 커스텀 URL은 그 형태가 제한적이다. http://www.youtypeitwepostit.com/messages/?search=rest는 좋아 보이지 않는다. 기술

적으로 보자면 URL이 예뻐 보이는 게 별로 중요하진 않다. 사람들이 볼 때 말이 될
필요도 없다. 하지만 우리 인간들은 http://www.youtypeitwepostit.com/search/
rest처럼 예쁘게 보이는 걸 더 선호한다.

HTML의 하이퍼미디어 컨트롤은 http://www.youtypeitwepostit.com/search/rest
같은 URL을 구성할 방법을 브라우저에 알려줄 수 없다. 하지만 다른 종류의 하이
퍼미디어 기술인 URI 템플릿은 가능하다. URI 템플릿은 RFC 6570에 정의되어 있는
데 다음과 같은 형태를 지닐 수 있다.

```
http://www.youtypeitwepostit.com/search/{search}
```

중괄호가 포함되어 있으므로 이 URL은 유효하지 않다. 이 중괄호는 URI 템플릿
에서 문자열을 식별한다. RFC 6570은 이 문자열을 어떻게 무한한 수의 URL로 변환
하는지 알려준다. 이 RFC는 유효한 URL이기만 하면 {search}를 원하는 문자열로 대
체할 수 있다고 한다.

- http://www.youtypeitwepostit.com/search/rest
- http://www.youtypeitwepostit.com/search/RESTful%20Web%20APIs

이 HTML 폼은

```
<form method="GET" action="http://www.youtypeitwepostit.com/
messages/">
 <input type="text" id="query" name="query"/>
 <input type="submit" name="Search"/>
</form>
```

다음 URI 템플릿과 동일하다.

```
http://www.youtypeitwepostit.com/messages/?query={query}
```

이는 굉장히 흔한 경우라, URI 템플릿 표준에서 쿼리 문자열을 포함하는 URL의
단축 표현을 정의하고 있다. 이 URI 템플릿은 앞과 완전히 동일한데, 이전의 HTML
폼과 완전히 동일하다.

```
http://www.youtypeitwepostit.com/messages/{?query}
```

URI 템플릿 표준에서 굉장히 많은 예제를 찾을 수 있지만, 몇 개의 예제 템플릿과

그것들로부터 만들 수 있는 URL을 살펴보자.

```
If parameter values are set to:
   var := "title"
   hello := "Hello World!"
   path := "/foo/bar"

Then these URI templates:
   http://www.example.org/greeting?g={+hello}
   http://www.example.org{+path}/status
   http://www.example.org/document#{+var}

Expand to these URLs:
   http://www.example.org/greeting?g=Hello%20World!
   http://www.example.org/foo/bar/status
   http://www.example.org/document#title
```

URI 템플릿이 HTML GET 폼보다 더 짧고 유연하지만, 두 기술은 별반 차이가 없다. URI 템플릿과 HTML 폼은 웹 서버가 무한한 수의 URL을 짧은 문자열로 설명할 수 있게 해준다. HTTP 클라이언트는 특정 값을 집어넣거나, 이 무한한 URL 중에서 하나를 고르고, 그 특정 URL에 GET 요청을 보낼 수 있다.

URI 템플릿은 그 자체로는 말이 되지 않는다. URI 템플릿은 하이퍼미디어 유형에 포함되어야 한다. 이 개념은 이런 기능이 필요한 모든 표준이 커스텀 형식을 사용하는 대신, URI 템플릿을 사용하자는 것이다. RFC 6570이 공표되기 전에는 모든 표준이 커스텀 형식을 정의했었다.

URI 대 URL

지금껏 최대한 뒤로 미뤄왔지만 이제 (이 책의 거의 모든 부분에서 사용하는 용어인) URL과 (URI 템플릿과 같이 좀 더 일반적인 기술 이름으로 사용되는 용어인) URI의 차이점을 설명할 때가 되었다. 대다수의 웹 API는 URL을 거의 주로 다루며 이 책의 범위에서는 둘을 구분할 필요가 거의 없다. 하지만 이 차이점이 중요할 때는(12장에서처럼) 정말 중요하다.

URL은 리소스를 식별하는 짧은 문자열이다. URI 역시 리소스를 식별하는 짧은 문자열이다. 모든 URL은 URI이다. 둘 모두 표준 RFC 3986에서 설명한다.

차이점이 뭘까? 이 책의 내용에서는 URI에는 표현이 있다는 보장이 없다는 것이 차이점이다. URI는 식별자일 뿐이다. URL은 주소의 디레퍼런싱이 가능한 식별자다.

이 말은 컴퓨터가 URL을 가지고 하부 리소스의 표현을 어떻게든 얻어올 수 있다는 말이다.

http: URI를 보면 컴퓨터가 HTTP GET 요청을 통해 표현을 얻어온다는 것을 알 것이다. ftp: URI를 보면 FTP 클라이언트를 켜고 특정 FTP 명령을 수행해서 컴퓨터가 표현을 가져올 수 있다. 이 URI는 URL이다. 이것들은 연계된 프로토콜, 즉 이 리소스의 표현을 가져올 (컴퓨터가 따를 수 있는 매우 상세한) 규칙이 있다.

이제 URI지만 URL은 아닌 예를 보자. 바로 urn:isbn:9781449358063이다. 이것도 리소스를 지정한다. 이 책의 출판본이다. 실제 출판된 책 중 하나를 지정하는 것은 아니고 전체 판의 추상적인 개념을 나타낸다(리소스가 무엇이든 될 수 있음을 기억하자). 이 URI가 URL이 아닌 이유는 프로토콜이 없기 때문이다. 컴퓨터가 이 리소스의 표현을 얻어오는 일은 불가능하다.

URL이 없다면 표현을 가져올 수 없다. 표현이 없으면 표현 상태 전송은 존재하지 않는다. URL로 식별되지 않는 리소스는 필딩 제약 조건의 많은 부분을 충족시킬 수 없다. 메시지를 보낼 수 없으므로 자기 서술형 메시지 제약 조건을 충족하지 않는다. 표현은 URL이 아닌 URI에 링크를 걸 수는 있지만(〈a href="urn:isbn:9781449358063"〉), 클라이언트가 이 링크를 따라갈 수 없으므로 하이퍼미디어 제약 조건을 충족시킬 수 없다.

이 책의 출간본을 식별하는 URL을 보자. http://shop.oreilly.com/product/0636920028468.do다. 이 URL에 GET 요청을 보내 이 판의 표현을 얻어올 수 있다. 실제 물리적인 책의 사본은 아니지만, 책의 리소스 상태의 일부(제목, 쪽수 등)를 담은 HTML 문서를 받는다. 이 HTML 문서는 책의 지은이(그 자신은 아니지만 그에 대한 정보)의 링크 같은 하이퍼미디어도 포함한다. URL로 식별 가능한 리소스는 필딩 제약 조건을 모두 충족시킨다.

URL이 아닌 URI도 사용해야 하는 마땅한 이유가 몇 가지 있는데, 12장에서 리소스 설명 전략을 설명할 때 다룬다. 그러나 이는 매우 드문 경우다. 일반적으로 웹 API가 리소스를 언급할 때는 http나 https 스킴으로 URL을 사용해야 하고 이 URL은 동작해야만 한다. GET 요청의 응답으로 유용한 표현을 제공해야 한다.

Link 헤더

이 기술은 하이퍼미디어를 만나지 않을 거라 생각했던 곳에서 만나게 해 준다. 바로

HTTP 요청과 응답의 헤더 안이다. RFC 5988은 HTTP의 확장을 정의하는데 Link 라는 헤더다. 이 헤더는 JSON 객체나 바이너리 이미지 파일 같이 보통 하이퍼미디어를 지원하지 않는 엔티티 바디에 간단한 하이퍼미디어 컨트롤을 추가할 수 있게 해 준다.

손에 땀을 쥐게 하는 긴박한 이야기가 여러 부분으로 나뉜 평문 표현을 보자(이 HTTP 응답의 엔티티 바디는 그 이야기의 첫 부분을 담고 있으며 Link 헤더는 두 번째 부분을 가리킨다).

```
HTTP/1.1 200 OK
Content-Type: text/plain
Link: <http://www.example.com/story/part2>;rel="next"

It was a dark and stormy night. Suddenly, a...
(continued in part 2)
```

Link 헤더는 HTML ⟨a⟩ 태그와 거의 동일한 기능을 수행한다. 가능하다면 진짜 하이퍼미디어 유형을 사용하길 추천하지만, 그럴 수 없을 때 이 Link 헤더는 매우 유용할 수 있다.

LINK와 UNLINK 확장 메서드는 Link 헤더를 사용한다. 3장에서 이야기에 지은이를 할당하는 예제가 이제 좀 더 말이 될 것이다.

```
LINK /story HTTP/1.1
Host: www.example.com
Link: <http://www.example.com/~drmilk>;rel="author"
```

하이퍼미디어는 무엇을 위한 것인가

이 책에서 하이퍼미디어 데이터 형식을 많이 다룰 예정이지만, 이 시점에서 기술들을 이어서 설명해 봐야 큰 도움이 되지 않을 것이다. 한 발짝 뒤로 물러나 하이퍼미디어가 왜 존재하는지 알아보자.

하이퍼미디어 컨트롤은 세 가지 역할을 수행한다.

- HTTP 요청을 구성하는 방법을 클라이언트에 알려준다. 어떤 HTTP 메서드를 사용할지, 어떤 URL을 사용할지, 어느 HTTP 헤더와 엔티티 바디를 보낼지를 알려준다.
- HTTP 응답에 대한 약속을 한다. 상태 코드, HTTP 헤더, 서버가 요청에 응답으

로 보낼 데이터 등을 제시한다.

- 클라이언트가 자신의 작업 흐름에 응답을 어떻게 통합해야 할지 제시한다.

HTML GET 폼과 URI 템플릿은 비슷하게 느껴지는데, 이 둘이 동일한 일을 수행하기 때문이다. 둘 모두 HTTP GET 요청으로 사용할 URL을 어떻게 구성할지 클라이언트에 알려준다.

요청 안내하기

HTTP 요청은 메서드, 목적지 URL, HTTP 헤더, 엔티티 바디의 네 부분으로 이뤄진다. 하이퍼미디어 컨트롤은 클라이언트가 이 네 가지 모두를 지정하도록 안내한다.

이 HTML ⟨a⟩ 태그는 사용할 목적지 URL과 HTTP 메서드를 지정한다.

```
<a href="http://www.example.com/">An outbound link</a>
```

이 목적지 URL은 href 속성에 명시적으로 정의됐다. 사용할 HTTP 메서드는 암묵적으로 정의됐다. HTML 규격이 ⟨a⟩ 태그는 최종 사용자가 링크를 클릭할 때 GET 요청을 보낸다고 되어 있기 때문이다.

이 HTML 폼은 미래에 전송할 HTTP 요청의 메서드, 목적지 URL, 엔티티 바디를 정의한다.

```
<form action="/stores" method="get">
  <input type="text" name="storeName" value="" />
  <input type="text" name="nearbyCity" value="" />
  <input type="submit" value="Lookup" />
</form>
```

HTTP 메서드와 목적지 URL은 명시적으로 정의됐다. 엔티티 바디는 클라이언트에 물을 몇 개의 질문으로 정의되어 있다. 클라이언트는 storeName과 nearbyCity 변수에 어떤 값을 제공할지 알아내야 한다. 그러면 서버가 받아들일 폼 인코딩된 엔티티 바디를 구성할 수 있게 된다(폼 인코딩되어야 한다고 누가 그랬나? 이는 ⟨form⟩ 태그를 처리할 때의 HTML 규칙에 암묵적으로 정의되어 있다).

이 URI 템플릿은 HTTP 요청의 목적지 URL만 지정한다.

```
http://www.youtypeitwepostit.com/messages/{?search}
```

이 목적지 URL은 HTML 폼의 엔티티 바디와 마찬가지로 채워 넣을 변수를 정의하고 있다. 클라이언트는 알고리즘을 사용해 URI 템플릿과 search에 원하는 값을 넣어 예를 들면 http://www.youtypeitwepostit.com/messages/?search=rest 같은 진짜 URL로 만든다.

URI 템플릿은 목적지 URI를 제외하고는 HTTP 요청에 대해 아무것도 정의하지 않는다. GET 요청을 할지, POST 요청을 할지 또는 그 밖의 어떤 요청을 해야 할지 전혀 말하지 않는다. 그래서 URI 템플릿이 그 자체로는 의미가 없고 다른 하이퍼미디어 기술과 합쳐져야 한다고 말한 바 있다.

이 HTML 폼은 HTTP 헤더의 Content-Type에 특정 값을 지정하라고 클라이언트에 알려준다.

```
<form action="POST" enctype="text/plain">
  ...
</form>
```

일반적으로 HTML POST의 엔티티 바디는 폼 인코딩되고 Content-Type 헤더는 application/x-www-form-urlencoded로 지정되어 네트워크로 전송된다. 하지만 〈form〉 태그의 enctype 속성을 지정하면 이를 덮어씌운다. enctype="text/plain"인 폼은 자신의 엔티티 바디를 일반 텍스트 형식으로 인코딩하고 네트워크로 전송할 때 Content-Type 헤더를 text/plain으로 지정해서 보내라고 브라우저에 지시한다.

enctype 속성이 엔티티 바디를 변경한 부작용으로 Content-Type 헤더를 변경했을 뿐이므로 아주 멋진 예제는 아니다. 하지만 HTML 같은 인기 있는 하이퍼미디어 유형으로 내가 떠올릴 수 있는 최고의 예제였다.

하이퍼미디어 컨트롤은 일반적으로 HTTP 클라이언트가 원하는 어떤 헤더든 보낼 수 있도록 허용한다. 하지만 이 자유방임주의 태도는 그냥 관습일 뿐이다. 하이퍼미디어 컨트롤은 HTTP 요청을 매우 상세하게 설명할 수 있다. 클라이언트에게 HTTP 요청을 특정 URL로 보내거나, 특정 HTTP 메서드를 사용하게 하거나, 특정 규칙에 따라 엔티티 바디를 구성하게 하거나 특정 HTTP 헤더에 특정 값을 제공하도록 할 수 있다.

응답에 대한 약속

다른 HTML 태그를 보자.

```
<img src="http://www.example.com/logo.png" />
```

〈a〉 태그와 마찬가지로 〈img〉 태그도 클라이언트가 특정 URL에 GET 요청을 보낼 수 있다는 약속이다. 하지만 〈img〉 태그는 서버가 GET의 응답으로 이미지 표현의 한 종류를 보낼 것이라는 또 다른 약속도 한다.

다른 예제를 하나 더 보자. (6장에서 상세히 설명할) AtomPub의 간단한 XML 하이퍼미디어 컨트롤이다.

```
<link rel="edit" href="http://example.org/posts/1"/>
```

굉장히 간단해 보인다. 사실 이 〈link〉 태그는 HTML 문서에 정말 보일 수도 있다. 하지만 AtomPub 표준에 따라 rel="edit"을 해석하면 http://example.org/posts/1에 있는 리소스에 대한 굉장히 많은 정보를 얻을 수 있다.

먼저 rel="edit"은 http://example.org/posts/1의 리소스가 GET뿐 아니라 PUT과 DELETE도 지원함을 알려준다. 이 리소스는 GET으로 표현을 가져올 수 있고, 그 표현을 수정해서, PUT으로 보내 리소스 상태를 변경할 수 있다. 이는 완전히 HTTP 표준을 따르는 사용법으로 따로 무언가 명시적으로 설명할 필요가 없을 것이다. 하지만 대다수의 HTTP 리소스가 PUT이나 DELETE에 응답하지 않으므로 얘기할 가치가 있다.

rel="edit"의 더 중요한 의미는 http://example.org/posts/1에 GET 요청을 보냈을 때 어떤 종류의 응답을 얻게 될지 클라이언트가 추측할 필요를 없애준다는 것이다. AtomPub이 멤버 엔트리(Member Entry)라 부르는 종류의 문서를 응답으로 받게 된다(이에 대한 상세 정보는 아직 필요 없다. AtomPub에 대한 자세한 설명은 6장에서 찾을 수 있다).

서버가 클라이언트에 GET 요청을 하면 AtomPub 멤버 엔트리 표현을 응답으로 얻을 수 있다고 약속하는 것이다. 클라이언트가 아무것도 모른 채 GET 요청을 날린 뒤 Content-Type이 뭔지 확인하지 않아도 되는 것이다. 이미 받을 표현이 application/atom+xml 유형임을 알고 있고, 이 표현의 애플리케이션 의미 체계가 무엇인지도 알고 있다.

작업 흐름 조절

하이퍼미디어의 세 번째 역할은 리소스 간의 관계를 설명하는 것이다. 이는 예제로 설명하는 것이 가장 이해가 잘된다. HTML 〈a〉 태그를 하나 보자.

```
<a href="http://www.example.com/">An outbound link</a>
```

웹 브라우저에서 이 링크를 클릭하면, 브라우저는 이 링크의 href 속성으로 설명한 웹 페이지로 이동한다. 기존 페이지는 이제 브라우저의 히스토리 항목이 되어 사라진다. 〈a〉 태그는 바깥으로 나가는 링크(outbound link)다. 이 하이퍼미디어 컨트롤은 활성화되면 클라이언트의 애플리케이션 상태를 완전히 새로운 상태로 대체한다.

HTML의 이 〈img〉 태그와 비교해 보자.

```
<img src="http://www.example.com/logo.png" />
```

이것도 링크인데, 바깥으로 나가는 링크가 아니라 임베딩된 링크다. 임베딩된 링크는 클라이언트의 애플리케이션 상태를 대체하지 않고 더 늘린다. HTML에 〈img〉 태그가 있는 웹 페이지를 방문하면 (아무것도 클릭하지 않아도) 그 이미지는 별도의 HTTP 요청을 통해 자동으로 로드되어 웹 페이지와 동일한 창에 표시된다. 여전히 동일한 페이지에 있지만, 이제 더 많은 정보를 가진 것이다.

HTML 문서는 이미지 말고 다른 것도 포함시킬 수 있다. 다음 HTML 마크업은 자바스크립트로 작성된 실행 코드를 다운로드해 실행한다.

```
<script type="application/javascript" src="/my_javascript_application.js"/>
```

다음은 CSS 스타일시트를 다운로드해 메인 문서에 적용하는 마크업이다.

```
<link rel="stylesheet" type="text/css" href="/my_stylesheet.css"/>
```

다음은 현재 문서에 다른 HTML 문서 전체를 포함시키는 마크업이다.

```
<frameset>
  <iframe src="/another-document.html" />
</frameset>
```

이것들 모두가 임베딩된 링크다. 문서를 다른 문서에 포함시키는 과정은 문서 끼워 넣기(transclusion)라고 부른다.

물론 클라이언트가 이런 서버의 안내를 무시해도 된다. 브라우저가 〈script〉 태그로 참조한 파일을 포함하지 않도록 하는 브라우저 확장도 존재하고, 더 나은 가독성을 위해 스타일시트로 지정한 포매팅 명령을 재정의할 수도 있다. 이 태그들의 요점은 〈form〉 태그와 마찬가지로 어떤 HTTP 요청을 해야 클라이언트가 원하는 것을 얻을 수 있는지 힌트를 제공하는 것이다. 클라이언트는 언제든지 원하지 않는다면 요청을 하지 않을 수 있다.

가짜 하이퍼미디어를 조심하자!

하이퍼미디어의 장점을 이해하는 사람들에 의해 설계된 API들이 많다. 하지만 기술적으로 보면 이것들은 하이퍼미디어를 전혀 포함하지 않고 있다. 다음과 같은 JSON 표현을 제공하는 서점 API를 생각해보자.

```
HTTP/1.1 200 OK
Content-Type: application/json

{
 "title": "Example: A Novel",
 "description": "http://www.example.com/"
}
```

이는 책의 표현이다. description 필드가 어쩌다 보니 URL http://www.example.com/인 것으로 보인다. 근데 이게 링크인가? description이 설명을 제공하는 리소스에 연결하게 되어 있는 것인가? 아니면 그냥 텍스트 표현이어야 하는데 어떤 똑똑한 얼간이가 유효한 URL을 텍스트로 입력한 것뿐인가?

공식적으로 말하자면 "http://www.example.com/"은 문자열이다. application/json 미디어 유형은 하이퍼미디어 컨트롤을 전혀 정의하지 않고 있으므로 표현 일부가 하이퍼미디어 링크 같아 보이더라도 아니다. 그저 문자열일 뿐이다!

만일 이런 API를 소비하려 한다면, 독단적으로 이 링크의 존재를 부정하는 수준까지 가지는 않을 것이다. 대신 API 제공자가 작성한, 사람이 읽을 수 있는 문서를 읽게 된다. 그 문서는 API 제공자가 하이퍼미디어를 지원하지 않는 형식(JSON) 안에 하이퍼미디어 링크를 포함시킬 때 사용하는 나름의 규칙을 설명할 것이다. 그러면 링크와 문자열을 어떻게 구분하는지 알아 클라이언트가 하이퍼미디어 링크를 알아채고 따라갈 수 있게 작성할 수 있을 것이다.

하지만 이렇게 작성한 클라이언트는 이 특정 API에만 동작할 것이다. 읽은 문서는 그저 하나의 명목 표준을 위한 문서인 것이다. 다음에 사용할 API는 JSON에서 하이퍼미디어 링크를 포함시킬 때 사용하는 또 다른 종류의 규칙을 가질 것이고, 이를 지원하려면 다시 작업해야 할 것이다.

그런 이유로 API 설계자들이 일반 JSON을 제공하는 API를 설계해서는 안 된다. 하이퍼미디어를 제대로 지원하는 미디어 유형을 사용해야 한다. 작성 중인 API만을 위해 새로 만든 라이브러리 대신, 해당 미디어 유형을 지원하는 기존 라이브러리를 사용해야 한다.

JSON은 최근 수년간 API를 위한 가장 인기 있는 표현 형식의 자리를 차지하고 있는데, 하지만 얼마 전만 해도 JSON 기반 하이퍼미디어 유형은 존재하지 않았다. 다음 몇 장에 걸쳐서 볼 테지만 이제는 그렇지 않다. 진정한 하이퍼미디어를 얻기 위해 JSON을 포기해야 할 필요가 없어졌다.

의미 체계의 문제: 잘 대응하고 있는가?

1장의 끝에서, "어떻게 하면 컴퓨터가 어떤 링크를 클릭할지 결정하게 만들 수 있을까?"라는 도전을 받아들였었다. 웹 브라우저는 받는 표현을 사람에게 결정하도록 넘기는 방식으로 동작한다. 어떻게 해야 사람에게 단계마다 문의하지 않고 비슷한 동작을 할 수 있을까?

링크를 제공하는 것은 올바른 방향으로의 첫 단계다. 무한한 수의 유효한 HTTP 요청 중, 하이퍼미디어 문서는 어떤 요청이 지금 이 사이트에서 쓸모가 있을지 설명해주므로 클라이언트가 추측할 필요가 없다.

그러나 이것으로 충분하지 않다. HTML 문서가 A와 B 두 개의 링크를 포함하고 있다고 해 보자. 클라이언트가 선택할 수 있는 요청이 두 개 존재한다. 이 중 클라이언트는 무엇을 선택해야 할까? 어떤 기준으로 결정을 내려야 할까?

이것들 중 링크 하나가 HTML 〈img〉 태그로 표현되고 있고, 나머지 하나는 〈script〉 태그로 표현된다고 해 보자. HTTP 입장에선 이 두 링크 사이에 차이점이 없다. 둘 모두 프로토콜 의미 체계가 같다. 미리 정해진 URL에 GET 요청을 보낸다. 하지만 애플리케이션 의미 체계는 이 두 링크 간에 차이점이 있다. 〈img〉 태그의 끝에 있는 표현은 이미지를 표시하게 되어 있고, 〈script〉 태그의 끝에 있는 표현은 클라이언트 사이드 코드로 수행되어야 한다.

어떤 클라이언트는 이 정보만 가지고 충분히 결정을 내릴 수 있다. 웹 페이지의 모든 이미지를 긁어모으는 클라이언트는 〈img〉 태그의 링크는 따라가지만 〈script〉 태그의 링크는 무시할 것이다.

이것이 하이퍼미디어 컨트롤이 의미적 차이를 이어줄 수 있음을 보여준다. 이것들은 특정 HTTP 요청을 왜 하고 싶은지 클라이언트에 알려줄 수 있다.

하지만 대부분의 클라이언트에게 〈img〉와 〈script〉의 구분은 결정을 내리기에 충분하지 못하다. '이미지'와 '스크립트'는 애플리케이션 의미 체계의 굉장히 일반적인 기본 정보 단위다. HTML로 설명한 애플리케이션인 월드 와이드 웹은 온갖 종류의 일에 사용되는 굉장히 유연한 애플리케이션이다.

애플리케이션 의미 체계를 생각할 때 나는 그보다 더 상위 수준에서 생각하곤 한다. 위키와 온라인 상점을 구분 짓는 개념에 대해 생각해 보자. 둘 다 웹 사이트고, 둘 모두 이미지와 스크립트를 포함해 사용하지만, 이 둘은 굉장히 다른 것들을 의미한다.

하이퍼미디어 유형은 HTML처럼 일반적일 필요가 없다. 위키나 상점의 애플리케이션 의미를 전달할 수 있을 만큼의 충분한 상세 정보로 정의할 수 있다. 다음 장에서, 특정 종류의 문제를 나타내도록 설계한 하이퍼미디어 유형에 대해 설명할 것이다. 이 문제 범위 바깥에서 보면 이것들은 거의 쓸모없다. 하지만 그 한계 안에서는 의미 체계의 문제를 굉장히 잘 다룬다.

5장

도메인 특화 설계

이 장에서는 문제 영역을 하나 고르고 그걸 표현할 웹 API를 구현한다. 문제 영역의 상세 내용은 딱히 중요하지 않다. 기법은 언제나 동일하다. 그래서 내가 생각할 수 있는 가장 하찮은 예제를 골랐다. 바로 미로 게임이다!

그림 5-1은 입구와 출구가 하나씩인 간단한 미로를 보여준다. 서버의 역할은 이런 미로를 만들고 클라이언트에게 표시하는 것이다.

별거 아닌 예제지만 미로는 전반적인 하이퍼미디어 애플리케이션을 잘 설명하는 좋은 비유다. 어떤 복잡한 문제라도 클라이언트가 탐험해야 하는 하이퍼미디어 미로로 표현해 낼 수 있다. 전화 조직망을 헤매 본 적이 있거나 온라인 상점에서 제품을 검색하고 그 검색 결과에서 뭔가 구입한 경험이 있다면, 하이퍼미디어 미로를 탐험한 적이 있는 것이다.

복잡한 보험 정책을 수정하는 데 사용하는 하이퍼미디어 API를 본 적이 있다. 카탈로그에서 제품을 선택하고, 결제하고, 전화 조직망을 나타내는 API들 말이다(10장 VoiceXML 참조). 이 API들은 모두 이제 살펴볼 미로 게임과 형태가 똑같다.

- 문제를 단번에 다 이해하긴 복잡하니 여러 단계로 나눈다.
- 모든 클라이언트는 첫 단계부터 시작한다.

그림 5-1. 미로 예제(위에서 본 화면)

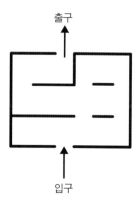

출구

입구

- 과정의 단계마다 서버는 클라이언트에게 가능한 다음 단계를 제시한다.
- 각 단계에서 클라이언트는 다음 단계를 선택한다.
- 클라이언트는 어떤 것이 성공인지 알고 언제 멈춰야 할지 안다.

책의 진도가 나가면서 특정 문제 도메인을 더 다룰 것이다. 문서와 가능한 단계가 더 복잡해지겠지만, 단계별 문제 해결 알고리즘은 언제나 동일하게 동작한다.

Maze+XML: 도메인 특화 설계

그림 5-1을 다시 살펴보자. 미로를 그래픽으로 표현한 것이다. 사람이 볼 때는 직관적으로 이해할 수 있지만, 컴퓨터는 기계 시각 알고리즘을 통해야 한다. 어떻게 하면 미로를 컴퓨터가 이해하기 쉬운 형태로 나타낼 수 있을까?

많은 해결책이 있겠지만, 해결책을 처음부터 만들기보다는 기존에 있던 작업물을 좀 활용할 계획이다. 미로를 기계가 이해할 수 있는 형식으로 표현하는 데 사용하는 Maze+XML이라는 개인 표준이 있다.

Maze+XML 문서의 미디어 유형은 application/vnd.amundsen.maze+xml이다. 보낸 HTTP 요청에 대한 응답에서 이 문자열이 Content-Type으로 나온다면, 엔티티 바디를 완벽히 이해하기 위해선 Maze+XML 규격이 필요하다는 사실을 알 것이다. 바로 이것이 도메인 특화 설계와 의미 체계의 문제가 만나는 지점이다. 미로 배치 같은 문제를 나타내는 문서 형식을 정의하는 것과, 그 형식의 미디어 유형을 등록하는 것을 통해 클라이언트가 이 문제의 예를 만났음을 바로 알 수 있게 해준다.

일반적으로 새로운 도메인 특화 미디어 유형을 만드는 것은 추천하지 않는다. 보통 일반적인 하이퍼미디어 유형에 애플리케이션 의미 체계를 추가하는 것이 손이 덜 가는 방법이다. 이 기법은 다음 두 장에 걸쳐서 설명한다. 도메인 특화 설계를 하기로 결정했다면 선구자들의 결과물의 혜택을 받지 못하는 명목 표준을 만들게 될 확률이 높다. 오늘날 대다수의 API가 겪고 있는 유연성의 문제는 없겠지만, 실제 혜택은 별로 없이 추가 작업을 더 많이 해야 한다.

그렇지만 도메인 특화 설계는 일반적인 개발자가 API를 설계할 때 처음 떠올리는 본능적인 생각이다. 주어진 문제를 해결하는 것보다 더 자연스러운 게 뭐가 있겠는가? 그래서 이 책에서도 도메인 특화 설계를 먼저 다루는 것이다. 의미적 차이를 커스텀 하이퍼미디어 유형으로 연결하는 것을 보여주기는 쉽다.

Maze+XML은 어떻게 동작하나

그림 5-1을 위에서 보는 게 아니라 미로 안에 들어가 있다고 상상해 보자. 전체 모

그림 5-2. 미로 예제 속

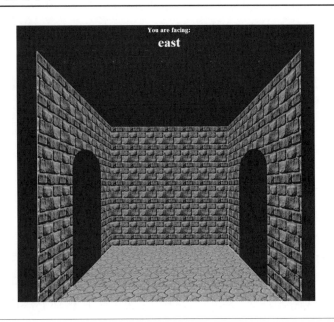

그림 5-3. 셀의 네트워크로 나타낸 미로 예제

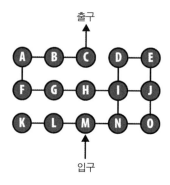

습을 보지 못하고 바로 근처만 볼 수 있다. 미로에 들어가면 그림 5-2처럼 입구가 뒤에 있고 벽이 앞에 있는 상황을 마주하게 된다. 선택지는 왼쪽으로 가느냐 오른 쪽으로 가느냐 두 개뿐이다. 어느 쪽으로 가야 출구가 나올지 전혀 알 수 없다.

Maze+XML 형식은 서로 연결된 '셀(cell)'의 네트워크로 미로를 표시해 마치 쥐가 보는 것처럼 나타낸다. 그림 5-3은 그림 5-1의 미로 예제를 셀의 네트워크로 어떻게 나타낼 수 있는지 보여준다. 미로를 그리드로 잘라 각각의 정사각형 그리드에 셀을 만들었다.

Maze+XML 셀은 동서남북으로 서로 이어진다. 북쪽이 페이지 상단을 가리킨다고 하자. 이 말은 출구(셀 C)가 입구(셀 M)의 바로 북쪽에 있다는 것을 의미한다. 물론 북쪽으로 바로 갈 수는 없어서 동쪽으로 돌아가야 한다.

Maze+XML 미로의 각 셀은 각자의 URL을 갖는 HTTP 리소스다. 이 미로의 첫 셀에 GET 요청을 보내면 다음과 같은 표현을 받게 된다.

```
<maze version="1.0">
 <cell href="/cells/M" rel="current">
  <title>The Entrance Hallway</title>
  <link rel="east" href="/cells/N"/>
  <link rel="west" href="/cells/L"/>
 </cell>
</maze>
```

이 표현은 고전 텍스트 기반 어드벤처 게임처럼 사람이 읽을 수 있는 셀의 이름 "통로 입구(The Entrance Hallway)"도 포함한다. 여기서 하이퍼미디어가 들어온다. 이 표현에는 근방 셀과 연결하는 〈link〉 태그도 포함한다. 셀 M에서 서쪽 셀 L이나

동쪽 셀 N으로 이동할 수 있다.

연결 관계

이 표현은 연결 관계(link relation)라 부르는 강력한 하이퍼미디어 도구를 보여준다. rel="east"와 rel="west"만으론 아무 의미도 없다. 컴퓨터가 east와 west라는 단어를 이해하지 못하기 때문이다. 하지만 Maze+XML 표준에서 east와 west를 정의하고 있고 개발자들은 클라이언트에 이 정의를 입력할 수 있다. 이것들의 정의를 보자.

east

현재 리소스의 동쪽에 있는 리소스를 나타낸다. Maze+XML 미디어 유형에서 사용되면 연관된 URI는 활성 미로에서 동쪽에 있는 이웃 셀 리소스를 가리킨다.

west

현재 리소스의 서쪽에 있는 리소스를 나타낸다. Maze+XML 미디어 유형에서 사용되면 연관된 URI는 활성 미로에서 서쪽에 있는 이웃 셀 리소스를 가리킨다.

이 정의는 뭔가 에둘러 말하는 것 같다. 그저 연결 관계 east와 west가 일상의 위치 개념으로 사용되는 동, 서에 해당하는 것 같다. 하지만 이들 정의는 의미적 차이를 메우는 목적으로 존재한다. 다시 말하지만 연결 관계는 그 자체로는 아무 의미가 없다. 공식적인 정의가 없이는 east가 남쪽을 의미하고 west가 아래쪽을 의미할 수도 있는 것이다.

Maze+XML 표준은 north와 south 연결 관계도 정의한다. 이들 정의는 Maze+XML 표현에 방향 링크가 나올 것을 예상하게 해주며, 만일 나온다면 컴퓨터가 이 마크업 정보를 이해하도록 프로그래밍할 수 있게 해준다.

```
<link rel="east" href="/cells/N"/>
```

Maze+XML에서 east 연결 관계로 표시된 링크를 따라가면 클라이언트는 어떤 추상적인 지역의 동쪽으로 이동하게 될 것이다. 그러면 또 다른 미로 셀을 만나게 된다. 현재 리소스에서 동쪽의 다른 리소스로 이동하는 것은 현실에서 동쪽으로 이동하는 것과 비슷하다. 또는 지도에서 손가락을 동쪽으로 옮기는 것과 비슷하다 할 수도 있다. 이게 Maze+XML이 의미 체계의 문제를 충족시키는 방법이다. 애플리케이선 의미를 전달하는 연결 관계를 정의한다.

연결 관계는 Maze+XML의 〈link〉 태그 같은 하이퍼미디어 컨트롤에 연계되는 마법 같은 문자열이다. 이는 클라이언트가 해당 컨트롤을 동작시키면 발생할 (안전한 요청의 경우) 애플리케이션 상태 변화나 (안전하지 않은 요청의 경우) 리소스 상태 변화를 설명한다. 연결 관계는 RFC 5988에 공식적으로 정의되어 있지만, 이 개념은 굉장히 오래전부터 있었고 거의 모든 하이퍼미디어 유형이 지원한다.

RESTful API 개발자를 위한 가장 중요한 웹 페이지 중 하나는 IANA(Internet Assigned Numbers Authority)가 관리하는 연결 관계 등록부다. 이 등록부는 이 책에서 계속 살펴볼 것이다. 여기에는 60가지 연결 관계가 포함되어 있는데 이것들은 일반적으로 유용하며 특정 데이터 형식에 묶여 있지 않은 것들이다. 가장 간단한 예제는 목록을 이동할 때 사용하는 next와 previous 관계다. Maze+XML의 east, west는 일반적인 용도로 사용하기에 유용하다고 여겨지지 않았기에 이 목록에서 찾을 수 없다.

RFC 5988은 등록된 관계 형식과 확장 관계 형식 두 가지 연결 관계를 정의한다. 등록된 연결 관계는 IANA 등록부에서 보게 되는 것들과 비슷한데, east나 previous처럼 짧은 문자열이다. 충돌을 피하기 위해 이 짧은 문자열들은 어딘가에 등록되어야 하는데 꼭 IANA일 필요는 없고, 미디어 유형 정의처럼 어떤 표준이어야 한다.

확장 관계는 URL처럼 생겼다. mydoma.in을 소유하고 있다면 연결 관계를 http://mydoma.in/whatever라고 이름 짓고 원하는 어떤 의미든 부여할 수 있다. 내가 이 도메인을 소유하고 있으므로, 어느 누구도 내가 정의한 연결 관계와 충돌되는 것을 정의할 수 없다. 사용자가 웹 브라우저에서 http://mydoma.in/whatever를 방문한다면, 그 연결 관계[1]에 대한 사람이 읽을 수 있는 설명을 보게 될 것이다.

9장에서 등록된 관계의 짧은 이름을 언제 사용해도 괜찮은지 설명한다. 여기서는 요약만 살펴보자.

- 확장 관계는 언제든 사용할 수 있다.
- IANA에 등록된 연결 관계는 언제든 사용할 수 있다.

---

1 IANA에 등록된 연결 관계를 확장 관계로 포맷할 필요가 있다면, URI 템플릿 http://alps.io/iana/relations#{name}을 사용할 수 있다. 예를 들어, 연결 관계 author를 대체하는 이름은 http://alps.io/iana/relations#author다. 이는 IANA와는 전혀 상관이 없으며 8장에서 설명하는 ALPS 프로젝트에서 제공하는 서비스다.

- 문서의 미디어 유형이 어떤 등록된 관계를 정의한다면 그 문서 내에서는 사용해도 된다.
- 문서가 어떤 연결 관계를 정의하는 프로파일을 포함한다면(8장 참조), 그 문서 내에서는 등록된 관계처럼 사용해도 된다.
- IANA 등록부에 있는 이름과 충돌하는 연결 관계 이름을 정의하지 않는다.

링크를 따라가서 애플리케이션 상태 변경하기

클라이언트는 셀 M에서 적절한 링크를 따라(즉, GET 요청을 rel="east"라 표시된 URL에 보내어) '동쪽으로 이동'할 수 있다. 이제 클라이언트는 다음과 같은 두 번째 Maze+XML 표현을 받게 된다.

```
<maze version="1.0">
 <cell href="/cells/N">
  <title>Foyer of Horrors</title>
  <link rel="north" href="/cells/I"/>
  <link rel="west" href="/cells/M"/>
  <link rel="east" href="/cells/O"/>
 </cell>
</maze>
```

이 Maze+XML 표현은 지도상의 셀 N을 나타낸다. 연결 관계 west로 셀 M에 되돌아갈 수 있고, 셀 I(north)와 셀 O(east)로 연결되어 있다.

클라이언트의 애플리케이션 상태가 변경되었다. HTML 표준의 용어를 빌리자면, 클라이언트는 셀 M을 '방문'하고 있었고, 이제 셀 N을 '방문'하고 있다. 클라이언트는 셀 N의 표현의 링크에 따라 이제 세 가지 선택 사항에서 고를 수 있다.

링크를 잘 따라가면(north, west, west, west, north, east, east, 그리고 마침내 east) 셀 N에서 셀 C로 이동할 수 있다. 그 셀은 〈link〉 태그에 연결 관계 exit로 이 미로의 출구를 포함하고 있다.

```
<maze version="1.0">
 <cell href="/cells/C">
  <title>The End of the Tunnel</title>
  <link rel="west" href="/cells/B"/>
  <link rel="exit" href="/success.txt"/>
 </cell>
</maze>
```

Maze+XML 표준에서 exit를 뭐라 정의하는지 보자.

exit

현재 클라이언트의 활동 또는 프로세스의 출구 또는 끝을 나타내는 리소스를 말한다. Maze+XML 미디어 유형에서는 연계된 URI가 현재 미로의 최종 출구 리소스를 가리킨다.

Maze+XML은 east나 다른 방향 관계와 달리 exit 링크의 끝에 무엇이 나타나야 하는지 설명해 주지 않는다. '리소스'이기 때문에 무엇이든 가능하다. 이 구현에서는 텍스트 축하 메시지(success.txt)로 연결하기로 했다.

미로 컬렉션

셀 C는 특수 링크 rel="exit"를 포함하는 표현이므로 이 미로를 벗어나게 해준다. 하지만 미로의 입구인 셀 M은 다른 열네 개의 셀과 구분 지을 특별한 무언가가 없다. rel="entrance" 같은 게 없다는 말이다. 셀 M의 제목은 "통로 입구(The Entrance Hallway)"인데, 이게 컴퓨터에겐 사실 아무 의미가 없다. 이 의미상의 차이를 어떻게 극복할 수 있을까? 미로가 어디서 시작한다는 걸 클라이언트가 어떻게 알 수 있을까?

Maze+XML 표준은 컬렉션, 즉 미로 목록으로 이 문제를 해결한다. 미로 API의 루트 URL에 GET 요청을 보내면 다음과 같은 Maze+XML 표현을 받을 것이다.

```
<maze version="1.0">
 <collection>
  <link rel="maze" title="A Beginner's Maze" href="/beginner">start">
  <link rel="maze" title="For Experts Only" href="/expert-maze/">
 </collection>
</maze>
```

Maze+XML의 컬렉션은 연결 관계 maze를 포함하는 〈link〉 태그들을 담고 있는 〈collection〉 태그다. (east나 exit처럼 Maze+XML 규격에 정의된) 이런 관계는 클라이언트에게 그 리소스가 미로를 시작하는 셀임을 알려준다. 이 표현은 미로 두 개를 연결한다. 그림 5-1에 도식화한 초보자용 미로와 여기서는 따로 보여주지 않지만 더 복잡한 미로다.

maze로 관계가 정의된 URL(/beginner)에 GET 요청을 보내면 다음과 같은 표현을 받는다.

```
<maze version="1.0">
 <item>
  <title>A Beginner's Maze</title>
  <link rel="start" href="/cells/C"/>
 </item>
</maze>
```

이는 미로를 외부에서 본 하이 레벨 표현이다. 셀 C를 가리키는 관계 start로 링크가 걸려 있다.

Maze+XML에서 /cells/C가 이 미로의 입구임을 나타내주는 곳이 바로 여기다. 여기가 바깥에서 본 미로다. 일단 미로에 들어가고 나면 더는 셀 C에 대해 특별히 지칭하는 것이 없다.

미로 컬렉션의 URL은 "광고판에 광고하는 URL"이다. 이 URL에 대해서는 아무 정보도 없이 시작하지만, Maze+XML API가 제공하는 모든 것을 할 수 있다.

1. 미로 컬렉션의 표현을 GET 요청으로 가져오는 것으로 시작한다. Maze+XML 규격을 읽고 클라이언트에 이 지식을 프로그래밍해 넣었으니 이 표현을 어떻게 파싱해야 할지 이미 안다.

2. 또 클라이언트는 연결 관계 maze가 개별 미로를 나타냄을 알고 있다. 그래서 두 번째 GET 요청을 날릴 URL을 알려준다. 이 GET 요청을 날리면 개별 미로의 표현을 받는다.

3. 클라이언트는 (이미 해당 정보를 프로그래밍해 넣었으므로) 개별 미로 표현을 파싱할 방법을 알고 있다. 또 start 연결 관계가 미로의 입구를 나타냄도 알고 있다. 이제 미로에 들어가기 위해 세 번째 GET 요청을 날릴 수 있다.

4. 클라이언트는 미로 셀의 표현을 파싱하는 방법도 알고 있다. east, west, north, south의 뜻을 알고 있으므로 연속된 HTTP GET 요청으로 가상의 미로를 이동할 수 있다.

5. 클라이언트가 exit의 의미를 알고 있으므로 미로가 완료됐을 때 그 사실을 깨달을 수 있다.

Maze+XML 표준의 내용은 이보다 더 많지만 기본은 이로써 충분하다. 미로들을 링크하는 컬렉션이 있고 이 미로들은 셀 하나를 링크한다. 그 한 셀로부터 다른 셀로 링크를 따라 이동할 수 있다.

결국은 exit 링크가 있는 셀을 찾게 될 것이고 거기서 미로를 탈출할 수 있다. 이 정도면 클라이언트를 작성하기에 필요한 모든 정보가 갖춰진 셈이다.

Maze+XML이 API일까?

이 분야의 경험이 있다면 'API는 어디 있는 거야?'라고 생각할 수도 있다. 미로 게임이 복잡한 애플리케이션은 아니지만 그래도 몇 개의 XML 태그명과 연결 관계 이상의 무언가를 예상했을 것이다. Maze+XML 표준은 그동안 익숙했던 무언가가 빠져 있다. API 호출이나 URL 구성 규칙 같은 것을 전혀 정의하지 않는다. 게다가 HTTP는 거의 언급하지도 않았다! 예제 표현에서 몇몇 URL을 보여주긴 했지만, URL 형식이 이 표준에서 정의한 것이라고 생각하지 않게 하기 위해 (/beginner와 /expert-maze/start처럼) 일부러 URL 형식이 일관성 없어 보이도록 만들었다.

이런 익숙한 것들은 위험하다. 한 조직 내에서 사용할 목적인 애플리케이션은 API 호출에 의거해 설계해도 잘 동작하며 개발하기도 쉽다. API 호출 비유는 네트워크 경계가 없다고 가정하고, 클라이언트가 로컬 코드 라이브러리를 호출하듯 원격 컴퓨터의 메서드를 사용하게 해준다. 이런 설계를 도와줄 책과 소프트웨어 도구는 이미 많이 나와 있다.

내 경험상 'API 호출' 비유는 불가피하게 서버의 상세 구현을 클라이언트에 노출하게 된다. 그러면 서버 코드와 클라이언트 코드 사이에 결합도가 높아진다. API에 관여하는 모든 사람이 친구와 동료라면 이게 큰 문제는 아닐 것이다.

하지만 이 책은 웹 API, 즉 웹 규모의 API(어느 누구든지 클라이언트를 사용하거나, 작성하거나, 어떤 경우는 서버를 작성하는 게 가능한 API)에 초점을 맞추고 있다. 조직 바깥의 사람이 API 호출을 할 수 있도록 허용해야 할 때 그 사람을 서버 구현에서 익명 사원처럼 만들곤 한다. 그러면 누구인지 알 수 없는 고객에게 피해를 입히지 않은 채로 서버에서 무언가를 바꾸는 것이 굉장히 어려워진다.

이래서 공개된 API가 바뀌는 일이 거의 없는 것이다. API 사용자들에게 큰 고통을 주지 않으면서 API 호출에 기반을 둔 API를 변경할 수 없다. 이는 로컬 코드 라이브러리의 API를 골치 아플 일 없이 변경할 수는 없는 것과 마찬가지다. 웹 규모에서 API 호출 설계는 정체되었다.

하이퍼미디어에 기반을 둔 설계는 더 유연하다. 클라이언트가 HTTP 요청을 보낼 때마다 서버는 응답하면서 그다음 과정으로 가장 적합한 HTTP 요청을 설명한다. 서버 측 옵션이 변경되면 문서도 같이 변경된다. 이게 우리 API의 거대한 문제인 의미적 차이를 전혀 해결해 주진 않지만, 우리가 어떻게 해결해야 하는지 아는 문제는 해결해 준다.

클라이언트 #1: 게임

Maze+XML API의 명백한 사용처 중 하나는 사람이 즐길 게임이다. 여기 미로 컬렉션을 가져와서 골라 플레이할 수 있게 해주는 간단한 한 페이지짜리 앱을 보자. 미로에 들어가면 쥐가 보는 시각으로 미로가 보이며, 방향을 입력해 미로를 탐험한다. 출구를 찾으면 (미로에서 소비한 '턴') 점수를 받는다.[2]

우리는 'API 클라이언트'가 자동화된 클라이언트라고 생각하는 경향이 있다. 하지만 이처럼 사람이 동작시키는 클라이언트가 현대 API 생태계에서 큰 역할을 차지한다. 사람 주도로 모바일 애플리케이션이 웹 API를 통해 서버와 커뮤니케이션하는

그림 5-4. 게임 클라이언트의 초기 상태

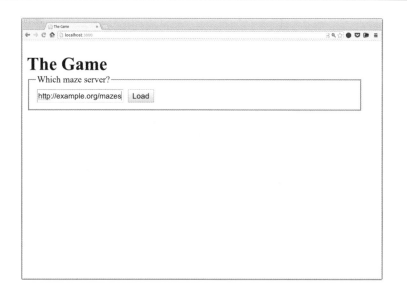

---

2 게임 클라이언트의 노드 소스는 『RESTful Web API』 깃허브 리포지터리에서 찾을 수 있다(Maze/the-game/ 디렉터리).

일이 굉장히 흔하다. 사람이 껴 있을 때 가장 좋은 것은 의미적 차이의 문제가 전혀 없다는 것이다.

그림 5-4는 웹 브라우저에 게임 클라이언트를 띄운 직후를 보여준다.

광고판 URL(미로 컬렉션 URL)을 입력하고 Load 버튼을 클릭했다. 그러면 입력한 URL에 HTTP GET 요청을 보낸다.

```
GET /mazes/ HTTP/1.1
Host: example.org
Accept: application/vnd.amundsen.maze+xml
```

서버는 Maze+XML 문서로 응답한다.

```
<maze version="1.0">
  <collection href="http://example.org/mazes/">
    <link href="http://example.org/mazes/a-beginner-maze" rel="maze"
      title="A Beginner's Maze" />
    <link href="http://example.org/mazes/for-experts-only"
      rel="maze" title="For Experts Only" />
  </collection>
</maze>
```

그림 5-5. 미로 선택

게임 클라이언트는 이 문서(미로의 컬렉션의 표현)를 읽고 HTML 인터페이스로 변환한다(그림 5-5). 두 개의 미로 중 하나를 고를 수 있다. 이 미로들은 Maze+XML 문서에 연결 관계 "maze"로 걸린 두 링크에 해당한다.

'1'을 입력해 미로를 선택하고 Go 버튼을 누르면 초보자용 미로로 들어간다. 그림 5-6은 클라이언트가 미로의 첫 방을 어떻게 표시하는지 보여준다.

이건 어떻게 일어난 것일까? 바로 하이퍼미디어를 통해서다. '1'을 입력했을 때, 클라이언트에게 HTTP GET 요청을 통해 rel="maze"가 붙은 첫 링크를 따라가라고 지시한 것이다. 링크를 클릭하는 것과는 인터페이스가 많이 다르지만, 동일한 효과가 발생한다.

요청을 살펴보자.

```
GET /mazes/beginner HTTP/1.1
Host: example.org
Accept: application/vnd.amundsen.maze+xml
```

서버가 응답으로 내려준 Maze+XML 문서다.

그림 5-6. 초보자용 미로의 첫 번째 셀

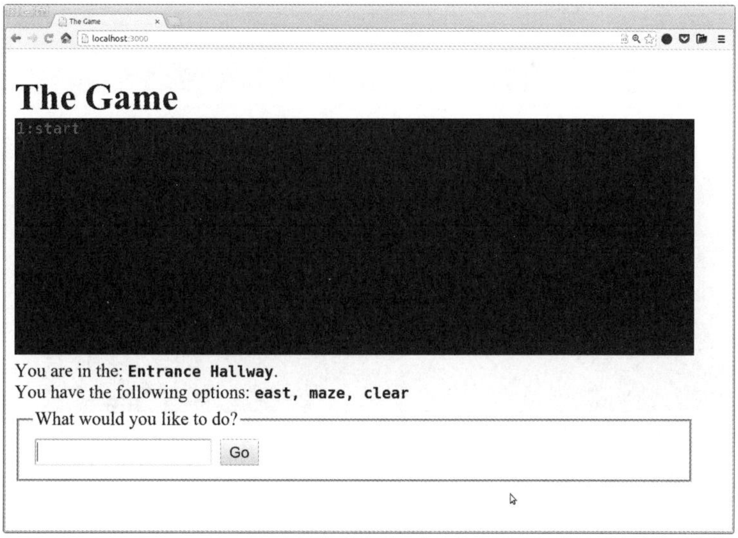

```
<maze version="1.0">
  <item href="http://example.org/maze/beginner" title="A Beginner's Maze">
    <link href="http://example.org/mazes/beginner/0" rel="start"/>
  </item>
</maze>
```

이 문서에 임베딩된 링크는 미로를 시작하는 링크 단 하나뿐이므로 사람이 결정을 내릴 필요가 없다. 게임 클라이언트는 표현을 사용자에게 보여주지도 않는다. 대신, 자동으로 rel="start"가 붙은 링크를 따라간다. 즉, 또 다른 GET 요청을 보낸다.

```
GET /mazes/beginner/0 HTTP/1.1
Host: example.org
Accept: application/vnd.amundsen.maze+xml
```

그 결과로 미로 안의 셀의 표현을 받아온다.

```
<maze version="1.0">
  <cell href="http://example.org/mazes/beginner/0" rel="current"
        title="Entrance Hallway">
    <link href="http://example.org/mazes/beginner/5" rel="east"/>
    <link href="http://example.org/mazes/beginner/J" rel="south"/>
  </cell>
```

그림 5-7. 초보자 미로의 중간

그림 5-8. 초보자 미로의 바깥

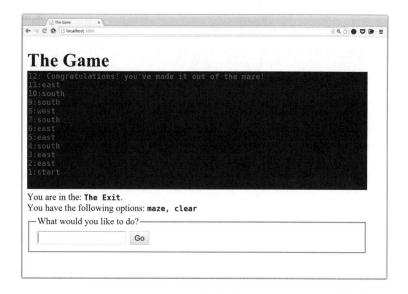

```
</maze>
```

이 정보는 HTML로 전환된 뒤 사람에게 보인다. 그러면 최종적으로 그림 5-6처럼 보인다.

이제 '초보자 미로(A Beginner's Maze)'에 들어왔다. 여기서부터는 주어진 목록 (동, 북 등)으로부터 나침반 방향을 입력해 미로를 탐험한다. Go 버튼을 클릭할 때 마다 HTTP GET 요청으로 해당하는 링크를 따라가라고 클라이언트에 지시한다. 그림 5-7은 초보자 미로의 중간쯤인 셀 G(도구의 방: The Tool Room)를 보여준다.

그림 5-8은 미로를 완성한 후 바깥의 모습을 보여준다.

미로를 떠나면 클라이언트는 exit 링크의 끝에서 (리소스 상태에 해당하는) 축하 메시지를 보여준다.

Maze+XML 서버

Maze+XML 클라이언트를 두 개 더 작성할 예정인데 그 전에 서버 구현부터 얘기해 보자. 이 장의 모든 클라이언트는 이 책을 위해 작성된 Maze+XML 표준을 굉장히

간단히 구현한 서버와 함께 동작한다.[3]

　오늘날 대다수의 API는 특정 회사가 지원하며 한 호스트 이름에만 존재하는 명목 표준이지만 Maze+XML은 개인 표준으로 어느 누구든 구현할 수 있다. 이 말은 Maze+XML 서버와 그 서버 구현이 여러 개가 존재할 수 있다는 뜻이다. 내 서버 구현에 딱히 특별한 것은 없다. 사실 굉장히 제한적이다. 아주 작은 범주의 Maze+XML 미로만 담을 수 있다. JSON 기반 파일 형식에 맞는 작고 정상적인 미로만 지원한다.

　내 서버가 Maze+XML의 최고 구현이라 할 수는 없겠지만, 미로를 매우 간단히 추가할 수 있다. 서버는 단순한 JSON 문서로 미로를 저장한다. 예제로 사용했던 '초보자' 미로를 나타내는 JSON 문서를 보자. HTTP로 전송될 문서가 아니므로 미로를 REST 측면에서 나타낸 표현은 아니다. HTTP로 전송될 Maze+XML 문서를 생성하는 데 사용할 데이터다.

```
{
  "_id" : "five-by-five",
  "title" : "A Beginner's Maze",
  "cells" : {
   "cell0":{"title":"Entrance Hallway", "doors":[1,1,1,0]},
   "cell1":{"title":"Hall of Knives", "doors":[1,1,1,0]},
   "cell2":{"title":"Library", "doors":[1,1,0,0]},
   "cell3":{"title":"Trophy Room", "doors":[0,1,0,1]},
   "cell4":{"title":"Pantry", "doors":[0,1,1,0]},
   "cell5":{"title":"Kitchen", "doors":[1,0,1,0]},
   "cell6":{"title":"Cloak Room", "doors":[1,0,0,1]},
   "cell7":{"title":"Master Bedroom", "doors":[0,0,1,0]},
   "cell8":{"title":"Fruit Closet", "doors":[1,1,0,0]},
   "cell9":{"title":"Den of Forks", "doors":[0,0,1,1]},
   "cell10":{"title":"Nursery", "doors":[1,0,0,1]},
   "cell11":{"title":"Laundry Room", "doors":[0,1,1,0]},
   "cell12":{"title":"Smoking Room", "doors":[1,0,1,1]},
   "cell13":{"title":"Dining Room", "doors":[1,0,0,1]},
   "cell14":{"title":"Sitting Room", "doors":[0,1,1,0]},
   "cell15":{"title":"Standing Room", "doors":[1,1,1,0]},
   "cell16":{"title":"Hobby Room", "doors":[1,0,1,0]},
   "cell17":{"title":"Observatory", "doors":[1,1,0,0]},
   "cell18":{"title":"Hot House", "doors":[0,1,0,1]},
   "cell19":{"title":"Guest Room", "doors":[0,0,1,0]},
   "cell20":{"title":"Servant's Quarters", "doors":[1,0,0,1]},
   "cell21":{"title":"Garage", "doors":[0,0,0,1]},
   "cell22":{"title":"Tool Room", "doors":[0,0,1,1]},
   "cell23":{"title":"Banquet Hall", "doors":[1,1,0,1]},
```

---

3 서버 코드는 『RESTful Web API』의 깃허브 리포지터리의 Maze/server 디렉터리에서 찾을 수 있다.

```
    "cell24":{"title":"Spoon Storage", "doors":[0,0,1,1]}
  }
}
```

각 셀은 이름("title")과 동, 서, 남, 북쪽에 문이 있는지를 표시하는 이진 숫자 목록("doors")으로 표현된다. 2차원 5 × 5 그리드를 구성하도록 셀이 나열되어 있는데, 각 셀은 모두 동일한 크기다. 이런 미로는 완전 미로[4]라고 하며 풀기 쉽다. 이 서버가 이해할 수 있는 미로는 바로 이런 미로들뿐이다. 하지만 Maze+XML 미디어 유형은 다양한 크기의 2차원 미로 위상을 지원한다. 길이 하나뿐인 미로가 쭉 이루어져 있는 형태의 미로나 무한히 큰 미로가 랜덤으로 생성되는 것을 생각해 보라.

클라이언트 #2: 지도 제작기

게임 클라이언트는 사람에 의존해 어디로 갈지 정한다. 그러나 미로를 자동으로 풀어내는 알고리즘이 있으며, 우리도 수동 클라이언트 외에 자동 클라이언트를 작성하지 못할 이유가 없다.

이미 미로를 푸는 게 목적인 클라이언트를 작성했으므로(79쪽의 '클라이언트 #1: 게임'), 흥미를 더 가질 수 있도록 이 클라이언트는 무언가 다르게 해 보자. 이 클라이언트는 지도 제작기라 부르고, 미로의 지도를 만드는 클라이언트다(지도 제작기의 코드는 『RESTful Web API』 깃허브 리포지터리의 Maze/the-mapmaker 디렉터리에서 찾을 수 있다) 이 클라이언트는 미로의 모든 셀을 방문하기를 시도하고 시각적으로 표시할 지도를 구성한다. 이 클라이언트는 미로를 탈출하려 시도하지 않고, 미로 전체를 보고 싶어 한다. 출구를 찾으면 지도의 내부 표현에 출구라 표시해 두고 계속 이동한다. 이 클라이언트는 "exit" 링크는 따라가지 않는다.

게임은 노드로 작성되어 웹 브라우저 안에서 구동되는 웹 애플리케이션이다. 지도 제작기 역시 노드로 작성되었지만, 콘솔에 출력하는 커맨드라인 애플리케이션이다. Maze+XML이 깔린 광고판 URL을 입력하면, 그 사이트의 모든 미로의 지도를 만들 것이다. 개별 미로의 URL을 입력하면 그 미로의 지도만 만든다. 초보자 미로에 이 지도 제작기를 돌린 결과인 아스키 아트(ASCII-art)를 살펴보자.

---

4 아스트로로그(Astrolog)의 미로 구분 페이지(http://www.astrolog.org/labyrnth/algrithm.htm)에서 이 주제에 대한 다양한 정보를 찾을 수 있다.

```
$ node the-mapmaker http://localhost:1337/mazes/tiny
Exploring A Beginner's Maze...
```

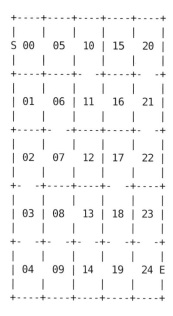

```
Map Key:
S = Start
E = Exit
0:Entrance Hallway
1:Hall of Knives
2:Library
3:Trophy Room
4:Pantry
5:Kitchen
6:Cloak Room
7:Master Bedroom
8:Fruit Closet
9:Den of Forks
10:Nursery
11:Laundry Room
12:Smoking Room
13:Dining Room
14:Sitting Room
15:Standing Room
16:Hobby Room
17:Observatory
18:Hot House
19:Guest Room
20:Servant's Quarters
21:Garage
22:Tool Room
23:Banquet Hall
24:Spoon Storage
```

서버는 미로를 이런 그래픽 형식으로 정의하지 않는다. 그저 JSON 문서로 저장되었고 XML 문서로 제공될 뿐이다. 이 미로의 그래픽 뷰는 지도 제작기가 자동 탐험으로 만들어 낸 것이다.

지도 제작기가 미로에 들어가면 첫 번째 방에서 모든 문(링크)을 식별하고 한 번에 하나씩 '방문'한다. 이전 방으로 돌아오지 않고 결과적으로 방과 방 사이를 순간 이동하게 된다. 각 방에서 지도 제작기는 모든 출구를 보고 방문해야 하는 방의 목록을 구축한다. 지도 제작기는 미로를 너비 우선 탐색하는 것이다.

모든 셀(그리고 셀 사이의 모든 링크)을 다 처리하고 나면 지도 제작기는 수집한 데이터를 가지고 셀의 그리드와 그 사이의 연결을 나타내는 아스키 맵을 생성한다.

지도 제작기 클라이언트는 대부분의 API 클라이언트보다 애플리케이션 상태의 더 광활한 뷰를 갖고 있다. 게임 클라이언트는 사람이 미로에 들어가는 것처럼 동작한다. 언제나 하나의 특정한 셀을 '방문'하고 있고, 지금 방문하는 셀과 인접한 셀로만 이동할 수 있다. 인접 셀들이 가능한 다음 상태인 것이다. 방향을 입력하면 이들 가능한 상태 중 하나를 선택하고 나머지는 포기한다. 그 상태에서 이동한 것이다. 웹 브라우저도 동일하게 동작한다.

지도 제작기는 이동하지 않는다. 제작기 입장에서 보면 지금까지 발견한 모든 링크가 선택 가능한 다음 상태다. 사람처럼 미로를 걸어서 탐험하는 게 아니다. 곰팡이처럼 미로의 모든 셀을 채울 때까지 퍼져나간다.

서버 입장에서 보면 지도 제작기는 미로를 마구 순간 이동하는 것처럼 보인다. 특이하긴 하지만 Maze+XML 규격에서는 이것도 합법적이다. 지도 제작기는 게임(The Game)보다 더 많은 애플리케이션 상태를 유지하고 있는 것이다.

클라이언트 #3: 허풍쟁이(The Boaster)

Maze+XML 표준은 미로와 미로의 컬렉션을 XML 문서로 나타내는 방법을 정의한다. 이 미로가 어떤 목적인지는 전혀 언급하지 않는다. 미로를 마주한 인간은 그 안으로 들어가 출구를 찾고자 하는 자연스러운 욕망이 있다. 게임(The Game) 클라이언트는 그 경험을 제공한다. 하지만 Maze+XML에서 꼭 클라이언트가 사람이 하는 식으로 미로를 풀어야 한다고 강제되진 않는다.

이미 그런 예를 봤다. 지도 제작기는 계속해서 미로 안을 순간 이동해 다니지만

"exit" 링크는 따라가지 않는다. 전체 지도를 다 작성하기 전까지 뛰어다니다가 완성되면 HTTP 요청을 더 이상 보내지 않는다. 미로의 목적에 부합하지 않아 보이지만, 누가 그렇게 말하겠는가?

세 번째 Maze+XML 클라이언트인 허풍쟁이는 이 생각을 극단으로 가져간다. 이 클라이언트는 미로에 들어가지도 않는다. 미로 컬렉션을 보고, 아무거나 하나 고른 다음, 완료했다고 우긴다.[5] 동작하는 예를 보자.

```
$ node the-boaster http://example.org/mazes
Starting the maze called: For Experts Only...
*** DONE and it only took 2 moves! ***
```

분명 전문가용 미로를 두 번 만에 풀 수는 없을 것이다. 허풍쟁이는 사실 풀려고 시도도 하지 않았다. http://example.org/mazes로 HTTP 요청을 한 번 날렸을 뿐이다. 미로 컬렉션을 보고, "전문가 전용(For Experts Only)"을 고른 뒤 비현실적인 이동 횟수 만에 완료했다고 우기는 것이다.

속임수를 쓰는 것일까? 미로를 푼다는 측면에서는 당연히 속임수다. 하지만 RESTful 측면이나 Maze+XML 표준 준수 측면에서는 완벽히 합법이다. 허풍쟁이는 vnd.amundsen.application/maze+xml 문서가 무슨 뜻인지 온전히 이해하지 못한다. 그저 rel="maze"가 붙은 링크가 미로를 가리키고 있음을 알 뿐이다. 미로를 풀려고 시도하는 것조차 하기 싫은 것이다.

클라이언트는 그들이 원하는 일을 한다

게임, 지도 제작기, 허풍쟁이 이 세 클라이언트는 모두 Maze+XML 미디어 유형의 이해를 기반으로 동작한다. 하지만 목적이 각기 다르므로 동일한 데이터를 가지고 다른 일을 수행한다.

이렇게 해도 괜찮다. 서버의 역할은 클라이언트가 사용할 수 있는 방식으로 미로를 설명하는 것이다. 클라이언트의 목표를 지시하는 것은 서버의 역할이 아니다. Maze+XML 규격은 문제 공간을 설명하는 것이지, 클라이언트와 서버 간의 규정된 관계를 설명하는 것이 아니다. 클라이언트와 서버는 서로 주고받는 표현의 이해를 공유하고 있어야 하지만 풀어야 하는 문제가 무엇인지 함께 인식할 필요는 없다.

---

5 허풍쟁이의 코드는 『RESTful Web API』 깃허브 리포지터리의 Maze/the-boaster 디렉터리에서 찾을 수 있다.

표준 확장하기

Maze+XML은 하찮은 문제 도메인을 골라 계획적으로 만든 예제다. 하지만 누군가 가 사업적인 이유나 그저 재미를 위해 정말 하이퍼미디어 미로를 제공해야 할 필요 가 있다고 해 보자. 그렇다고 해서 Maze+XML이 정답이 되진 않는다. 이미 문제 도 메인에 표준이 존재한다 할지라도 필요에 딱 맞아 떨어지지 않을 가능성이 높다.

Maze+XML을 실제로 사용하고자 하는 사람이라면 표준에 있는 내용만으론 만 족하지 못할 것이다. 이 표준은 동서남북 네 방향을 사용해 2차원 미로를 이동하는 것만 지원한다. 딱히 재미있다고 할 수 없다. 3차원 미로를 제공하고 싶다면 어떻게 해야 할까?

3차원 미로 지원을 위해 새 표준을 처음부터 만드는 것은 어리석은 일이다. Maze+XML 표준이 꽤 좋기 때문이다. 그저 위(up)와 아래(down) 두 방향만 지원하 도록 조금 확장하면 된다.

다행스럽게도 Maze+XML은 이런 종류의 확장을 명시적으로 허용한다(규격 5절 참조). 규격에 이미 정의된 무언가를 재정의하는 게 아니라면 Maze+XML 문서에 어 떤 것이든 추가할 수 있다. 3차원 미로를 만들려면 여기에 새로운 연결 관계 두 개 만 정의하면 된다.

up

현재 리소스의 위 공간에 위치한 리소스를 말한다.

down

현재 리소스의 아래 공간에 위치한 리소스를 말한다.

매우 간단한 확장이지만, 미로의 형태와 서버에 저장되는 방식을 완전히 변화시 킨다. 지금 서버는 미로를 인접한 네 개의 셀을 가질 수 있는 셀의 2차원 배열로 저 장한다. 두 개의 새 관계를 지원하려면 서버 코드를 수정해 미로가 3차원 배열이고 이제 각 셀은 여섯 개의 인접한 이웃을 가질 수 있도록 반영해야 한다.

클라이언트가 볼 때는 큰 차이가 없다. 그저 두 개의 새로운 연결 관계가 표현에 추가되었을 뿐이다.

```
<maze version="1.0">
 <cell href="/cells/middle-of-ladder">
  <title>The Middle of the Ladder</title>
  <link rel="up" href="/cells/top-of-ladder"/>
  <link rel="down" href="/cells/bottom-of-ladder"/>
 </cell>
</maze>
```

Maze+XML 표준이 단순해 보이게 만든 바로 그것 때문에 서버 측에 추가된 모든 복잡성은 클라이언트에게 숨겨진다. 이 표준은 미로가 어떻게 보여야 하는지에 대해 별로 언급하지 않는다. 셀을 연결할 두 가지 새로운 방법이 정의되어 서버는 완전히 재설계되어야 하지만, 새 표현이 여전히 Maze+XML 표준을 지키고 있으므로 클라이언트가 여전히 파싱할 수 있는 것이다.

그러나 클라이언트가 자동으로 새로운 애플리케이션 의미 체계를 이해한 것은 아니다. 게임, 지도 제작기, 허풍쟁이가 새로운 3차원 미로를 만났을 때 어떤 일이 생길지 생각해 보자.

놀랍게도, 게임은 잘 동작한다! 클라이언트에 기존 네 방향이 하드코딩된 것이 아니었고, 발견하는 모든 링크를 사용자에게 표현하고 결정은 사용자가 하도록 했기 때문이다. 새 연결 관계의 이름을 "up(위)", "down(아래)"로 지었으므로, 3차원 미로를 탐험하는 사람은 그림 5-9와 같은 화면을 볼 것이다.

이 옵션들은 사람이 볼 때 무슨 뜻인지 이해할 수 있다. 사용자가 "up"을 입력하면 클라이언트는 rel="up"이 있는 링크를 따라간다. Maze+XML에 애플리케이션 의미 체계를 추가해도 게임 클라이언트 자체를 수정할 필요는 없는데, 여기에는 사람이 중간에 관여하기 때문이다.

허풍쟁이는 미로에 들어가지도 않으므로 3차원 미로를 잘 다룬다. 사실 허풍쟁이는 어떤 확장이 붙어 있더라도 모든 Maze+XML 호환 서버와 잘 동작해야 한다.

하지만 지도 제작기 클라이언트는 3차원 미로를 전혀 이해하지 못한다. 다음과 같은 표현이 있다고 해보자.

```
<maze version="1.0">
 <cell href="/cells/bottom-of-ladder">
  <title>The Bottom of the Ladder</title>
  <link rel="up" href="/cells/middle-of-ladder"/>
  <link rel="east" href="/cells/tunnel"/>
  <link rel="north" href="/cells/underwater-garden"/>
 </cell>
</maze>
```

그림 5-9. 게임(The Game) 클라이언트는 자동으로 "up"과 "down"을 지원한다.

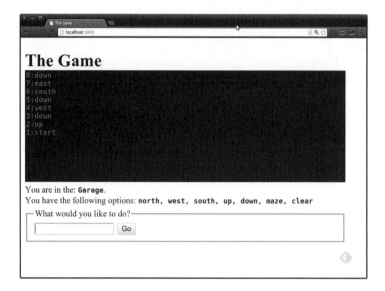

지도 제작기가 이런 표현을 만난다면 "east"와 "north" 링크는 따라가지만 "up" 링크는 따라가지 않을 것이다. 지도 제작기를 3차원 미로에 풀어놓으면 미로의 한 층만 지도로 만들 것이다. 미로의 2차원 단면만 볼 수 있는 것이다.

이해할 수 있다. 클라이언트가 프로그래밍되지 않은 연결 관계를 이해하리라고 기대할 수는 없기 때문이다. 하지만 지도 제작기에 새로운 연결 관계를 알려주었는데도 별 도움이 안 될 거라고는 예측 못 했을 수도 있다.

지도 제작기가 "up" 링크를 따라가는 방법을 알지라도, 이 링크 끝에서 발견하는 것을 어떻게 표현해야 할지는 알지 못한다. 지도 제작기 클라이언트는 우리 서버의 예제 구현과 마찬가지로 2차원을 염두에 두고 있다. 2차원 아스키 지도를 그리는 것이다. 3차원 미로는 지도 제작기 클라이언트와 전혀 호환되지 않는다.

지도 제작기의 결점

사실 지도 제작기는 Maze+XML을 확장하지 않은 미로의 경우에도 실패할 수 있다. 만일 서버가 다음 표현을 지도 제작기에 보내면 어떻게 될까?

```
<maze version="1.0">
 <cell href="/cells/44">
  <title>Hall of Mirrors</title>
  <link rel="east" href="/cells/45/>
 </cell>
</maze>
```

그리고 east 링크에 이 표현이 온다면?

```
<maze version="1.0">
 <cell href="/cells/45">
  <title>Mirrored Hall</title>
  <link rel="west" href="/cells/129/>
  <link rel="east" href="/cells/44/>
 </cell>
</maze>
```

이 둘은 모두 유효한 Maze+XML 문서이지만, 유클리드 공간이 아닌 미로를 나타낸다. 거울의 방(Hall of Mirrors)에서 동쪽으로 가면 거울에 반사된 방(Mirrored Hall)으로 이동하고, 또 다시 동쪽으로 가면 다시 거울의 방으로 이동한다. 다양한 비디오 게임에서 이런 트릭을 경험한 적이 있을 것이다. 이는 Maze+XML 확장을 쓰지 않는 완전히 합법적인 미로이지만 지도 제작기는 이를 지도로 그리다가 충돌이 날 것이다.

지도 제작기는 숨겨진 가정 하에 설계된 것 같다! 서버가 그리드에 표시할 수 있는 작은 미로만 제공할 거라고 가정한 듯하다. 예제 서버가 그런 미로만 제공했던 게 우연이 아닌 것이다. 지도 제작기 클라이언트는 특정 서버 하나만을 염두에 두고 설계했다. 결국 이 클라이언트는 Maze+XML 규격이 허용하는 모든 미로를 지도로 그릴 수 없었다. 그 서버에서만 제공하는 미로 같은 종류와만 동작한다.

이 규칙은 일반적으로 잘 적용된다. 특정 서버 구현에 맞춰 동작하게 만들어진 클라이언트는 그 서버의 특징에 최적화될 수 있겠지만, 동일한 표준을 구현하는 다른 경우에는 동작하지 않을 수 있다. 그렇다고 해서 지도 제작기가 완전히 쓸모없는 클라이언트라는 뜻은 아니다. 그저 특정 미로만 지도로 그릴 수 있는 것이다.

특정 웹 사이트 하나만 가지고 테스트한 웹 브라우저를 구동한다고 생각해 보자. 이 브라우저가 테스트한 적 없는 사이트를 방문하는 순간 강제 종료될 것이다. 바로 지금 이런 사태가 발생한 것이다. Maze+XML 같은 표준은 다양한 서버 구현을 가질 수 있다. 클라이언트 구현은 하나의 서버 구현이 아니라 모든 서버 구현에 대해 동작하도록 설계해야 한다.

해결책(그리고 해결책의 결점)

지도 제작기를 고칠 수 있을까? 한 가지 '해결책'은 새로 발견한 셀이 그리드에 들어맞는지 확인하는 것이다. 두 개의 다른 셀이 동일한 그리드 공간을 차지하고 있다는 것을 발견하면 에러 메시지를 표시하고 우아하게 종료할 수 있다.

하지만 이건 그저 강제 종료를 피했을 뿐이다. 클라이언트가 자신이 이해할 수 없는 미로를 식별할 수 있는 지식만 제공해 줬다. 클라이언트가 완벽하지 않은 미로를 실제로 이해하게 하려면 '그리드' 데이터 구조는 포기해야 한다. 사용해야 할 올바른 데이터 구조는 유향 그래프다.

지도 제작기를 개선해서 미로를 탐험하면서 유향 그래프를 만들고 포스 디렉티드(Force-directed) 그래프 그리기 같은 알고리즘을 사용해 화면에 그리게 할 수 있다. 그리드에 맞는 미로의 경우, 지도 제작기는 이전의 아스키 도표와 비슷한 유향 그래프를 그릴 것이다(그림 5-10).

그림 5-10. 유향 그래프로 그린 모범 미로

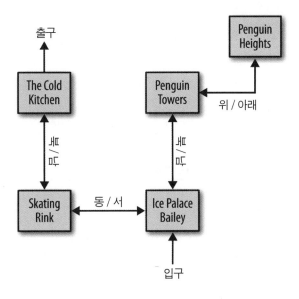

그림 5-11. 위험한 미로

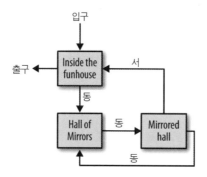

그림 5-10은 지도 제작기가 "north"를 페이지의 상단으로 정렬하려 한 결과다. "up"과 "down"을 어떻게 해야 할지 확실하진 않지만, 아마 반대일 거라 추측하고 시각적으로 표시했다.

이제 무한 루프와 단방향 복도가 가득한 위험한 미로를 생각해 보자. 이런 미로는 기존 지도 제작기를 강제 종료시키겠지만, 개선된 지도 제작기는 그림 5-11과 같은 그래프를 그려준다.

그럼 이제 지도 제작기가 완벽해진 것일까? 아쉽게도 아니다. 개선된 지도 제작기도 숨겨진 가정을 몇 가지 가지고 있다. 그림 5-12는 무한하게 큰 미로를 보여준다. 풀기는 쉽지만, 지도를 그려내기는 어렵다.

무한히 큰 미로를 그릴 수 있는 지도 제작기 클라이언트는 없다. 지도를 그릴 기회조차 갖지 못한다. 그렇다고 해서 지도 제작기가 쓸모없다는 뜻은 아니다. 그저 Maze+XML 표준이 허용하는 모든 미로를 다 다룰 수 없다는 것이다.

그림 5-12. 간단하지만 지도를 그리기 어려운 미로

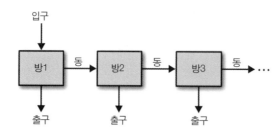

비유로서의 미로

그림 5-10부터 5-12까지 다시 한 번 살펴보자. 웹 사이트의 구조를 보여주는 유향 그래프인 그림 1-9와도 비교해 보자.

이 유사성은 우연이 아니다. 이 장의 앞부분에서 말한 대로 미로는 일반적인 하이퍼미디어 애플리케이션의 비유다. 어떤 '미로'는 정갈하고 모범적이다. 어떤 경우는 혼란스럽고 무한하게 크다. 탐험할 미로의 상태도를 생각하면 하이퍼미디어 API를 올바로 이해할 마음가짐을 갖게 해준다.

의미 체계의 문제 맞닥뜨리기

특정 도메인을 위한 API 설계자에게 의미적 차이를 이어주는 것은 두 단계의 과정이다.

1. 사람이 읽을 수 있는 규격으로 애플리케이션 의미 체계를 작성한다(Maze+XML 표준처럼).
2. 설계에 따라 (vnd.amundsen.application/maze+xml 같은) 하나 이상의 IANA 미디어 유형을 등록한다. 등록할 때 미디어 유형과 작성한 사람이 읽을 수 있는 문서를 연계한다. 9장에서 미디어 유형의 이름 짓기와 등록 과정을 다룬다.

클라이언트 개발자는 이 의미적 차이를 뛰어넘기 위해 이 과정을 반대로 진행한다.

1. 모르는 미디어 유형을 IANA 등록부에서 찾아본다.
2. 모르는 미디어 유형의 문서를 어떻게 다뤄야 할지 사람이 읽을 수 있는 규격을 통해 배운다.

마법과도 같은 빠른 길은 존재하지 않는다. 동작하는 클라이언트 코드를 얻으려면 문서를 읽고 공부를 해야 한다. 컴퓨터가 사람처럼 똑똑하지 않기 때문에, 의미적 차이를 완벽하게 없앨 수 없다.

도메인 특화 설계는 어디에 있는가?

API를 공개해야 할 때 처음 할 것은 기존의 도메인 특화 설계가 있는지 찾아보는 것이다. 누군가 다른 사람의 작업을 다시 한 번 중복해서 할 필요가 없다.

그런데 완벽한 해결책을 찾을 가능성은 거의 없다. 수백 개의 도메인 특화 데이터 형식이 있으며, 그중에 하이퍼미디어 컨트롤을 포함하는 경우는 그다지 많지 않다. 10장에서 몇 가지 예외로 VoiceXML과 SVG를 설명한다. 아마 사용할 가능성이 높은 도메인 특화 설계는 바로 에러 조건을 설명하는 JSON 기반 형식의 문제 상세 문서다(역시 10장에서 설명한다).

데이터 형식이 하이퍼미디어 컨트롤을 포함하지 않는다고 해서 쓸모없다는 뜻이 아니다. 8장에서 JSON-LD로 어느 JSON 형식에든 기본적인 하이퍼미디어 기능을 추가하는 방법을 보여줄 것이다. 또 10장에서는 XForms와 XLink로 XML에 동일한 기능을 수행하는 방법을 보여준다. 이 기술들은 하이퍼미디어를 포함하지 않는 기존 API에 하이퍼미디어 컨트롤을 이식하게 해준다.

미로 탐험의 끝에 받는 상

하이퍼미디어 API는 하이퍼미디어를 지원하지 않는 형식에도 유용할 수 있다. JPEG 이미지 형식을 생각해 보자. 문서화가 잘 되어 있고, 등록된 미디어 유형(image/jpeg)이며 사진을 표현하는 데 있어 바이너리 이미지 파일보다 더 나은 게 없다. 하지만 JPEG만 제공하는 웹 사이트를 디자인할 수 없듯이 JPEG을 웹 API의 기반으로 사용할 수는 없다. JPEG을 서로 연결할 방법이 없어서다.

사진을 관리하는 웹 API는 분명히 JPEG 형식으로 된 표현을 주고받을 것이다. JPEG이 하이퍼미디어 컨트롤이 없다고 새로운 바이너리 이미지 형식을 만드는 것은 어리석은 일이다. 하지만 JPEG이 하이퍼미디어 기반 사진 API의 핵심이 되진 않는다. 명예는 HTML 같은 형식에 주어진다. HTML이 사진을 표현할 수는 없지만, 텍스트 문서에 사진을 포함시킬 수 있고, 사진과 설명을 묶을 수 있고, 사진 목록을 표현할 수 있고, 사진의 태깅과 검색을 위한 폼을 제시할 수 있다.

image/jpeg 표현은 사진 API의 하이퍼미디어 '미로'를 탐험해 특정 사진을 찾는 과정의 끝에 받는 상이다. '미로' 그 자체는 하이퍼미디어 컨트롤을 지원하는 문서 형식으로 설명된다. 두 형식이 협력해 완전한 API를 구성한다.

헤더의 하이퍼미디어

4장에서 HTTP 헤더 Link를 사용해 문서 자체에는 하이퍼미디어 컨트롤이 없는 문서에 간단한 하이퍼미디어 링크와 폼을 추가하는 방법을 설명했다. 이 헤더들을 사용하면 JPEG 이미지만 제공하는 API를 설계할 수는 있겠지만 이는 추천하지 않는다.

애플리케이션 의미 체계 훔치기

여기 굉장히 다른 기법을 보자. RFC 6350에 정의되고 미디어 유형 text/vcard가 할당된 vCard 형식을 소개해 볼까 한다. 이는 명함에서 찾을 수 있는 개인 정보를 교환하도록 고안된 도메인 특화 평문 형식이다. 굉장히 유용해 보인다. 그렇지 않나? 많은 웹 API는 사람과 기업에 대한 정보를 다룬다.

간단한 vCard 표현을 보자.

```
BEGIN:VCARD
VERSION:4.0
FN:Jennifer Gallegos
BDAY:19870825
END:VCARD
```

RFC 6350에 정의된 규칙은 text/vcard 문서의 의미를 정의한다. 이 문서를 규칙에 따라 파싱하고 해당 이름과 생일을 가진 사람을 떠올릴 수 있다. 음, 그리고 또 뭘 하지?

여기서 막혀버린다. 애플리케이션 의미 체계는 굉장히 잘 정의되어 있지만 링크가 없다. 이 문서는 하이퍼미디어의 막다른 골목이다.

물론 HTTP의 프로토콜 의미 체계는 여전히 적용된다. GET 요청을 보내 이 표현을 가져온다. 어쩌면 PUT으로 표현을 수정할 수 있을지도 모른다. 또 DELETE로 하부 리소스를 삭제할 수도 있을 것이다. 그러나 이 표현에서 관계된 리소스로 이동할 수는 없는데, vCard가 하이퍼미디어 유형이 아니기 때문이다.

vCard는 전화기나 소프트웨어 전화번호부에서 자주 쓰이는 형식이므로 하이퍼미디어 미로의 끝에 주어지는 상으로 vCard 표현을 쓰는 것이 괜찮아 보인다. 클라이언트는 하이퍼미디어를 통해 '사람' 리소스를 찾고 "vCard로 내보내기" 링크를 따라가 그 '사람' 리소스의 text/vcard 표현을 얻을 수 있다.

하지만 그걸 원하지는 않을 것이다. 어떤 사람에 대한 기본 정보가 '상'으로 주어지는 건 원치 않을 것이다. 아마 API의 주요 부분 중 하나일 것이다. vCard의 애플리케이션 의미를 훔쳐 진정한 하이퍼미디어 문서 안에 사용하면 더 좋을 것이다.

그게 바로 hCard 마이크로포맷(http://microformats.org/wiki/hcard) 설계자들이 한 일이다. vCard 표준을 만든 사람들이 한 작업을 다시 하는 대신, 동일한 정보를 하이퍼미디어 문서 형식인 HTML로 표시하게 했다.

hCard에 대해서는 7장에서 더 자세히 다루겠지만 먼저 아까 봤던 vCard 문서를 hCard로 살펴보자.

```
<div class="vcard">
  <span class="fn">Jennifer Gallegos</span>
  <span class="bday">1987-08-25</span>
</div>
```

hCard 마이크로포맷은 온전한 웹 API를 구현하는 데 필요한 사람에 대한 vCard 같은 표현과 하이퍼미디어 링크와 폼을 합쳐준다.

이것이 만들 API를 설계하기 전에 도메인 특화 데이터 형식을 먼저 살펴보는 게 중요한 또 다른 이유다. vCard 같은 표현은 문제 도메인의 애플리케이션 의미 체계를 식별하는 데 들인 많은 시간과 비용을 나타낸다. vCard가 하이퍼미디어 컨트롤이 없다고 해서 처음부터 다시 시작할 필요는 없다.

도메인 특화 표준을 직접 사용할 수 없더라도, 그 애플리케이션 수준의 의미를 윤곽을 잡는 데 적용하면 시간을 절약할 수 있다. 이에 대해서는 8장에서 얘기한다.

도메인 특화 설계를 찾을 수 없다면 만들지 말라

문제 도메인을 위한 도메인 특화 API를 찾을 수 없더라도 당황하지 말자. 사람들은 재사용 가능하고, 도메인 특화이며, 하이퍼미디어를 인식하는 형식을 잘 정의하지 않는다. 그렇다고 해서 처음부터 다 만들어야 하는 것은 아니다. 기존에 표준화된 기반으로부터 시작해 확장해서 가능하면 다른 사람의 작업을 재사용해야 한다. 그저 여러 가지를 묶는 데 약간의 노력이 더 들 뿐이다.

다음 두 장에 걸쳐 이런 기반을 설명해 줄 것이다. 특히, 인기 있고 일반적인 도메인을 다루는 몇 가지 도메인 특화 설계가 있다. 바로, 무언가의 컬렉션인데, 나는 이것을 도메인으로 여기지 않는다. 이건 거의 디자인 패턴에 가깝다.

API 클라이언트의 종류

이 장에서 본 세 개의 Maze+XML 클라이언트 구현 말고는, 이 책에서 API 클라이언트에 대해서는 거의 얘기하지 않는다. 필딩 제약 조건을 온전히 활용하는 API가 많이 배포되어 있지 않기 때문에, 내가 가이드를 해줄 만큼 충분히 많이 알고 있지 않기 때문이다.

하이퍼미디어를 깊이 이해해도 하이퍼미디어 문서를 제공하지 않는 API 클라이언트를 작성하는 데는 별 도움이 되지 않는다. 클라이언트를 작성할 때는, 서버 설계의 처분에 따라야 하며, 언제나 실용주의가 이상주의를 이긴다. 현재 실용주의라는 것은, 모든 개별 API마다 다른 접근법을 적용함을 의미한다.

하지만 배포된 하이퍼미디어 API가(월드 와이드 웹 그 자체를 포함해) 사람들이 작성하곤 하는 클라이언트의 종류에 대해 얘기하는 것을 충분히 많이 봐 왔다. 클라이언트와 서버는 문제 도메인의 이해를 공유하고 있어야 하지만, 목적을 공유할 필요는 없음을 보았다. 이것이 우리의 목적을 위해 우리가 작성하고자 하는 클라이언트를 구분하는 내 겸손한 첫 시도다.

사람이 조종하는 클라이언트

사람이 조종하는 클라이언트는 의사 결정을 할 필요가 없으므로 상대적으로 로직이 간단하다. 사람에게 표현을 제시하고, 사람의 결정을 서버에 전달한다. 사람이 조종하는 클라이언트의 차이점은 인간 사용자에게 표현을 얼마나 충실히 표시하는가에 달려 있다.

일반적인 웹 브라우저는 충실한 렌더러다. 웹 페이지 내 거의 모든 HTML 태그는 화면에 표시되는 페이지에 그래픽 효과를 갖는다. HTML 문서 내 모든 하이퍼미디어 링크와 폼은 숨겨져야 한다고 문서에 따로 언급하지 않는 한 화면에 표시된다.

이제 시각 장애인을 위해 TTS(텍스트를 음성으로 변환)로 웹 페이지를 표시하는 웹 브라우저를 생각해 보자. 이는 약간 덜 충실하다. 〈li〉 같은 일부 HTML 태그는 음성으로 잘 전환되겠지만, 〈div〉 같은 일부는 그렇지 않을 것이다. 하지만 어떤 웹 브라우저든 하이퍼미디어 컨트롤을 표시하는 데는 충실해야 한다. 시력을 갖춘 사용자가 작동할 수 있는 모든 링크와 폼은 시각 장애인에게도 마찬가지로 제공되어야 한다.

게임 클라이언트는 Maze+XML 문서의 충실한 렌더러다. Maze+XML 문서는 HTML 문서와 달리 레이아웃 정보를 포함하고 있지 않지만, 게임 클라이언트가 인간 사용자에게 (셀의 제목처럼) 찾을 수 있는 모든 리소스 상태와 하이퍼미디어 링크를 보여준다.

게임 클라이언트가 방향 링크를 탱크 컨트롤("왼쪽으로 돌아", "오른쪽으로 돌아", "앞으로 가")로 대체했다면 기존 게임 클라이언트처럼 서버에 동일한 요청을 보낼지라도 덜 충실한 렌더러가 될 것이다. 인간 사용자에게 "exit" 링크를 보여주지 않고 미로에 계속 갇혀 있게 한다면 전혀 충실하지 않은 렌더러일 것이다.

덜 충실한 렌더러는 서버가 보내는 것을 편집해 사용자에게 다른 경험을 제공한다. 모두가 '충실하지 않음'이란 말을 싫어하므로 이 말은 굉장히 안 좋게 들리는데, 사용자가 무엇을 하길 원하는가에 따라 다르다. 상점의 웹 사이트는 원치 않는 비싼 상품을 많이 보여줄 수 있다. 이런 경우 덜 충실한 렌더러가 더 좋을 수 있다. 스토어의 API를 사용해 저렴한 상품을 고를 수 있도록 비싼 상품은 걸러서 보여주는 클라이언트 말이다.

인간 사용자가 플레이할 미로를 선택하면 게임 클라이언트는 그 미로의 표현을 가져오는데, 그걸 바로 표시하진 않는다. 표현에서 rel="start"를 가지고 있는 링크를 찾아 그 링크를 따라간다. 이는 "충실하지 못하다". 게임 클라이언트는 인간 사용자가 미로의 해당 표현에 흥미로워 할 만한 것이 없다고 판단하고, 인간이 직접 '시작' 링크를 클릭하는 것은 시간 낭비라고 판단한다. 이것은 아마 사실이겠지만, 이로 인해 게임 클라이언트가 완벽히 충실한 렌더러가 되지는 못한다.

클라이언트가 받는 표현을 더 충실히 렌더링하고, 자신의 판단을 넣지 않을수록 예상치 못했던 표현을 만났을 때 고장 날 확률이 줄어든다.

자동 클라이언트

자동 클라이언트는 표현을 받아도 렌더링하지 않는다. 이 렌더링을 볼 사람이 없기 때문이다. 이 클라이언트들은 어떤 하이퍼미디어 컨트롤을 동작시킬지 결정하고, 의미적 차이를 직접 극복해야 한다. 물론 대다수의 클라이언트는 '결정'할 일이 거의 없다. 그저 선정의된 목표에 도달할 수 있도록 프로그래밍된 간단한 룰셋에 따라 수행할 뿐이다.

이 클라이언트들 중 어느 것도 인간만큼 똑똑하지 않지만, 우리의 지능을 모두 필요로 하지 않는 반복적인 작업에서 구해준다. 나는 다양한 종류의 자동 클라이언트를 봐 왔으며 직접 만들기도 했다.

크롤러(The crawler)

크롤러는 호기심 많지만 까다롭지 않은 사람을 흉내 낸다. URL이 주어지면 표현을 가져온다. 그런 다음 모든 링크를 따라가 더 많은 표현을 가져온다. 이 작업을 계속 반복해 더 이상 가져올 표현이 없을 때까지 이어진다.

지도 제작기 클라이언트가 Maze+XML 문서를 위한 크롤러의 한 종류다. 검색 엔진에서 사용하는 스파이더도 HTML 문서를 위한 크롤러다.

하이퍼미디어를 사용하지 않는 API를 위해 크롤러를 작성하기란 꽤 어렵다. 하지만 하이퍼미디어 기반 API를 위한 크롤러는 해당 API의 연결 관계를 이해하지 않더라도 작성할 수 있다.

일반적으로 말하면, 크롤러는 안전한 상태 전이만 활성화한다. 그렇지 않으면, 리소스 상태가 어떻게 될지 알 수가 없다. 만나는 모든 리소스마다 어떻게 되는지 보려고 DELETE 요청을 날리는 크롤러라면 굉장히 끔찍한 클라이언트일 것이다.

모니터(The monitor)

모니터는 크롤러의 반대다. 특정 페이지 하나에 집착하는 사람을 흉내 낸다. URL이 주어지면 모니터는 해당 URL의 표현을 가져오고 그것을 어떤 식으로 처리할 것이다. 그러나 링크를 따라가진 않는다. 대신 모니터는 잠시 기다린 뒤 다시 동일한 리소스의 새 표현을 가져온다. 모니터는 하이퍼미디어 컨트롤을 사용해 리소스 상태를 변화시키는 것 대신, 누군가 다른 이가 리소스 상태를 변화시키길 기다리고, 이후에 무슨 일이 생겼는지 확인한다.

RSS 수집기가 모니터의 한 종류다. 인간 사용자는 RSS 수집기에 흥미로운 RSS와 아톰(Atom) 피드를 입력한다. 모니터 클라이언트는 정기적으로 피드를 가져오고 사용자에게 새로운 글들을 알려준다. 이 글의 링크를 따라가진 않는다.

아톰 피드 중 하나가 AtomPub을 사용하는 온전한 API에 연결되어 있다고 해 보자. 그렇더라도 수집기는 알아채지도 못할 것이다. 그저 피드만 살펴보길 원한다. RSS 수집기의 사용자가 하는 모든 작업은 피드를 발행하는 사이트의 리소스 상태를 변화시키지 않는다.

스크립트(The script)

오늘날 대다수의 자동 API 클라이언트는 스크립트다. 스크립트는 변하지 않는 특정 작업 루틴을 가진 사람을 흉내 낸다. 스크립트는 사람이 그 루틴에 질려서 자동화하길 원할 때 만들어진다.

사람은 API를 고르고 루틴을 수행하기 위해 (하이퍼미디어 문서를 제공하는 API라면) 어떤 상태 전이 또는 (하이퍼미디어를 모르는 API라면) API 호출이 필요한지 알아낸다. 그런 다음 사람은 이런 상태 전이나 API 호출을 구동하는 프로세스를 자동화할 알고리즘을 작성한다.

허풍쟁이 클라이언트는 매우 간단한 스크립트다. 한 가지 정보(미로의 제목)를 알고 있고, 어디서 찾아야 하는지 알고 있다. 실행할 때마다 다른 결과를 내는데(매번 다른 미로를 선택하므로), 언제나 동일한 작업을 수행한다. 바로 미로를 푼 척하는 것이다.

미로에 들어가고 동쪽으로 세 번 이동하는 클라이언트는 더 멋진 스크립트일 것이다. 올바른 미로를 제공한다면 출구를 찾을 수도 있다! 하지만 분명한 것은 이 알고리즘에 지능은 없다는 것이다. 그저 스크립트로 미리 정의된 상태 전이 모음을 재생할 뿐이다.

스크립트는 그 아래에 깔아둔 가정이 무효화되면 보통 고장 난다. 언제나 동쪽으로 세 번 이동하는 '미로 풀기' 클라이언트는 굉장히 적은 수의 미로만 풀 수 있다. 웹 사이트에서 데이터를 추출하는 스크린 스크레이핑 스크립트는 HTML 표현이 변경되면 제대로 동작하지 않을 것이다.

하이퍼미디어를 인식하는 스크립트는 리소스의 URL이 바뀌거나 표현에 새로운 데이터가 추가되는 것과 같이 뭔가 작은 변화가 생긴 경우에도 고장 나지 않을 확률이 높다. 이 말은 하이퍼미디어 API는 그에 의존하는 스크립트를 고장 내지 않고 바뀔 여력이 좀 있다는 뜻이다. 하지만 스크립트는 사람의 생각 과정을 재생하는 것이다. 사람이 처음에 생각하지 않았던 상황을 만나게 된다면, 빈 공간을 채워 넣지 못할 것이다.

에이전트(The agent)

허풍쟁이는 잊어버리자. 동쪽으로 세 번 이동하고 정지하는 스크립트도 잊어버리자. 벽 따라가기 알고리즘 같은 것을 사용해 정말 스스로 미로를 풀 수 있는 클라이언트를 생각해 보자. 이 클라이언트는 처음 보는 미로도 풀 수 있다. 서버에서 받는 표현에 맞춰 매번 행동을 변화시킨다. 줄여 말하면, 의사 결정을 내릴 수 있는 것이다.[6]

소프트웨어 에이전트는 실제로 문제를 적극적으로 해결하려 하는 사람을 흉내낸다. 물론 사람만큼 똑똑하지 않고 주관적인 결정을 내릴 수는 없지만, 동일한 상황에서 사람이 하는 것을 한다. 표현을 보고, 상황을 분석하고, 어떤 하이퍼미디어 컨트롤을 활성화하는 것이 최종 목표에 더 가까워지게 할지를 결정한다.

모니터는 이렇게 하지 않는다. 하이퍼미디어 컨트롤을 전혀 활성화하지 않는다. 크롤러도 이렇게 하지 않는다. 찾는 모든 안전한 하이퍼미디어 컨트롤을 활성화한다. 스크립트도 아니다. 언제나 프로그래밍된 다음 하이퍼미디어를 활성화한다. 인간 주도 클라이언트도 이렇지 않다. 이 작업을 사람에게 넘기기 때문이다. 소프트웨어 에이전트만이 유일하게 스스로 '결정'을 내린다고 할 수 있다.

소프트웨어 에이전트는 미로를 푸는 클라이언트처럼 간단할 수도 있고, 다양한 소스에서 정보를 종합하는 복잡한 추론 엔진으로 동작할 수도 있다. 오늘날 소프트웨어 에이전트들은 간단한 경우가 더 많다. 하지만 더 복잡한 에이전트가 어떤 모습일지 내다볼 수 있다. 공상과학 영화에서 보이는 개인 쇼핑 에이전트나, 자동 뉴스 수집가나 현실의 금융 애플리케이션에서 사용하는 고빈도의 주식 거래 알고리즘 같은 것들 말이다.

소프트웨어 에이전트는 하이퍼미디어 API의 장점을 가장 잘 활용하는 자동 클라이언트다. 하지만 두 가지 큰 가정에 기반을 두고 있다. 먼저 그 목표가 말이 된다는 것과, 프로그래밍된 사고 과정이 결국 그 목표로 도달하게 할 것이라는 점이다. 이 가정이 위반되면 에이전트는 제대로 동작하지 않을 것이다. 미로 풀기 에이전트가 알고리즘이 동작하지 않는 미로, 예를 들어 단방향 통로를 포함하는 미로를 만난다면, 언제나 동쪽으로 세 번 이동하는 스크립트와 마찬가지로 제대로 동작하지 않는다.

---

6 http://amundsen.com/examples/misc/maze-client.html에서 이런 Maze+XML 클라이언트를 볼 수 있다.

소프트웨어 에이전트는 컴퓨터 프로그래머들이 작성하는데, 우리는 이미 컴퓨터가 온갖 중요한 결정을 소프트웨어에 어떻게 일임하는지 잘 알고 있다. 진실을 잠시 말하자면, API 클라이언트가 사람에게 안전하지 않은 상태 전이("이 셔츠를 구매할까요?")나 주관적인 판단("이 풍경들 중 뭐가 더 아름다운가요?")을 물을 수 있다. 그 순간, 에이전트는 사람이 조종하는 클라이언트가 된다. 이렇게 하면 실수의 빈도를 줄일 수 있고, 그 경우 발생할 비용도 줄여줄 수 있다.

6장
RESTful Web APIs

컬렉션 패턴

2장에서 application/vnd.collection+json 미디어 유형의 표현을 제공하는 간단한 마이크로블로깅 API를 보여줬다. 그 표현은 다음과 같은 형태였다.

```
{ "collection":
  {
    "version" : "1.0",
    "href" : "http://www.youtypeitwepostit.com/api/",

    "items" : [
      { "href" :
        "http://www.youtypeitwepostit.com/api/messages/21818525390699506",
        "data" : [
          { "name" : "text", "value" : "Test." },
          { "name" : "date_posted", "value" : "2013-04-22T05:33:58.930Z" }
        ],
        "links" : []
      },

      { "href" :
        "http://www.youtypeitwepostit.com/api/messages/3689331521745771",
        "data" : [
          { "name" : "text", "value" : "Hello." },
          { "name" : "date_posted", "value" : "2013-04-20T12:55:59.685Z" }
        ],
        "links" : []
      },
```

```
       { "href" :
       "http://www.youtypeitwepostit.com/api/messages/7534227794967592",
       "data" : [
        { "name" : "text", "value" : "Pizza?" },
        { "name" : "date_posted", "value" : "2013-04-18T03:22:27.485Z" }
       ],
       "links" : []
       }
      ],

     "template" : {
      "data" : [
        {"prompt" : "Text of message", "name" : "text", "value" : ""}
      ]
     }
    }
   }
 }
```

이 장에서는 이 문서의 구조를 정의하는 표준인 Collection+JSON[1]에 대해 더 이야기한다.

Collection+JSON은 하나의 문제 도메인만 표현하기 위해 설계된 것이 아니라, 여러 도메인에 걸쳐 반복해서 나타나는 패턴(컬렉션)을 다루기 위해 만들어진 몇 가지 표준 중 하나다. 이 표준은 굉장히 좋은 예제인데, JSON 기반 API를 처음 설계할 때 만들게 되는 것을 공식화한 버전이기 때문이다. Collection+JSON은 필딩 제약 조건에 충돌할 일 없이 자연스러운 설계의 방향을 따라갈 수 있게 해 준다.

방금 전 문서는 마이크로블로그 글의 모음(컬렉션)을 나타낸다. 장바구니 안의 물건 모음이나 날씨 센서 값 모음 같은 것들도 프로토콜 의미 체계가 거의 동일하므로 보이는 모양도 거의 같다. Collection+JSON 표준에 추가할 것은 애플리케이션 의미 체계 정보 약간뿐이다. 마이크로블로그의 글은 date_posted 필드와 text 필드를 가져야 한다고 결정했다. 장바구니 안의 항목이나 날씨 센서 측정값은 각기 다른 애플리케이션 의미 체계를 반영하는 다른 필드를 가질 것이다.

문제 도메인에 해당하는 도메인에 특화된 표준이 없다면(아마 없을 것이다) 컬렉션 기반 표준을 대신 사용할 수 있을 것이다. 맨땅에 박치기하는 대신, 애플리케이션 의미 체계에 컬렉션 패턴을 적용하는 데 집중할 수 있다. 시간을 절약할 수 있을 뿐 아니라, 기존 클라이언트 프로그램과 서버 측 도구를 사용할 수도 있게 된다.

이 장이 Collection+JSON에 집중하긴 하지만, AtomPub(Atom Publishing

---

1 http://amundsen.com/media-types/collection/에 개인 표준으로 정의되어 있다.

Protocol)도 다룬다. AtomPub은 컬렉션 기반 API를 위한 최초의 표준으로 RFC 5023에 정의되어 있다. 꽤 오래된 표준인데, 구글의 공개 API에서 쓰이는 걸 빼고는 그다지 많이 사용되지 않는다. 아마 그 이유는 이제 JSON 표현이 지배하는 분야에서 여전히 XML 기반 형식을 사용하고 있기 때문일 것이다.

10장에서 컬렉션 패턴의 세 번째 주요 표준인 OData를 다룬다. OData는 AtomPub에 기반을 둔 현재 진행 중인 공개 표준이다. JSON 표현이라는 장점이 있고 마이크로소프트의 지지를 받고 있어서 OData 지원이 비주얼 스튜디오 개발 플랫폼에 통합되어 있다.

12장의 히드라 표준도 주요 목적은 아니지만 컬렉션 패턴을 지원한다. 컬렉션 기반 API를 위한 모두가 동의하는 단일 표준이 있다면 좋겠지만, 지금처럼 1회용 설계가 수천 개 있는 상황보다는 경쟁하는 표준 네 개가 있는 게 낫다.

컬렉션은 무엇인가?

컬렉션 패턴에 기초를 두고 설계한 표준을 상세히 다루기 전에 이 패턴을 먼저 살펴보자. 굉장히 간단하지만 모든 것을 명확하게 설명해 예상치 못한 것이 없길 바란다.

컬렉션은 특별한 종류의 리소스다. 3장에서 리소스가 자신만의 URL을 가질 만큼 중요한 어떤 것이든 될 수 있다고 설명했던 것을 기억하자. 리소스는 데이터의 일부일 수도, 물리적인 객체일 수도, 추상적인 개념일 수도 있다. 즉 어떤 것이든 될 수 있다. 중요한 것은 URL과 해당 URL로 GET 요청을 보내면 클라이언트가 받는 문서인 표현을 갖는다는 것이다.

컬렉션 리소스는 이보다 좀 더 구체적이다. 주로 다른 리소스들을 한 그룹으로 묶는 게 주요 존재 목적이다. 표현 역시 다른 리소스의 링크에 집중하는데, 이들 다른 리소스의 표현 일부 조각을(또는 전체 표현을) 담고 있기도 하다.

 컬렉션은 다른 리소스들의 링크를 걸어 나열하는 리소스다.

아이템에 연결하는 컬렉션

컬렉션에 포함된 개별 리소스는 때로 그 컬렉션의 아이템(item), 엔트리(entry), 또는 멤버(member)라 부르기도 한다. 친구 전화기의 연락처를 생각해 보자. 내가 그 목록에 포함되어 있을 것이다. 내 이름과 내 전화번호가 들어 있다. 내가 바로 그 '연락처 목록' 컬렉션의 아이템인 것이다.

하지만 나는 이 컬렉션의 아이템 그 이상인 사람이다. 친구의 전화기에 있는 나는 나 자신이 아니라, (전화번호를 통한) 나의 링크와 나에 대한 정보(이름)인 것이다. 나는 독립적인 존재이며, 친구 전화기에 있는 정보는 그저 일부를 나타낸 표현에 지나지 않는다.

이와 마찬가지로, 컬렉션에 설명된 리소스가 '아이템'이라 불린다 해서 갑자기 무언가 특별한 것이 되진 않는다. 그 리소스는 여전히 자신의 URL을 가지며, 컬렉션 바깥에서 독립적으로 존재한다. 우리가 '아이템', '엔트리', '멤버' 같은 것들을 얘기할 때는, 어떤 컬렉션의 표현에서 링크된 독립 리소스를 말하는 것이다.

Collection+JSON

이제 Collection+JSON이 컬렉션 패턴을 어떻게 구현했는지 상세히 알아보자. Collection+JSON 표준은 JSON에 기반을 둔 표현 형식을 정의한다. 또, GET 요청의 응답으로 그 형식으로 제공할 HTTP 프로토콜의 의미 체계도 정의한다.

Collection+JSON 문서를 보자.

```
{ "collection":
  {
    "version" : "1.0",
    "href" : "http://www.youtypeitwepostit.com/api/",

    "items" : [
      { "href" : "/api/messages/21818525390699506",
        "data" : [
        { "name" : "text", "value" : "Test." },
        { "name" : "date_posted", "value" : "2013-04-22T05:33:58.930Z" }
        ],
        "links" : []
      },

      { "href" : "/api/messages/3689331521745771",
        "data" : [
        { "name" : "text", "value" : "Hello." },
        { "name" : "date_posted", "value" : "2013-04-20T12:55:59.685Z" }
        ],
        "links" : []
      }
    ],
```

```
      "links" : [
        {"href" : "/logo.png", "rel" : "icon", "render" : "image"}
      ],

      "queries" : [
        { "href" : "/api/search",
          "rel" : "search",
          "prompt" : "Search the microblog archives",
          "data" : [ {"name" : "query", "value" : ""} ]
        }
      ],

      "template" : {
        "data" : [
          {"prompt" : "Text of message", "name" : "text", "value" : ""}
        ]
      }
    }
  }
```

이것은 애플리케이션에 특화된 데이터를 위해 미리 정의된 다섯 개의 특수한 프로퍼티를 갖는 객체다.

href

컬렉션 자체의 영속적인 링크

items

컬렉션 멤버를 가리키는 링크와 그것들의 부분 표현

links

컬렉션에 관계된 다른 리소스를 연결한다.

queries

컬렉션 검색을 위한 하이퍼미디어 컨트롤

template

컬렉션에 새 항목을 추가하기 위한 하이퍼미디어 컨트롤

오류 메시지를 위해 error 섹션이 선택 사항으로 제공되지만 여기서는 다루지 않는다.

아이템 표현하기

이제 Collection+JSON 표현에서 가장 중요한 필드인 items에 초점을 맞추자.

```
"items" : [
  { "href" : "/api/messages/21818525390699506",
    "data" : [
      { "name" : "text", "value" : "Test." },
      { "name" : "date_posted", "value" : "2013-04-22T05:33:58.930Z" }
    ],
    "links" : []
  },

  { "href" : "/api/messages/3689331521745771",
    "data" : [
      { "name" : "text", "value" : "Hello." },
      { "name" : "date_posted", "value" : "2013-04-20T12:55:59.685Z" }
    ],
    "links" : []
  }
]
```

이 필드가 가장 중요하다고 한 이유는 어떤 항목이 컬렉션에 포함되어 있는지 분명히 해 주기 때문이다. Collection+JSON에서 각 멤버는 JSON 객체로 표현된다. 컬렉션 그 자체도 그렇지만 각 멤버는 애플리케이션에 특화된 데이터로 채울 수 있는 미리 정의된 저장 공간들을 갖는다.

href 속성

해당 아이템을 독립 리소스로 나타내는 영속적인 링크

links

그 아이템에 연관된 다른 리소스의 하이퍼미디어 링크

data

해당 아이템의 표현의 중요한 부분을 나타내는 기타 정보

아이템의 영속적인 링크

멤버의 href 속성은 그 컬렉션의 콘텍스트 바깥의 리소스를 연결하는 링크다. href 속성의 URL에 GET 요청을 보내면 서버는 한 아이템에 대한 Collection+JSON 표현을 보낼 것이다. 이는 다음과 같은 형태다.

```
{ "collection":
  {
    "version" : "1.0",
    "href" : "http://www.youtypeitwepostit.com/api/",

    "items" : [
      { "href" : "/api/messages/21818525390699506",
        "data": [
        { "name" : "text", "value" : "Test." },
        { "name" : "date_posted", "value" : "2013-04-22T05:33:58.930Z" }
        ],
        "links" : []
      }
    ]
  }
}
```

아이템의 영속 링크로 HTTP PUT을 보내 수정하거나 HTTP DELETE로 삭제할 수도 있다. 이것들이 바로 이 아이템의 프로토콜 의미 체계다. Collection+JSON의 "item" 정의의 일부로 설명되어 있다.

아이템의 데이터

모든 Collection+JSON 애플리케이션의 핵심은 전달하고자 하는 애플리케이션 수준의 의미 체계에 달려 있다. 바로 개별 아이템에 연관된 데이터들이다. 이 데이터의 대부분은 아이템의 data 슬롯에 들어간다. 이 슬롯은 JSON 객체의 목록을 포함해야 하는데, 이 목록에는 name과 value 프로퍼티가 각각 단일 키값 묶음을 나타낸다. 우리의 마이크로블로깅 API에서 예제를 하나 살펴보자.

```
"data" : [
  {
    "name" : "text",
    "value" : "Test.",
    "prompt" : "The text of the microblog post."
  },
  {
    "name" : "date_posted",
```

```
            "value" : "2013-04-22T05:33:58.930Z",
            "prompt" : "The date the microblog post was added."
        }
    ]
```

name 속성은 키-값 묶음에서 키에 해당하며, value는 당연히 값이고, 선택 사항인 prompt는 사람이 이해할 수 있는 설명이다. Collection+JSON 표준은 어떤 키, 값 또는 프롬프트를 사용해야 하는지 전혀 언급하지 않는다. 이는 API 설계자가 자신의 API를 위해 정의한 애플리케이션 수준의 의미 체계에 따라 달라진다.

아이템의 링크

Collection+JSON에서 가장 간단한 하이퍼미디어 컨트롤은 href 속성이다. 이는 이미 앞에서 다뤘다. 특정 아이템 하나를 참조하고 싶을 때 클라이언트가 사용할 특별한 URL이다.

```
    "href" : "/api/messages/21818525390699506"
```

한 아이템의 표현에 links라는 목록이 포함될 수도 있다. 여기에는 관련된 리소스를 연결하는 하이퍼미디어 링크 여러 개가 포함된다. "book" 리소스의 표현에서 만날 수 있는 링크를 하나 보자.

```
{
    "name" : "author",
    "rel" : "author",
    "prompt" : "Author of this book",
    "href" : "/authors/441",
    "render" : "link"
}
```

이는 다음 HTML 코드 조각과 대략 동일하다.

```
<a href="/authors/441" id="author" rel="author">Author of this
book</a>
```

rel 속성은 Maze+XML에서의 rel 속성과 마찬가지로 연결 관계를 위한 공간이다. 여기에 애플리케이션 의미 체계를 넣을 수 있다. prompt 속성은 HTML ⟨a⟩ 태그 안의 링크 텍스트처럼, 사람이 읽을 수 있는 설명을 위한 공간이다.

책의 표현에서 볼 수 있는 또 다른 링크를 보자.

```
{
  "name" : "cover",
  "rel" : "icon",
  "prompt" : "Book cover",
  "href" : "/covers/1093149.jpg",
  "render" : "image"
}
```

이것은 다음 HTML 코드 조각과 대략 동일하다.

```
<img src="/covers/1093149.jpg" id="cover" rel="icon" title="Book
cover"/>
```

author 링크와 icon 링크의 차이점은 render 속성에 있다. render를 "link"로 지정하면 HTML ⟨a⟩ 태그와 마찬가지로(4장 참조) Collection+JSON 클라이언트에게 링크를 외부 링크로 표시하게 한다. 사용자는 이 링크를 클릭해 클라이언트의 뷰를 다른 표현으로 이동할 수 있다. render를 "image"로 지정하면 HTML ⟨img⟩ 태그와 마찬가지로 클라이언트에게 링크를 포함된 이미지로 표시하게 한다. 그 링크는 자동으로 데이터를 가져와 결과 표현이 현재 표현의 뷰에 바로 포함된다.

쓰기 템플릿

새 아이템을 컬렉션에 추가하길 원한다고 해 보자. 어떤 HTTP 요청을 보내야 할까? 이 질문의 답을 구하려면 컬렉션의 쓰기 템플릿을 봐야 한다.

우리의 마이크로블로깅 API의 쓰기 템플릿은 다음과 같다.

```
"template": {
 "data": [
   {"prompt" : "Text of message", "name" : "text", "value" : ""}
 ]
}
```

이 템플릿을 Collection+JSON 표준에 따라 해석하면, 다음처럼 빈칸을 채워 넣고 문서를 전송하면 된다(OK).

```
{ "template" :
 {
  "data" : [
   {"prompt" : "Text of the message", "name" : "text", "value" :"Squid!"}
  ]
 }
}
```

이 요청은 어디로 가는 걸까? Collection+JSON 표준은 컬렉션에 아이템을 추가할 때는 그 컬렉션에(즉, href 속성의 주소로) POST 요청을 보내라고 되어 있다.

```
"href" : "http://www.youtypeitwepostit.com/api/",
```

따라서 이 POST 요청은 다음과 같다.

```
POST /api/ HTTP/1.1
Host: www.youtypeitwepostit.com
Content-Type: application/vnd.collection+json

{ "template" :
 {
  "data" : [
   {"prompt" : "Text of the message", "name" : "text", "value" : "Squid!"}
  ]
 }
}
```

이는 쓰기 템플릿이 개념적으로 HTML 폼과 동일하다는 것을 의미한다.

```
<form action="http://www.youtypeitwepostit.com/api/" method="post">
 <label for="text">Text of the message</label>
 <input id="text"/>
 <input type="submit"/>
</form>
```

HTML 폼을 채워 넣으면 application/x-www-form-urlencoded 표현이 전송되고 쓰기 템플릿을 채워 넣으면 application/vnd.collection+json 표현이 전송되므로 완전히 동일하진 않다. 하지만 개념적으로 이 두 하이퍼미디어 컨트롤은 매우 비슷하다.

검색 템플릿

컬렉션에 수백만 개의 아이템이 들어 있다면, 모든 클라이언트가 GET 요청을 보낼 때마다 서버에서 모든 항목의 표현을 다 보내는 것은 어리석은 일일 것이다. 서버는 검색 템플릿을 제공해 이런 상황을 피할 수 있다. 이는 클라이언트가 Collection+JSON 컬렉션을 필터링하는 데 사용할 하이퍼미디어 폼이다.

컬렉션의 검색 템플릿은 queries 슬롯에 저장된다. 간단한 검색 템플릿을 담는 queries 슬롯을 하나 보자.

```json
{
  "queries" :
  [
    {
      "href" : "http://example.org/search",
      "rel" : "search",
      "prompt" : "Search a date range",
      "data" :
      [
        {"name" : "start_date", "prompt": "Start date", "value" : ""},
        {"name" : "end_date", "prompt": "End date", "value" : ""}
      ]
    }
  ]
}
```

Collection+JSON 검색 템플릿은 이 HTML 폼과 동일하다.

```html
<form action="http://example.org/search" method="get">
  <p>Search a date range</p>
  <label for="start_date">Start date</label>
  <input label="Start date" id="start_date" name="end_date" value=""/>

  <label for="end_date">End date</label>
  <input label="End date" id="end_date" name="end_date" value=""/>
</form>
```

이는 다음 URI 템플릿과 동일하다.

```
http://example.org/search{?start_date,end_date}
```

동일하다는 말의 의미는 이 셋이 모두 동일한 입력이 주어질 경우 똑같은 HTTP GET 요청을 하기 때문이다. 이는 다음과 같다.

```
GET /search?start_date=2010-01-01&end_date=2010-12-31 HTTP/1.1
Host: example.org
```

(일반) 컬렉션은 어떻게 동작하는가

지금까지 본 것들이 Collection+JSON의 거의 모든 것이다. 실제 애플리케이션 의미 체계는 들어가지 않도록 설계되어 다양한 다른 애플리케이션에 사용할 수 있게 하기 위해서다. 컬렉션이 매우 일반적이기 때문에, 컬렉션 패턴의 공통된 기능을 매우 잘 나타내 준다.

AtomPub을 보기 전에, 패턴 그 자체를 내가 어떻게 보는지 HTTP 아래 일반적인 '컬렉션'의 행동을 설명하는 것으로 한 단계 위에서 설명해 보겠다. Collection+JSON, AtomPub, OData, 히드라는 컬렉션을 다른 방식으로 접근하지만, 이들 모두 프로토콜 의미 체계가 거의 동일하다.

GET

대다수의 리소스와 마찬가지로 컬렉션은 GET 요청의 응답으로 표현을 제공한다. 세 개의 주요 컬렉션 표준이 컬렉션에 속한 아이템이 어떤 형태여야 하는지 별로 설명하지 않지만 컬렉션의 표현이 어떤 형태인지는 굉장히 상세히 설명한다.

표현의 미디어 유형은 그 리소스로 무엇을 할 수 있는지 말해준다. application/vnd.collection+json 표현을 받았다면, Collection+JSON 표준의 규칙이 적용됨을 알 수 있다. 표현이 application/atom+xml이라면 AtomPub 규칙이 적용됨을 알 수 있다.

표현이 application/json이라면 안타까운 상황인데, JSON 표준이 컬렉션 리소스에 대해 아무것도 말해주지 않기 때문이다. 자신만의 길로 가고, 명목 표준을 새로 정의한 API를 사용하고 있는 상황인 것이다. 사용하는 그 특정 API의 세부 내용을 따로 찾아봐야 한다.

POST로 추가하기(POST-to-Append)

컬렉션을 정의하는 특성은 HTTP POST에서의 행동이다. 컬렉션이 (검색 결과처럼) 읽기 전용이 아닌 한, 클라이언트는 컬렉션에 POST 요청을 보내 새 아이템을 생성할 수 있다.

컬렉션에 표현을 POST로 보내면, 서버는 그 표현에 기반을 두고 새 리소스를 생성한다. 그 리소스는 컬렉션의 마지막 멤버가 된다. 2장을 기억해 보면, 마이크로블로그 API에 POST 요청을 보내서 새 글이 마이크로블로그 안에 생성됐다.

PUT과 PATCH

주요 컬렉션 표준 중 어느 것도 PUT과 PATCH에 어떻게 응답하는지 정의하지 않는다. 일부 애플리케이션은 컬렉션에서 몇 개의 요소를 한 번에 수정하거나 개별 요소를 제거하는 데 이 메서드들을 사용한다.

Collection+JSON, AtomPub, OData는 모두 아이템의 PUT 요청에 대한 응답을 정

의한다. PUT은 클라이언트가 한 아이템의 상태를 변경하는 방법이라고 설명한다. 이 표준들은 HTTP 표준의 말을 반복하고 있을 뿐이다. 아이템 리소스에 새로운 제약 조건을 거는 것이 아니다. PUT은 클라이언트가 어떤 HTTP 리소스이든 상태를 변경하는 방법이다.

DELETE

세 개의 큰 표준 모두 컬렉션이 DELETE에 어떻게 응답해야 하는지 정의하지 않는다. 일부 애플리케이션은 DELETE 요청을 받은 그 컬렉션을 삭제하는 것으로 구현한다. 다른 애플리케이션은 컬렉션과 그 컬렉션에 나열된 모든 아이템을 삭제한다.

주요 컬렉션 표준은 모두 DELETE 요청에 대한 아이템의 응답을 정의하는데, 이것도 마찬가지로 HTTP 표준이 말하는 것을 반복하는 것뿐이다. DELETE 메서드는 무언가를 삭제하기 위해 존재한다.

페이지 나눔

컬렉션은 수백만 개의 항목을 가지고 있을 수 있지만, 서버가 문서 하나에 수백만 개의 링크를 제공해야 할 의무는 없다. 가장 흔한 대안은 페이지를 나누는 것이다. 서버가 컬렉션의 첫 열 개 항목을 제공하고, 나머지는 링크로 클라이언트에 제공하기로 할 수 있다.

```
<link rel="next" href="/collection/4iz6"/>
```

IANA에 등록된 "next" 연결 관계는 "시리즈의 다음"을 의미한다. 이 링크를 따라가면 컬렉션의 두 번째 페이지를 받을 수 있다. 컬렉션의 끝에 도달할 때까지 계속해서 rel="next" 링크를 따라갈 수 있다.

페이지로 나뉜 목록을 살펴보는 데 사용할 일반 연결 관계가 몇 개 있다. 여기에는 "next", "previous", "first", "last", "prev"(previous와 동의어)가 포함된다. 이 연결 관계들은 원래 HTML을 위해 정의되었지만, 이제 IANA에 등록되었으므로 어느 미디어 유형이든 사용할 수 있다.

일부 컬렉션 기반 표준은 명시적으로 페이지 나눔 기법을 정의한다. 다른 것들은 그저 "next"와 "previous"를 알고 있다고 가정한다. Collection+JSON은 후자에 속한다. 페이지 나눔을 명시적으로 지원하진 않지만, IANA의 일반 연결 관계와 일반적인 하이퍼미디어 링크를 결합해 그 기능을 지원할 수 있다.

```
"links" : [
  {
    "name" : "next_page",
    "prompt" : "Next",
    "rel" : "next",
    "href" : "/collection/page/3",
    "render" : "link"
  },
  {
    "name" : "previous_page",
    "prompt" : "Back",
    "rel" : "previous",
    "href" : "/collection/page/1",
    "render" : "link"
  }
]
```

검색 폼

컬렉션 패턴의 마지막 공통 기능은 하이퍼미디어 검색 폼이다. 이 역시 거대한 컬렉션을 다루는 데 도움을 준다. 검색 폼은 클라이언트가 컬렉션 전체를 받지 않고도 흥미 있는 부분을 찾을 수 있게 해준다.

Collection+JSON, OData는 명시적으로 하이퍼미디어 검색 폼을 위한 자신만의 형식을 정의한다. 이 장의 앞부분에서 Collection+JSON 검색 템플릿을 보여주었다. AtomPub은 검색을 직접 지원하지 않는데, 만일 검색 기능이 필요하다면 오픈서치 같은 다른 표준을 끼워 넣으리라 가정한다.

AtomPub(Atom Publishing Protocol)

아톰 파일 포맷은 뉴스 기사와 블로그 글의 배포를 위한 RSS의 대체용으로 개발되었다. RFC 4287에 정의되어 있고, 2005년에 마무리되었다. AtomPub은 아톰 파일 포맷을 표현 포맷으로 사용하여 뉴스 기사 수정과 게시의 작업을 표준화한다. AtomPub은 RFC 5023에 정의되었는데, 2007년에 마무리되었다. 이때는 REST API 세계에선 꽤 초창기다. 사실 AtomPub이 컬렉션 패턴을 설명하는 첫 표준이었다.

Collection+JSON으로 보여주었던 동일한 마이크로블로그를 아톰 표현으로 살펴보자. AtomPub 역시 Collection+JSON과 개념이 동일하지만 다른 용어를 사용한다. "아이템들(items)"을 갖는 "컬렉션" 대신, "엔트리들(entries)"을 담는 "피드(feed)"가 있다.

```
<feed xmlns="http://www.w3.org/2005/Atom">

  <title>You Type It, We Post It</title>
  <link href="http://www.youtypeitwepostit.com/api" rel="self" />
  <id>http://www.youtypeitwepostit.com/api</id>
  <updated>2013-04-22T05:33:58.930Z</updated>

  <entry>
    <title>Test.</title>
    <link
      href="http://www.youtypeitwepostit.com/api/messages/21818525390699506" />
    <link rel="edit"
      href="http://www.youtypeitwepostit.com/api/messages/21818525390699506" />
    <id>http://www.youtypeitwepostit.com/api/messages/21818525390699506</id>
    <updated>2013-04-22T05:33:58.930Z</updated>
    <author><name/></author>
  </entry>

  <entry>
    <title>Hello.</title>
    <link
      href="http://www.youtypeitwepostit.com/api/messages/3689331521745771" />
    <link rel="edit"
      href="http://www.youtypeitwepostit.com/api/messages/3689331521745771" />
    <id>http://www.youtypeitwepostit.com/api/messages/3689331521745771</id>
    <updated>2013-04-20T12:55:59.685Z</updated>
    <author><name/></author>
  </entry>

  <entry>
    <title>Pizza?</title>
    <link
      href="http://www.youtypeitwepostit.com/api/messages/7534227794967592" />
    <link rel="edit"
      href="http://www.youtypeitwepostit.com/api/messages/7534227794967592" />
    <id>http://www.youtypeitwepostit.com/api/messages/7534227794967592</id>
    <updated>2013-04-18T03:22:27.485Z</updated>
    <author><name/></author>
  </entry>

</feed>
```

이 문서는 application/atom+xml 미디어 유형으로 제공되는데, AtomPub 클라이언트는 이걸 가지고 몇 가지 가정을 내릴 수 있다. 이 컬렉션의 href에 새 아톰 엔트리를 POST로 추가할 수 있다. 엔트리의 rel="edit" 링크에 PUT을 보내 엔트리를 수정하거나, DELETE를 보내 삭제할 수 있다.

이 중 어떤 것도 놀랍지 않다. Collection+JSON이 하는 것과 비슷하며, 거의 대부분은 HTTP 표준에서 발견할 수 있는 개념을 다시 언급하는 정도다.

Collection+JSON과 AtomPub 사이에 큰 개념적인 차이가 하나 있다. Collection+JSON은 "item"에 대한 특별한 애플리케이션 의미 체계를 정의하지 않는다. 한 "item"은 어떤 것이든 나타낼 수 있다. 하지만 아톰은 뉴스 기사를 게시할 목적으로 설계되었으므로, 모든 AtomPub 엔트리는 뉴스 기사처럼 보인다. AtomPub 피드의 모든 엔트리는 고유 ID(나는 그 글의 URL을 사용했다), 제목(글의 텍스트를 사용), 게시일 또는 마지막 수정일과 시간을 포함해야 한다. 아톰 파일 포맷은 "subtitle(부제)", "author(저자)" 같은 필드로 뉴스 이야기를 위한 약간의 애플리케이션 의미 체계를 정의한다. 이에 반해 Collection+JSON은 이런 게 전혀 없다. 컬렉션의 각 멤버가 (꼭 필요함에도 불구하고) 영속 링크(permalink)를 가져야 한다는 요구 사항도 없다.

이렇게 뉴스와 블로그 글에 집중하고 있지만, AtomPub은 컬렉션 패턴의 온전한 일반적인 구현이다. AtomPub을 채택한 가장 큰 기업인 구글은 아톰 문서를 사용해 비디오, 달력 이벤트, 스프레드시트의 셀, 지도의 위치 등을 나타낸다.

비밀은 확장성에 있다. 아톰의 용어를 원하는 어떤 것으로든 애플리케이션 의미 체계로 확장할 수 있다. 구글은 GData라는 공통 아톰 확장을 정의해 모든 아톰 기반 API에서 사용하며, 추가로 비디오, 달력, 스프레드시트 등을 위한 확장을 정의한다.

AtomPub의 컬렉션 패턴에 대한 흥미로운 사실 몇 가지를 살펴보자.

- 뉴스 기사가 종종 하나 이상의 카테고리로 분류되므로 아톰 파일 포맷은 간단한 카테고리 시스템을 정의하며, AtomPub은 카테고리 목록용 미디어 유형(application/atomcat+xml)을 따로 정의한다.
- AtomPub은 서비스 문서(Service Document: 컬렉션의 컬렉션) 미디어 유형도 정의한다.
- 아톰은 엄격히 XML 기반 파일 포맷이다. AtomPub을 설치하면 JSON 표현을 제공하지 않는다. 그래서 AtomPub API를 Ajax 클라이언트에서 소비하기가 어려워진다. 구글은 이 문제를 인식하고 자신들의 문서에 AtomPub 표현과 함께 JSON 표현도 추가했다. 하지만 구글은 이를 모든 사람이 재사용하도록 권할 만한 것 대신 명목 표준으로 제공했다.

- 아톰이 XML 파일 포맷이긴 하나, 클라이언트는 AtomPub API에 바이너리 파일을 POST로 전송할 수 있다. 서버에 업로드된 파일은 서버에서 두 개의 구별되는 리소스가 되는데, 하나는 표현이 바이너리 데이터인 미디어 리소스(Media Resource)이며, 또 다른 하나는 표현이 아톰 포맷으로 된 메타데이터인 엔트리 리소스(Entry Resource)다. 이 기능으로 AtomPub에 사진이나 음성 파일을 연관된 링크와 설명을 담는 아톰 문서와 함께 저장할 수 있다.

AtomPub 플러그인 표준

높은 확장성 덕택에 아톰과 AtomPub은 컬렉션 패턴을 향상시키는 많은 작은 플러그인 표준의 기반으로 사용된다.

- 아톰 스레딩 확장(Threading Extensions)은(RFC 4685에 정의) 이메일 스레드나 메시지 보드에서 찾을 수 있는 대화의 구조를 쉽게 나타내게 해준다. 이 확장은 몇 개의 태그와 "replies"라는 새 연결 관계로 이루어진 작은 확장이다.
- 아톰 deleted-entry 요소(RFC 6721에 정의)는 컬렉션에서 삭제된 아이템을 그냥 없애는 것 대신 서버에 '묘비'를 세울 수 있도록 해준다. 이를 이용해 클라이언트에 삭제된 엔트리를 캐시하는 대신 제거하도록 알려줄 수 있다.
- RFC 5005('피드 페이지 나눔과 아카이빙')는 거대한 피드를 여러 개의 리소스로 분리해 페이지화하는 더 효과적인 방법인 '아카이브된 피드'라는 개념을 정의한다. "next", "prev", "first" 대신 사용할 연결 관계로 "next-archive", "prev-archive", "current"를 정의한다.
- 오픈서치(http://www.opensearch.org/Specifications/OpenSearch/1.1)는 XML 기반 검색 프로토콜을 위한 컨소시엄 표준이다. 오픈서치 문서는 HTML 폼 또는 Collection+JSON 문서의 "queries" 부분과 동일하다. 클라이언트가 (HTTP GET 요청으로) 검색을 할 수 있는 폼을 채워 넣고 검색 결과의 아톰 피드를 얻는다. 오픈서치는 "search"라는 새 연결 관계를 정의하는데, 아톰 피드에서 오픈서치 문서로 링크를 걸게 해 준다.
  오픈서치는 아톰 전용이 아니다. 웹 브라우저의 검색 바도 역시 오픈서치를 사용한다. 오픈서치를 사용하면 여러 사이트를 직접 방문하지 않고도 그들의 HTML 검색 엔진을 사용할 수 있다. 여기서 오픈서치를 설명하는 이유는

AtomPub이 검색 프로토콜을 정의하지 않기 때문에, 오픈서치를 사용해야 하기 때문이다.

10장에서 오픈서치를 좀 더 상세히 다룬다.

- PubSubHubbub(http://code.google.com/p/pubsubhubbub)은 게시-구독 프로토콜을 설명하는 기업 표준으로, 아톰 피드가 업데이트될 때마다 (HTTP POST로) 알림을 받도록 클라이언트가 가입하게 해 준다. 새로운 연결 관계인 "hub"를 정의한다.

이 플러그인 표준들이 정의한 모든 연결 관계는 IANA에 등록되어 있다. 이 말은 "replies", "next-archive", "prev-archive", "current", "search", "hub" 모두 일반 관계로 설명 없이 어디서든 사용할 수 있다는 뜻이다. "search" 연결 관계는 오픈서치를 위해 정의되었지만, rel="search"가 "이 링크는 오픈서치 문서를 연결한다"라는 뜻은 아니다. 이것의 의미는 "이 링크는 어떤 종류의 검색 폼에 연결한다"이다.

AtomPub을 쓰지 않더라도 수년간 아톰 확장에 많은 사람이 작업해 온 결과물들로 혜택을 받을 수 있다. 많은 공통 작업을 위한 표준 용어를 생성해 온 것이다. 그저 재사용하기로 결정하기만 하면 된다.

왜 모두가 AtomPub을 사용하지 않을까?

RFC가 마무리된 지 6년이 지났고, 이 많은 플러그인 표준에도 불과하고 AtomPub은 인기를 끌지 못했다. 구글 말고는 크게 사용하지 않고 있고, 구글도 점점 사용을 피하고 있는 추세다. AtomPub의 문제는 무엇일까?

문제는 2003년에 내린 기술적인 결정에 뿌리를 두고 있다. AtomPub 표현은 XML 문서다. 2003년에는 굉장히 옳은 선택 같아 보였지만 지난 10년간 브라우저 내 API 클라이언트가 점차 인기를 더해 가면서 표현 포맷으로서의 JSON의 입지가 확고해졌다. 브라우저 내 자바스크립트 코드에서 XML을 처리하는 것보다 JSON을 처리하는 것이 훨씬 쉽기 때문이다. 오늘날, 대다수의 API는 JSON 표현만을 제공하거나, XML과 JSON 표현 중 하나를 선택할 수 있게 제공한다. AtomPub은 어디서도 찾을 수 없다.[2]

---

[2] 아톰과 AtomPub 주요 기여자인 조 그레고리오(Joe Gregorio) 역시 블로그 글(http://bitworking.org/news/425/atompub-is-a-failure)을 통해 동일한 이야기를 하고 있다.

그럼 대체 왜 이 책에서 AtomPub에 이렇게 많은 분량을 할당한 것일까? 그 이유의 일부는 이 표준 자체에는 잘못된 것이 전혀 없기 때문이다. 그 자체로 매우 잘 동작한다. '컬렉션' API 패턴의 첫 번째 일반적인 구현으로서 역사적인 중요도도 있다. 또, 플러그인 표준들이 정의하는 IANA에 등록된 연결 관계는 다른 표현 포맷에서도 깨끗하게 재사용할 수 있다.

하지만 AtomPub의 이야기는 "표준에 문제가 전혀 없다"로는 충분하지 않음을 보여준다. 사람들은 자신이 필요로 하는 표준이 아니라면 해당 표준을 배우려 하지 않는다. JSON 기반의 명목 표준을 사용해 '컬렉션' 패턴을 다시 만드는 게 더 쉽기 때문에, 지금껏 수천 명의 개발자들이 그래왔고 앞으로도 계속 그럴 것이다.

이 책을 집필한 주목적은 이런 노력의 반복을 중단하고자 하는 것이다. Collection+JSON이나 내가 이 책의 다음 장에서 다룰 하이퍼미디어 포맷들 중 하나에 답이 있을지 없을지 알 수 없다. 아마도 하나의 정답은 존재하지 않을 것이다.

그러나 '컬렉션' 패턴 자체가 매우 우세하다는 것은 분명히 안다. 문제는 집단적으로 우리가 동일한 기본 개념을 계속해서 재창조할 것이냐는 데 있다.

의미 체계의 문제: 잘 대응하고 있는가?

의미 체계의 문제가 '컴퓨터가 어떤 링크를 클릭하도록 결정하게 하려면 어떻게 프로그래밍을 해야 할까?'였음을 기억하자. 이 물음에 답하려면 HTTP의 프로토콜 의미 체계(URL로 구분되는 일반적인 '리소스'와 GET과 PUT 같은 메서드에 응답하기)와 특별한 고유의 웹 API들(마이크로블로깅 서비스, 결제 프로세서 등 하고자 하는 무언가)이 갖는 애플리케이션 의미 체계의 차이를 극복해야 한다.

Maze+XML 같은 도메인 특화 설계는 특정 목적에 맞춰 설계한 하이퍼미디어 유형과 이 문제 영역을 위해 특별한 연결 관계를 정의하는 것으로 이 차이를 극복한다. 하지만 이렇게 하려면 굉장히 많은 일이 되며, 대부분의 사람들은 이렇게까지 하지 않는다.

컬렉션 패턴은 두 가지 다른 종류의 리소스를 인식한다. GET, PUT, DELETE에 응답하는 아이템 유형 리소스와 GET, POST로 추가하기에 주로 응답하는 컬렉션 유형 리소스다. 컬렉션 유형 리소스는 몇 개의 아이템 유형 리소스를 포함한다. 그 표현에는 이 아이템들의 링크가 들어 있고, 그들 표현의 일부를 포함한다.

컬렉션과 아이템의 차이점은 HTTP의 프로토콜 의미 체계 위에 놓인 아주 작은 애플리케이션 의미 체계에서 나온다. Collection+JSON, AtomPub, OData는 모두 동일하게 컬렉션/아이템 구별을 정의한다. 이런 구분이 있기에 컬렉션을 살펴보기 위한 "first", "next", "next_archive" 같은 관계, 컬렉션을 검색하기 위한 "search" 관계, 컬렉션 내 아이템을 지칭하는 "item" 관계, 아이템을 수정하는 "edit" 관계, 아이템과 그 아이템을 포함하는 컬렉션을 연결하는 "collection" 관계 등 많은 IANA의 일반 연결 관계가 의미를 지니게 된다.

하지만 "item"은 여전히 특별한 무언가를 지칭하는 것이 아니다. "리소스"처럼 매우 모호한 용어다. 마이크로블로깅 API에서 "item"은 시간을 갖는 텍스트가 될 것이다. 결제 프로세서에서 "item"은 채권자, 채무자, 결제 수단, 결제 금액이 될 것이다. 컬렉션 패턴의 애플리케이션 의미 체계와 개별 API 사이의 애플리케이션 의미 체계 사이에는 여전히 큰 차이가 존재한다.

마이크로블로그 글의 Collection+JSON 표현을 다시 살펴보자.

```
{ "collection":
  {
    "version" : "1.0",
    "href" : "http://www.youtypeitwepostit.com/api/",

    "items" : [
      {
        "href" :
        "http://www.youtypeitwepostit.com/api/messages/21818525390699506",
        "data" : [
          {
            "name" : "text",
            "value": "Test.",
            "prompt" : "The text of the microblog post."
          },
          {
            "name" : "date_posted",
            "value": "2013-04-22T05:33:58.930Z",
            "prompt" : "The date the microblog post was added."
          }
        ]
      }
    ]
  }
}
```

HTTP는 어떻게 이 아이템을 수정해야 하는지 알려준다. 어떻게든 이 표현을 변경하고 PUT으로 다시 서버에 보낸다. Collection+JSON은 그 표현이 어떤 형태를 가져야 하는지 알려준다. Collection+JSON '템플릿'을 채워 넣은 형태여야 한다.

```
PUT /api/messages/21818525390699506 HTTP/1.1
Host: www.youtypeitwepostit.com
Content-Type: application/vnd.collection+json

"template" : {
  "data" : [
    {"prompt" : "Text of message", "name" : "text", "value" : "The new value"}
  ]
}
```

하지만 Collection+JSON은 "text"와 "date_posted"가 무슨 뜻인지 알려주진 않는다. 이것들을 이해하려면 사람이 "prompt" 요소에서 사람이 이해할 수 있는 설명을 읽어야 한다. Collection+JSON은 이렇게 의미적 차이를 극복한다. Maze+XML은 애플리케이션 의미 체계를 미디어 유형의 규격에 미리 정의하는 것으로 이 차이를 극복한다. Collection+JSON은 애플리케이션 의미 체계를 표현마다 흩어져 있는 prompt 요소에 집어넣는다.

모든 사람이 Collection+JSON을 사용하면 우리 모두는 동일한 "컬렉션" 정의를 공유할 것이다. 그렇다고 해도 57개의 다른 "item" 정의가 존재하며, 57개의 다른 데이터 요소와 각기 다른 prompt 값이 존재할 것이다. 어떤 API는 텍스트 필드를 "text"라 부르고, 어떤 API는 "content"나 "post", "blogPost"라 부를 수 있는데 이들은 모두 동일한 것을 다른 단어로 표현한 것이다. 우리는 여전히 57개의 다른 마이크로블로깅 API를 가지고 있을 것이다.

그러니 우리는 아직 목적을 달성하지 못했다. 여전히 무언가 다른 것이 더 필요하다.

7장

순수 하이퍼미디어 설계

컬렉션 패턴은 강력하지만 어디서나 찾아볼 수 있는 것은 아니다. 5장의 미로 게임은 기술적으로는 Collection+JSON 표현으로 구현할 수 있었겠지만 굉장히 모양새가 나쁠 것이다. 이 게임의 요점은 클라이언트가 한 번에 단 하나의 셀만 본다는 것이다. 컬렉션 내에 뭔가 수집해서 보여줄 거리가 없다. 미로 게임의 애플리케이션 의미 체계는 컬렉션 패턴이 제공하는 것과 맞지 않는다.

어느 누구도 컬렉션 패턴을 써야만 한다고 말하진 않지만, 컬렉션 패턴은 API를 위한 디자인 패턴 중 가장 인기 있는 패턴이다. 뭔가 다른 패턴을 구현하고자 하거나, API 설계가 특정 패턴에 맞지 않는다면 API의 의미 체계를 순수 하이퍼미디어를 사용해 설명할 수 있다. Maze+XML처럼 고유한 미디어 유형까지 포함하는 새로운 표준 전체를 만들 필요는 없다. 내 리소스의 상태를 일반적인 하이퍼미디어 언어로도 표현할 수 있다.

이 장에서 일반적인 하이퍼미디어 언어를 표현 포맷으로 사용하는 API를 다룰 것이다. 몇 가지 새로운 표현 포맷도 얘기하지만, 오래되고 친숙한 포맷인 HTML이 이 장의 주된 설명 주제다.

왜 HTML인가?

우리는 HTML을 월드 와이드 웹이라는 문맥 안에서 생각한다. 사람이 읽도록 만들어진 문서들의 네트워크 말이다. 이런 인기로 인해 API의 어느 부분이라도 사람이 읽게 되는 문서를 제공한다면 HTML을 선택하는 게 명백해 보인다. API의 나머지가 XML이나 JSON 기반 표현을 제공할지라도, 사람이 볼 부분은 HTML로 표시할 수 있다. HTML 인기 덕택에 현대의 모든 운영 체제는 HTML 기반의 웹 API를 디버깅할 도구, 즉 웹 브라우저를 내장하고 있다.

HTML은 오직 기계가 처리하도록 설계된 API에서도 분명한 장점이 있다. HTML은 XML이나 JSON보다 더 문서의 구조를 요구하지만, Maze+XML처럼 특정 문제 하나를 풀기 위한 정도의 구조를 요구하진 않는다. HTML은 Collection+JSON처럼 어딘가 중간 즈음에 위치한다.

XML이나 JSON과 달리 HTML은 표준화된 하이퍼미디어 컨트롤 모음을 포함한다. 하지만 HTML 컨트롤은 매우 일반적이고 특정 문제 공간에 묶여 있지 않다. Collection+JSON은 검색 쿼리용으로 특별한 하이퍼미디어 컨트롤을 정의한다. HTML은 어느 목적으로든 사용할 수 있는 하이퍼미디어 컨트롤(〈form〉 태그)을 정의한다.

마지막으로 인기를 들 수 있다. HTML은 세상에서 가장 인기 있는 하이퍼미디어 유형이다. HTML을 파싱하고 생성할 수 있는 많은 도구가 있으며, 대다수 개발자들이 HTML 문서를 읽을 줄 안다. HTML의 엄청난 인기 덕택에 의미적 차이를 줄이기 위해 계속 진행 중인 노력인 마이크로포맷과 마이크로데이터, 이 두 개의 거대한 표준 역시 HTML에 기반을 둔다. 이 둘은 이 장의 뒷부분에서 다룬다.

HTML의 기능

HTML은 텍스트 문서의 중첩 구조를 표현하기 위해 설계되었다. 어떤 HTML 태그든 텍스트 콘텐트와 기타 태그를 포함할 수 있다.

```
<p>
 This 'p' tag contains text
 <a href="http://www.example.com/">and a link</a>.
</p>
```

이 문서는 어떤 데이터 구조에도 대응되지 않는다(영어 문장이 데이터 구조에 대응되는 경우는 거의 없다). 하지만 HTML 문서는 JSON에서처럼 간단한 기본 데이터 구조를 포함할 수 있다. 순차적인 목록은 〈ol〉 태그로, 키-값 묶음은 〈dl〉 태그를 사용할 수 있다('dl'은 HTML에서 이 데이터 구조를 '정의 목록(definition list)'이라 부르기 때문이다).

HTML은 순서 없는 목록(〈ul〉 태그), 이차원 배열(〈table〉 태그), 표준 데이터 구조와 상관없이 임의로 태그를 묶는 방법(〈div〉와 〈span〉 태그)도 제공한다.

하이퍼미디어 컨트롤

더 중요한 것은 HTML이 하이퍼미디어 컨트롤을 내장하고 있다는 것이다. 4장에서 이 컨트롤들에 대해 언급했지만, 이곳에서 중요한 것들만 다시 살펴보자.

- 〈link〉 태그와 〈a〉 태그는 Maze+XML의 〈link〉 태그처럼 간단한 바깥으로 나가는 링크다. 특정 URL에 GET 요청을 보내 표현을 얻어오라고 클라이언트에 알려준다. 그 표현이 현재 뷰가 된다.

- 〈img〉 태그와 〈script〉 태그는 임베딩 링크다. 이들은 클라이언트에게 자동으로 다른 리소스에 GET 요청을 보내게 하고, 그 리소스의 표현을 현재 뷰에 임베딩한다. 〈img〉 태그는 다른 표현을 이미지로 임베딩한다. 〈script〉 태그는 표현을 코드로 실행하라는 의미다. HTML은 다른 종류의 임베딩 링크를 몇 개 더 정의하지만 이 둘이 주요 링크다.

- 〈form〉 태그가 method 속성에 문자열 "GET"을 가지면(즉, 〈form method="GET"〉), 템플릿화된 외부 링크로 동작한다. URI 템플릿 또는 Collection+JSON에서 queries 슬롯처럼 동작한다. 서버는 클라이언트에 기본 URL과 몇 개의 입력 필드(HTML 〈input〉 태그)를 제공한다. 클라이언트는 이 필드들에 값을 입력하고 폼의 기본 URL에 결합해 하나의 독특한 URL을 만든 다음 그 URL에 GET 요청을 보낸다.

- 〈form〉 태그에 "POST"가 method 속성으로 있으면, 무엇이든 할 수 있는 HTTP POST 요청을 나타낸다. 〈input〉 태그가 여전히 존재하지만, 요청 URL을 만드는 대신, 미디어 유형 application/x-www-form-urlencoded의 엔티티 바디를 만드는 데 사용된다. 요청 URL은 〈form〉 태그의 action 속성에 하드코딩되어

있다.

플러그인 애플리케이션 의미 체계

HTML은 사람이 이해할 수 있는 문서라는 매우 일반적인 용도의 애플리케이션 의미 체계를 정의한다. HTML 표준은 문단, 표제, 절, 목록 등 뉴스 기사나 책에서 볼 수 있는 구조 요소를 나타내는 태그들을 정의한다.

HTML은 미로나 미로의 셀을 위한 태그를 정의하지 않는다. 이는 HTML의 용도에 속하지 않는다. 그러나 HTML과 Maze+XML 또는 Collection+JSON의 차이는 HTML은 원래의 용도 외의 목적으로 사용하기가 매우 쉽다는 것이다. HTML 4는 세 가지 일반 속성으로 HTML 표준에는 정의되지 않은 애플리케이션 수준의 의미 체계를 추가할 수 있게 해 준다(HTML 5는 몇 가지 더 정의하는데 이는 나중에 다룬다).

rel 속성

HTML의 〈a〉와 〈link〉 태그에는 rel이라는 속성이 있는데, 연결되는 리소스와 지금 리소스 사이의 관계를 정의한다. 이미 앞에서도 rel을 본 적이 있다.

```
<link rel="stylesheet" type="text/css" href="/my_stylesheet.css"/>
```

이 HTML은 리소스 /my_stylesheet.css를 가져와서 자동으로 현재 페이지의 스타일로 사용하라고 지시한다. 이런 문맥에서 HTML의 〈link〉 태그는 임베딩 링크로 동작한다. 다른 rel 값(예로 rel="self")을 사용하면 〈link〉 태그는 외부 링크로 동작한다.[1]

(5장에서 언급한 IANA 등록부 같은) 연결 관계의 표준 목록이 있지만, "stylesheet"나 "self" 같은 문자열에 특별한 것은 없다. 미로 API를 HTML로 공개한다면, Maze+XML에 정의한 연결 관계("north", "south" 등)를 가져다 HTML 문서에 사용할 수 있다. 그러면 HTML 포맷에 기존에는 없던 애플리케이션 수준의 의미 체계가 생긴다. 바로 미로와 미로의 셀의 의미 체계 말이다. (URL처럼 보이는) 확장 연결 관계를 만들어 내 애플리케이션 내 리소스 사이의 특별한 관계를 설명할 수도 있다.

---

1 HTML 4 역시 rel의 반대인 rev 속성에 링크를 허용한다. rev의 값은 연결된 리소스에 대한 현재 리소스의 관계를 나타낸다. 다음 페이지를 연결하는 링크에서 rel의 값은 next(다음)가 되고 rev에서는 previous(이전)가 될 것이다. rev 속성은 딱히 필요하지 않은 것으로 결론이 나서, HTML 5에서는 제거되었다. 그래서 그저 각 주로만 설명한다. rel과 그 반대를 헷갈리지 않길 바란다.

자신만의 연결 관계를 만들 때 생기는 단점은 사용자가 이 관계들이 무슨 의미인지 전혀 알지 못한다는 것이다. 이런 애플리케이션 의미 체계는 프로파일(8장 참조)에 문서화해야 한다.

id 속성

거의 모든 HTML 태그[2]는 id 속성의 값을 정의할 수 있다. 이 속성은 문서 내 한 요소를 식별하는 고윳값이 된다.

```
<div id="content">
```

id="content"를 가진 태그를 찾고 있었다면, 바로 여기에 있다. 한 HTML 문서 안에 두 개의 요소가 동일한 ID를 가질 수 없다.

애플리케이션 수준의 의미 체계 연결 고리로 id 속성의 사용을 추천하진 않는다. ID가 문서에서 고유한 값이어야 한다는 조건이 너무 큰 제약이기 때문이다. 두 개의 HTML 문서에서 동일한 id를 정의하는 경우 이것들을 하나의 큰 문서로 합치는 것은 불가능하다.

class 속성

대부분의 HTML 태그[3]는 class 속성 값을 정의할 수 있다. HTML의 의미 체계 속성 중 가장 유연한 속성이다. 월드 와이드 웹에서 class는 보통 CSS 포매팅에 사용되지만, 태그의 애플리케이션 의미 체계를 전달하는 용도로 사용할 수도 있다. 말 그대로 어떤 클래스에 속하는지를 나타내는 것이다.

다음 간단한 예제에서 ⟨div⟩ 태그에 ⟨span⟩ 태그 두 개가 포함되어 있다.

```
<div class="vcard">
  <span class="fn">Jennifer Gallegos</span>
  <span class="bday">1987-08-25</span>
</div>
```

⟨div⟩ 태그는 그 자체만으로는 아무 의미가 없다. 그저 다른 태그를 한 그룹으

---

2 HTML 4에서 base, head, html, meta, script, style, title 태그는 id 속성을 가질 수 없었다. HTML 5에서는 어떤 태그든 id 속성을 가질 수 있다. 이 목록은 그저 확인 용도로 나열했으므로 딱히 신경 쓸 필요는 없다.

3 HTML 5에서는 모든 태그가 class 속성을 가질 수 있다. HTML 4에서는 이전의 각주에서 설명한 일곱 개 태그가 id나 class를 가질 수 없다. param 태그는 id를 정의할 수는 있지만 class는 정의할 수 없다. 다시 말하지만 아마 이게 문제가 될 일은 없을 것이다.

로 묶는 역할만 한다. 〈span〉 태그도 역시 그 자체로는 아무 의미가 없다. 하지만 vcard class가 사람에 대한 정보(여기서는 이걸 어떤 식으로 말하는지 염려하지 말자. 나중에 설명한다)를 묶는다고 해 보자. fn class가 붙은 태그는 사람 이름을 담고, bday class로 표시된 태그는 사람 생일을 ISO 8601 포맷으로 포함한다고 해 보자.

이제 앞의 〈div〉 태그는 사람을 설명하는 것이 된다. 이제 무언가 의미를 갖게 되었다. 이제 "Jennifer Gallegos"가 책의 제목이 아니라 사람의 이름임을 알 수 있다. 또, "1987-08-25"가 우연히 날짜 같아 보이는 임의의 문자열이 아니라 특정 포맷으로 작성된 날짜임을 안다. class의 어떤 값이 무엇을 의미하는지 이해하면, HTML 규격에는 정의되지 않은 애플리케이션 의미 체계의 일부를 이해할 수 있게 된다.

동일한 문서 내 많은 태그가 동일한 class를 가질 수 있고, 태그 하나에 class 값 여러 개를 공백으로 구분해서 지정할 수 있다.

```
<ul>
 <li><a class="link external" href="http://www.example.com/>Link 1</a></li>
 <li><a class="link external" href="http://www.example.org/>Link 2</a></li>
 <li><a class="link internal" href="/page2">Link 3</a></li>
</ul>
```

혹시 id를 사용해 애플리케이션 의미 체계를 전달하고 싶었다면, class를 대신 사용하길 권한다. id와 달리 한 표현 내 여러 태그가 동일한 class 속성을 가질 수 있다.

마이크로포맷

"vcard", "fn", "bday"처럼 암호 같은 CSS 클래스 이름으로 〈div〉 태그와 몇 개의 〈span〉 태그를 사람을 나타내는 설명으로 사용했다. 내가 클래스 이름을 직접 지었다면 birthday(생일)처럼 좀 더 이해가 쉬운 것들을 택했을 것이다. 하지만 이는 내가 직접 지은 것이 아니다. hCard(http://microformats.org/wiki/hcard)라는 기존 표준에서 가져온 것이다. class="vcard"를 HTML 태그에서 발견한다면 그 안에 들어가 있는 모든 것을 hCard 표준에 따라 해석해야 한다.

Maze+XML과 마찬가지로 hCard 표준도 연계된 RFC나 인터넷 드래프트 문서가 없다. 그러나 Maze+XML처럼 개인 표준이기에 그런 것은 아니다. hCard는 마이크로포맷이다. 마이크로포맷은 공식적인 IETF 절차를 통해 RFC가 만들어지는 대신 위키에 비공식적인 협동을 통해 정의되는 가벼운 산업 표준이다.

hCard 표준을 살펴보면 fn 클래스로 사람의 이름(full name)을 표시하고, bday는 사람의 생일을 ISO 8601 형태로 표시한다는 것을 알 수 있다. 이제 이런 CSS 클래스를 사용하는 문서가 어떤 의미인지 알 수 있을 것이다. HTML 표준은 이름이나 생일에 대해 전혀 언급하지 않지만 hCard 표준이 이것들을 다룬다.

마이크로포맷은 HTML에 추가적인 애플리케이션 의미 체계를 더하게 해 준다. HTML의 class 속성에 hCard의 마이크로포맷이 더해지면 사람을 나타내는 HTML 문서를 만들 수 있다.

hCard는 class 속성의 값만 정의한다. 여기서 사용한 〈span〉과 〈div〉 태그는 hCard와 아무 상관이 없다. 다른 태그를 사용해도 무방하다. 거의 모든 HTML 태그가 class 속성을 지원하므로 hCard 문서에 다음과 같이 구조 없는 텍스트를 사용해도 된다.

```
<p class="vcard">My name is <i class="fn">Jennifer Gallegos</i> and
I was born on <date class="bday">1987-08-25</date>.</p>
```

사람은 이 표현을 영어 문장으로 읽을 것이다. hCard 프로세서라면 '기타' 텍스트는 모두 무시하고 hCard의 CSS 클래스를 사용하는 태그에 집중할 것이다.

hCard 마이크로포맷이 공식적인 표준화 절차를 거치지는 않지만, 그 과정을 거친 표준에 기반을 두고 있다. 바로 RFC 6350에 정의된 vCard인데, 꽤 무거운 일반 텍스트 포맷으로 명함을 표현한다.

5장에서 하이퍼미디어 컨트롤이 없는 도메인 특화 표준의 예로 vCard를 언급했다. hCard는 vCard를 HTML로 번역했을 뿐이다. 그래서 hCard의 최상위 class의 값이 hcard가 아니라 vcard다.

vCard RFC는 어떤 정보가 명함에 들어가는지에 대해 굉장히 많은 비용을 들인 연구와 긴 논쟁의 결과다. 5장에서 말했듯이 vCard에 하이퍼미디어 컨트롤이 없다는 이유만으로 이 연구와 논쟁을 다시 해야 할 필요는 없다. vCard의 의미 체계를 훔쳐 일반적인 하이퍼미디어 언어인 HTML에 적용하면 된다.

hMaze 마이크로포맷

이 절에서는 hCard가 vCard에 한 일을 Maze+XML에 적용할 것이다. 미로라는 도메인 특화 비HTML 표준을 가져다가 HTML 마이크로포맷을 하나 만들 것이다. 이를 통해 기본 HTML 표준은 이해하지 못하는 한 도메인의 의미 체계를 HTML을 사용해 표시할 수 있게 될 것이다.

이 새 마이크로포맷은 'hCard'와 비슷하게 'hMaze'라 부른다(여기서 'h'는 'HTML'을 나타낸다). 새 마이크로포맷은 몇 개의 특별한 CSS 클래스를 정의한다.

hmaze

hMaze 문서의 부모 태그를 나타낸다. hCard의 vcard 클래스와 유사하다.

collection

hmaze 안에 나타날 수 있다. 미로 모음을 설명한다.

maze

hmaze 안에 나타날 수 있다. 개별 미로를 설명한다.

error

hmaze 안에 나타날 수 있다. 에러 메시지를 설명한다.

cell

hmaze 안에 나타날 수 있다. 미로 안의 셀을 설명한다.

title

cell 안에 나타날 수 있다. 셀의 이름을 담고 있다.

마이크로포맷은 연결 관계도 정의할 수 있으므로 Maze+XML에 정의된 모든 것들도 가져오도록 한다. class="cell"을 갖는 태그 안에서 관계 north, south, east, west, exit, current는 모두 특별한 의미를 지닌다(구체적으로는 이 특별한 의미는

Maze+XML 표준에 정의되어 있다). class="collection"을 갖는 태그 안에 있는 관계 maze도 특별한 의미를 갖는다(Maze+XML에서와 마찬가지로 특정 미로를 연결한다).

끝이다! 이게 hMaze 마이크로포맷의 첫 버전이다. 이 마이크로포맷을 위키에 올리고자 한다면, error 안에 들어가는 추가적인 CSS 클래스도 더 설명했겠지만, 예제로서는 이 정도로 충분하다. 이 마이크로포맷은 Maze+XML이 표현할 수 있는 어떤 미로든 HTML로 표현할 수 있게 해 준다.

내 마이크로포맷은 class와 rel의 값만 정의한다. hCard와 마찬가지로 태그 선택은 서버에 달려 있다. 서버는 Maze+XML과 꽤 비슷해 보이는 HTML 문서를 제공할 수 있다.

```
<div class="hmaze">
 <div class="cell">
  <div class="title">
   Hall of Pretzels
  </div>
  <div>
   <a href="/cells/143" rel="west"/>
   <a href="/cells/145" rel="east"/>
  </div>
 </div>
</div>
```

아니면 동일한 데이터를 사람이 웹 브라우저를 API 클라이언트로 사용해 읽을 수 있는 방식으로 제공할 수도 있다.

```
<div class="hmaze">
 <div class="cell">
  <p><b class="title">Hall of Pretzels</b></p>

  <ul>
   <li><a href="/cells/143" rel="west">Go west</a></li>
   <li><a href="/cells/145" rel="east">Go east</a></li>
  </ul>
 </div>
</div>
```

이것들 모두 유효한 hMaze 문서로, hMaze 측면에서만 본다면 이 둘은 애플리케이션 의미 체계가 동일하다. 중요한 것은 class와 rel 속성을 hMaze 규격이 사용하라는 대로 쓰는 것이다(HTML 문서 자체는 '용도(application)'가 사람이 이해할 수 있는 문서이므로 다른 애플리케이션 수준의 의미 체계를 갖는다).

마이크로데이터

마이크로데이터는 HTML 5용으로 마이크로포맷 개념을 다듬은 것이다. 이미 봤듯이 마이크로포맷은 일종의 해킹이다. HTML의 class 속성은 시각적 표현에 대한 정보를 CSS를 통해 전달하기 위해 설계되었지, 애플리케이션 의미 체계를 전달하기 위해 만들어진 것은 아니다.

HTML 마이크로데이터[4]는 애플리케이션 의미 체계를 표현하는 특별한 다섯 개의 새로운 속성(itemprop, itemscope, itemtype, itemid, itemref)을 소개한다. 이 속성들은 어느 HTML 태그에서든 나타날 수 있다.

나는 이 속성들 중 첫 세 가지에 집중해서 설명한다. itemprop 속성은 마이크로포맷이 class 속성을 사용하던 방식으로 사용한다. itemscope 속성은 불리언 속성인데, 태그에 마이크로데이터가 있는지 표시하는 용도로 쓰인다. itemtype 속성은 해당 마이크로데이터의 의미를 확인할 수 있는 곳을 클라이언트에 알려주는 하이퍼미디어 컨트롤이다.

약간만 손보면 마이크로포맷의 정보 대부분은 마이크로데이터로 표현할 수 있다. 다음 HTML 문서는 hMaze의 변형인 마이크로데이터 유형을 표현한다.

```
<div itemscope itemtype="http://www.example.com/microdata/Maze">
 <div itemprop="cell">
  <div itemprop="title">
   Hall of Pretzels
  </div>
  <div>
   <a href="/cells/143" rel="west"/>
   <a href="/cells/145" rel="east"/>
  </div>
 </div>
</div>
```

마이크로포맷을 사용할 때 클라이언트가 class="hMaze"가 붙은 태그를 만나면 그 태그 안에 있는 모든 것이 hMaze 문서임을 어떻게든 알고 있어야 한다. 마이크로로데이터의 경우는 class="hMaze"가 필요 없다. itemscope 속성은 이 태그 아래 있는 모든 것이 어떤 문서에 있는 규칙을 따른다고 알려주며, itemtype은 그 문서를 가리킨다.[5]

---

4 W3C 규격에 정의된 공개 표준으로 현재 드래프트 상태다(http://www.w3.org/TR/microdata).
5 이 문서는 프로파일(profile)이라 부르는데 8장에서 이게 어떤 형태인지 살펴볼 것이다.

마이크로포맷이 마이크로데이터 아이템보다 한 가지 더 나은 점이 있다. 마이크로데이터 아이템은 rel 속성에 값을 정의할 수 없고 오로지 itemprop만 가능하다. 이 말은 hMaze 같은 마이크로데이터 아이템에는 rel="east"와 rel="west"는 기술적으로 속할 수 없음을 의미한다. http://www.example.com/microdata/Maze의 문서에서는 rel="east"와 rel="west"를 미로 셀의 표현에서 만날 것이라고 언급할 것이다. 하지만 마이크로데이터 표준 입장에서는 전혀 관계가 없다. 마이크로데이터 아이템으로는 연결 관계를 정의할 수 없다.

마이크로데이터 아이템의 주 소스는 거대 검색 엔진(빙, 구글, 야후 얀덱스(Yandex))의 프로젝트인 schema.org이다. 이 프로젝트는 다른 문제 도메인을 위한 애플리케이션 의미 체계를 정의한다. 검색 엔진은 웹 페이지의 고수준 애플리케이션 의미 체계를 이해하는 데 관심이 많은데, 실제로 그 웹 페이지가 실세계의 어떤 것을 말하고 있는가이다. API가 웹 페이지에서 말하는 (사람, 제품, 행사 등) 실세계의 것들을 자주 다루므로, 이러한 작업을 우리 API에서 재사용할 수 있다.

10장의 끝에서 주요 마이크로데이터 유형을 나열할 예정이고, 이 지점부터 schema.org의 마이크로데이터 아이템을 언급하는 예제를 보기 시작할 것이다. 사람이 보면 이것들이 무슨 의미인지 굉장히 명확하다. URL http://schema.org/Person은 사람(person)의 일상적인 의미에 해당하는 schema.org 마이크로데이터 항목을 가리킨다.

리소스 상태 변경하기

이제 hMaze를 Maze+XML을 대체할 수 있는 수준까지 만들었다. 그러나 여기서 Maze+XML을 다시 만드는 걸 보길 원치 않을 것이다. 그럼 신비한 스위치로 미로의 구조를 재배치할 수 있는 새 기능을 추가해 보자.

이 신비한 스위치는 hMaze 마이크로포맷에 다음 두 CSS 클래스를 정의하는 것으로 추가한다.

switch

    cell 안에 나타날 수 있다. 두 위치 중 하나로 지정 가능한 스위치를 나타낸다. 각 위치는 미로의 다른 구성에 해당한다.

position

switch 안에 나타날 수 있다. up 또는 down으로 스위치의 위치를 담는다.

미로 안에 셀의 표현을 보자. 이미 본 적이 있지만, 이번에는 스위치가 셀 안에 들어 있다.

```html
<div class="hmaze">
 <div class="cell">
  <p>
   <b class="title">
    <a href="/cells/H" rel="current">Hall of Pretzels</a>
   </b>
  </p>

  <ul>
   <li><a href="/cells/G" rel="west">Go west</a></li>
   <li><a href="/cells/I" rel="east">Go east</a></li>
  </ul>

  <div class="switch">
   A mysterious switch is mounted on one wall. The
   switch is <span class="position">up</span>.
  </div>

 </div>
</div>
```

플레이어가 스위치를 조작하면 미로가 완전히 다른 구성으로 변경된다. 클라이언트가 스위치를 조작하기 전에 그림 7-1 같았다면, 그 후에는 그림 7-2처럼 보일 수 있다.

그림 7-1. 스위치 조작 전

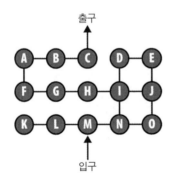

그림 7-2. 스위치 조작 후

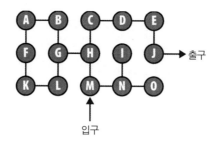

그림 7-2. 스위치 조작 후

스위치를 다시 조작하면 원래 미로 구성으로 복원된다.

안타깝게도, 그냥 내 말을 그대로 받아들여야 하는데, 아직 클라이언트가 스위치를 어떻게 조작하는지 설명하지 않았기 때문이다. 미리 말하지만 가능하다! 클라이언트가 특별한 HTTP 요청을 보내 스위치를 조작할 수 있다. 하지만 이 요청이 어떤 형태일지는 알려주지 않을 것이다. 추측해서 알아내길 바란다.

농담이고, 알려줄 것이다. 하지만 한국어 대신, 하이퍼미디어를 사용한다.

폼에 애플리케이션 의미 체계 추가하기

hMaze 마이크로포맷은 HTML의 rel 속성에 값을 정의해 HTML 링크에 애플리케이션 의미 체계를 새로 추가한다. 일반적인 형태의 HTML 링크에 rel 속성이 east로 설정되어 있는 걸 본다면, 더 이상 일반적인 링크가 아니라 지리 공간을 통과하는 길이 된다.

rel 속성은 두 리소스 사이의 관계를 나타낸다. 클라이언트가 링크를 따라가면 발생할 애플리케이션 상태 전이를 설명한다.

내가 정말 원하는 것은 '이 스위치 조작'을 의미하는 rel 값을 만드는 것이다. (클라이언트를 미로의 한 부분에서 다른 부분으로 옮기는 것 같이) 애플리케이션 상태를 변경하는 것 대신, rel="flip"이 붙은 링크로 리소스 상태를 변경하는 것이다. 애플리케이션 상태는 여전히 동일하지만(여전히 프레즐의 방에 있겠지만) 스위치가 다른 상태로 전환되고, 미로의 구조도 달라진다.

이 생각에는 큰 문제가 하나가 있다. HTML 링크는 GET 메서드만 지원하는데, '스위치 조작(flip a switch)'은 안전한 작업이 아니므로 GET을 사용할 수 없다. 리소스 상태를 변경해야 한다. 그게 바로 스위치 조작의 이유다. 스위치의 위치가 off였다가 이제 on이 된다. 미로의 출구가 셀 C에 위치했다가 이제 셀 J에 위치하게 되는 것이다.

다행히도 HTML은 하이퍼미디어 폼도 정의한다. HTML 폼은 POST 요청을 보내도록 클라이언트에 지시하며, POST 요청은 무엇이든 할 수 있다.

그런데 여기서 HTML에 약간의 문제가 있다. HTML 폼을 전송하는 버튼은 rel 속성을 지원하지 않는다. 하지만 class와 (HTML 5의 경우) itemprop을 지원한다. 그럼 이제 애플리케이션 의미 체계를 폼의 전송 버튼의 class에 정의해 보자.

flip

switch 내 폼 전송 컨트롤에 나타날 수 있다. 활성화되면 컨트롤은 스위치를 조작하는 효과를 낸다.

이제 스위치를 어떻게 조작하는지 분명히 알았을 것이다. class="switch"가 붙은 태그 안에 class="flip"이 있는 폼 전송 컨트롤을 찾고, 그 컨트롤을 활성화한다. 다시 프레즐의 방의 표현을 보자.

```
<div class="hmaze">
 <div class="cell">
  <p>
   <b class="title">
    <a href="/cells/H" rel="current">Hall of Pretzels</a>
   </b>
  </p>

  <ul>
   <li><a href="/cells/G" rel="east">Go west</a></li>
   <li><a href="/cells/I" rel="west">Go east</a></li>
  </ul>

  <div class="switch">
   A mysterious switch is mounted on one wall. The
   switch is <span class="position">up</span>.

   <form action="/switches/4" method="post">
    <input class="flip" type="submit" value="Flip it!"/>
   </form>
  </div>
 </div>
</div>
```

이제 스위치를 어떻게 구동하는지 명확하다. 하이퍼미디어 폼을 가이드로 사용해

hMaze를 이해하는 클라이언트라면 앞에서 설명하길 거절했던 그 마법 같은 HTTP 요청을 보낼 수 있다. 요청은 다음과 같다.

```
POST /switches/4 HTTP/1.1
Content-Type: application/x-www-form-urlencoded

submit=Flip%20it%21
```

응답은 다음과 같다.

```
303 See Other
Location: /cells/H
```

클라이언트는 Location 헤더의 링크를 따라 현재 미로 셀의 표현을 갱신할 것이다.

```
<div class="hmaze">
 <div class="cell">
  <p>
   <b class="title">
    <a href="/cells/H" rel="current">Hall of Pretzels</a>
   </b>
  </p>

  <ul>
   <li><a href="/cells/G" rel="west">Go west</a></li>
   <li><a href="/cells/C" rel="north">Go north</a></li>
   <li><a href="/cells/M" rel="south">Go south</a></li>
  </ul>

  <div class="switch">
   A mysterious switch is mounted on one wall. The
   switch is <span class="position">down</span>.

   <form action="/switches/4" method="post">
    <input class="flip" type="submit" value="Flip it!"/>
   </form>
  </div>

 </div>
</div>
```

리소스 상태가 변경되었다! "서쪽으로 가기(Go west)" 링크는 여전히 있지만, 이제 동쪽으로 가는 링크가 없어졌고, 기존에는 없던 셀로의 링크 두 개(rel="north"와 rel="south")가 추가되었다. 스위치는 여전히 존재하나 position이 up 대신 down이 되었다.

이 게임에 종일 기능을 추가할 수도 있겠지만, 이 정도로도 HTML 같은 일반적인 하이퍼미디어 포맷과 함께 사용할 애플리케이션 의미 체계 모음을 어떻게 정의하는지 충분히 보여주었다고 생각한다. hMaze 마이크로포맷 전체를 한 번에 살펴보자. 어떤 태그에든 적용할 수 있는 CSS 클래스 일곱 개를 정의했다.

hmaze

hMaze 문서의 부모 태그를 나타낸다. hCard의 vcard와 비슷하다.

collection

hmaze 안에 나타날 수 있다. 미로 모음을 설명한다.

error

hmaze 안에 나타날 수 있다. 에러 메시지를 설명한다.

cell

hmaze 안에 나타날 수 있다. 미로 안의 셀을 설명한다.

title

cell 안에 나타날 수 있다. 셀의 이름을 담고 있다.

switch

cell 안에 나타날 수 있다. 두 위치 중 하나로 지정 가능한 스위치를 나타낸다. 각 위치는 미로의 다른 구성에 해당한다.

position

switch 안에 나타날 수 있다. up 또는 down으로 스위치의 위치를 담는다.

또 하이퍼미디어 컨트롤에만 적용되는 여덟 개의 연결 관계(maze, start, north, south, east, west, current, exit)도 정의했다. 이 관계들은 Maze+XML과 마찬가지로 hMaze에서도 동일한 의미를 지닌다.

또 〈form〉 태그 안에 전송 버튼에만 적용되는 CSS 클래스도 하나 정의했다(다시 말하지만, CSS 클래스로 정의한 이유는 HTML 폼 전송 버튼이 rel 속성을 지원하지 않기 때문이다).

flip

switch 내 폼 전송 컨트롤에 나타날 수 있다. 활성화되면 컨트롤은 스위치를 조작하는 효과를 낸다.

이게 API 전부다. 정확히 말하자면 이게 Maze+XML과 마찬가지로 개인 표준의 API 규격이다. 내가 정의하지 않은 미결인 부분이 있다.

- HTML 문서가 정확히 어떤 형태를 지녀야 하는가? 이를 정의하지 않은 이유는 상관이 없기 때문이다. hMaze 구현은 사람이 이해할 수 있는 문서로 많은 텍스트를 포함할 수도 있고, 자동화 클라이언트를 위해 최적화된 매우 작은 문서일 수도 있다. hMaze CSS 클래스와 연결 관계를 정확히 사용하기만 하면, 어떤 선택을 하든 미로의 애플리케이션 의미 체계에는 아무런 변화가 없다.
- 신비의 스위치가 그 자신만의 표현을 갖는 1등급 리소스가 될 수 있을까? 예제에서 스위치는 자신만의 URL(/switches/4)을 갖는 것으로 보이지만, 클라이언트는 이 URL에 GET 요청을 보내지 않고 오직 POST 요청만 보낸다. 다음과 같이 이 URL에 링크를 거는 것을 쉽게 생각해 볼 수 있다.

```
A <a rel="switch" href="/switches/4">mysterious switch</a>
is mounted on one wall.
```

하지만 switch라는 연결 관계는 정의하지 않았으므로 이것은 내 설계에 포함된 사항이 아니다. 이는 9장에서 다시 다룬다.

하이퍼미디어의 대체재는 미디어다

hMaze 규격을 오늘날 API 문서들과 대조하면 유익할 것이다. 일반적인 API 문서에서 서버 측의 많은 메서드가 개별 API 호출로 노출된다. 각 호출은 고유의 액션 URL을 갖고, 괴로울 정도로 상세하게 문서화되어 있다. 아마 이런 것을 본 적이 있을 것이다.

스위치를 조작하려면 다음 주소로 POST 요청을 보낸다.

```
http://api.example.com/switches/{id}?action=flip
```

{id}는 스위치 ID다.

스위치가 있는 셀에 있을 때에만 스위치를 조작할 수 있다.

이 예제 같은 문서를 작성(또는 생성)하고 있다면 사람이 읽을 문서를 하이퍼미디어 대체재로 사용하고 있는 것이다. 이는 용납할 수 없다. 나 자신과 사용자들 모두에게 쓸모없는 작업을 하고 있는 것이다.

서버가 어떻게든 이 정보를 제공해야 하는 것은 분명하다. 클라이언트는 어떤 HTTP 요청을 보내야 하는지 정확히 알아야 하고, 그 요청을 보내면 어떤 일이 일어날지 대략적으로 알아야 한다. 하지만 거의 모든 경우 이 정보를 받도록 의도된 대상인 소프트웨어에 맞춰 작성하고, 필요할 때 제공할 수 있다. 미리 영어로 설명해야 할 필요는 없는 것이다.

이와 대조적으로 신비의 스위치를 어떻게 동작시키는지 기계가 읽을 설명을 살펴보자.

```html
<div class="switch">
 A mysterious switch is mounted on one wall. The
 switch is <span class="position">down</span>.

 <form action="/switches/4" method="post">
  <input class="flip" type="submit" value="Flip it!"/>
 </form>
</div>
```

필수 사항만 남긴 버전도 있다.

```html
<div class="switch">
 <span class="position">down</span>
   <form action="/switches/4" method="post">
    <input class="flip" type="submit"/>
   </form>
  </div>
 </span>
</div>
```

이걸로 프로토콜 의미 체계가 처리된다. 클라이언트가 정확히 어떤 HTTP 요청을 보내 flip의 상태 전이를 야기할 수 있는지 설명한다. 사람이 읽을 수 있는 문서는 hMaze 규격으로 flip의 애플리케이션 의미 체계를 정의하는 것으로 충분하다.

flip

switch 내 폼 전송 컨트롤에 나타날 수 있다. 활성화되면 컨트롤은 스위치를 조작하는 효과를 낸다.

액션 URL을 구성하기 위한 템플릿을 제공하거나, "switch ID"라는 내부적인 개념을 클라이언트에 인지시킬 필요도 없다. 이미 스위치를 조작하는 ⟨form⟩ 태그에 클라이언트가 사용해야 할 실제 URL이 포함되어 있기 때문이다. 하이퍼미디어 컨트롤이 사용할 수 있을 때만 제시되므로 "스위치가 있는 셀에 있을 때에만 스위치를 조작할 수 있다" 같은 경고를 적을 필요도 없다. 전송 버튼이 안 보인다면 상태 전이를 할 수 없는 것이다.

나는 리소스를 식별하고 하이퍼미디어와 연계하는 것으로 API를 설계해야 한다고 생각하곤 한다. 이런 리소스 지향 접근법은 내부 메서드 전체를 거대한 API 호출 목록으로 전부 노출하는 방식에서 벗어나고자 할 때 좋다. 리소스를 기준으로 생각하면 적어도 API 호출을 적합한 방식으로 그룹 짓게 해준다.

하지만 하이퍼미디어 기반 설계에서 리소스는 더 이상 중요하지 않다. 설계자의 역할은 모든 상태 전이를 식별하는 것이다. 리소스 지향 설계는 신비의 스위치 그 자체를 한 리소스로 강조할 것이다. 하지만 스위치 자체는 딱히 중요하지 않다. 내 설계는 상태 전이에 집중하는데, 그게 바로 스위치를 가지고 우리가 하는 일이다.

HTML의 제약

기술적으로 HTML은 일반 하이퍼미디어 포맷이 아니라 도메인 특화 표준이다. 5장이 아니라 여기서 다루는 이유는 HTML의 '도메인'이 매우 일반적이기 때문이다. 바로 '사람이 이해할 수 있는 문서'다. 로봇이 하는 미로 게임처럼 HTML을 다른 용도로 사용해도 되지만, 곧 이 데이터 포맷의 한계에 도달하게 될 것이다. 월드 와이드 웹에서는 어느 누구도 이 한계를 느끼지 않는다. 하지만 HTML을 제공하는 API를 설계한다면 곧 이 한계를 알아챌 것이다.

- HTML은 많은 하이퍼미디어 컨트롤을 포함하지만, 이 컨트롤들이 HTTP의 모든 프로토콜 의미 체계를 설명하진 못한다. PUT이나 DELETE를 요청하라고 HTML 클라이언트에 지시하려면 자바스크립트를 쓰는 수밖에 없다.
- HTML 4의 폼은 두 가지 종류의 엔티티 바디만 만들 수 있다. 기본 키-값 묶음을 위한 application/x-www-form-urlencoded와 키-값 묶음에 파일 업로드가 추가된 multipart/form-data다.
- JSON과 달리 HTML 4는 숫자와 문자열을 구분하지 않는다. HTML 태그 내 문자열은 그냥 문자열로만 인식된다. 이 문자열이 다르게 해석되어야 한다면, HTML 문서 밖에서 직접 지정해야 한다.
- HTML 4는 날짜를 표시할 방법을 정의하지 않는다(JSON 역시 같은 문제가 있다). vCard 표준이 bday 클래스를 정의할 때, bday에 제공되는 데이터는 반드시 ISO 8601 형식으로 해석해야 한다고 지정한다. 추가 정보가 (사람이 읽을 수 있는 형태로) 제공되지 않는 한, "1987-08-25" 이것이 날짜인지, 날짜처럼 보이는 문자열인지 확실히 알 방법이 없다.

HTML 5가 문제를 해결해 줄까?

새로운 표준인 HTML 5[6]는 HTML 4의 문제 일부를 해결한다.

- HTML 5는 날짜나 시간을 특정 형태로 표시하는 데 사용할 수 있는 time 태그를 정의한다.
- HTML 5의 meter 태그로 숫자를 표현할 수 있는 경우가 있긴 하지만 일반적으로는 동작하지 않는다.
- HTML 5는 ⟨audio⟩, ⟨video⟩, ⟨source⟩, ⟨embed⟩처럼 임베딩된 링크를 위한 새로운 하이퍼미디어 컨트롤을 몇 개 더 제공한다. API의 역할이 사람에게 멀티미디어를 제공하는 게 아니라면, 이것들 중 어떤 것도 API에서 그다지 유용하지는 않다.

---

6 현재 개발 중(http://www.w3.org/TR/html5/)이다.

- HTML 5는 input 태그 검증을 위한 몇 가지 방안을 정의한다. input 태그는 입력값을 date로 받을지, number로 받을지, url로 받을지 지정할 수 있다. input 태그를 required로 지정하면 이 필드에 값을 입력하지 않고는 해당 폼을 전송할 수 없게 된다. HTML 5 클라이언트는 이 정보를 사용해 클라이언트 측에서 검증을 수행할 수 있다.

  HTML 4에서 검증은 서버에서 사용하거나 클라이언트에서 폼을 전송할 때 동작하는 자바스크립트 코드를 직접 작성해야만 했다.

- 앞에서 HTML 5는 애플리케이션 의미 체계를 나타내는 데 사용할 마이크로데이터 프로퍼티를 정의할 것이라 언급했다. 이는 분명 class 속성을 재사용하는 마이크로포맷보다 개선된 방식이다.

아쉽게도 일부는 그대로 남아 있다. HTML 5의 폼은 여전히 PUT이나 DELETE 요청을 할 수 없다. HTML 5는 폼에 text/plain이라는 새로운 표현 형식을 추가했지만, 이건 그냥 application/x-form-urlencoded로 얻을 수 있던 동일한 키-값 묶음을 일반 텍스트로 표현한 것뿐이다.

요약하면, HTML 5가 몇 가지 유용한 기능을 새로 제공하긴 하지만, 하이퍼미디어 포맷으로서의 HTML을 급격히 변화시키지는 않는다.

하이퍼텍스트 애플리케이션 언어

HTML은 사람이 이해할 수 있는 문서로 설계된 오래되고 복잡한 언어다. 몇 가지 새로운 하이퍼미디어 포맷이 HTML에 대응해 나왔는데, 이것들은 웹 API에 특화되어 설계되었다. 하이퍼텍스트 애플리케이션 언어(Hypertext Application Language, HAL)는 HTML의 기본 개념인 하이퍼링크를 가져오고 그 밖의 나머지는 가차 없이 잘라낸 새로운 포맷이다. 내 생각에 이 언어는 너무 많은 것을 제거했다고 보이지만, HTML의 역사적인 짐들을 가지지 않는 일반적인 하이퍼미디어 언어의 좋은 예다. 어떻게 동작하는지 한번 살펴보자.

HAL은 두 가지 방식으로 제공된다. 하나는 XML(미디어 유형: application/hal+xml)이고 다른 하나는 JSON(미디어 유형: application/hal+json)이다. 줄여서 HAL+XML과 HAL+JSON으로 부르도록 하겠다.[7] 이 둘은 형식상 동일하나, HAL+XML 문서가 살펴보기 더 쉬우므로 이에 집중하도록 한다.

다음 HAL+XML 문서는 가상의 HAL 버전의 미로 게임을 표현한 것이다. hMaze와 거의 동일한 방식으로 미로 셀을 표현한다. 다른 셀로의 링크를 포함하며, 조작할 수 있는 스위치도 있다.

```
<resource href="/cells/H">
 <title>Hall of Pretzels</title>

 <link href="/cells/G" rel="east"/>
 <link href="/cells/I" rel="west"/>

 <resource href="/switches/4">
  <switch>
   <position>up</position>
  <link href="/switches/4" rel="flip" title="Flip the mysterious switch."/>
  </switch>
 </resource>

</resource>
```

HAL은 리소스와 링크, 두 가지 개념만 정의한다. HAL+XML은 이것들을 〈resource〉와 〈link〉 태그로 표현한다. 이 밖의 다른 태그는 hMaze에 기반을 두고 내가 만들어 낸 애플리케이션 특화 태그다.

〈resource〉 태그는 그 태그 내의 XML이 어떤 HTTP 리소스의 표현임을 나타낸다.

〈link〉 태그는 완전히 일반적인 하이퍼미디어 컨트롤이다. 하이퍼미디어 측면에서 이는 HAL과 HTML을 가르는 큰 차이점이다. HTML은 각기 다른 목적을 위해 다른 컨트롤을 사용한다. 〈a〉 태그는 활성화되면 GET 요청을 보내고, 응답으로 문서를 받으면 애플리케이션의 포커스가 그 문서로 이동한다. 〈img〉 태그는 자동으로 GET 요청을 보내어 결과로 받은 표현을 애플리케이션의 포커스를 바꾸지 않고, 현재 문서에 이미지로 포함시킨다. 〈form〉 태그는 POST나 GET 요청을 보내도록 만들 수 있다. 하지만 HTML 태그 중에는 PUT이나 DELETE 요청을 보낼 수 있는 태그가 없다. HTML로 보내고 싶은 HTTP 요청이 있는데, W3C가 원하는 것을 수행할 태그를 정의하지 않았다면, 아쉽게도 포기해야 한다.

---

7 HAL의 JSON 버전은 인터넷 드래프트 "draft-kelly-json-hal"에 명시되어 있다. XML 버전은 개인 표준(http://stateless.co/hal_specification.html)이다. 개발자는 HAL+JSON을 위한 RFC를 발행할 계획이며, HAL+XML을 위해 별도의 RFC도 이어서 발표할 예정이다.

HAL은 단 하나의 하이퍼미디어 컨트롤만 있지만, 그 컨트롤이 모든 것을 할 수 있다. GET, POST, PUT 요청을 특정 엔티티 바디로 보낼 수 있다. 또 사용자에게 DELETE와 UNLINK를 선택하게도 해준다. HAL+XML 문서 내의 〈link〉 태그는 활성화될 때 어떤 HTTP 요청이든 보낼 수 있다.

내 HAL+XML 문서에서 링크만 살펴보자.

```
<link href="/cells/G" rel="east"/>
<link href="/cells/I" rel="west"/>
<link href="/switches/4" rel="flip" title="Flip the mysterious
switch."/>
```

이 때문에 HAL이 HTML에서 너무 많은 것을 제거했다고 생각한다. 주어진 링크를 보고 무한한 가능성 중 어떤 일이 일어날지 알 방법이 없는 것이다. rel="east"가 붙은 〈link〉 태그는 GET 요청을 보내, 동쪽에 있는 셀의 정보를 얻어온다. rel="flip"이 붙은 〈link〉 태그는 스위치를 조작하는 POST 요청을 보내야 한다. 이것들 중 하나는 애플리케이션 상태를 수정하는 안전한 작업이나, 나머지 하나는 비멱등 작업으로 리소스 상태를 수정하는 위험한 요청이다. HAL에서 이 두 링크는 거의 동일하다. 차이는 연결 관계에만 존재한다.

이런 이유로 HAL은 계속해서 연결 관계 안에서 어떤 상태 전이가 발생할지 구분할 수 있는 정보를 넣으라고 이야기한다. rel="flip"을 정의할 때, POST 요청으로 flip 상태 전이가 발생함을 언급해야 한다. 이 말은 다음처럼 사람이 읽을 수 있는 문서를 작성하는 것을 뜻한다.

flip

switch 안에 나타날 수 있다. POST 요청으로 활성화되면, 스위치를 작동시키는 효과가 있다.

문제를 파악했을 것이다. API의 프로토콜 의미 체계가 기계가 읽을 수 있는 하이퍼미디어에서 사람이 이해할 수 있는 텍스트로 빠져나오고 있다. 컴퓨터가 GET 요청 대신 POST 요청을 하도록 알려줄 방법이 있음을 알고 있다. 바로 HTML 태그 〈form action="post"〉가 하는 일이다. 하지만 HAL에서는 프로토콜 의미 체계를 기계가 이해할 수 있는 방법으로 전달할 수가 없다. 문서에 적어야만 하고, 미로 클라이언트를 구현하는 모든 사람이 내 문서를 읽고 클라이언트에 프로토콜 의미 체계를 입력해야 한다.

API의 애플리케이션 의미 체계가 영어로 문서화되어 있다면 (사람인 우리는) 그 정도는 이해해 줄 수 있다. 하지만 컴퓨터에게 이런 것들을 이해시키기는 어렵다(8 장에서 이를 가능하게 하는 방법을 살펴보겠지만). 그러나 컴퓨터에게 HTTP POST 요청을 날려야 한다고 알려주는 것은 어렵지 않다.

flip 관계는 매우 간단해서, 이걸로 뭔가 별일이 있을 거 같진 않아 보일 수 있다. 하지만 HAL에서 연결 관계는 어떤 상태 전이든 나타낼 수 있고, 심지어 상태 전이 모음을 나타낼 수도 있음을 염두에 두어야 한다. HAL 제작자가 예제 애플리케이션으로 관리하는 HAL 브라우저(http://haltalk.herokuapp.com)를 살펴보면 무슨 이야기인지 알 것이다.

HAL 브라우저에 계정을 만들려면 ht:signup 관계가 달린 링크를 활성화해야 한다. 그림 7-3은 이 연결 관계에 대한 사람이 이해할 수 있는 문서다.

그림 7-3. ht:signup 연결 관계에 대한 모든 것

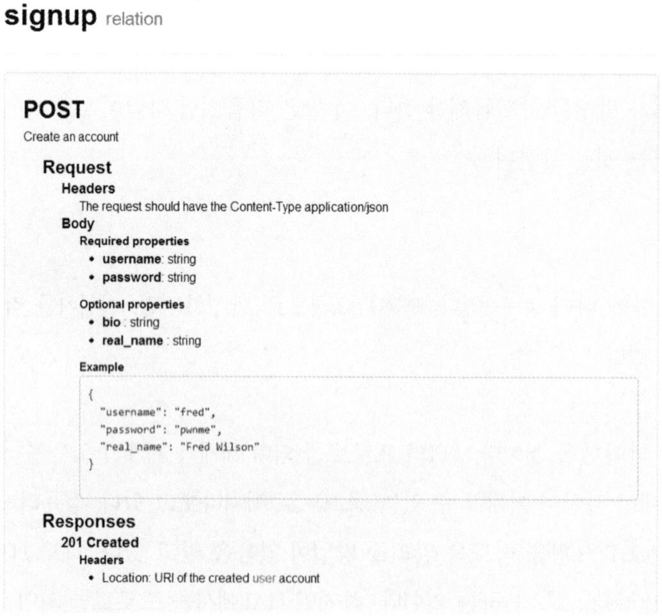

signup relation

POST
Create an account
Request
Headers
The request should have the Content-Type application/json
Body
Required properties
- **username**: string
- **password**: string

Optional properties
- **bio**: string
- **real_name**: string

Example

```
{
    "username": "fred",
    "password": "pwnme",
    "real_name": "Fred Wilson"
}
```

Responses
201 Created
Headers
- Location: URI of the created user account

매우 분명하고 잘 쓰인 문서지만, 웹 API가 악명을 떨치게 된 바로 그 종류의 작업이다. 이미 앞에서 공격했던 'API 문서'처럼 보인다. 상태 전이를 야기하는 데 필요한 HTTP 요청을 설명하는 데 많은 시간을 들이고, 그 상태 전이의 목적이 새 계정을 만드는 것임을 잠깐 이야기할 뿐이다. 이상적이라면 HTTP 요청과 응답은 기계가 이해할 수 있는 양식에 설명되어야 하고, 컴퓨터가 이해할 수 없는 부분만 사람이 읽을 수 있는 양식에 설명되어야 한다.

HAL은 연결 관계의 모든 상태 전이를 허용하지만, 이 상태 전이를 설명할 유일한 방법은 사람이 읽을 수 있는 글을 대량 작성하는 것뿐이다. 이런 조합은 좋지 않다.

애플리케이션 의미 체계와 HTTP의 프로토콜 의미 체계 사이의 차이를 상대적으로 적게 유지한다면 이는 큰 문제가 아닐 것이다. 읽기 전용 API의 경우 모든 상태 전이가 안전하므로 HAL이 잘 동작할 것이다. 하지만 반 공식 예제만 보더라도 HAL의 제약을 쉽게 찾을 수 있다. HTTP의 POST 메서드와 HAL 브라우저의 ht:signup 연결 관계 사이에는 큰 의미적 차이가 있다. HAL보다 HTML이 이 차이를 메우는 일은 훨씬 더 잘 수행한다.

사이렌

이 장의 마지막을 다른 일반적인 하이퍼미디어 포맷인 사이렌(Siren)[8]을 짧게 살펴보는 데 할애하겠다. 사이렌은 HAL보다 더 새로운 포맷이고 JSON에 기반을 두지는 않았지만, 하이퍼미디어에 대해 HAL의 미니멀리즘보다는 더 HTML 같은 접근을 취한다.

이미 HTML과 HAL 포맷으로 살펴본 미로 셀의 표현을 예제 사이렌 문서로 살펴보자.

```
{
  "class" : ["cell"],
  "properties" : { "title": "Hall of Pretzels" },

  "links" : [
    { "rel" : ["current"], "href" : "/cells/H" },
    { "rel" : ["east"], "href" : "/cells/G" },
    { "rel" : ["west"], "href" : "/cells/I" }
  ],
```

---

8 깃허브 사이렌 페이지(https://github.com/kevinswiber/siren)에 정의된 개인 표준

```
      "entities" : [
        { "class" : ["switch"],
          "href" : "/switches/4",
          "rel" : ["item"],
          "properties" : { "position" : ["up"] },
          "actions" : [
            { "name" : "flip",
              "href" : "/switches/4",
              "title" : "Flip the mysterious switch.",
              "method": "POST"
            }
          ]
        }
      ]
    }
```

사이렌은 엔티티(entities)라 부르는 데이터의 추상적인 그룹을 표현하기 위해 설계되었다. 사이렌의 '엔티티'는 개념적으로 HTML의 〈div〉 태그와 비슷하다. 데이터를 분리하기에는 편리한 방법이다. 엔티티는 자신의 URL을 갖는 HTTP 리소스일 수도 있지만, 꼭 그래야 하는 것은 아니다.

Collection+JSON 아이템처럼 사이렌 엔티티도 링크를 담을 links라는 특수한 공간을 정의한다. 내 셀 엔티티는 자신을 링크 거는 current와 다른 셀을 링크하는 east, west 세 개의 링크를 포함한다.

이 셀 엔티티는 하위 엔티티로 신비한 스위치도 포함한다. 스위치는 이 장에서 여러 번 본 flip이라는 리소스 상태 전이를 정의한다.

flip 상태 전이는 HTML 폼과 비슷한 하이퍼미디어 컨트롤인 사이렌 액션(action)으로 정의되었다(HTML 폼과 마찬가지로 method가 사용됨을 보자). 사이렌 액션의 name은 HTML 폼의 class 또는 링크의 rel과 목적이 동일하다. 이로써 클라이언트가 해당 컨트롤을 활성화하면 어떤 상태 전이가 일어날지 알 수 있다. 이 상태 전이의 목적(스위치를 조작)은 여전히 사람이 읽을 수 있는 텍스트로 설명해야 한다. 이 텍스트는 title 속성에 입력하였다.

이 표현에서 새로운 기능은 item을 연결 관계로 쓰기 시작했다는 것뿐이다.

```
    ....
      "entities": [
       { "class" : ["switch"],
         "href" : "/switches/4",
         "rel" : ["item"],
    ...
```

이 연결 관계는 스위치와 그 스위치를 포함하는 셀 간의 관계를 설명한다. 사이렌 표준은 모든 하위 엔티티가 자신과 부모 사이의 관계를 설명하는 rel을 제공해야 한다. item 연결 관계는 IANA에 등록된 관계로 컬렉션(셀)과 그 안에 포함된 것들(예로 신비한 스위치들)의 관계를 설명한다.

사이렌은 HTML과 Collection+JSON 사이 어딘가에 위치한다. 중첩된 엔티티의 시스템으로 6장에서 설명한 컬렉션 패턴을 잘 구현할 수 있다. 하지만 Collection+JSON이 특정 종류의 리소스를 정의하고 HTTP POST, PUT, DELETE로 행동을 정리하는 반면 사이렌은 HTML 폼이 제공하는 것보다 더 복잡한 상태 전이를 허용한다.

이 방식의 장점은 컬렉션 패턴에 잘 들어맞지 않는 상태 전이를 표시할 때 더 유연하다는 점이다. 단점은 두 개의 사이렌 애플리케이션(또는 HTML 애플리케이션)은 두 개의 Collection+JSON 애플리케이션보다 서로 간에 공통점이 적어 더 많은 클라이언트 측의 특별한 프로그래밍을 요하게 된다.

의미 체계의 문제: 잘 대응하고 있는가?

지금 현재 상태를 다시 정리해 보자. 클라이언트-서버 인터넷 프로토콜인 HTTP는 각기 다른 요청(GET, POST, PUT 등)에 매우 일반적인 의미를 부여한다.

또, 하이퍼미디어라는 개념을 통해 서버가 클라이언트에게 다음에 전송할 만한 HTTP 요청을 알려줄 수 있다. 이 덕택에 클라이언트가 미리 API의 모양새를 알고 있지 않아도 된다.

애플리케이션 의미 체계는 클라이언트가 특정 HTTP 요청을 보내면, 애플리케이션이나 리소스 상태에 구체적으로 어떤 일이 일어날지에 대한 정보를 하이퍼미디어 컨트롤에 추가해 확장한다.

또, API를 구축할 표준도 많다.

Maze+XML처럼 (미로 게임 같은) 작은 문제 범위의 애플리케이션 수준의 의미 체계와 프로토콜 수준의 의미 체계를 정의하는 도메인 특화 표준도 존재한다.

Collection+JSON과 APP(Atom Publishing Protocol)처럼 세상을 '컬렉션'과 '아이템' 리소스로 보는 표준도 있다. 이 표준들은 프로토콜 수준의 의미 체계는 매우 상세히 정의하지만, 애플리케이션 수준의 의미 체계는 거의 정의하지 않는다. 아이템 유형 리소스는 반드시 HTTP PUT에 특정한 방식으로 응답해야 하지만, 아이템 자체는 무엇이든 의미할 수 있다.

hCard 같은 마이크로포맷과 schema.org의 http://schema.org/Person 같은 마이크로데이터 아이템도 있다. 이것들은 문서가 어떤 의미인지를 설명하는 애플리케이션 수준의 의미 체계를 많이 정의하지만, 하부의 리소스가 HTTP에서 어떻게 동작해야 하는지를 설명하는 프로토콜 의미 체계는 거의 설명하지 않는다.

그리고 HTML, HAL, 사이렌처럼 나만의 프로토콜 의미 체계와 애플리케이션 수준의 의미 체계를 정의하도록 자유를 부여하는 언어들도 있다.

1장에서 정의했던 의미적 차이의 간극을 좁히는 것이 우리의 문제다. API가 주어졌을 때, 클라이언트 개발자는 어떻게 하면 컴퓨터 프로그램이 그 API의 애플리케이션 의미 체계에 기반을 두고 의사 결정을 내리도록 할 수 있을까?

API가 Maze+XML 같은 도메인 특화 표준으로 설명된다면, 의미적 차이를 잇는 일은 굉장히 명백할 것이다. 필요한 모든 정보가 표준에 들어 있다. 프로토콜 의미 체계와 애플리케이션 의미 체계 모두 포함한다. 그저 문서를 읽고, 주어진 상황에 맞춰 클라이언트가 어떻게 응답할지 정한 다음, 클라이언트를 작성하면 된다.

그러나 도메인 특화 하이퍼미디어 표준은 흔치 않다. 대다수의 하이퍼미디어 API는 AtomPub 같은 컬렉션 표준이나 HTML 같은 일반적인 하이퍼미디어 언어를 사용한다. 이 표준들은 API의 프로토콜 의미 체계는 정의해 주지만, 애플리케이션 의미 체계에 대해서는 그다지 언급하지 않는다. 이 경우 사람이 다른 문서를 읽어야만 API가 제공하는 표현에 입력된 의미를 파악할 수 있다.

하지만 그 문서는 어디에 있는가? API가 마이크로포맷을 사용하나? 사용한다면 어떤 마이크로포맷인가? 어떻게 알아내는가? 마이크로포맷이 무엇인지 전부 알고 있어야 하나?

API가 HTML을 사용하지 않으면 어떻게 될까? 사이렌은 마이크로포맷이나 마이크로데이터를 지원하지 않는다. API 설계자가 hCard 같은 데이터를 사이렌 문서에 넣고 싶다면 어떻게 될까?

이 시점에서, 현재 기술의 한계를 만나게 된다. 이 질문들을 다 만족시키는 답은 없다. 그 결과 모든 API 설계자는 기존 서버 측 설계에 맞춰 그저 애플리케이션 수준의 의미 체계를 만들고 그 의미 체계를 어딘가에 문서화하게 되었다.

이게 우리가 57개나 되는 마이크로블로깅 API의 세계에 갇힌 이유다. API 기술은 이 질문들에 답하지 않고는 '하이퍼미디어' 상태에서 더는 발전할 수 없다. 다음 장에서는 일부 초기 답안들을 살펴본다.

8장

RESTful Web APIs

프로파일

앞의 세 장에 걸쳐 새 API를 설계할 때의 규칙 모음을 만들어 왔다. 이 규칙들이 다 완성된 것은 아니지만, 완전한 형태에 가깝게 소개해 보겠다.

- 내 문제에 맞는 도메인 특화 표준이 있는가? 그렇다면 그걸 사용하자. 애플리케이션 특화 확장이 있다면 문서화한다(5장).
- 내 문제가 컬렉션 패턴에 맞는가? 그렇다면 컬렉션 표준 중 하나를 도입하자. 애플리케이션 특화 용어를 정의하고 문서화한다(6장).
- 둘 중 어느 것도 해당하지 않는다면, 일반적인 하이퍼미디어 유형을 선택한다. 애플리케이션을 상태 전이로 나눈다. 이 상태 전이를 문서화한다(7장).
- 이 시점이면 프로토콜 의미 체계의 문제는 해결했을 것이다. 이제 남은 것은 애플리케이션 의미 체계다. 내 문제 도메인을 다루는 마이크로데이터 아이템이나 마이크로포맷이 있는가? 그렇다면 이를 사용한다. 그렇지 않다면 애플리케이션 특화 용어를 정의하고 문서화한다(7장).

여기서의 문제는 '하이퍼미디어'를 사용할지 여부다. Maze+XML, AtomPub, HAL 은 모두 하이퍼미디어를 사용해 상태 전이를 설명하지만, 각기 다른 문제를 해결하기 위해 다른 방식으로 사용한다. 주요 쟁점은 API를 구성할 상태 전이를 표시하게 해 줄 수 있는 형식을 선택하는 것이다.

HAL은 읽기 전용 애플리케이션에 사용하기 좋다. Maze+XML은 미로 게임인 읽기 전용 애플리케이션에 사용하기 좋다. AtomPub은 블로그처럼 읽기-쓰기 애플리케이션에 좋다. 형식이 제공하는 안전한 영역을 떠나면, 그 표준이 지정한 패턴에 맞추기 위해 더 많은 확장과 가짜 리소스를 정의하게 되는 자신을 발견할 것이다.

이 규칙들은 모두 내가 아직 다루지 않은 큰 것, 바로 문서화를 언급한다. "애플리케이션 특화 확장은 모두 문서화하라." "애플리케이션 특화 용어를 정의하고 문서화하라." 여기서 "문서화하라"는 말이 의미하는 것은 무엇일까?

지난 경험 덕택에 API 문서를 생각할 때 떠오르는 것들을 의심하게 되었다. API 커뮤니티의 사회적 규범은 REST 원칙에 대한 무지나 나쁜 설계를 보완해 주는 용도로 사람이 이해할 수 있는 많은 문서를 허용하는 편이다. 가능한 한 사람이 이해할 문서를 버리고 싶지만, 전부 다 없앨 수는 없다. 어떤 지점에선, 내 미로 게임에서 rel="flip"이 동전이나 블랙잭 테이블에서 카드를 뒤집는 것이 아니라 스위치를 조작하는 것임을 알려줘야 할 것이다. HTML, AtomPub, 그 밖의 하이퍼미디어 유형은 그 자체가 RFC처럼 사람이 이해할 수 있는 문서로 정의되어 있다.

이 장은 문서화에 대한 궁금증을 집중적으로 다룬다. API를 하나 추가하면 사람이 이해할 수 있는 문서를 얼마나 많이 작성해야 할까? 이 문서는 어떤 형태여야 할까? 58번째 마이크로블로깅 API를 만드는 사람이 되지 않으려면 어떻게 해야 할까?

클라이언트는 문서를 어떻게 찾는가?

API 문서가 어떤 형태여야 하는지 고민하기 전에, 먼저 클라이언트가 이 문서를 어떻게 찾을지 생각해 보자. 필딩 제약 조건 중 하나는 '자기 서술형 메시지'다. 서버는 HTTP 요청이 어떤 의미인지 추측하지 말아야 하며, 클라이언트도 응답이 어떤 의미인지 추측해서는 안 된다. 반드시 메시지 자체에 설명되어 있거나 적어도 암시하고 있어야 한다.

HTTP의 Content-Type 헤더는 가장 명확한 예제다. 이 헤더의 값은 엔티티 바디를 어떻게 파싱할지 알려준다. 다음은 일부 예다.

```
Content-Type: text/html
```

```
Content-Type: application/json
Content-Type: application/atom+xml
Content-Type: application/vnd.collection+json
Content-Type: application/vnd.amundsen.maze+xml
```

미디어 유형이 (HTML 문서처럼) 하이퍼미디어 컨트롤을 정의하고 있다면, 응답 문서를 분석해 다음에 어떤 HTTP 요청을 보낼지 알 수 있다. 이제 문서의 프로토콜 의미 체계가 무엇인지 안다. 미디어 유형이 Maze+XML처럼 도메인 특화 형식이라면, 문서 파싱으로 미로 셀 같은 문제 범주에서의 상태 역시 알 수 있다. 이제 문서의 애플리케이션 의미 체계를 알게 되었다. 프로토콜 의미 체계와 애플리케이션 의미 체계를 이해했다면 이제 다 끝난 것이다. 내가 또는 내 소프트웨어가 주어진 정보에 기초해 의사 결정을 내릴 수 있다.

대부분의 경우 미디어 유형만 가지고 두 종류의 의미 체계를 모두 알 수는 없다. hCard 마이크로포맷을 사용하는 HTML 문서를 생각해 보자. 문서를 text/html로 파싱하면 프로토콜 의미 체계를 알려주지만 애플리케이션 의미 체계는 알 수 없다. 트위터 API에서 받는 JSON 문서를 생각해 보자. 이는 application/json으로 제공된다. 이 문서를 파싱해도 프로토콜 의미 체계나 애플리케이션 의미 체계를 알 수 없다. 문서에는 빠져 있는 어떤 신비한 규격이 있는 것이다.

이런 '빠진' 규격들은 사실 빠진 것이 아니다. hCard의 경우 이 규격이 http://microformats.org/wiki/hcard에 나와 있다. 트위터는 https://dev.twitter.com/docs 에서 규격을 제공한다. 나는 이런 '빠진' 규격을 프로파일(profile)이라고 부른다. 이런 문서가 이 장의 주제다.

프로파일이 뭘까?

RFC 6906에 나온 프로파일에 대한 공식적인 정의를 보자.

> 프로파일은 리소스 표현 자체의 의미 체계를 변경하기 위함이 아니라 클라이언트에게 미디어 유형에 의해 정의된 의미 체계에 더해 그 리소스 표현에 연계된 추가적인 의미 체계를 알 수 있게 하기 위해 정의된다.

hCard 마이크로포맷이 이 정의에 명쾌히 들어맞는다. hCard를 사용하는 HTML

문서는 여전히 HTML 문서이지만, 대다수의 HTML 문서에는 없는 추가적인 애플리케이션 의미 체계를 추가로 갖고 있다. 이 문서는 이제 무언가에 대한 것이 된다. 자유로운 산문이 아니라, 컴퓨터가 이해할 수 있도록 프로그래밍할 수 있는 방식으로 사람을 설명한다.

트위터 API를 위한 사람이 이해할 수 있는 문서 역시 프로파일이다. 이 문서 없이도 트위터 표현은 JSON이므로 파싱할 수 있지만, 그 의미는 파악할 수 없다. 그저 JSON 객체일 뿐이다. 트위터 API 문서는 API가 제공하는 JSON 객체의 의미를 이해하게 해 주면서("클라이언트에게 추가적인 의미 체계를 알 수 있게 해 준다") JSON 규격인 RFC 4627에 나온 어떤 것에도 반하지 않는다("리소스 표현 자체의 의미 체계를 변경하지 않는다").

프로파일에 연결하기

이 표현(hCard를 사용하는 HTML 문서와 트위터 API에서 제공되는 JSON 문서)들에서 '빠진' 것은 프로파일이 아니라 프로파일과 그것을 사용하는 문서 사이의 연결이다. 클라이언트는 주어진 문서에 어떤 프로파일이 적용되는지 '그저 알고' 있어야 한다. 사실 우리는 이 문제의 해결책을 알고 있다. 하이퍼미디어를 사용해 문서를 그 프로파일에 연결할 수 있다.

세 가지 방법으로 이를 달성할 수 있다. 하나씩 살펴보자.

profile 연결 관계

RFC 6906은 profile이라는 연결 관계를 정의한다. 이 관계는 IANA에 등록되어 있으므로 연결 관계를 지원하는 어느 하이퍼미디어 컨트롤에서든 profile을 사용할 수 있다(HTML에 정의된 〈a〉 태그, HTML, HAL, Maze+XML에 정의된 〈link〉 태그, 사이렌이나 Collection+JSON의 links 객체, 혹은 RFC 5988에 정의된 HTTP Link 헤더).

다음과 같이 시작하는 HTTP 응답을 받는다면, hCard 마이크로포맷을 사용하는 HTML 문서라는 것을 알 수 있다.

```
HTTP/1.1 200 OK
Content-Type: text/html

<html>
 <head>
```

```
<link href="http://microformats.org/wiki/hcard" rel="profile">
...
```

JSON은 프로토콜 의미 체계를 전혀 가지고 있지 않으며, 애플리케이션 의미 체계는 거의 없는 수준이지만, 다음과 같이 시작하는 HTTP 응답을 받으면 이 문서가 JSON 위에 추가적인 의미 체계 계층을 가지고 있음을 알 수 있다.

```
HTTP/1.1 200 OK
Content-Type: application/json
Link: <https://dev.twitter.com/docs>;rel="profile"

...
```

profile 미디어 유형 매개 변수

사용하고 있는 미디어 유형에 따라, profile 매개 변수를 미디어 유형에 추가하는 것으로 Content-Type 헤더 안에 프로파일을 연결할 수도 있다. Collection+JSON 문서를 위한 Content-Type 헤더가 어떤 형태를 지닐 수 있는지 살펴보자.

```
application/collection+json;profile="http://www.example.com/
profile"
```

이는 다음과 같은 의미다. "이 문서는 Collection+JSON 문서인데, http://www.example.com/profile에 있는 프로파일로 설명하는 추가적인 의미 체계가 포함되어 있다."

불행히도 profile 매개 변수를 아무 미디어 유형에서나 사용할 수는 없다. RFC 4288의 4.3에 따르면 명시적으로 정의하는 미디어 유형에만 매개 변수를 사용할 수 있다. JSON 규격은 profile 파라미터에 대해 언급하지 않으므로 다음 표현은 유용하긴 하나 유효하지 않다.

```
Content-Type: application/json;profile="https://dev.twitter.com/
docs"
```

현재 profile 파라미터를 지원하는 하이퍼미디어 유형은 Collection+JSON, JSON-LD, HAL, XHTML(HTML이 아니다!)이다. HTTP 헤더에 프로파일을 연결하고 싶은데, 이 미디어 유형들 중 하나를 사용하고 있지 않다면, Link 헤더를 대신 사용하길 권한다.

특수 목적 하이퍼미디어 컨트롤

7장에서 HTML 마이크로데이터를 살펴봤다. itemtype 프로퍼티가 "마이크로데이터가 어떤 의미인지 알기 위해 어디를 찾아봐야 하는지 클라이언트에 알려주는 하이퍼미디어 컨트롤"이라고 했다. 예를 보자.

```
<div itemscope itemtype="http://schema.org/Person">
```

그 시점에 말하지는 않지만 분명히 프로파일에 연결하고 있다. HTML 5 규격에 정의된 것들 위에 추가적인 애플리케이션 의미 체계를 제공하는 문서를 가리키고 있다.

HTML 4 역시 전체 문서와 그 프로파일을 연결하는 특수 하이퍼미디어 컨트롤을 가지고 있다.

```
<HEAD profile="http://schema.org/Person">
 ...
</HEAD>
```

이를 사용하길 권하진 않지만, 역사적인 이유로 흥미를 가질 만하다. 다음 절에서 보겠지만, 바로 여기서 '프로파일'이라는 용어가 처음 나온 것이다.

프로파일은 프로토콜 의미 체계를 설명한다

프로파일이 API의 프로토콜 의미 체계를 설명할 때는 보통 자유로운 영어 산문을 사용한다. 오늘날 인기 있는 API 문서에서 확인할 수 있는데, 보통 GET과 POST 요청으로 부를 수 있는 'API 호출'을 설명한다. 그림 8-1은 트위터의 API 예제를 보여준다.

7장에서 HAL 표현을 설명하는, 사람이 이해할 수 있는 문서를 보여줄 때 이미 한 번 봤다(이제 프로파일이라 부를 수 있다).

flip
  switch 안에 나올 수 있다. POST 요청으로 활성화되면 스위치를 조작하는 효과를 낸다.

두 경우 모두 API 제공자가 클라이언트가 호출할 HTTP 요청을 설명하는 산문

그림 8-1. API 호출 목록

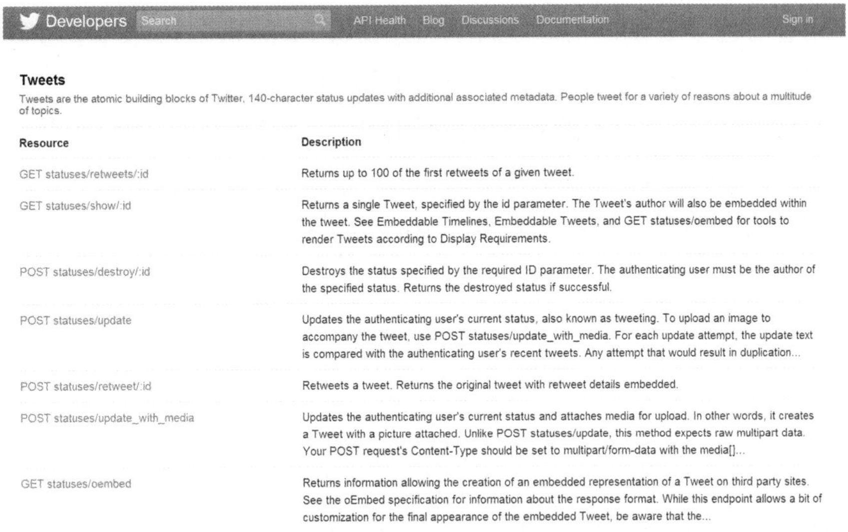

Developers Search API Health Blog Discussions Documentation Sign in

Tweets

Tweets are the atomic building blocks of Twitter, 140-character status updates with additional associated metadata. People tweet for a variety of reasons about a multitude of topics.

Resource	Description
GET statuses/retweets/:id	Returns up to 100 of the first retweets of a given tweet.
GET statuses/show/:id	Returns a single Tweet, specified by the id parameter. The Tweet's author will also be embedded within the tweet. See Embeddable Timelines, Embeddable Tweets, and GET statuses/oembed for tools to render Tweets according to Display Requirements.
POST statuses/destroy/:id	Destroys the status specified by the required ID parameter. The authenticating user must be the author of the specified status. Returns the destroyed status if successful.
POST statuses/update	Updates the authenticating user's current status, also known as tweeting. To upload an image to accompany the tweet, use POST statuses/update_with_media. For each update attempt, the update text is compared with the authenticating user's recent tweets. Any attempt that would result in duplication...
POST statuses/retweet/:id	Retweets a tweet. Returns the original tweet with retweet details embedded.
POST statuses/update_with_media	Updates the authenticating user's current status and attaches media for upload. In other words, it creates a Tweet with a picture attached. Unlike POST statuses/update, this method expects raw multipart data. Your POST request's Content-Type should be set to multipart/form-data with the media[]...
GET statuses/oembed	Returns information allowing the creation of an embedded representation of a Tweet on third party sites. See the oEmbed specification for information about the response format. While this endpoint allows a bit of customization for the final appearance of the embedded Tweet, be aware that the...

을 작성한다. 이 정보를 좀 더 구조를 갖춰 제공할 수도 있고, 컴퓨터가 이해하게 만들 수도 있지만, 그럼 더 이상 프로파일이 아니라 하이퍼미디어가 된다. 프로파일은 JSON처럼 하이퍼미디어 컨트롤이 없는 미디어 유형이거나, HAL처럼 클라이언트가 정확히 어떤 HTTP 요청을 보내야 하는지 컨트롤이 충분히 구체적으로 설명하지 않는 경우에만 프로토콜 의미 체계를 설명할 필요가 있다.

이런 이유로 HTML이나 사이렌 같은 온전히 기능을 갖춘 하이퍼미디어 유형을 표현 형식으로 권장하는 이유다. 여전히 프로파일을 작성해야 할 필요는 있지만 API의 프로토콜 의미 체계에 대해 많은 정보를 담을 필요가 없어진다. 그런 정보는 표현 자체에 포함될 수 있다.

프로파일은 애플리케이션 의미 체계를 설명한다

프로토콜 의미 체계는 HTTP 요청을 다루지만 애플리케이션 의미 체계는 실세계에 존재하는 것들을 언급한다. 그리고 컴퓨터는 실세계를 이해하는 능력이 매우 부족하다. 어느 시점에서든 우리의 애플리케이션 의미 체계를 설명하는 글을 작성해 의미적 차이를 메워야만 한다. 하이퍼미디어와 비슷한 무언가가 우리를 구해 주지 못한다.

대신, 지난 수년간 만들어진 수천 개의 프로파일에 계속 반복해서 나온 패턴을 활용할 수는 있다. API의 애플리케이션 의미 체계는 보통 "fn", "bday", "east", "flip" 같은 신비하고 짧은 문자열에 집중하는 경향이 있다.

마이크로포맷의 프로파일은 이런 신비한 문자열 목록과 각각의 설명으로 이루어져 있다. 마이크로데이터 아이템의 프로파일도 비슷하다. 전통적인 API 문서는 프로토콜 의미 체계를 설명하는 데 많은 시간을 들이지만, 이런 신비한 문자열을 나열하고 설명하는 데도 많은 시간을 들인다. 이 문자열들은 JSON 객체의 키이거나, XML 태그 이름이거나, URI 템플릿을 확장하고 쿼리 문자열을 만들 때 사용하는 변수들이다.

이는 중요한 발견이다. 컴퓨터에게 사람이 이름을 갖는 게 어떤 의미인지를 설명하려면 굉장히 큰 작업이 될 것이다. 하지만 컴퓨터에게 "fn"이 CSS 클래스로 사용될 때 (뭔지 알 필요는 없는) 특별한 무언가를 의미하는 마법 같은 문자열이라고 이해시키는 것은 쉽다.

이런 마법 같은 문자열들이 우리의 프로파일을 단순화할 수 있게 해준다. 이것들을 연결 관계와 의미 체계 서술자 두 개의 카테고리로 분류했다.

연결 관계

5장에서 말했듯이 연결 관계는 하이퍼미디어 컨트롤에 붙는 마법 같은 문자열로 클라이언트가 해당 컨트롤을 활성화하면 어떤 상태 전이가 일어날지를 설명한다. 지금껏 다양한 미디어 유형에서의 연결 관계 예제를 많이 보았다. 5장의 Maze+XML 예제를 보자.

```
<link rel="east" href="/cells/N"/>
```

6장의 AtomPub 예제도 보자.

```
<link rel="next" href="/collection/4iz6"/>
```

6장의 Collection+JSON 예제도 보자.

```
{"name" : "cover", "rel" : "icon", "prompt" : "Book cover",
 "href" : "/covers/1093149.jpg", "render" : "image"}
```

7장의 HTML 예제다.

```
<a href="/rooms/154" rel="east">
```

다음은 7장의 사이렌 예제다.

```
"links" : [
  { "rel" : ["current"], "href": "/cells/H" },
  { "rel" : ["east"], "href": "/cells/G" },
  { "rel" : ["west"], "href": "/cells/I" }
]
```

연결 관계를 지원하는 하이퍼미디어 컨트롤은 목적 URL을 위한 공간 하나(전통적으로 href라 부름), 연결 관계를 위해 두 번째 공간(전통적으로 rel이라 부름)을 정의한다.

연결 관계 이름은 그 자체는 "east," "next," "icon," "current" 같은 그냥 문자열이다. 사람이 이런 이름을 보면 뭔가 떠오르겠지만, 이것들이 무슨 뜻인지 정확히 알지 않고는 컴퓨터가 이해하게 만들 수 없다. 그래서 프로파일이 존재한다.

 API 설계자는 프로파일이나 커스텀 미디어 유형 정의로 모든 연결 관계를 미리 문서화해야 할 책임이 있다. 유일한 예외는 IANA 등록부에서 가져온 연결 관계뿐이다(10장 참조). 내 연결 관계가 자명하기에 문서화할 필요가 없다고 생각한다면 결코 그렇지 않음을 기억하라.
URL처럼 생긴 확장 연결 관계를 사용한다면 그 URL을 웹 브라우저에 입력하는 사람이 해당 연결 관계의 설명을 찾아야 한다.

안전하지 않은 연결 관계

이제 7장의 HAL 예제를 보자.

```
<link href="/switches/4" rel="flip" title="Flip the mysterious
switch."/>
```

다른 예제들은 GET 요청으로 활성화되는 하나의 애플리케이션 상태와 다른 하나 사이의 전이, 즉 연결을 설명한다. HAL 예제는 특이하게 POST 요청으로 발생하는 리소스 상태 변화를 설명하는 연결 관계(flip)이다.

사이렌 액션의 name 속성도 동일하게 동작한다. 잠재적으로 위험할 수 있는 상태 전이와 마법의 문자열을 연계한다. 다음은 앞의 HAL 예제와 동일한 사이렌 예제다.

```
  "actions" : [
    { "name": "flip",
      "href": "/switches/4"
      "title": "Flip the mysterious switch.",
      "method": "POST"
    }
  ]
```

우리가 '연결'을 GET 요청으로 활성화되는 것이라 생각하므로 이 마법의 문자열을 '연결 관계'라 부르는 게 좀 이상하다. 그래서 더 일반적인 용어인 '상태 관계'를 소개할 생각도 했으나 HAL 같은 형식도 '연결 관계'라 부르므로, 기존 용례를 따라 '연결 관계'가 어떤 상태 전이든 나타낼 수 있는 문자열이라고 하겠다.

의미 체계 서술자

이제 마법 같은 문자열의 두 번째 종류를 보자. hCard 마이크로포맷은 사람의 전체 이름을 표시하는 CSS 클래스 fn을 정의한다.

```
<span class="fn">Jenny Gallegos</span>
```

schema.org 마이크로데이터 아이템 http://schema.org/Person은 동일한 목적으로 사용할 프로퍼티 name을 정의한다.

```
<span itemprop="name">Jenny Gallegos</span>
```

트위터 API 문서에 나오는 name 키는 특정 JSON 딕셔너리에 들어가, (실제 사람의 이름과는 꼭 같지 않을 수 있지만) 트위터 계정과 연계되는 이름을 나타낸다.

```
{ "name": "Jenny Gallegos"}
```

이 셋은 누군가의(또는 무언가의) 이름을 나타내는 부분이 어디인지 나타내는 동일한 목표를 다른 방식으로 접근하는 것이다. 나는 이런 것들을 의미 체계 서술자(semantic descriptor)라 부른다.

예제를 몇 개 더 보자. 사이렌 엔티티의 클래스는 의미 체계 서술자이며, 엔티티의 프로퍼티 이름도 마찬가지다.

```
"class" : ["person"],
"properties" : { "name" : "Jenny Gallegos" },
...
```

```
}
```

또 Collection+JSON 아이템의 데이터 필드 이름도 역시 의미 체계 서술자다.

```
"data" : [
 { "name" : "family-name", "value" : "Gallegos" }
],
```

트위터 API에서 제공하는 문서뿐 아니라, 애드혹 JSON에서도 의미 체계 서술자를 객체의 키로 사용하는 경우가 통상적이다.

```
{"name" : "Jenny Gallegos"}
```

(이런 이름 짓기 관습의 기반인 JSON-LD는 다음 절에서 설명한다.)

비슷하게 애드혹 XML 문서에서도 태그명이 보통 의미 체계 서술자에 해당한다.

```
<person>
 <name>Jenny Gallegos</name>
</person>
```

그러나 마지막 두 가지는 그저 이름 짓기 관습에 불과하다. 클라이언트가 모든 경우에 이들에 의존할 수는 없다. 이것이 내가 애드혹 JSON 또는 XML을 사용해 설계해서는 안 된다고 생각하는 이유 중 하나다.

 API 설계자는 프로파일이나 커스텀 미디어 유형 정의로 모든 의미 체계 서술자를 미리 문서화해야 할 책임이 있다. 유일한 예외는 IANA 등록부에서 가져온 연결 관계뿐이다(10장 참조). 내 의미 체계 서술자가 자명하기에 문서화할 필요가 없다고 생각한다면 결코 그렇지 않음을 기억하라.

XMDP: 기계가 이해할 수 있는 첫 번째 프로파일 형식

프로파일에 마법 문자열, 연결 관계, 의미 체계 서술자만 설명하면 된다면 어떤 형태일까? 바로 그게 마이크로포맷이 하는 일이므로 아마 마이크로포맷처럼 보일 것이다. 그래서 당연히도 기계가 이해할 수 있는 첫 프로파일은 마이크로포맷의 설명이었다. 이 프로파일들에 사용한 형식인 XMDP는 지금은 사용하라고 추천하진 않지만, 매우 간단하므로 개념을 소개하기엔 좋다.

프로파일이라는 개념은 궁극적으로는 HTML 4 규격에 소개된 '메타데이터 프로파일'이라는 개념에 기반을 두고 있다. 불행히도 이 규격에서는 메타데이터 프로파일이 어떤 형태여야 하는지 정의하지 않는다. 그저 어떻게든 프로파일을 얻게 된 경우, 프로파일을 HTML 문서에서 어떻게 연결할지만 설명한다. 그 연결은 이미 앞에서 본 대로 다음과 같은 형태다.

```
<HEAD profile="http://example.com/profile">
...
</HEAD>
```

규격에 이렇게 상세 정보가 빠져 있으면 당연히 사용하지 않게 된다. 메타데이터 프로파일을 실세계에서 사용할 일이 없었고(웹 API가 나타나기 이전이었다), 메타데이터 프로파일이 어떻게 생겨야 하는지 가이드가 전혀 없었다. 〈HEAD〉의 profile 속성은 좋은 문법도 아니었다. HTML 프로파일은 결국 사용되지 않았고, HTML 5에서는 개념 자체가 폐기되었다.

그러나 탄테크 첼리크라는 한 남자가 꿈을 포기하지 않았다. HTML 4 규격의 애매한 단서를 모아 잃어버린 메타데이터 프로파일 표준을 XMDP[1]라는 마이크로포맷으로 정의했다. XMDP는 다른 마이크로포맷을 설명하는 마이크로포맷이다.

XMDP를 설명하는 가장 좋은 방법은 이미 다룬 마이크로포맷을 어떻게 설명하는지 살펴보는 것이다. hCard 마이크로포맷을 위해 수정된 XMDP 프로파일 예제를 보자.[2] XMDP 프로파일은 hCard가 정의하는 모든 CSS 클래스를 나열하고 각각 사람이 이해할 수 있는 설명을 붙인다. 사람이 이해할 설명은 딱히 많은 정보를 주진 않는다. 그저 hCard가 기반을 두는 vCard 표준을 정의한 RFC 2426을 가리킬 뿐이다.

```
<dl class="profile">

 <dt>class</dt>
  <dd>
    <p>All values are defined according to the semantics defined in the
      <a rel="help start" href="http://microformats.org/wiki/hcard">
      hCard specification</a>
      and thus in
      <a href="http://www.ietf.org/rfc/rfc2426.txt">RFC 2426</a>.</p>
    <dl>
```

---

1 XMDP 규격은 http://microformats.org/wiki/XMDP에서 찾아볼 수 있다. 첼리크의 HTML 4 표준에 대한 주석은 http://gmpg.org/xmdp/description에서 찾을 수 있다.

2 hCard의 XMDP 설명은 http://microformats.org/profile/hcard에서 찾을 수 있다. 사람이 이해할 수 있는 hCard 프로파일(http://microformats.org/wiki/hcard)과 비교해 보라.

```
<dt id="vcard">vcard</dt>
 <dd>A container for the rest of the class names defined in this
  XMDP profile. See section 1. of RFC 2426.</dd>
</dt>

<dt id="fn">fn</dt>
 <dd>See section 3.1.1 of RFC 2426.</dd>

<dt id="family-name">family-name</dt>
 <dd>See "Family Name" in section 3.1.2 of RFC 2426.</dd>

<dt id="given-name">given-name</dt>
 <dd>See "Given Name" in section 3.1.2 of RFC 2426.</dd>
 ...

 </dl>
 </dd>
</dl>
```

아주 많은 것처럼 보이진 않지만 매우 중요한 기능을 제공한다. 컴퓨터가 HTML 문서를 hCard의 XMDP 설명에 비교해 보고 어떤 CSS 클래스가 hCard에 속하고 어떤 클래스가 아닌지 구분할 수 있게 된다.

다음 코드 조각에서 bold는 그저 일반적인 CSS 클래스로 스타일시트 어딘가에 의미가 정의된다. family-name 클래스도 스타일시트에서 설명할 수도 있겠지만, hCard에서도 특별한 의미를 지닌다.

```
<div class="family-name bold">Gallegos</div>
```

프로파일 없이는 컴퓨터가 "family-name"이 hCard에 특화된 CSS 클래스임을 알 방법이 없다. 사람이 미리 hCard 표준을 읽고 그 지식을 소프트웨어에 입력해야만 한다. XMDP 프로파일을 사용하면, XMDP를 이해하는 컴퓨터라면 "family-name" 이 이 XMDP 프로파일에서 특별한 의미가 있다는 것을 대략 알 것이다.

그렇다고 해서 컴퓨터가 "family-name"이 무슨 의미인지 더 알게 되는 것은 아니지만, HTML 문서와 XMDP 프로파일을 합치는 간단한 소프트웨어를 작성할 수는 있게 된다. XMDP 없이는 hCard만을 위한 도구를 작성해야 하고 hCalendar, hRecipe, XFN, 그 밖의 모든 마이크로포맷을 위한 동일한 도구를 다 작성해야만 한다.

첼리크는 XMDP와 함께 쓰도록 간단한 마이크로포맷인 "rel-profile"[3]을 정의했는

---

3 rel-profile에 대한 추가 정보는 http://microformats.org/wiki/rel-profile에서 얻을 수 있다.

데, profile이라는 연결 관계를 정의한다.

```
<link rel="profile" href="http://example.com/profiles/microformats/
hcard"/>
```

이것이 결국 RFC 6906에 정의된 profile 연결 관계가 된다.

ALPS

XMDP는 괜찮은 시작이지만 개선할 점들이 있다. 나는 XMDP에 보이는 주요 문제점을 해결한 표준인 ALPS(Application-Level Profile Semantics)를 만들었다. ALPS는 다른 HTML 마이크로포맷을 설명할 목적으로 설계된 HTML 마이크로포맷이다. 표현 형식이 HTML일 때만 사용할 수 있다.

이제 HTML은 정말, 정말 인기 있다. 사람이 사용하는 웹에서는 독보적인 표현 형식이다. 그러나 웹 API에서는 우세한 형식이 아니다. 그 자리는 JSON이 꿰찼고 2위는 XML이다. HTML은 아주 먼 3위 또는 4위일 뿐이다.

이 말은 오늘날 API가 마이크로포맷이나 마이크로데이터를 사용하지 않는다는 것이다. 비록 이것들을 사용하는 것이 완벽한 상황일지라도 말이다. 이런 프로파일을 JSON이나 XML 문서에 적용할 규칙이 존재하지 않는다. API 설계자들이 hCard와 기타 마이크로포맷을 여러 번에 걸쳐 약간씩 다른 버전의 JSON으로 재창조하는 것을 봐 왔다. JSON 기반 표현을 사용하면 다른 이들의 애플리케이션 의미 체계를 재사용할 방법이 없다. 반드시 처음부터 다시 작성해야 한다. 그런 다음 API를 공개하고, 그 API의 사용자들은 반드시 프로파일을 읽고, 애플리케이션 의미 체계를 구현하기 위한 특별 코드를 작성해야만 한다.

XMDP 같은 프로파일 형식이 HTML 외의 다른 형식도 설명하도록 제약이 없다면 어떨까? 마이크로포맷과 마이크로데이터에서처럼 기계가 이해할 수 있는 방식으로 애플리케이션 의미 체계를 표현하고 HTML, Collection+JSON, 사이렌 등의 다른 하이퍼미디어 유형으로 변환될 수 있다면? 나는 ALPS를 그런 형식으로 만들고자 시도했다. 우리 문제를 모두 해결해 주진 않겠지만 한 단계 진보했다고 생각한다.

이제 hCard의 애플리케이션 의미 체계를 설명하는 ALPS 프로파일에서 발췌한 것을 살펴보자. 사람이 이해할 수 있는 텍스트는 XMDP 프로파일에서 거의 그대로 가져왔지만 문서 구조는 상당히 다르다.

```
<?xml version="1.0" ?>
<alps>

 <link rel="self" href="http://alps.io/microformats/hcard" />

 <doc>
   hCard is a simple, open format for publishing people, companies,
   and organizations on the web.
 </doc>

 <descriptor id="vcard" type="semantic">
  <doc>
   A container element for an hCard document. See section 1. of RFC 2426.
  </doc>
  <descriptor href="#fn"/>
  <descriptor href="#family-name"/>
  <descriptor href="#given-name"/>
 </descriptor>

 <descriptor id="fn" type="semantic">
  <doc>See section 3.1.1 of RFC 2426.</doc>
 </descriptor>

 <descriptor id="family-name" type="semantic">
  <doc>See "Family Name" in section 3.1.2 of RFC 2426.</doc>
 </descriptor>

 <descriptor id="given-name" type="semantic">
  <doc>See "Given Name" in section 3.1.2 of RFC 2426.</doc>
 </descriptor>
 ...
</alps>
```

이 ALPS 문서는 hCard 마이크로포맷이 정의한 각각의 의미 체계 서술자마다 하나의 〈descriptor〉 태그를 담고 있다. 〈descriptor〉 태그의 type 속성은 semantic으로 지정되어 있고, 〈descriptor〉 태그 안에 〈doc〉 태그는 사람이 이해할 수 있는 설명을 담는다. 이 문서에서 〈doc〉 태그의 내용을 제외한 나머지는 기계가 이해할 수 있다.

문법적으로 XMDP보다 더 개선된 주요 사항은 ALPS의 〈descriptor〉 태그가 ALPS 요소끼리의 하이퍼미디어 연결이 될 수 있다는 것이다. 〈descriptor id="vcard"〉 내의 〈descriptor href="#fn"/〉은 vcard로 태그된 요소 안에서 fn 요소를 보게 될 것을 알려준다. XMDP에서 이런 정보는 사람이 이해할 수 있는 텍스트로 전달되었다. 하지만 여기서는 기계가 이해할 수 있다.

hCard의 XMDP 프로파일은 애플리케이션 의미 체계를 HTML 마이크로포맷으로 표현하는 방법을 설명한다. 동일한 프로파일의 ALPS 버전은 이런 애플리케이션 의미 체계를 마이크로데이터로 대신 표현할 수 있게 해준다.

```
<div itemscope itemtype="http://alps.io/microformats/hcard#vcard">
 My name is <div itemprop="fn">Jennifer Gallegos</div>.
</div>
```

또는 HAL 표현의 일부로도 가능하다.

```
<vcard>
 <fn>Jennifer Gallegos</fn>
 <family-name>Gallegos</family-name>
</vcard>
```

사이렌 엔티티도 가능하다.

```
{
 "class": ["vcard"],
 "properties": { "fn": "Jennifer Gallegos" }
}
```

애드혹 JSON도 가능하다.

```
{"vcard": {
    "fn": "Jennifer Gallegos",
    "family-name": "Gallegos"
  }
}
```

다음도 역시 유효한 애드혹 JSON이다.

```
{
 "fn": "Jennifer Gallegos",
 "family-name": "Gallegos"
}
```

하나의 ALPS 프로파일이 이 문서들의 애플리케이션 의미 체계를 모두 설명할 수 있다. 해야 할 작업은 그저 문서와 프로파일을 profile 연결 관계로 연결하는 것뿐이다.

이건 놀라움의 시작일 뿐이다. ALPS 프로파일은 의미 체계 서술자뿐 아니라 연결 관계도 나타낼 수 있다. Maze+XML 문서의 애플리케이션 의미 체계를 비슷하게 정의하는 ALPS 문서 일부를 보자.

```
<?xml version="1.0" ?>
<alps>
```

```
<link rel="self" href="http://alps.io/example/maze" />
<link rel="help" href="http://amundsen.com/media-types/maze/" />

<doc format="html">
    <h2>Maze+XML Profile</h2>
    <p>Describes a common profile for implementing Maze+XML.</p>
</doc>

...

<descriptor id="cell" type="semantic">
  <link rel="help"
      href="http://amundsen.com/media-types/maze/format/#cell-element" />
  <doc>Describes a cell in a maze.</doc>
  <descriptor href="#title"/>
  <descriptor href="http://alps.io/iana/relations#current"/>
  <descriptor href="#start"/>
  <descriptor href="#north"/>
  <descriptor href="#south"/>
  <descriptor href="#east"/>
  <descriptor href="#west"/>
  <descriptor href="#exit"/>
</descriptor>

<descriptor id="title" type="semantic">
 <doc>The name of the cell.</doc>
</descriptor>

<descriptor id="north" type="safe">
  <link rel="help"
      href="http://amundsen.com/media-types/maze/format/#north-rel" />
  <doc>Refers to a resource that is "north" of the current
resource.</doc>
 </descriptor>

<descriptor id="south" type="safe">
  <link rel="help"
      href="http://amundsen.com/media-types/maze/format/#south-rel" />
  <doc>Refers to a resource that is "south" of the current
resource.</doc>
 </descriptor>

...

</alps>
```

cell 서술자(descriptor)는 hCard의 ALPS 프로파일에서 vcard 요소와 마찬가지로 의미 체계 서술자다. 하지만 north, south 서술자는 연결 관계를 나타낸다. 이것들의 type은 safe로 설정되어 있는데, 이는 north와 south가 HTTP GET으로 동작시킬 수 있는 안전한 상태 전이임을 나타낸다.

이 의미 체계들을 HTML 마이크로데이터로 표현하면 다음과 같다.

```html
<p itemtype="http://alps.io/example/maze#cell">
 You are in the <span itemprop="title">Foyer of Horrors</span>.
 Exits: <a href="/cells/I" rel="north">north</a>,
        <a href="/cells/M" rel="west">west</a>,
        <a href="/cells/O" rel="east">east</a>.
</p>
```

동일한 의미 체계를 사이렌 문서로 표현하면 다음과 같다.

```json
{
 "class": ["cell"],
 "properties": { "title": "Foyer of Horrors" },
 "links": { "north": "/cells/I",
            "west": "/cells/M",
            "east": "/cells/O" }
}
```

ALPS는 안전하지 않은 상태 전이도 설명할 수 있다. hMaze의 애플리케이션 의미 체계를 설명하는 ALPS 문서의 코드 조각을 하나 보자(스위치의 의미 체계 서술자와 스위치 조작에 해당하는 안전하지 않은(unsafe) 상태 전이가 들어 있다).

```xml
<descriptor id="switch" type="semantic">
 <doc>A mysterious switch found in the maze.</doc>
 <contains href="#flip"/>
</descriptor>

<element id="flip" type="unsafe">
  <description>Flips a switch.</description>
</element>
```

여기서 type이 unsafe로 상태 전이가 안전하지도 않고 멱등하지도 않음을 나타낸다. ALPS는 멱등하지만 안전하지 않은 상태 전이를 나타낼 때 사용할 수 있도록 type="idempotent"도 정의한다.

ALPS는 안전하지 않거나(unsafe) 멱등한(idempotent) 상태 전이에 어떤 HTTP 메서드를 사용해야 하는지 별도로 지시하지 않는다. 그저 하이퍼미디어 컨트롤이 활성화될 때 발생할 상태 전이만 설명한다. HTML에서는 HTTP 메서드가 POST일 것이다.

```html
<form action="/switches/4" method="POST">
```

```
<input type="submit" class="flip" value="Flip it!">
</form>
```

HAL 문서는 HTTP 메서드를 전혀 지시하지 않는다.

```
<link href="/switches/4" rel="flip"/>
```

ALPS의 장점

HTML 문서는 profile 연결 관계를 사용해 ALPS 프로파일에 연결을 걸고 호출할 수 있다. 다음 코드는 HTML 문서가 profile을 사용해 hCard의 애플리케이션 의미 체계에 거의 비슷하게 만든 ALPS 프로파일을 가져온다.

```
<html>
 <head>
  <link href="http://alps.io/microformats/hcard" rel="profile"/>
 </head>

 <body>
  <p>Some unrelated content.</p>

  <div class="vcard">
   <span class="fn">Jennifer Gallegos</span>
   <date class="bday">1987-08-25</span>
  </div>

  <p>More unrelated content.</p>

 </body>
</html>
```

이 페이지의 바디는 HTML에 hCard가 추가된 것뿐이다. 그런데 클라이언트가 HTML과 ALPS는 알지만 hCard는 모르는 상황을 생각해 보자. 이 클라이언트는 ALPS 프로파일을 다운로드해 HTML 내 hCard 문서를 찾아내는 데 사용할 수 있다. 클라이언트는 hCard가 무슨 뜻인지 전혀 모름에도 불구하고 fn 같은 개별 데이터 비트를 찾아 사람이 이해할 수 있는 설명에 대조해 상호 참조할 수 있다.

그리고 이제 HTML에만 국한되지 않는다. 이미 ALPS 프로파일이 사이렌, HAL, XML, JSON 표현에 사용되는 경우를 보았다. 그뿐 아니라 Collection+JSON에서도 동작한다.

```
{
  "collection" :
```

```
{
  "version" : "1.0",
  "href" : "http://www.example.com/jennifer",

  "links" : [
    { "href" : "http://alps.io/microformats/hcard",
      "rel": "profile"
    }
  ],

  "items" : [
    { "_class" : "vcard",
      "fn" : "Jennifer Gallegos",
      "bday" : "1987-08-25"
    }
  ]
}
}
```

hCard의 애플리케이션 의미 체계를 JSON에 도입하기 위해 새로운 jCard 마이크로 포맷을 만들 필요가 없다.[4] 그저 hCard의 ALPS 프로파일을 사용하면 된다.

하나의 ALPS 문서는 hCard의 애플리케이션 의미 체계를 다른 여러 하이퍼미디어 포맷에 제공하고, 애드혹 XML과 JSON 문서에 하이퍼미디어 기능도 가지게 해 준다. 그저 연결 관계 profile을 사용해 표현에 ALPS 문서를 연결하기만 하면 된다.

이제 마이크로포맷과 마이크로데이터 아이템을 계속 만들어 낼 핑계가 없어졌다. 새로운 하이퍼미디어 유형이 등장하더라도, ALPS 프로파일이 그 새 형식에 적용되는 방식을 정의하기만 하면, 그 새 형식의 문서에 모든 ALPS 프로파일이 적용될 수 있게 된다.

(마이크로포맷과 마이크로데이터를 직접 사용할 수 있는) HTML을 사용하더라도 ALPS 문서를 활용할 수 있다. 내가 만든 보관소(http://alps.io)에서 ALPS 문서를 찾아볼 수 있다. 10장 '의미 체계 동물원'(276쪽)에서 이 저장소에 대해 좀 더 얘기할 계획이다. 이 저장소에는 많은 수의 마이크로포맷, schema.org의 마이크로데이터 아이템, 그 밖의 다른 표준의 ALPS 버전이 포함되어 있다.

ALPS 저장소에서 다른 사람이 이미 정의한 개별 의미 체계 서술자와 연결 관계를 (비록 내가 사용할 계획이 아닌 표현 형식용으로 정의되었을지라도) 쉽게 찾고 재사용할 수 있다. 내 ALPS 문서를 저장소에 업로드하면 관심 있는 다른 이들이 공식

---

4 어리석은 생각처럼 보이겠지만, 비슷한 작업을 수행하는 인터넷 드래프트(draft-ietf-jcardcal-jcard)가 있다. 또 RFC 6351에 정의된 xCard 표준은 vCard의 XML 포트다.

적인 표준화 절차를 통하지 않고도 내 작업물을 재사용할 수 있다.

사람이 이해할 문서를 작성하는 것 대신, ALPS 문서를 작성한 뒤 간단한 XSLT 스타일시트를 사용해 사람이 이해할 수 있는 문서로 변환할 수 있다. ALPS는 새로운 방식으로 표현을 개발 도구에 통합할 수 있게 해준다. IDE 플러그인이 문서 내 모든 연결 관계와 의미 체계 서술자를 찾아 마우스 커서를 올리면 어떤 의미인지 설명을 제공하는 상황을 생각해 보자. 기존에 모든 마이크로포맷이 사람이 이해할 수 있는 문서로 정의되었을 때는, 이런 도구를 만들려면 모든 개별 마이크로포맷을 이해해야 하고, 새로운 마이크로포맷이 승인될 때마다 추가해야 했다. 이제, ALPS에 대한 이해만으로 이런 도구를 작성할 수 있게 된다.

누군가 이런 도구를 만들 거라고 얘기하는 것은 아니지만, 패턴을 잘 묘사하는 예라고 생각한다. ALPS를 이해하는 도구는 매번 프로파일 지원을 추가해 줄 필요가 없다. ALPS만 지원하면 모든 마이크로포맷과 schema.org의 마이크로데이터 아이템, 그리고 기타 등등의 ALPS 프로파일 모두를 지원하게 된다.

여기서 다루지 않은 ALPS의 다른 기능들이 더 있지만, 다 추가했다간 이 책이 내가 만든 표준에 대한 책이 되어 버릴 것이다. 책의 나머지 부분에서 ALPS 코드 조각을 사용해 기계가 이해할 수 있는 애플리케이션 의미 체계의 간략한 형태로 사용할 것이다. ALPS 표준 자체에 관심이 있다면 ALPS 웹 사이트(http://alps.io)를 방문해 보길 추천한다. 이 글을 쓰면서 인터넷 드래프트로 보낼 계획인 ALPS의 규격서를 작성하고 있다(이 글을 번역하는 현재 인터넷 드래프트가 이미 올라와 있다. http://alps.io/spec/).

ALPS가 모든 것을 하진 않는다

XMDP와 마찬가지로 ALPS 역시 기계가 이해할 수 있는 프로파일을 작성할 때 필요한 기능을 다 갖추고 있지는 않다. 최대한 ALPS를 간단하고 유연하고 일반적으로 만들어 여러 미디어 유형에서 사용할 수 있게 하기 위해 많은 기능을 생략했다.

ALPS는 매우 관대한 형식이다. API의 마법 같은 문자열 형태로 사람이 이해할 수 있는 정의를 제공하고, 표현 내 어떤 곳에서 이 문자열이 사용되는지 대략 안내도 제시한다. 의미 체계 서술자가 필요하다거나 특정 위치에 한 번만 나올 수 있다는 식의 내용을 기계가 이해할 수 있는 형태로 지시할 방법은 제공하지 않는다.

특정 id 속성이 문서 내 특별한 의미를 지니는 HTML 마이크로포맷을 정의했다고 해 보자.

```
<div id="a-very-important-tag">
```

7장에서 이런 사용은 권장하지 않는다고 했지만, 때로 이런 일이 발생하곤 한다. 이 특별한 id를 ALPS로 표현할 방법이 없다. 이 기능을 ALPS에서 제거한 이유는 XML 기반 표현만이 문서 전반에 걸쳐 고유 ID를 지원하기 때문이다. 사람이 이해할 텍스트를 사용해 주어진 의미 체계 서술자가 문서에 단 한 번만 사용되어야 한다고 알려줄 수는 있지만, ALPS에서 기계가 이해할 형태로 이를 전달할 방법은 없다.

12장에서 ALPS보다 애플리케이션 의미 체계를 더 많이 기계가 이해할 수 있도록 하는 RDF 스키마를 다룬다. ALPS를 만들어 낸 이유는 바로 RDF 스키마가 사용을 고려하지 않을 정도로 대다수 개발자에게는 복잡하기 때문이었다.

JSON-LD

JSON-LD[5] 역시 사람들이 RDF 스키마를 사용하지 않기에 만들어진 또 다른 프로파일 언어다. JSON-LD는 콘텍스트(context)라 부르는 기계가 이해할 수 있는 문서를 일반적인 JSON 문서에 결합시킨다. 그래서 기존 API의 문서 형식을 변경해 클라이언트들을 망가뜨리는 일 없이 쉽게 프로파일을 정의할 수 있게 된다.

JSON-LD는 RDF의 전통을 따르므로 12장에서 RDF를 먼저 논의한 뒤 다시 다룰 예정이다. 하지만 JSON-LD를 간단한 프로파일 언어로 사용하는 데는 RDF를 전혀 이해할 필요가 없다.

오늘날 API에서 매우 흔히 사용되는 JSON 표현을 보자.

```
HTTP/1.1 200 OK
Content-Type: application/json

{ "n": "Jenny Gallegos",
  "photo_link": "http://api.example.com/img/omjennyg" }
```

사람의 눈으로 이걸 보면, 의미 체계 서술자(n)를 갖는 데이터 비트와 photo_link 라는 거추장스러운 이름의 연결 관계의 하이퍼미디어 연결 하나가 들어올 것이다. 자동화 클라이언트의 눈으로 이를 보면… 아무것도 보이지 않는다. application/

---

5 진행 중인 공개 표준으로 http://json-ld.org/spec/latest/json-ld-syntax/에 정의되어 있다.

json 미디어 유형에는 하이퍼미디어 컨트롤이 전혀 없으므로 이 연결은 그저 URL 같아 보이는 문자열일 뿐이다. 그리고 'n'은 의미 체계 서술자가 아니라 그냥 문자열일 뿐이다. 'photo_link'도 연결 관계가 아니고 그냥 문자열일 뿐이다.

이런 API가 수백 개 있다. 사실 이게 이 책을 작성하는 현 시점의 상황이다. 새로운 API 설계자들에게 이보다 더 나은 도구를 주고자 하는데, 기존에 이미 만들어진 API는 어떻게 해야 할까? 문서 형식을 변경하지 않고 이 API를 개선할 수 있을까?

이 상황을 약간 호전시킬 방법으로 사람이 이해할 수 있는 프로파일인 API 문서를 API에서 제공하는 문서에 연결을 걸 수 있다.

```
HTTP/1.1 200 OK
Content-Type: application/json
Link: <http://help.example.com/api/>;rel="profile"

...
```

하지만 이게 큰 도움이 되지는 않는다.

JSON-LD가 이 상황을 어떻게 처리하는지 살펴보자. 사람이 이해할 수 있는 프로파일이나 ALPS 프로파일의 연결을 제공하는 대신, JSON-LD 콘텍스트에 연결하는 연결을 제공할 수 있다. 여기서의 연결 관계는 IANA에 등록된 연결 관계인 profile보다 더 구체적이다. 이는 특별히 JSON-LD 콘텍스트를 연결하기 위해 설계된 확장 관계다.

```
HTTP/1.1 200 OK
Content-Type: application/json
Link: <http://api.example.com/person.jsonld>;rel="http://www.w3.org/
ns/json-ld#context"

{ "n": "Jenny Gallegos",
  "photo_link": "http://www.example.com/img/omjennyg" }
```

두 번째 HTTP GET 요청을 http://api.example.com/person.jsonld에 보내면 콘텍스트를 찾을 수 있다. HTTP 응답은 다음과 같을 것이다.

```
HTTP/1.1 200 OK
Content-Type: application/ld+json

{
  "@context":
  {
```

```
    "n": "http://api.example.org/docs/Person#name",

    "photo_link":
    {
      "@id": "http://api.example.org/docs/Person#photo_link",
      "@type": "@id"
    }
  }
}
```

@context 프로퍼티를 정의하는 JSON 객체라면 JSON-LD 콘텍스트가 될 수 있다. 이 특정 콘텍스트는 JSON 표현의 애플리케이션 의미 체계를 사람이 이해할 수 있는 API 문서에 기초해 설명한다.

n의 값은 JSON 문자열로 JSON-LD에서 URL로 해석한다. 이 URL이 닿는 곳에서는 원래 JSON 문서의 n 프로퍼티의 애플리케이션 의미 체계를 설명한다.

이는 다음과 같다.

```
"n": "http://api.example.org/docs/Person#name"
```

다음을 이해하는 게 헷갈린다면…

```
"n": "Jenny Gallegos"
```

http://api.example.org/docs/Person#name을 방문해 설명을 이해할 수 있다. ALPS와 달리 JSON-LD 콘텍스트는 보통 애플리케이션 의미 체계를 직접 설명하지 않는다. 연결을 사용해 다른 곳에 위치한 설명을 가리킨다.

photo_link의 값은 JSON 객체다.

```
"photo_link":
{
 "@id": "http://api.example.org/docs/Person#photo_link",
 "@type": "@id"
}
```

JSON-LD에서 @id는 '하이퍼미디어 연결'을 의미한다. 객체의 @id 프로퍼티는 그 용어의 애플리케이션 의미 체계의 설명을 가리키는 연결이다.

이 용어의 @type 역시 @id다. 이렇게 하면 JSON 문서가 하이퍼미디어 문서로 바뀌는 마법이 이뤄진다. photo_link의 @type을 @id로 지정하면 photo_link가 JSON 문서에서 나올 때마다 클라이언트가 이를 URL 같아 보이는 문자열이 아니라 하이퍼미디어 연결로 처리할 수 있다는 의미다.

JSON-LD 덕택에 우리의 첫 HTTP 응답은 미래가 없어 보이는 형태에서 이제는 자기 서술적 메시지가 되었다.

```
HTTP/1.1 200 OK
Content-Type: application/json
Link: <http://api.example.com/person.jsonld>;rel=
  "http://www.w3.org/ns/json-ld#context"

{ "n": "Jenny Gallegos",
  "photo_link": "http://www.example.com/img/omjennyg" }
```

컴퓨터는 이 JSON 문서를 JSON-LD 콘텍스트에 결합하고 하이퍼미디어 연결을 골라낼 수 있다. 이 예제에서는 컴퓨터가 할 수 있는 작업은 이 정도다. 내 JSON-LD 콘텍스트는 리소스 유형, n, photo_link에 대한 설명을 담은 연결을 포함하지만, 이 연결들은 전부 기존의 사람이 이해할 수 있는 API 문서다.

하지만 JSON-LD 콘텍스트는 이 애플리케이션 의미 체계의 기계가 이해할 수 있는 ALPS 설명을 연결할 수도 있다.

```
{
  "@context":
  {
    "@type": "http://alps.io/schema.org/Person",
    "n": "http://alps.io/schema.org/Person#name",
    "photo_link":
    {
      "@id": "http://alps.io/schema.org/Person#image",
      "@type": "@id"
    }
  }
}
```

또는 12장에서 볼 수 있듯이, JSON-LD 콘텍스트는 리소스의 애플리케이션 의미 체계를 FOAF 같은 RDF 용어로 설명할 수도 있다.

```
{
  "@context":
  {
    "@type": "http://xmlns.com/foaf/0.1/Person",
    "n": "http://xmlns.com/foaf/0.1/name",
    "photo_link":
    {
      "@id": "http://xmlns.com/foaf/0.1/image",
      "@type": "@id"
```

```
        }
      }
    }
```

어떤 식으로 하든 목표는 동일하다. JSON-LD는 일반적인 JSON 문서에 콘텍스트를 추가하는 것으로 애플리케이션 의미 체계를 설명하게 해준다.

임베딩된 문서

다음은 7장의 미로 게임에서 신비한 스위치를 조작하는 HTML 폼이다.

```html
<form class="flip" action="/switches/4">
  <input type="submit" value="Flip it!"/>
</form>
```

HAL 버전도 보자.

```html
<link href="/switches/4" rel="flip" title="Flip the mysterious
switch."/>
```

다음은 사이렌 버전이다.

```
"actions" : [
  { "name": "flip",
    "href": "/switches/4"
    "title": "Flip the mysterious switch.",
    "method": "POST"
  }
]
```

이 HTML 버튼의 value, HAL 연결의 title, 사이렌 액션의 title은 모두 하이퍼미디어 컨트롤을 설명하는 사람이 이해할 수 있는 텍스트다. HTML의 label 태그와 Collection+JSON의 prompt 속성 역시 폼 필드에서 똑같은 역할을 수행한다. 세 경우 모두 애플리케이션 의미 체계의 문서화(프로파일에서 찾으리라 기대하는 것들)는 문서 그 자체에 포함되어 있다.

여기서 이상한 것이 하나 있다. 이 텍스트는 중복된다. "신비한 스위치를 동작시키세요"는 이 영어 텍스트와 연결 관계 flip을 연결하는 게 기술적으로 아무것도 없으므로 프로파일이 아니다. 연결 관계를 이해하는 경우엔 사람이 이해할 텍스트가 별 상관이 없어지고, 이해하지 못하면 연결 관계가 의미가 없어진다. 한 문서에서 동일한 애플리케이션 의미 체계를 위해 사람이 이해할 수 있는 표현과 기계가 이해할 수 있는 표현을 다 포함해야 할 이유가 뭘까?

이 의미 체계의 두 버전은 다른 청중을 목표로 삼는다. 이 중복 덕택에 사람이 조작하는 클라이언트와 자동화 클라이언트가 같은 표현을 사용할 수 있게 된다. (프로파일에서 알려지는) flip 관계의 공식 정의는 클라이언트 프로그래머를 위해 작성되었고, (문서 자체에 포함된) 영어 텍스트는 사람을 위해 작성되었다.

사람인 사용자는 이 프로파일을 무시할 것이다. 사람은 "신비한 스위치를 조작하세요"를 읽고 스위치를 조작할지 말지 결정한다. 자동 클라이언트는 임베딩된 문서화를 무시할 것이다. class="flip"(또는 rel="flip"이나 "name":"flip")을 보고 프로파일에서 밝혀진 flip의 의미를 하이퍼미디어 컨트롤에 연결하고 그에 따라 의사 결정을 내린다.

API를 설계하고 있고, 모든 상태 전이 의사 결정을 사람이 내린다는 것을 안다면 프로파일이 전혀 필요하지 않다. 웹 사이트는 프로파일이 없다. 모든 의사 결정을 자동 클라이언트가 내린다는 것을 알면 포함된 문서화가 전혀 필요하지 않게 된다.

하지만 현실에서는 이걸 알 수가 없다. 사용자가 API를 가지고 뭘 할지 아마 모를 것이고, 미래에는 어떻게 될지 전혀 모를 것이다. 가장 좋은 전략은 자동 클라이언트를 작성할 때 사용할 프로파일을 정의하고, 사람 사용자를 위해 표현에 자연어 문서화도 포함시키는 것이다(물론 미디어 유형이 지원하는 경우에 말이다).

마크업 title="Flip the mysterious switch."는 rel="flip" 마크업을 설명하지 않는다. 동일한 것을 각기 다른 청중에 맞춰 표현하는 두 가지 방법이다. 포함된 문서화는 가치가 있을 수는 있지만, 비싼 장비인 사람을 이용해서 의미 체계의 문제를 '해결'한다. 사람이 의사를 결정함을 미리 알고 있을 때를 위해 남겨두는 것이 좋다.

요약

이 장에서 상당히 많은 내용을 다뤘다. 하고 싶은 이야기를 위해 새로운 데이터 형식을 정의할 수밖에 없었다. 하지만 5장에서 시작한 여행의 끝에 드디어 도달했다. 이제 의미 체계의 문제를 잘 선택한 미디어 유형과 간극을 메울 프로파일의 조합으로 해결할 수 있다. 문제 해결을 위해 필요한 필수 정보를 요약해 보았다.

- 연결 관계는 클라이언트가 하이퍼미디어 컨트롤을 동작시키면 발생할 상태 전이를 설명하는 문자열이다. 예를 들어보자. Maze+XML의 east 관계는 특정 연결이 현재 리소스에서 지리적으로 동쪽에 있는 무언가를 가리키게 해 준다. 전통적으로 상태 전이는 GET 요청으로 동작하는 애플리케이션 상태 변화인데, PUT, POST, DELETE, PATCH로 동작하는 리소스 상태 변화일 수도 있다.

- 의미 체계 서술자는 표현의 어떤 부분이 무슨 뜻인지를 알려주는 짧은 문자열이다. 예를 들면 hCard의 fn 서술자는 CSS 클래스로 HTML에서 사람의 이름을 표시하는 데 사용한다. '연결 관계'와 달리 이 용어는 이 책을 위해 만들어낸 용어다.

- 연결 관계와 의미 체계 서술자가 그 자체로는 아무 의미가 없지만 언제나 근처에 있는 어떤 문서가 사람이 이해할 설명을 담고 있다. 이 문서를 프로파일이라 부른다.

- 프로파일은 전통적으로 지루한 'API 문서화'의 형태를 취해 왔다. 하지만 사용할 표현에 좋은 하이퍼미디어 유형을 선택하면, 프로파일은 연결 관계와 의미 체계 서술자의 목록에 각각의 설명 정도가 될 것이다. 이런 최적화는 XMDP, ALPS, JSON-LD를 사용해 기계가 이해할 수 있는 프로파일을 만들 수 있게 해 준다.

- 기계가 이해할 수 있는 프로파일은 클라이언트가 자동으로 연결 관계나 의미 체계 서술자의 사람이 이해할 수 있는 정의를 찾아볼 수 있게 해 준다. 기계가 이해할 수 있는 프로파일은 검색될 수 있고 합쳐서 사용할 수 있다. ALPS 등록부(http://alps.io)는 많은 ALPS 프로파일을 포함한다.

- JSON-LD 콘텍스트는 오늘날 API에서 제공되는 애드혹 JSON 문서에 기계가 이해할 수 있는 방식으로 애플리케이션 의미 체계와 프로토콜 의미 체계를 설명할 수 있게 해 준다. JSON-LD를 사용해 기존 클라이언트들을 망가뜨리지 않고 JSON API에 간단한 하이퍼미디어 컨트롤을 추가할 수 있다.

- ALPS 프로파일은 표현을 가리지 않는다. ALPS 프로파일 하나가 HTML 문서, HAL 문서, Collection+JSON 문서, 애드혹 JSON이나 XML 문서, 그 밖에 다른 문서에 적용될 수 있다.

- 프로파일은 하이퍼미디어 표현에 포함된 사람이 이해할 수 있는 텍스트를 대체할 수 없다. 두 가지 다른 사용 용도가 있다. 프로파일은 개발자들이 스마트

한 클라이언트를 작성할 수 있게 해 준다. 표현에 포함된 텍스트는 표현을 충실하게 표현하는 클라이언트를 통해 애플리케이션을 사용할 수 있게 해 준다.

다음 장에서는 앞장에서 배운 것들을 모아 하이퍼미디어 기반 API를 설계하는 일반적인 과정을 제시한다.

9장
RESTful Web APIs

설계 절차

꽤 시간이 지났지만 이제 여러분이 이 책을 구입하게 된 이유에 대해 이야기하려고 한다. API를 설계해야 하는데 어떤 형태로 해야 할까? 이번 장에서는 비즈니스 요구 사항에서 시작하여 몇 가지 소프트웨어와 사람이 이해할 수 있는 문서로 마무리하는 절차를 계획할 것이다.

2단계 설계 절차

가장 단순한 형태의 설계 절차는 다음 두 단계를 따른다.

1. 표현에 사용할 미디어 유형을 선택한다. 이는 프로토콜 의미 체계(HTTP 프로토콜 하에서 API의 행동 양식)와 애플리케이션의 의미 체계(표현이 참조할 수 있는 실제 세계의 것들)에 제약 사항들을 결정한다.
2. 그 외 모든 것을 다루는 프로파일을 작성한다.

이 단계를 따른다고 해서 꼭 좋은 API가 되진 않을 것이다. 사실, 설계 절차의 이러한 버전은 지금까지 설계된 모든 API를 설명한다. 배우기 어려운 정말로 일반적인 설계를 원했었다면 application/json을 표현 형식으로 선택하여 첫 번째 단계를 홀쩍 뛰어넘었을 것이다. JSON은 프로토콜 애플리케이션 의미 체계에 아무런 제한을 가하지 않기 때문에 아마도 대부분의 시간을 두 번째 단계에서 사람이 읽을 수 있는 API 문서를 기술하는 것과 명목 표준을 정의하는 데 소비하였을 것이다.

이것이 오늘날 대부분의 API가 하고 있는 것이고 바로 내가 멈추려고 하는 것이다. 명목 표준을 만드는 일의 큼지막한 부분들은 필요하지 않다. 또한 이러한 명목 표준에 기반을 둔 클라이언트 코드는 재사용할 수 없다. 하지만 이외의 모든 것은 가능한 한 다른 사람들의 결과물을 재사용하려는 의지와 사전 생각들을 필요로 한다.

7단계 설계 절차

그래서 이제 이러한 설계 절차를 일곱 가지 좀 더 자세한 단계로 확장하였다. 준비 과정을 거치면 표현 형식의 선택에 도움이 되고 여러분의 프로파일은 최대한 단순해질 것이다.

1. 여러분의 API에서 클라이언트가 얻길 원하는 것이나 또는 API를 통해 넣길 원하는 모든 정보를 열거한다. 이는 곧 의미 체계 서술자가 될 것이다.

   의미 체계 서술자들은 계층을 형성하려는 경향이 있다. person과 같이 실제 세계의 객체를 가리키는 서술자는 givenName과 같이 좀 더 자세하고 추상적인 서술자들을 포함할 것이다. 의미가 직관적인 방향으로 여러분의 서술자들을 하나로 묶는다.

2. API를 나타내는 상태 다이어그램을 그린다. 다이어그램의 각 상자는 한 종류의 표현, 즉 몇 가지 의미 체계 서술자를 하나로 묶는 한 문서를 나타낸다. 화살표를 사용해 여러분의 클라이언트에 자연스러운 방향으로 각 표현을 연결한다. 이 화살표는 HTTP 요청이 작동시키는 상태 전이를 의미한다.

   이 상태 전이에 특정 HTTP 메서드들을 아직 할당할 필요는 없다. 하지만 각 상태 전이가 안전한지, 안전하지 못하지만 멱등인지, 안전하지 못하지만 멱등하지 않은지 등을 주시해야 한다.

   이 부분에서 아마도 의미 체계 서술자(business의 customer)를 연결 관계(business는 person으로 연결되거나 또는 customer라는 연결 관계를 사용하여 또 다른 business로 연결됨)로 두는 것이 더 자연스럽다는 사실을 발견할지도 모르겠다. 작성한 의미 체계 서술자와 연결 관계가 만족스러울 때까지 1단계와 2단계를 반복한다.

이제 여러분 API의 프로토콜 의미 체계(클라이언트가 만드는 HTTP 요청들)와 애플리케이션 의미 체계(주고받을 데이터의 비트들)를 이해했을 것이다. 여러분의 API를 특별하게 만드는 마법 문자열 목록(의미 체계 서술자와 연결 관계)을 만들었다. 이제 여러분은 어떻게 HTTP 요청과 응답이 이 마법 문자열을 포함할 수 있을지 대충 알 것이다. 이제 다음 단계로 이동하자.

3. 기존에 있는 프로파일의 문자열을 여러분의 마법 문자열과 조정해 보도록 한다. 276쪽 '의미 체계 동물원'에 살펴볼 곳을 나열하였다. IANA에 등록된 연결 관계, schema.org나 alps.io로부터 나온 의미 체계 서술자들, 도메인 특화 미디어 유형들의 이름 등을 생각해 본다.

이는 여러분의 프로토콜 의미 체계를 변경할지도 모른다! 특히, 불안전한 연결 관계(unsafe link relation)는 멱등한 것과 멱등하지 않은 것 사이에서 왔다 갔다 할지도 모른다.

여러분의 상태 다이어그램의 레이아웃과 이름들에 만족할 때까지 1단계부터 3단계까지 반복한다.

4. 이제 여러분은 미디어 유형을 선택(또는 새로운 것을 정의)할 준비가 되었다. 미디어 유형은 여러분의 프로토콜 의미 체계와 애플리케이션 의미 체계와 호환되어야 한다.

운이 좋다면, 여러분의 애플리케이션 의미 체계를 이미 지원하는 도메인 특화 미디어 유형을 찾을 수 있을지도 모른다. 미디어 유형을 직접 정의한다면 여러분이 원하는 것을 정의할 수 있다.

도메인 특화 미디어 유형을 선택한다면, 3단계로 다시 돌아가야 할 수도 있다. 그리고 의미 체계 서술자와 연결 관계들을 위한 이름을 미디어 유형이 정의한 이름으로 다시 조정해야 할 수도 있다.

5. 애플리케이션 의미 체계를 기술하는 프로파일을 작성한다. 프로파일은 IANA에 등록된 연결 관계와 미디어 유형이 설명하는 문자열을 제외한 여러분의 모든 마법 문자열을 설명해야 한다.

프로파일을 ALPS 문서로 작성하길 추천하지만 JSON-LD 콘텍스트나 일반적인 웹 페이지도 괜찮다. 4단계에서 다른 사람들의 의미 체계를 많이 사용할수록 이 단계에서 해야 할 일이 줄어든다.

여러분만의 미디어 유형을 정의했다면 미디어 유형 설계 명세서에 얼마나 많은 정보를 넣었는지에 따라 이 단계를 건너뛸 수도 있다.

6. 이제 코드를 작성할 때가 되었다. 3단계의 상태 다이어그램을 구현하는 HTTP 서버를 개발한다. 클라이언트는 특정 HTTP 요청을 보내 적절한 상태 전이를 발생시키고, 응답으로 특정 표현을 받아온다.

각각의 표현은 4단계에서 선택한 미디어 유형을 사용할 것이고, 5단계에서 정의한 프로파일로 연결할 것이다. 데이터 페이로드는 1단계에서 정의한 의미 체계 서술자를 위한 값들을 담을 것이다. 이 각각의 표현은 2단계에서 정의한 상태 전이를 추후에 어떻게 할지를 클라이언트에게 보여줄 하이퍼미디어 컨트롤을 포함할 것이다.

7. 광고판 URL을 게시한다. 앞의 첫 5단계를 올바르게 했다면 사용자는 이 정보만 알면 여러분의 API를 사용할 수 있다. 사람이 이해할 수 있는 프로파일(API 문서)이나 튜토리얼, 예제 클라이언트들을 작성하여 사용자들의 API 사용에 도움을 줄 수 있지만 이는 설계 과정에 포함하지 않는다.

예로써 7장의 미로 게임을 사용하여 각 단계를 더 자세히 들여다보자.

1단계: 의미 체계 서술자 나열하기

다음은 미로 게임에서 사용하는 모든 종류의 데이터들이다.

- 미로(maze)
- 미로 셀(maze cell)
- 스위치(switch)
- 스위치 위치(switch position)('up' 또는 'down')
- 미로 셀의 이름(title)
- 하나의 미로 셀에서 다른 미로 셀로 연결되는 입구(doorway)
- 미로의 출구(exit)
- 미로 목록(list of mazes)

그림 9-1. 기술자를 표현으로 나누기

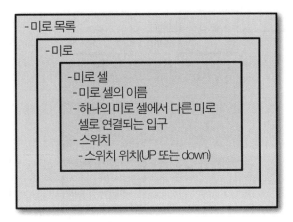

이 요소들을 계층으로 만들 때 나는 다음과 같이 했다.

- 미로 목록
  - 미로
  - 미로 셀
  - 미로 셀의 이름
  - 하나의 미로 셀에서 다른 미로 셀로 연결되는 입구
  - 미로의 출구
  - 스위치
  - 스위치 위치('up' 또는 'down')

그림 9-1은 데이터를 표현으로 나눈 내 첫 시도를 나타낸다. 의미 체계 서술자의 계층 목록을 가져와서 내가 생각하기에 함께해야 하는 데이터들을 네모로 감쌌다.

이렇게 나누니 세 가지 다른 표현이 나왔다. 미로 목록, 각각의 미로, 미로 안에 있는 미로 셀(스위치를 포함할 수도, 포함하지 않을 수도 있다)이다.

2단계: 상태 다이어그램 그리기

이제 다음 질문으로는 '이 표현들이 어떻게 연관되어 있는가?'다. 앞의 표현들 사이

그림 9-2. 미로 게임을 위한 상태 다이어그램

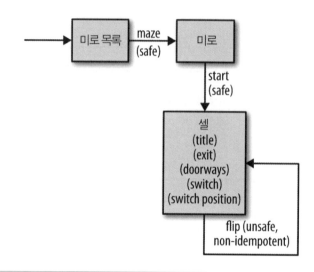

에 연결은 어떻게 될까? 그림 9-2는 미로 게임을 위한 첫 상태 다이어그램이다.

몇몇 링크는 명확하다. 그림 9-1의 계층도에서 상자 하나가 다른 상자를 완전히 포함하고 있다면, 이 두 표현은 아마도 연관되어 있을 것이다. 분명히, 미로 목록에서 개별 미로로 연결이 있어야 하고 미로에서 그 미로의 시작 셀로 연결이 있어야 한다. 일단 이러한 연결들의 연결 관계를 각각 maze와 start라고 부를 것이다.

의미 체계 서술자는 연결 관계가 될 수도 있다

상자와 화살표로 다이어그램을 만들고 나면 몇 가지 의미 체계 서술자는 안전한 상태 전이의 이름임이 명확해질 수도 있다. 그림 9-2의 다이어그램을 보자. 여기에서 "출구는 한 미로 셀에서 다른 미로 셀로 연결됨"은 독립적인 데이터가 아님이 명확할 것이다. 이 두 셀 사이의 관계는 연결이다. 비슷하게, "현재 미로의 출구"는 데이터 일부분이 아니다. 이는 미로 셀과 다이어그램에 없는 다른 무엇인가와의 연결이다. 이는 north와 exit가 의미 체계 서술자가 아님을 의미한다. 이것들은 연결 관계가 되어야만 한다.

그림 9-3은 개선된 상태 다이어그램이다. 출구와 입구는 데이터 대신 연결로 표현하였다.

이제 미로 게임의 상태 다이어그램은 그림 5-3과 비교해 보면 실제 미로와 많이

그림 9-3. 미로 게임의 개선된 상태 다이어그램

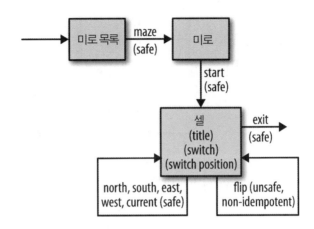

닮았다. 그다지 흥미로운 미로는 아니다. 북쪽으로 갔다, 동쪽으로 갔다, 다시 동쪽으로 가는 등 미로를 푸는 모든 즐거움은 하나의 cell 표현에서 다른 cell로 연결하는 단일 화살표로 축약되었다. 그러나 중요한 것은 클라이언트가 만드는 모든 HTTP 요청은 하나의 표현에서 다른 표현으로 연결하는 화살표를 따라가는 과정으로 표현될 수 있다는 것이다. 그림 9-2에서는 이렇게 말할 수 없다.

이제 또 하나의 의미 체계 서술자를 연결 관계로 변경하려고 한다. 그림 9-4는 그림 9-1과는 약간 다른 방식으로 표현을 리소스로 나누는 방법을 보여준다. 스위치

그림 9-4. 스위치를 독립적인 리소스로 나눔

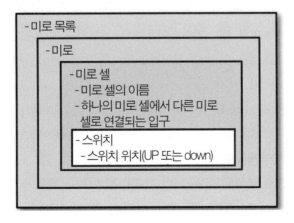

그림 9-5. 스위치가 독립적인 리소스가 되었을 때 상태 다이어그램

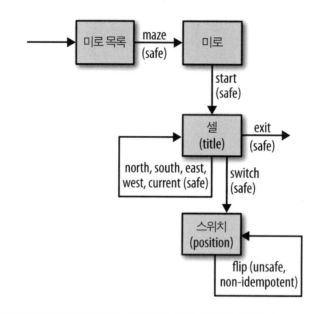

를 감싸는 상자가 추가되었다. 그림 9-4에서 스위치는 자신을 포함하는 미로 셀과는 별개로 그 자체가 독립적인 리소스이다. 문자열 switch는 의미 체계 서술자였지만 이제는 독립적인 리소스로서 스위치를 가리키는 연결 관계가 되었다. 그림 9-5는 상태 다이어그램에 이 변화가 어떻게 반영되었는지를 보여준다.

스위치는 미로 셀이 지원하지 않는 상태 전이(flip)를 지원하기 때문에 이렇게 변경하였다. 이는 클라이언트와 서버가 스위치만 가지고도 통신할 수 있어야 한다는 뜻이다. 3장에서 말했듯이 클라이언트-서버 간 대화 주제가 될 정도로 중요한 것들은 자신만의 URL을 갖는 리소스여야 한다. 스위치를 독립된 리소스로 만들면 HTTP 요청이 미로 셀을 가리키는 것인지 스위치를 가리키는 것인지에 대한 애매모호함이 사라질 것이다.

이보다 더 나아갈 수도 있다. 미로 셀의 이름(title)을 /cells/I/title과 같이 URL을 가진 독립적인 리소스로 만들 수도 있었다. 여기에서 title은 switch가 그랬던 것처럼 의미 체계 서술자에서 연결 관계로 변경되었을 것이다.

이는 기술적으로 잘못되지 않았지만 그래야 할 이유를 찾을 수 없다. 스위치는 미로 셀의 일부분이지만 이는 미로 셀에는 적용할 수 없는 상태 전이(flip)를 지원한

다. 이것이 스위치를 독립적인 리소스로 보는 것이 의미가 있는 이유다. 셀의 이름
은 셀에 대한 일련의 정보일 뿐이다. 해당 정보를 따로 제공해야 하는 설득력 있는
이유 없이는 셀의 이름이 독립적인 리소스가 되어야 한다고 생각하지 않는다.

홈페이지 정하기

상태 다이어그램은 출발점이 없는(이전의 상태가 없는) 하나의 화살표를 포함해야
한다. 이는 광고판 URL로 향하는 클라이언트의 최초의 GET 요청을 나타낸다. 모
든 다른 화살표는 표현 중 하나로부터 출발해야 하고 모든 표현은 상태 전이를 통
해 시작 표현으로부터 접근 가능해야만 한다.

1단계에서 설정한 계층도에 명백한 최상위 단계가 있다면, 최상위 단계 표현의 명
백한 후보를 가지고 있는 것이다. 우리의 예제에서 최상위 단계 표현은 미로 목록이
다. 명확한 최상위 단계가 없다면 하나를 만들어야 한다. 이것이 멋질 필요는 없다.
그저 다른 중요한 표현들로 연결하고 검색을 실행하는 안전한 상태 전이의 목록이
필요하다. 또한 새로운 리소스를 만드는 것과 같은 중요한 일을 행하는 불안전한
상태 전이들을 포함시키고 싶을 수도 있다.

3단계: 이름 조정하기

엄밀히 말하면 이 단계는 건너뛰어도 된다. 마법 문자열에 어떤 이름을 주든지 간에
API는 같은 설계가 될 것이다. 하지만 우리 인간에게 있어 이름은 상당히 중요하다.
비록 컴퓨터가 API 소비자가 될지라도 마법 문자열이 무엇을 의미하는지 이해가 필
요한 인간을 대신하여 일을 할 것이기 때문이다. 이를 통해 의미 체계 간 격차를 줄
인다.

많은 사람이 문제 영역의 모든 종류를 위한 프로파일을 내놓는 데 많은 시간을
소비하고 있다(276쪽의 '의미 체계 동물원'을 다시 살펴보자). 사람, 사람 집단, 회
사, 이벤트, 상품, 결제 방법, 지리적 위치, 주요 지형물, 책, TV 쇼, 구인 목록, 의학적
상태, 블로그 글들, 조리법 등을 표현하기 위해 애플리케이션 의미 체계를 어쩔 수
없이 전달하기 위한 프로파일들이 있다. 무리에 참여하기, 무리에서 떠나기, 이벤트
에 회답하기, 블로그 글 작성하기, 비디오 '링크하기' 등 이런 모든 것에 대한 사람들
의 온라인 상호 작용에 대한 프로파일은 말할 필요도 없이 존재한다. 가장 일반적
인, 가장 재사용성이 뛰어난 프로파일들은 명예의 전당인 IANA에 등록된 연결 관계

의 목록에 올라가 있다.

여기에 있는 프로파일들을 시간을 들여 한 번 둘러보고 재사용할 만한 이름이 있는지 확인해 보길 추천한다. 가능하다면 기존에 있는 이름을 재사용하면 다른 사람이 여러분의 마법 문자열을 잘못 이해하는 확률을 줄여준다. 이름을 정의하는 프로파일을 재사용할 수 있기 때문에 여러분이 작성해야 하는 문서의 양도 줄여준다. 이를 통해 클라이언트 개발자가 기존에 있는 라이브러리를 재사용할 수도 있다. 마지막으로 이는 추후에 이름을 변경하게 될 확률을 줄여준다.

기존 프로파일들이 대부분 특정 미디어 유형에 연결되어 있는 것은 사실이다. 그래서 나는 프로파일을 바로 사용할 수 있도록 미디어 유형을 선택하는 것이 매우 좋지 않다고 생각한다. 이것이 내가 ALPS를 제안하고 8장에서 ALPS에 대해 유난을 떤 이유다. ALPS는 미디어 유형에 프로파일이 속하지 않도록 한다.

사이렌 문서는 schema.org의 책을 설명하는 마이크로데이터 프로파일을 사용할 수 없다. 하지만 schema.org 프로파일에 기반을 둔 ALPS 프로파일은 사용할 수 있다. 완전히 새로운 사이렌 프로파일을 제안하는 것보다 훨씬 더 적은 노력이 필요하고, 사용자들이 주어진 애플리케이션 의미 체계에 이미 익숙할 수도 있는 확률을 높인다.

이를 미로 게임 API로 가져가 보자. 방향 연결 관계를 north, south, east, west로 정하였다. 이는 Maze+XML에서 사용하는 이름이기 때문이다. 설사 4단계에서 Maze+XML을 미디어 유형으로 사용하지 않기로 했다고 하더라도 누군가가 이 문제에 대해 생각해 봤다는 것과 north가 n보다 더 나은 이름이라고 결정한 사실을 아는 것은 유용하다. Maze+XML의 애플리케이션 의미 체계를 설명한 alps.io의 ALPS 프로파일 덕택에, Maze+XML 미디어 유형을 채택하지 않고 Maze+XML 애플리케이션 의미 체계들 중 일부를 재사용할 수 있다.

소비자와 직면한 대부분의 API들은 이러한 방법으로 의미 체계를 재사용할 수 있다. 특히, 사람들의 개인적인 정보를 표현하기 위해 여러분만의 용어를 만들 필요는 없다. hCard, schema.org의 Person, 그리고 FOAF들이 이러한 영역을 잘 지원한다.

금융, 법, 또는 소프트웨어 개발 같은 전문 영역들의 지원 범위는 이 정도로 좋지는 않다. 용어는 전문가가 아닌 일반적인 소비자 관점에서 정의되는 경향이 있다. 그리고 연결 관계는 의미 체계 서술자보다 지원 범위가 훨씬 좋지 않다.

예를 들어, 무언가를 팔기 위한 제안을 나타내는 http://schema.org/Offer라는 이름의 schema.org 항목이 있다. 이는 price, warranty, deliveryLeadTime 같은 의미 체계 서술자를 정의한다. 하지만 실제로 클라이언트가 무언가를 사도록 하는 불안 전한 연결 관계는 정의하지 않는다. 이를 위해 alps.io에서 정의하고 액티비티 스트림즈(Activity Streams) 표준에서 얻은 purchase 연결 관계를 사용할 수 있다. 아니면 직접 이름을 정의할 수도 있다.

API들 사이에서 재사용 가능한 의미 체계 서술자에 대한 내 생각이 정말 현실성이 없다거나 또는 재사용 가능한 의미 체계 서술자들을 찾는 데 너무 많은 노력이 필요하다고 생각한다면 원하는 대로 모든 이름을 직접 만들어도 상관없다. 이전에 말했듯이 기술적인 수준에서 이름은 아무런 상관이 없다. 하지만 여러분이 항상 따라야 하는 최소한의 충고 두 가지를 하려고 한다.

첫째로, 데이터베이스 스키마나 객체 모델에 있는 항목을 이용하여 의미 체계 서술자 이름을 자동으로 생성하지 않도록 한다. 그렇게 하면 클라이언트가 서버 쪽 코드에 의존하게 된다. 서버 코드를 변경하면 API에서 이전 이름을 표현하는 호환 계층을 넣기 전까지 모든 클라이언트가 망가질 것이다.

둘째로, IANA에 등록된 연결 관계의 기능과 중복되는 연결 관계를 만들지 않도록 한다. 특히 이러한 연결 관계는 등록 기관에 등록해야 한다. 미디어 유형이나 애플리케이션 도메인에 묶여 있지 않기 때문이다. 이러한 것들이 주변에 있는 가장 일반적인 애플리케이션 의미 체계 서술자이고, 이것들은 쉽게 재사용하기 위해 한곳에 전부 열거해 둔다. 다음은 몇 가지 구체적인 예제들이다.

- 어떤 것들의 목록과 그들의 개별 항목 사이 관계가 존재하는 상황이라면, 더 구체적인 무언가를 만드는 것 대신(또는 그에 더해) IANA에 등록된 연결 관계인 collection과 item의 사용을 고려해 본다.
- 리소스 상태를 여러 표현으로 나누는 방법은 크게 두 가지가 있다. 웹 사이트에서 자주 봐서 친숙하고 명백한 방법으로는 연결 관계 first, last, next, previous(혹은 prev)를 사용하는 것이다. RFC 5005에 기술된 아카이브 기반 기법은 연결 관계 current, next-archive, prev-archive를 사용한다. 상태를 나누는 세 번째 방법이 떠오르지 않았다면 이러한 관계를 위한 새로운 이름을 만들 이유는 없다.
- 메시지 스레드는 아톰을 위해 정의한 RFC 4685의 replies 관계로 표현할 수 있

다.

- 리소스 상태의 지난 내역을 유지한다면 상태의 서로 다른 변경점 사이를 latest-version, successor-version, predecessor-version, working-copy, working-copy-of로 연결할 수 있다(RFC 5829에 정의됨).
- edit과 edit-media 연결 관계는 많은 불안전한 상태 전이를 지원하기에 충분히 일반적인 연결 관계다. 리소스 상태만을 변경하는 상태 전이를 하였다면, 무언가 더 특정한 연결 관계 대신에 edit으로 부를 수도 있다.

무엇을 edit으로 교체했는지 바로 보여주겠다. 미로 게임에서 flip 연결 관계는 스위치 방향을 반대로 변경한다. 스위치가 켜져 있다면 flip 전환은 이를 꺼진 상태로 변경하고, 꺼져 있다면 켜진 상태로 변경한다. 그러므로 안전하지 않은 상태 전이이며 이는 멱등하지 않다. 멱등하지 않다는 것은 스위치 위치를 두 번 변경하는 것이 한 번 변경하는 것과 같지 않다는 이야기다.

flip 대신에 연결 관계를 edit으로 한다면 어떨까? 현재 스위치 위치에 따라 스위치 위치를 변경하는 것 대신에 클라이언트가 up 상태이든 down 상태이든 스위치 위치

그림 9-6. 'flip'을 IANA 'edit'으로 변경한 상태 다이어그램

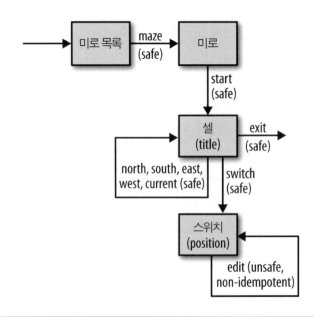

를 결정하고 edit 상태 전이가 발생할 때 이에 따른 정보를 보내는 것이다. API 상태 다이어그램은 그림 9-6과 같다.

flip을 edit으로 변경하는 것에는 두 가지 장점이 있다. 새로운 연결 관계를 알아야 하는 대신 클라이언트는 이미 알고 있는 IANA에 등록된 관계인 edit을 재사용할 수 있다. 배워야 하는 것은 오로지 직접 정의한 의미 체계 서술자인 position뿐이다. 클라이언트가 표현을 읽고 싶었더라면 어쨌든 이를 배웠어야 했을 것이다.

두 번째로, 상태 전이는 이제 멱등하다. 스위치를 down 상태로 두 번 설정하는 것은 down 상태를 한 번 설정하는 것과 같은 상태다. 하이퍼미디어 문서가 PUT 요청으로 edit 상태 전이를 한다고 하면, 클라이언트는 상태 전이가 잘되지 않았을 때 다시 시도할 수 있다는 것을 알 수 있을 것이다.

edit 관계를 위한 HTML 하이퍼미디어 폼은 다음과 같을 것이다.

```
<form action="/switches/4" method="POST">
 <input type="radio" name="position" value="up" default="default"/>
 <input type="radio" name="position" value="down"/>
 <input type="submit" class="edit" value="Set the switch!" />
</form>
```

(여기에서는 HTTP 메서드로 PUT이 아닌 POST를 사용하였다. 이는 HTML 폼에서는 PUT을 사용할 수 없기 때문이다. 그래서 이 HTML 폼의 클라이언트는 edit가 멱등하다는 장점을 이용할 수 없다. 하지만 클라이언트는 여전히 flip보다는 edit를 사용하는 편이 더 자연스러울 것이다. 사이렌 API에서 edit 상태 전이는 PUT으로 표현할 수 있고 클라이언트는 이 상태 전이가 멱등하다는 사실을 알 것이다.)

flip의 멱등하지 않는 형태를 원한다면 edit으로 이를 시뮬레이션할 수 있다. 같은 상태 전이를 반환하는 다른 형태의 하이퍼미디어 폼을 이용하여 이를 할 수 있지만 클라이언트가 position을 이미 지정된 값에서 변경하도록 하는 것은 허용하지 않는다.

```
<form action="/switches/4" method="POST">
 <input type="hidden" name="position" value="off"/>
 <input type="submit" class="edit" value="Flip the switch!"/>
</form>
```

클라이언트는 이 컨트롤을 작동시키고 다른 컨트롤을 포함하는 새로운 표현을 받을 것이다.

```
<form action="/switches/4" method="POST">
 <input type="hidden" name="position" value="on"/>
 <input type="submit" class="edit" value="Flip the switch!"/>
</form>
```

이 설계에서 edit 연결 관계는 항상 멱등하나, 모든 edit 컨트롤을 작동시키는 클라이언트는 멱등하지 않은 일련의 상태 전이를 발생시킨다.

내 시각에서는 이 설계들이 모두 RESTful하다. 이들 모두 상태 전이를 나타내기 위해 하이퍼미디어를 사용한다. flip 대신에 edit를 더 선호하는 유일한 이유는 모든 사람이 edit가 의미하는 바에 동의하기 때문이다.

4단계: 미디어 유형 선택하기

이제 비즈니스 요구 사항을 충족시키는 몇 가지 의미 체계 서술자를 갖게 되었다. 이제는 이러한 의미 체계 서술자들을 표현할 수 있는 하이퍼미디어 유형을 선택할 차례다. 이는 6장, 7장, 10장에서 언급했던 하이퍼미디어 유형 중 하나가 될 것이다. 그럴 필요가 없어야 하겠지만 새로운 특정 도메인 미디어 유형을 설계해도 좋다.

항상 최적의 선택이 될 수 있는 하나의 미디어 유형이 있는 건 아니지만 몇 가지 공통된 패턴을 볼 수 있다. 상태 다이어그램이 그림 9-7과 닮았다면 프로토콜 의미 체계는 컬렉션 패턴으로 구현할 수 있다. 이 경우 Collection+JSON, AtomPub 혹은 OData(10장 참조)를 고려해 보도록 한다.

그림 9-7. 컬렉션 패턴을 위한 일반적인 상태 다이어그램

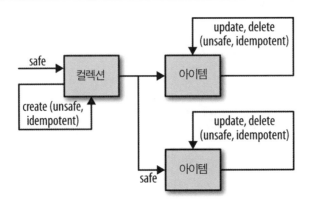

상태 다이어그램이 그림 9-8에 있는 것처럼 더 복잡하다면 아마도 일반적인 하이퍼미디어 언어인 HTML, HAL 또는 사이렌을 원할 것이다.

그림 9–8. 하이퍼미디어가 필요한 다이어그램

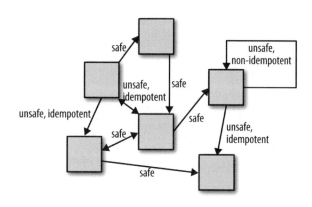

여기에서 JSON 사용을 고려하고 있다면 JSON은 하이퍼미디어 유형이 아님을 다시 한 번 강조하고 싶다. JSON 표준은 숫자, 리스트, 문자열, 객체들과 같은 개념을 정의하지만 연결이나 연결 관계 같은 개념을 정의하지 않으며 하이퍼미디어와 같은 기능은 없다. HAL이나 사이렌, Collection+JSON이나 히드라 같은 더 구체적인 것들이 필요할 것이다.

XML 사용을 고려하고 있다면, 음… XML은 XLink나 XForms(10장 참조)를 사용하여 모든 XML 문서에 HTML과 비슷한 기능들을 쓸 수 있으므로 하이퍼미디어 유형이긴 하다. 하지만 이게 여러분이 생각하고 있는 것이 아님을 어렴풋이 알 수 있을 것이다. 역시나 아마도 HTML이나 HAL, 사이렌, AtomPub 같은 좀 더 특정한 것을 원할 것이다.

의미 체계가 같은 JSON이나 XML 표현을 제공하고 싶다면 양쪽의 '특색'을 제공하는 하나의 하이퍼미디어 표준을 선택해야 한다. 사이렌의 XML 버전이 계획 단계이기는 하나, 지금은 HAL이나 OData를 의미한다.

API가 읽기 전용이라면(상태 다이어그램은 불안전한 전이를 하나도 포함하지 않는다) 이 경우 많은 좋은 선택이 있다. 이 경우에는 HTML이나 HAL, JSON-LD 등을 추천한다.

API가 불안전한 전이를 포함한다면 이는 표현의 선택을 제한한다. JSON-LD는 불안전한 상태 전이를 표현할 수 없기에 히드라를 추가해야 할 것이다(12장 참조). HAL은 불안전한 전이를 지원하지만 내가 보기에 이는 잘 동작하지 않는다.

Collection+JSON은 세 가지의 특정한 불안전한 전이를 지원한다. 새 항목을 컬렉션에 추가하는 것, 항목을 편집하는 것, 그리고 항목을 삭제하는 것이다. 이것뿐이다. 미디어 유형이 정의한 이 세 가지 이외의 다른 불안전한 전이는 사용할 수 없다.

5단계: 프로파일 작성하기

서버에서 표현을 보낼 때 Content-Type 헤더를 포함할 것이다. 이는 이 표현을 어떻게 해석할지를 클라이언트에 알려준다. 여기에 하나 이상의 프로파일로 연결을 포함할 것이다. 여기에 연결되는 프로파일은 표현에서 사용한 애플리케이션의 의미 체계를 설명한다.

아마 3단계에서 애플리케이션 의미 체계 중 몇 가지를 지원하는 기존 프로파일들을 찾았을 것이다. 하지만 모든 것을 지원하기엔 부족했을 것이다. 무언가 API에 특별한 것이 있을 것이다. 새로운 프로파일을 작성하여 이 특별한 비트들을 설명할 것이다.

7장 미로 게임의 HTML 마크업 코드 조각은 두 가지의 ALPS 프로파일을 포함한다. 하나는 Maze+XML의 의미 체계를 alps.io에서 가져온 것, 다른 하나는 Maze+XML에 새로 추가한 신비로운 스위치를 설명하는 커스텀 프로파일이다.

```
<link rel="profile" href="http://alps.io/example/maze"/>
<link rel="profile" href="/switches.alps"/>
```

프로파일은 ALPS 문서나 JSON-LD 콘텍스트, 또는 XMDP 마이크로포맷을 사용하는 웹 페이지가 될 수도 있다. 이것들 중 적절한 것이 없다면 컴퓨터가 이해할 수 있는 프로파일을 포기하고 대신 사람이 이해할 수 있는 프로파일을 작성한다.

사람이 이해할 수 있는 프로파일은 전통적인 API 문서처럼 보인다. 모든 연결 관계와 의미 체계 서술자의 의미를 나열한 웹 페이지다. 여전히 alps.io나 다른 프로파일들로부터 연결 관계와 서술자들을 복사하여 붙여넣기 하는 것으로 재사용할 수 있다. 원본 프로파일로의 연결을 확실히 하도록 한다.

6단계: 구현하기

아마 이 단계에서 대부분의 시간을 보낼 것이다. 지금 사용 중인 프레임워크와 프로그래밍 언어에 의존적인 부분이기 때문에 여기서 무언가 더 해 줄 충고는 없다. 만족스러운 상태 다이어그램과 프로파일을 가지고 있다면 쉽지는 않겠지만 최소한 막힘없이 진행할 수 있을 것이다.

7단계: 게시하기

운이 좋아서 기존에 존재하며 다른 추가적인 작업이 필요 없는, 정확히 여러분이 원하는 특정 도메인 표준을 찾았다면 6단계로 건너뛰었을 것이고 이제 다 완료된 상태다. API 문서는 URL(API의 '광고판 URL')과 Content-Type 헤더에 대한 값으로 이루어진다.

하지만 이러한 일은 거의 일어나지 않는다. 비즈니스 요구 사항은 반드시 기존 표준을 확장하거나 완전히 새로운 무언가를 설계하도록 요구한다. 전체 절차에서 이 지점까지 왔다면, '새로운' 부분을 설계했고 기계가 이해할 수 있는 구조(ALPS 프로파일 같은)와 사람이 이해할 수 있는 글(미디어 유형의 정의 같은)의 조합으로 이 '새로운' 부분을 설명했을 것이다. 마지막으로 남은 것은 이런 정보를 게시하는 것이다.

웹 사이트에 API 문서를 단순히 올리는 작업보다는 더 복잡하지만 그렇게 어렵진 않을 것이다. 뭔가를 빼먹지 않도록 각 단계를 나열하는 것뿐이다.

광고판 URL 게시하기

2단계에서 출발점이 없는 화살표를 가진 상태 다이어그램에 상자 하나가 있어야 한다고 말했다. 이 상자는 모든 다른 리소스로 접근하는 하이퍼미디어 게이트웨이인 홈페이지를 의미한다. 여러분 API의 클라이언트를 작성하고자 하는 사람은 모두 홈페이지의 URL을 알아야 한다. 나머지는 조절이 가능하다.

'홈페이지' 리소스를 설계하지 않고 2단계를 진행하였다면 2단계로 돌아가 설계하기를 권장한다. 광고판 URL은 다른 모든 것들에 접근하기 위한 게이트웨이로, API에서 가장 중요한 정보이기 때문이다.

프로파일 게시하기

프로파일 문서는 API에 대한 나머지 정보와 함께 웹 사이트에 올린다. ALPS 프로파일을 작성하였다면 ALPS 등록소인 alps.io에 등록할 수 있다면 좋겠다. 이는 여러분이 정의한 연결 관계와 의미 체계 서술자들을 다른 사람들이 찾고 재사용하는 데 도움을 줄 것이다.

새로운 미디어 유형 등록하기

아마도 새로운 미디어 유형을 정의할 일은 없을 것이기 때문에 설계를 한 후에 무엇을 해야 하는지에 대해선 설명하지 않을 것이다(대신에 219쪽 '미디어 유형을 설계해야 한다면'에서 이를 설명할 것이다). 일단 구현이 동작하면 새로운 미디어 유형을 IANA에 등록할 만큼 여러분의 설계에 자신감을 가져도 좋다고 해두겠다.

새로운 연결 관계 등록하기

연결 관계가 URL(RFC 5988은 '확장 연결 유형(extension relation type)'이라고 부른다)이라면, 여기서 해야 할 일은 아무것도 없다. 이는 소유한 도메인 이름을 따라 연결 관계 이름을 정했기 때문에 여러분이 정의한 것과 겹치는 연결 관계를 아무도 정의할 수 없다. 다른 API 제공자들이 여러분이 만든 연결 관계를 재사용하길 원하지 않을 것이라 생각한다면 확장 관계를 사용하는 것이 좋겠다.

하지만 이 책 전체에서 확장 연결 관계 사용을 피하고 있다. 확장 연결 관계는 책에서 반복해서 사용하기에는 너무 길다. 대신 west나 flip 같은 짧은 문자열로 만든 연결 관계를 사용해 왔다. RFC 5988은 이를 '등록된 연결 유형(registered relation type)'이라 부르고 충돌을 피하기 위해 어디엔가 이를 등록해야 한다. rel="current"를 사용하는 HTML 문서를 본다면 current가 컬렉션에서 가장 최근의 항목을 가리키든, 전류의 측정을 가리키든 이는 명백할 것이다.

RFC 5988은 연결 관계가 어떻게 등록되는지 명확히 명시하진 않지만 다음과 같은 네 가지 방법이 있다.

- 연결 관계의 IANA 등록 기관에서 찾을 수도 있다. 모든 API 제공자는 API를 정의하지 않고 표현 안에 IANA에 등록된 연결 관계를 사용할 수 있다. 유용한 예로는 RFC 4685에 정의된 replies 연결 관계가 있다.

RFC 5988의 6.2에서는 IANA 등록 절차를 설명한다. 연결 관계를 등록 기관으로 등록하는 것은 RFC(또는 이에 상응하는 문서)를 작성해야 하고 일반적으로 유용한 관계만 등록 가능하다. 그래서 대부분의 개발자들은 이 방법을 선택하지 않는다.

- Maze+XML이 west와 exit를 정의한 것처럼 연결 관계를 미디어 유형과 함께 정의할 수 있다. 다른 미디어 유형은 exit 관계를 다르게 정의할 수도 있겠다. 하지만 알 게 뭔가? 문서는 하나의 미디어 유형만을 가질 수 있다. 그러기에 어느 규칙을 적용해야 하는지 명확하다.

  미디어 유형이 IANA에 등록된 관계와 충돌이 나는 연결 관계를 정의한다면 이 미디어 유형의 정의가 우선권을 얻는다. 의도적으로 이를 이용하지는 말자! 이를 설명한 이유는 여러분의 API의 미디어 유형이 누군가 IANA에 막 등록한 연결 관계를 사용함으로 인해 의미 체계가 바뀌지 않도록 하기 위함이다.

- 연결 관계는 ALPS 문서와 같은 기계가 이해할 수 있는 프로파일에서 정의되었을지도 모른다. 어떤 다른 프로파일이 다르게 정의할 수도 있지만 뭐 어떠한가? 이 문서는 그 다른 프로파일을 사용하지 않는다.

  프로파일이 다른 미디어 유형이 정의한 관계나 IANA에 등록된 관계와 충돌이 나는 연결 관계를 정의한다면 프로파일의 정의가 우선권을 얻는다. 다시 말하지만, 의도적으로 이용하지는 말자. 이는 '정말 어쩔 수 없는 경우'의 규칙이다.

- 연결 관계는 마이크로포맷 위키로 등록되었을지도 모른다.[1] 위키 페이지는 배타적이진 않지만 HTML에서 사용하도록 보이거나 제안된 모든 연결 관계의 목록을 만들려고 시도한다.

  마이크로포맷 위키는 언젠가 IANA 등록 기관에 들어갈 만한 연결 관계의 좋은 시험대다. 직접 고안한 연결 관계를 다른 사람들이 써 보길 원한다면 마이크로포맷 위키에 넣어보는 것도 좋은 테스트 방법이다. 원하지 않는다면 확장 관계를 대신 사용하는 것을 추천한다.

ALPS로 차이를 나눌 수 있다. ALPS 문서를 프로파일로 포함하지 않았을지라도 확장 연결 관계로서 ALPS 문서 안에서 정의된 어느 연결 관계로나 전체 URL을 사용할 수 있다(예: http://alps.io/example/maze#exit). 프로파일로 ALPS 문서를 포함

---

1 페이지는 http://microformats.org/wiki/existing-rel-values에 위치하고 있다.

할 때 해당 연결 관계를 등록된 연결 관계(exit)로 처리할 수 있다.

문서의 나머지 게시하기

여전히 게시해야 할 문서가 많지만 이는 모두 사람이 이해할 수 있는 문서로 API에 대한 것들이다. API에 대한 요약, 예제들, 예제 코드, 인증에 필요한 환경 설정 방법, 다른 API와 어떻게 다른 점들이 있는지와 같은 마케팅 문구 등이 포함된다.

이는 정말 중요한 것이지만 이를 게시하기 위한 격려까진 필요치 않다. 우리가 API 문서에 대해 생각할 때 생각할 수 있는 것들이다. 이 과정에서 나는 사람이 이해할 수 있는 문서를 경시해 왔다. 내 경험에서 사람이 이해할 수 있는 문서는 하이퍼미디어 컨트롤의 대용품으로 사용되었기 때문이다.

소프트웨어 클라이언트는 하이퍼미디어 문서 변화에 적응할 수 있는 제한적인 능력이 있다. 사람이 이해할 수 있는 문서에 기반을 둔 소프트웨어는 변화에 적응할 수 있는 능력이 없다. API를 산문으로만 설명했다면 설명을 변경하는 것은 모든 클라이언트를 다시 작성함을 의미한다. 이는 현재 API의 커다란 문제이며 이 책을 통해 해결하고자 하는 문제이기도 하다.

나는 가능한 한 클라이언트의 적응력을 확장하고 싶다. 이는 기계가 이해할 수 있는 문서를 생성하는 데 집중하고, 사람이 이해할 수 있는 문서는 정말 우리의 편의성을 위한 곳에만 이용하는 설계 과정을 의미한다.

잘 알려진 URI

광고판 URL을 알리지 않아도 되었더라면 어땠을까? 클라이언트가 API의 시작점을 어떻게 찾는지 그냥 알았더라면 어땠을까? 이는 RFC 5785가 2010년에 정의한 IANA의 '잘 알려진 URI(Well-Known URIs)'의 약속이다.

서버가 CoRE 연결 형식(13장에서 설명)으로 표현을 나타냈다면, 광고판 URL이 무엇인지 궁금해 할 필요가 없다. 이는 항상 /.well-known/core가 되어야만 한다. 이 상대 경로 URL은 IANA에 등록되어 있다. 다른 광고판 URL을 배우는 것 대신에 모든 서버에 대해 CoRE 클라이언트는 항상 GET 요청을 /.well-known/core로 보낼 수 있고, 해당 서버에서 제공하는 다른 리소스를 가리키는 하이퍼미디어 링크의 목록을 가져올 수 있다. 웹 호스트 메타데이터 문서(12장 참조)를 제공하는 서버는 문서를 항상 /.well-known/host-meta나 /well-known/hose-meta.json에서 제공해야 한다.

약간 사소한 문제일 수 있지만 이는 마지막 의미 차이까지 좁힌다. 잘 알려진 URI 등록 기관 덕택에 클라이언트가 주어진 호스트 이름만으로 새로운 API를 탐색하고 배우는 것이 이론적으로 가능하다.

함정은 잘 알려진 URI는 일반적으로 특정한 미디어 유형들과 연관되어 있다는 것이다. 이 책을 쓰는 시점에서는, 만약 CoRE 연결 형식이나 웹 호스트 메타데이터를 사용하고 있지 않다면, API를 잘 알려진 URI를 통해 알릴 수 없다. 잘 알려진 URL 등록 기관에서 CoRE 연결 형식과 웹 호스트 메타데이터만이 API에 유용한 두 가지 형식이다.

예제: You Type It, We Post It

내가 거쳤던 과정의 각 단계를 설명하고 싶었기에 7장의 미로 게임을 이번 장의 설계 과정을 통해 구성해 보는 데 꽤 많은 시간이 걸렸다. 여기다 또 다른, 하지만 조금 더 짧은 예제가 있다. 모든 과정을 설명하기보단 마지막에 어떻게 설계했는지를 보여주려 한다. 문제 도메인은 1장에서의 "You Type It, We Post It" 웹 사이트다. 처음 다섯 단계를 진행하고 설계와 프로파일을 마무리했지만 실제 구현은 하지 않았다.

의미 체계 서술자 나열하기

1장의 웹 사이트 설명에서 다음의 의미 체계 서술자들을 확인하였다.

- 홈 페이지
  - "about this site" 같은 문구(text)
  - 메시지 목록(list of messages)
    - 개별 메시지(individual messages)
      - 메시지 ID
      - 메시지 내용(text)
      - 메시지 발행 날짜(publication date)

그리고 내가 생각하기에 의미가 통하는 서술자들끼리 묶었다. 이 결과가 그림

그림 9–9. You Type It...을 위한 의미 체계 서술자들이 표현으로 묶여 있다.

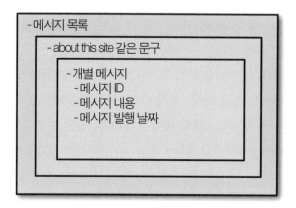

9-9다. 세 개의 개별적인 표현을 만들었다. "about this site" 문자열, 메시지 목록, 그리고 개별 메시지다. 메시지 목록과 "about this site"로 연결하는 분리된 홈페이지를 사용하는 것 대신에 메시지 목록 자체를 홈페이지로 사용하기로 결정하였다.

상태 다이어그램 그리기

그림 9-10은 지금까지 내가 만든 상태 다이어그램을 보여준다.

그림 9–10. You Type It... API의 초기 상태 다이어그램

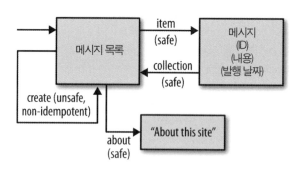

You Type It... 웹 사이트에 있는 링크를 가이드로 사용해 세 종류의 리소스를 안전한 상태 전이로 연결하였다. 또한 새 메시지를 생성하는 웹 사이트의 HTTP POST

폼에 대응하는 불안전한 상태 전이를 만들었다.

이름 다시 조정하기

상태 다이어그램을 위해 안전한 상태 전이의 이름을 만들었을 때 about, collection, item 같은 IANA에 등록된 이름을 선택하였다. "about this site" 문자열은 사람이 이 해할 수 있는 문서로 이 의미 체계 서술자는 걱정하지 않는다.

이름을 지어야 하지만 IANA로는 도움을 받을 수 없는 여섯 가지가 남아 있다. '메시지 목록', '메시지', 'create', 'ID', '내용', '발행 날짜'다. 276쪽 '의미 체계 동물원'을 살펴보면 이 중 다섯 가지는 해결이 가능하다.

BlogPosting(http://schema.org/BlogPosting)이라는 마이크로데이터 아이템이 schema.org에 있는데 이는 articleBody와 dateCreated라는 의미 체계 서술자를 정의한다. 이 두 의미 체계 서술자는 '메시지', '내용', '발행 날짜'를 담당할 수 있다. Blog라는 schema.org BlogPostings의 집합은 '메시지 목록'을 담당할 수 있다.

불안전한 상태 전이를 post라고 이름 지을 것이다. 액티비티 스트림즈 표준에서 이 이름을 가져왔는데 이는 "개체를 작성하는 것과 이를 온라인에 게시하는 행동"을 의미한다. 아무도 schema.org의 마이크로데이터와 액티비티 스트림즈 동사들을 같이 사용하려 의도하진 않았지만 ALPS는 ALPS의 애플리케이션의 의미 체계를 합칠 수 있도록 하였다.

메시지 ID를 남겨두었다. 이 정보를 제공하는 것이 정말로 전혀 필요하지 않다고 결정하였다. 각 메시지는 이미 독자적인 ID를 가지고 있다. 바로 URL이다. 서버가 내부적으로 사용하는 ID를 왜 클라이언트가 신경 써야 하는가? 그래서 나는 API에서 이를 제거하기로 결정하였다.

그림 9-11은 이름을 다시 조정한 뒤의 내 상태 다이어그램이다. item 연결이 이제 item과 blogPost라는 두 연결 관계를 갖고 있는 것을 주목하자. 두 번째 연결 관계는 schema.org의 Blog에서 왔다. 이는 blogPost를 Blog와 BlogPost 사이의 관계로 정의한다. 이는 IANA의 더 일반적인 item 관계에 중복되는 면이 있지만 내가 두 연결 관계를 하나의 단일 연결로 고수해야 할 이유는 없다. 이러한 방식으로 schema.org의 Blog와 BlogPost를 이해하는 클라이언트들은 IANA의 item을 이해할 필요가 없어진다.

그림 9-11. 이름을 다시 정의한 이후의 You Type It... API의 상태 다이어그램

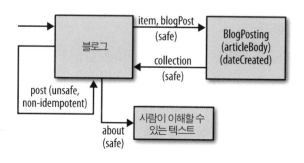

이 세상의 58번째 마이크로블로깅 API를 만들고 있는 걸까? 어떤 의미로는 그렇다. 하지만 새로운 것을 아무것도 정의하지 않았다. 모든 것을 IANA, schema.org, 액티비티 스트림즈에서 가져왔다. 이미 이러한 의미 체계 서술자와 연결 관계를 알고 있는 클라이언트는 내 API를 이해할 것이다. 아마 이러한 클라이언트가 존재하지 않겠지만, 58번째로 이러한 기본 개념을 다시 설계했을 때보다 일부분이라도 이해하는 클라이언트가 존재할 가능성이 더 높다.

미디어 유형 선택하기

엄청나게 많은 미디어 유형에서 선택할 수 있다. 내 상태 다이어그램은 그림 9-7과 같기에 컬렉션 패턴을 구현한 미디어 유형이 많은 도움을 줄 것이다. 실제 2장에서 보여준 YouTypeItWePostIt.com API는 Collection+JSON을 사용한다. YouTypeItWePostIt.com 웹 사이트가 HTML을 사용하도록 순수 하이퍼미디어 경로를 선택할 수도 있다. 심지어 도메인 특화 표준(Domain-specific standard)을 선택할 수도 있다. 6장에서 AtomPub을 일반적인 '컬렉션 패턴' 표준으로 여겼지만 이는 원래 독립적으로 글을 게시하기 위한 목적으로 정의되었다.

　내 선택은 내가 사용하는 어휘를 변경할 수도 있다. 내가 아톰을 내 표현 형식으로 선택한다면 메시지 내용(the text of the message)을 articleBody로 부르는 것을 멈추고 아톰 방식에 따라 content라 불러야 할 것이다.

　다양성을 위해 HAL을 선택하려고 한다. 메시지 목록의 HAL+XML 표현은 다음과 같을 것이다.

```
<resource href="/">
 <link rel="profile" href="http://alps.io/schema.org/Blog"/>
 <link rel="profile" href="http://alps.io/schema.org/BlogPost"/>
 <link rel="profile" href="http://alps.io/activitystrea.ms/verbs"/>
 <link rel="about" href="/about-this-site">

 <Blog>
  <link rel="post" href="/messages"/>

  <resource href="/messages/2" rel="item">
   <BlogPost>
    <articleBody>This is message #2.</articleBody>
    <dateCreated>2013-04-24</dateCreated>
   </BlogPost>
  </resource>

  <resource href="/messages/1" rel="item">
   <BlogPost>
    <articleBody>This is message #1.</articleBody>
    <dateCreated>2013-04-22</dateCreated>
   </BlogPost>
  </resource>
 </Blog>
</resource>
```

이는 필요한 모든 자원 상태(메시지 목록 안에 있는 두 메시지의 설명)를 모두 전달하고 필요한 모든 하이퍼미디어 연결(profile, about, post의 연결 관계)을 포함한다.

post 연결에는 문제가 하나 있다. POST와 함께 동작해야 하는 불안전한 상태 전이가 명확하지 않고, 클라이언트가 POST 요청과 함께 어떤 엔티티 바디를 보내야 하는지 명확하지 않다. 하지만 이는 HAL의 일반적인 단점에서 기인하는 것이다. HAL의 기능들이 마음에 들지 않는다면 여기서 다른 미디어 유형을 선택할 수 있다.

프로파일 작성하기

모든 애플리케이션 의미 체계를 기존 프로파일에서 가져왔기에 엄밀히 말하면 직접 프로파일을 작성할 필요가 없다. 예제 표현은 세 개의 기존 ALPS 프로파일로 연결한다.

```
<link rel="profile" href="http://alps.io/schema.org/Blog"/>
<link rel="profile" href="http://alps.io/schema.org/BlogPost"/>
<link rel="profile" href="http://alps.io/activitystrea.ms/verbs"/>
```

설명 없이 사용할 수 있었던 IANA 연결 관계 about과 item을 제외하고는 모든 것을 설명한다.

다음은 "You Type It, We Post It" 설계를 위한 독립적인 ALPS 프로파일이다(약간 중복이긴 하지만 이는 단일 문서로 API가 실제 사용하는 의미 체계 서술자들과 모든 연결 관계를 포함한다).

```
<alps>
 <descriptor id="about" type="semantic"
             href="http://alps.io/iana/relations#about"/>

 <descriptor id="Blog" type="semantic" href="http://alps.io/schema.org/Blog">
  <descriptor id="blogPost" type="semantic"
              href="http://alps.io/schema.org/Blog#blogPost"rt="#BlogPosting"/>
  <descriptor id="item" type="semantic"
              href="http://alps.io/iana/relations#item"rt="#BlogPosting"/>
  <descriptor id="post" type="unsafe"
              href="http://alps.io/activitystrea.ms/verbs#post">
   <descriptor href="#BlogPosting"/>
  </descriptor>
 </descriptor>

 <descriptor id="BlogPosting" type="semantic"
             href="http://alps.io/schema.org/BlogPosting">
  <descriptor id="articleBody" type="semantic"
              href="http://alps.io/schema.org/BlogPosting#articleBody" />
  <descriptor id="dateCreated" type="semantic"
              href="http://alps.io/schema.org/BlogPosting#dateCreated" />
 </descriptor>
</alps>
```

세 개의 profile 연결을 사용하는 대신 표현 중 하나를 이 프로파일로 연결할 수도 있다.

프로파일을 알지 못하는 클라이언트는 표현들을 순수한 HAL 표현들로 여길 수 있다. HAL은 스스로 어느 프로토콜이나 애플리케이션 의미 체계를 정의하지 않으므로 도움이 많이 되진 않을 것이다. HAL 브라우저는 이 표현들을 분석할 수 있고 데이터와 연결을 구분할 수 있지만 연결이나 데이터가 무엇을 의미하는지는 알 수 없을 것이다.

몇 가지 설계 충고

이제 내가 어떻게 설계 과정을 진행하는지에 대해 잘 알게 되었기를 바란다. 이제 이 과정을 개발하고 적용하면서 얻은 몇 가지 실용적인 교훈을 알려주려고 한다.

리소스는 구현의 구체적인 내용이다

RESTful 웹 API를 설계하는 대부분의 과정은 리소스 설계에 집중한다. 하지만 여기엔 리소스가 없다. 상태 다이어그램의 상자는 리소스가 아니다. 이는 리소스의 표현, 즉 클라이언트와 서버 사이에서 주고받는 실제 문서들이다.

이는 부주의로 인한 실수가 아니었다. 리소스는 HTTP에 있어서 가장 주요한 부분이고 API 구현에 있어서 정말 중요하다. 하지만 REST에 있어서는 그렇게 중요하지 않음을 깨달았다. 내 설계 과정은 상태 전이와 의미 체계 서술자에 집중한다. 일단 이 둘을 해결하고 나면 리소스를 갖게 된다.

클라이언트와 서버 사이에서 통신하는 HTTP를 생각해 보자. 리소스는 GET 요청을 받고 특정 미디어 유형으로 표현을 제공한다. 표현은 가능한 상태 전이를 나타낸 하이퍼미디어 컨트롤들을 포함한다. 클라이언트는 상태 전이를 구현하고 다른 표현을 보내주는 다른 리소스로 HTTP 요청을 보내 상태 전이를 한다. 클라이언트는 리소스와 직접 통신하지 않는다.

6단계에 도달해서 예상치 못한 리소스들을 구현해야 함을 알았다면 혹시 다른 단계를 지나친 것인지도 모른다. 지금 상상하고 있는 리소스는 기존에 존재하는 어떤 다른 리소스에 연결되어야 한다. 이 연결은 상태 전이고 2단계에서의 상태 다이어그램에 화살표로 나타나야 한다. 리소스가 자신의 상태를 관리한다면 표현이 필요하다. 이 표현은 2단계의 상태 다이어그램에서 상자로 나타나야 한다. 또한 이 표현은 4단계에서 미디어 유형을 가져야만 하고 아마도 5단계에서의 프로파일도 가져야 한다. 클라이언트로 전달되는 데이터는 1단계에서 만든 큰 목록에 있어야 한다. 리소스가 불안전한 상태 전이를 지원한다면 이 전환은 2단계에 나타나야만 한다. 표현 안에 임베딩된 하이퍼미디어 컨트롤과 함께 이것들을 설명해야 한다.

리소스의 프로토콜 의미 체계와 애플리케이션 의미 체계를 결정하지 않았다면 정말로 설계를 한 것은 아니다. 프로토콜 의미 체계와 애플리케이션 의미 체계를 결정해 왔다면 설계해야 할 다른 것들이 많진 않을 것이다.

리소스에 우선 집중하는 것이 나쁜 설계 결과를 가져오지 않겠지만 이는 클라이언트 쪽보다는 서버 쪽 구현으로서 설계를 표현하게 되는 경향이 있다. 또한 하이퍼미디어에 대해 생각을 피하기 위한 핑계로 좋은 리소스 설계(다량의 사람이 이해할 수 있는 문서)를 사용하기도 쉽다.

컬렉션 함정에 빠지지 말라

컬렉션 패턴은 매우 일반적이고 강력하지만 함정이 있다. 이 함정이 지난 몇 년 동안 굉장히 많이 발생했던 것들을 보았고 내 사려 깊은 충고는 미끼를 물지 말라는 것이다. 데이터베이스 스키마를 기반으로 API를 설계하지 말라. 대신 상태 다이어그램을 그려라.

언뜻 보기에는 데이터베이스 스키마를 사용하는 것이 좋은 아이디어처럼 보인다. SQL의 네 가지 기본 명령어(SELECT/INSERT/UPDATE/DELETE)는 CRUD 패턴(create/retrieve/update/delete), 그리고 API 컬렉션 패턴, 또한 네 가지 주요한 HTTP 메서드(GET/POST/PUT/DELETE)에 모두 자연스럽게 연결할 수 있다. 내 설계 과정을 그냥 건너뛰고 컬렉션 패턴으로 데이터베이스 스키마를 게시하는 일을 하지 않을 기술적인 이유가 전혀 없다. 뭐 잘못될 만한 일이 있을까?

현대적인 도구 덕분에 이러한 전략으로 동작하는 API를 빠르게 얻을 수 있지만 여기엔 두 가지 큰 문제가 있다. 첫 번째 문제는 사용자들이 데이터베이스 스키마를 전혀 고려하지 않는다는 사실에서 기인한다. 사용자들은 애플리케이션 의미 체계를 고려하지만 이 둘 사이는 거의 연관이 없다. 웹 사이트를 그저 데이터베이스의 인터페이스로 구축하진 않았을 것이다. 웹 사이트를 만들 때와 동일한 고민을 API 설계에도 포함시켜야 한다.

반면 여러분은 정말 데이터베이스 스키마를 많이 고려한다. 그래서 요구 사항이 변경됨에 따라 스키마를 변경할 수 있는 권리를 갖고 있다. 이것이 두 번째 문제다. 데이터베이스 스키마에 기반을 둔 API를 게시하면 스키마 변경은 기본적으로 불가능해진다. 이는 지금까지 들어본 적 없는 수천 명의 사람들에게 데이터베이스에 따른 소프트웨어 의존성을 부여하게 된다. 이 사람들은 고객들이고 이들을 지원하는 것은 의무다. 스키마를 변경하면, 심지어 사용자들이 알아채지 못할 영역의 웹 사이트를 변경할지라도 API 사용자들에게 큰 문제를 일으킬 것이다.

이러한 문제들을 다루는 온갖 기법이 있고 이에 대해선 'API를 변경해야 할 때' (222쪽)에서 이야기할 것이다. 하지만 가장 좋은 전략은 첫째로 이러한 상황이 발생하지 않도록 하는 것이다.

내 과정에서 상태 다이어그램을 이용하는 또 다른 이유가 있다. 여러분이 함정에까지 가지 않게 하는 데 큰 관심을 가지고 있다. 상태 전이에 대해 생각하는 것은 모든 리소스 상태를 포함하는 데이터베이스가 아니라 애플리케이션 자체를 생각하도록 강제한다.

컬렉션 패턴을 사용하지 말라는 이야기가 아니다. 이는 매우 좋은 패턴이다. 상태 다이어그램이 그림 9-7과 비슷하다면 컬렉션 패턴을 사용한다. 하지만 상태 다이어그램을 먼저 그려보자. 애플리케이션이 정의한 프로토콜 의미 체계와 데이터베이스가 정의한 인터페이스를 혼동하지 말자.

표현 형식에서 시작하지 않는다

1단계를 시작하기 전에 표현 형식을 선택하려 했을 수도 있다. 그렇게 하여 의미 체계를 작업하면서 문서가 어떻게 생겼을지 그려볼 수 있을 것이다. 별 의미 없는 낙서를 위해서는 HTML 같은 일반적인 형식을 사용해도 괜찮다. 하지만 임시일지라도 4단계에 이르기까지는 결정을 미루길 추천한다. 표현 형식은 단순히 데이터를 포함하기 위한 것이 아니기 때문이다. 표현 형식은 프로토콜과 애플리케이션의 의미 체계의 가정들을 이를 이용하는 모든 API에 안내한다. 이러한 가정은 비즈니스 요구 사항과 충돌할 수도 있다.

바보 같은 예지만 내가 자세히 이야기했던 첫 표현 형식이라는 이유로 Maze+XML를 선택하여 API 설계를 시작했다고 가정해 보자. 아마도 실수를 하고 있을 것이다. Maze+XML은 그림 9-6에 있는 것과 비슷하게 생긴 매우 구체적인 상태 다이어그램을 정의하기 때문이다. Maze+XML은 '미로로 들어간다', '특정 방향으로 이동한다', '미로를 빠져나온다' 같은 것을 의미하는 GET 요청으로 애플리케이션 의미 체계들을 정의한다. 다시 말해 Maze+XML은 미로 게임을 위한 것이다.

처음 두 단계를 끝내기 전까지는 Maze+XML을 선택할 수 없다. 비즈니스 요구 사항을 프로토콜 의미 체계와 애플리케이션 의미 체계로 나눠야 한다. 이 결과가 Maze+XML이 정의한 의미 체계에 맞는다면 좋겠지만 아마도 그렇지 않을 것이다.

조금 덜 바보 같은 예를 보자. API를 위해 Collection+JSON(AtomPub 또는 OData)을 사용하기로 결정했다고 가정해 보자. 이는 컬렉션 패턴을 구현한 의미 체계의 집합을 선택했다는 것을 의미한다. 이는 처음부터 내 API의 상태 다이어그램이 그림 9-7과 같다고 말하는 것이다.

어떻게 그렇게 앞서서 말할 수 있을까? 프로토콜 의미 체계가 컬렉션 패턴에 잘 맞는다고 확인된다면(종종 그렇긴 하지만) 컬렉션 패턴 표준이 필요한 것이다. 하지만 직감으로 이를 결정할 순 없다. 실제 다이어그램은 그려봐야 한다.

물론, 만약 특정 표현 형식의 사용이 비즈니스 요구 사항 중 하나라면 결정을 먼저 하고 요구된 표현 형식 위주로 API를 설계할 수도 있다. API가 저전력 임베디드 시스템의 일부분이라면 아마도 CoRE 연결 형식(13장 참조) 위주로 만들어야만 할 것이다. OData 기술 커미티에 있는 회사를 위해 일하고 있고 이미 75개의 OData API(10장 참조)를 만들었다면 76번째 API를 설계하고 있는 중일 것이다.

API 설계를 망쳤다는 것을 의미하진 않는다. 하이퍼미디어는 폭넓은 유연성을 준다. 이렇게 설계했어야만 했다면 Maze+XML 확장으로 어느 API든 원하는 것을 구현할 수 있었을 것이다. 필딩 제약 조건 위에서 추가적인 제약 조건으로 이를 생각해 보라.

URL 설계는 상관이 없다

원래의 RESTful 웹 서비스를 포함해서 몇몇 API 설계 가이드는 리소스를 할당해야 하는 URL에 대해 얘기하는 데 많은 시간을 사용한다. 제공할 각 URL은 URL을 바라보는 사람이 URL이 가리키는 것이 무엇인지 알아낼 수 있는 방식으로 리소스를 명확하게 식별해야 한다.

사용자 계정의 집합인 리소스를 게시한다면, /users/ 같은 URL을 사용해야 할 것이다. 종속된 리소스들은 부모 URL 아래쪽에 게시되어야 한다. 그래서 앨리스 계정을 표현하는 리소스는 /users/alice 같은 URL이 될 것이다.

뭐, 그런 것이다.

기술적으로 말하면 아무것도 상관이 없다. URL은 클라이언트가 표현을 갖기 위해 사용하는 단순한 리소스의 주소일 뿐이다. URL은 기술적으로 리소스나 그 표현에 대해 아무것도 말하지 않는다. "The Architecture of the World Wide Web, Volume One"은 다음과 같이 말한다.

리소스를 식별하는 URI를 검사하여 리소스 종류를 추측하고 싶을 수 있다. 하지만 웹은 에이전트가 식별자(identifier)가 아니라 표현을 통해 리소스 정보 상태를 통신하는 것으로 설계되었다. 일반적으로 그 리소스를 위해 URI를 검사하는 것으로 리소스 표현의 유형을 결정하는 것은 할 수 없다.

이것은 사용자 계정의 집합이 /000000000000a URL을 갖는 것과 이 집합이 /

prime-numbers?how_many=200 URL을 사용하여 앨리스의 사용자 계정으로 연결하는 것이 완전히 정상적임을 의미한다. 중요한 것은 사용자 집합의 표현은 사용자의 집합을 나타내고 있고, 앨리스의 사용자 계정 표현이 리소스 상태에 대한 정보를 포함하고 있다는 것을 확실히 해야 한다는 점이다.

URL을 보고 내재하는 리소스를 이해하려고 시도할 때는 리소스의 애플리케이션 수준의 의미 체계를 알아내려고 노력한다. 괜찮다. 다른 책과 튜토리얼에서 말하는 URL 설계에 대한 충고는 좋은 충고다. 하지만 이 책에서 그 충고들을 다시 하진 않을 것이다. URL에 의존하여 애플리케이션 수준 의미 체계를 전달하는 API를 원치 않기 때문이다. 이런 내용을 더 안정적으로 설명하는 방법으로 미디어 유형 정의와 기계가 이해할 수 있는 프로파일이 있기 때문이다.

예를 하나 보자. 요즘의 많은 API들은 사람이 이해할 수 있는 문서에 URL 생성 규칙들을 가지고 있다.

> 사용자 계정에 대한 URL은 다음과 같아야 한다.
> ```
> /users/{username}
> ```

이는 URI 템플릿이다. URI 템플릿을 지원하는 표현 형식을 제공한다면 문서를 동등한 하이퍼미디어 컨트롤로 교체할 수 있다. 다음은 JSON 홈 문서 형식(10장에서 설명할 것이다)의 예다.

```
user_lookup": {"href-template": "/users/{username}",
               "href-vars": {
               "username" : "http://alps.io/microformats/hCard#nickname"}
               }
```

대부분은 JSON 홈 문서를 어떻게 분석하는지를 아는 기계가 이해할 수 있는 것이다. 사람이 이해할 수 있는 용어로 설명되어야만 하는 것은 의미 체계 서술자인 username이다. 이는 인라인 문서로 들어가거나 또는 여기에 alps.io 프로파일처럼 기계가 이해할 수 있는 프로파일로 들어갈 수 있다.

대부분의 형식은 URI 템플릿을 정식으로 지원하지 않는다. 하지만 이와 비슷한 일을 하는 하이퍼미디어 컨트롤을 포함한다. HTML의 〈form〉 태그와 함께 사용하는 action="GET"을 생각해 보라. 사람이 이해할 수 있는 동등한 것 대신에 이러한 컨트롤을 사용하면 두 가지 큰 이점을 얻을 수 있다.

하이퍼미디어는 기계가 이해할 수 있으므로 사용자들은 표준 라이브러리를 사용하여 이를 관리할 수 있다. 이는 사용자들이 여러분이 작성한 설명서를 잘못 이해할 가능성을 제거한다. 또한 하이퍼미디어는 런타임에 제공되기에 클라이언트를 망가트리지 않고 이 제어를 변경할 수 있는 여유가 있다. 이는 동일한 정보가 API 문서에서 유지되고 있을 때 할 수 없었던 것이다.

다시 말하지만 아름답게 보이는 URL에는 잘못된 것이 없다. 아름답게 보이는 URL은 매우 좋다! 하지만 이는 단순히 꾸밈일 뿐이다. 좋아 보인다. 하지만 아무것도 하지 않는다. 아름답게 보이는 이 URL들이 갑자기 임의로 생성된 URL로 변경되더라도 API 클라이언트는 계속 동작해야만 한다.

표준 이름이 직접 지은 이름보다 낫다

애플리케이션 의미 체계가 '사람의 이름'을 포함한다고 해 보자. 이를 1단계에서 적었을 것이고 계층도에 맞도록 하고 데이터베이스 스키마나 데이터 모델에 있는 해당하는 필드에 기반을 두고 임시로 이름을 지을 것이다. 아마도 first_name, firstname, first-name, fn, first name, first, fname, given_name 같은 것들 중 하나일 것이다. 1단계에서 이렇게 하는 것은 괜찮다. 하지만 3단계에서 보면 사람 이름을 묘사하는 기존 프로파일이 많고 이 중 하나를 채택하게 될 것이다.

1단계에서 정한 이름을 사용할 수도 있다. 하지만 이 API를 여러분 스스로를 위해 만들고 있는 것이 아니다. 사용자들을 위해 만들고 있는 것이다.[2] 사용자들이 해 왔던 것을 보면 사용자들은 수많은 다른 API를 사용할 것이고 같은 것에 대해 아주 조금씩 다른 스무 가지가 넘는 이름을 배우지 않는 것이 그들에게 이득일 것이다. 단기적으로 사용자들은 API의 내부 구조가 어떻게 되어 있는지에 대해 공부할 필요가 없어야 이득을 볼 것이다. 여러분의 이득 또한 있다. 애플리케이션 의미 체계에서 공통의 데이터에 대해 표준 이름을 채택함으로써 API를 변경하지 않고 내부 이름들을 변경할 수 있다.

하지만 어떤 프로파일을 선택할 것인가? hCard 표준은 사람 이름을 위한 의미 체계 서술자는 given-name이라고 정의한다. xCard 표준은 간단하게 given이라고 한다. FOAF 표준은 givenName이라고 한다. 하지만 레거시 데이터를 해석할 때는

---

2 여러분만을 위한 API라면 무엇이든 원하는 대로 하자.

firstName을 사용할 수도 있다. schema.org의 Person은 givenName만 사용한다. 이것들은 잘 정의된 훌륭한 표준들이지만 서로 충돌하는 부분이 있다.

이는 짜증나는 부분이지만 상황을 더 나쁘게 만드는 새로운 이름들을 더 만들 이유는 없다. API 애플리케이션 의미 체계에 전반적으로 잘 맞는 어느 것이든 프로파일 하나를 선택하자. 그리고 이 프로파일이 정의하는 이름을 사용하자.

이러한 표준을 책임지는 사람들은 여러분은 아마도 고려해 보지 않았을 개념적인 어려움을 피하기 위한 단계들을 밟았다. 예를 들어, 'first name'은 정확한 용어가 아니다. 서양 문화에서는 성보다 이름이 먼저 나온다. 다른 문화에서는 가족의 성이 먼저 오는 경우도 있다. 16대 대한민국 대통령은 Roh Moo-hyun으로, 'first name'이 Moo-hyun이다. 이것이 givenname이 의미 체계 서술자로서 firstname보다 더 나은 이유다.[3]

영어가 모국어라면 아마 이를 고려하지 않았을 것이다. 그리고 데이터베이스 스키마가 firstname이라는 필드를 가지고 있다 하더라도 큰 문제가 되진 않는다. 하지만 데이터를 전 세계로 보내기 시작할 때 어떻게 그 데이터를 표현하느냐에 꽤 문제가 있을 수 있다.

hCard, xCard, FOAF, schema.org의 Person을 설계한 사람들은 이를 고려하였다. 이름을 지을 때 발생하는 까다로운 문제를 고려하는 것도 그들의 일 중 하나다. 이것이 모든 표준이 의미 체계 서술자를 위한 기반으로 'given name' 용어를 사용하는 이유다. 이는 FOAF가 fisrtName을 오래된 데이터 해석에만 사용하라고 말하는 이유이기도 하다. 문화적 민감도, 정확도 등을 고려한다면 존재하는 프로파일 중 가장 유명한 것을 따르는 것이 좋다. 가능한 한 여기에 맞춤으로써 이름 짓는 작업을 해야 하는 횟수를 줄일 수 있다.

미디어 유형을 설계해야 한다면

새로운 미디어 유형의 이점은 클라이언트가 여러분의 문서를 어떻게 처리할지에 대해 완전히 제어할 수 있다는 것이다. XML이나 JSON, HTML 같은 것을 기반으로 API를 만들지 않아도 된다. 완전히 새로운 바이너리 파일 형식을 선언할 수 있고 이

---

3 'given name'은 유아 세례의 일부로 주어지는 이름으로서 'christian name'(세례명)으로 불렸다. 이 용어는 가톨릭 유럽 문화의 산물이다. 세계의 모든 사람들이 이 세례식을 하진 않기에 좀 더 일반적인 용어로 변경하였다. 그리고 다시 또 변경하였다.

를 어떻게 제어할지 바이트별로 설명할 수 있다. 애플리케이션 의미 체계를 반영하는 프로파일을 찾아다닐 필요도 없다. 무엇을 하든 그냥 진행하면 된다.

많은 단체들이 내부적인 사용을 위해 설계하고 형식을 갖춰서 설명하지 않은 XML(또는 JSON)에 기반을 둔 파일 형식을 가지고 있다. 외부에서 유용하도록 이러한 유형들을 도메인 특화 하이퍼미디어 유형으로 변환하는 것은 어렵지 않다.[4] 이러한 작업은 정식 명세서를 작성하는 작업이다. 미디어 유형은 반드시 완전하고 모호함이 없는 처리 설명서가 포함되어야 한다.

단일 API를 위해 다섯 개 또는 열 개의 미디어 유형을 정의하고 있음을 깨닫는다면, 좋지 않은 신호다. 이 대신에 일반적인 하이퍼미디어 유형을 사용하거나 하나의 새로운 미디어 유형 하나를 정의하고 미디어 유형에 ALPS 문서(또는 다른 프로파일 형식)를 적용하는 몇 가지 규칙을 같이 정의해야 한다. 다섯 개 또는 열 개의 다른 서술자들은 다섯 개 또는 열 개의 프로파일이 될 수 있다.

모든 새로운 미디어 유형은 이름이 필요하고 RFC 6838은 어떻게 이름을 정하는지 설명한다. 아마도 application/vnd.yourcompany.type-name 같은 이름을 지을 것이다. JSON이나 XML에 기반을 둔 미디어 유형은 예를 들어 vnd.amundsen.application/maze+xml 같은 식으로 +json이나 +xml 접미사가 있어야 한다.

외부 사람들이 여러분이 만든 미디어 유형을 사용하기 위해 문서들을 돌려보길 바란다면 이 문서들을 어떻게 처리할지도 알려주어야 한다. 이것은 미디어 유형을 IANA에 등록함을 의미한다.

등록은 상당히 형식적인 절차로 RFC 6838의 4절과 5절에 설명되어 있다. 기본적으로 어디에서 미디어 유형을 찾는지, 이 미디어 유형이 어떤 특별한 보안 문제를 일으키는지 등에 대해 IANA(또한 미디어 유형을 사용할 모두에게)에 알려주는 것이다. 등록 양식(http://www.iana.org/form/media-types)을 작성하여 미디어 유형을 등록할 수 있다.

다음은 등록 양식을 작성할 때 고려해야 하는 것들이다.

- "미디어 유형을 위한 영구적이고 쉽게 볼 수 있는 공개 명세서"가 있어야만 한다. 충분히 자세하게 미디어 유형 형식을 설명해야 한다. 그래서 누군가가 명세서에 있는 정보만을 사용하여 미디어 유형의 데이터 형식을 위한 분석기를 작

---

4 하지만 JSON 형식을 히드라 형식(12장에서 설명할 것이다)으로 변경하는 것 또한 어렵지 않다.

성할 수 있어야 한다.

아마도 API 문서의 일부로 "쉽게 볼 수 있는" 미디어 유형 정의를 만들려고 계획했을 것이다. 하지만 IANA는 예상했던 것보다 더 많은 작업을 해야 하는 상세한 단계를 원한다. 여러분에 대해 한 번도 들어본 적이 없거나 여러분의 API를 사용해 본 적이 없는 사람들이 여러분의 웹 사이트로 갈 것이고 여러분의 명세서를 읽을 것이기 때문에 이러한 사람들이 여러분이 정의한 형식에 맞춰 그들의 문서를 생성할 수 있어야 한다. 이러한 이유로 미디어 유형을 등록할 때 이 작업이 필요하다.

- 미디어 유형에서 문서들을 다룰 때 연관된 보안 문제들은 모두 언급해야 한다. 문서가 실행 가능한 코드를 포함할 수 있다면 이는 특히 더 중요하다.
  RFC 6838은 여기에서 고려할 수 있는 기본적인 체크리스트를 가지고 있다. 미디어 유형이 JSON을 기반으로 한다면 RFC 4627의 6절도 참조해야 한다. 이는 JSON 자체에 관련된 보안 문제들을 설명한다.

- 미디어 유형이 XML에 기반을 둔다면, RFC 3023의 7.1에서 설명하는 몇 가지 특별한 작업을 해야 한다. 이 작업들은 XML 특정 조항을 IANA 등록 제출 시 추가하는 것과 관련되어 있다.

- 미디어 유형이 XML에 기반을 두고 있지 않다면 데이터가 어떻게 나타나는지 명시해야 한다. 일반적으로 답은 '바이너리'가 될 것이다. JSON에 기반을 둔 미디어 유형이라면 RFC 4627인 JSON 표준을 참조할 수 있다. 또는 그냥 '바이너리'라고 말할 수 있다. XML에 기반을 둔 미디어 유형이라면 RFC 3023의 조항이 이 부분을 담당한다.

- 아마도 미디어 유형을 위한 profile 매개 변수를 정의해야만 할 것이다. 그래야 클라이언트가 Content-Type 헤더를 사용하여 특정 profile을 요청할 수 있다 (이 방법을 8장에서 소개했다). 이는 RFC 6838의 내용은 아니고 내 의견이다. 미디어 유형이 profile 매개 변수를 받도록 하고 RFC 6906에 따라 그 값은 프로파일의 URI로 지정할 수 있다.

이를 제출하기 전에 커뮤니티로부터 조언을 얻고 싶다면 여러분이 만든 것을 이메일 메시지로 media-types@iana.org로 보낸다. 간단한 예제를 보고 싶다면 Maze+XML 미디어 유형을 승인한 등록 예제(http://www.iana.org/assignments/

media-types/application/vnd.amundsen.maze+xml)를 확인한다.

원하지 않는다면 미디어 유형을 IANA에 등록하지 않아도 된다. 등록하지 않기로 했다면 (상업 프로젝트에서 아마도 여러분이 사용할) vnd. 접두사를 사용하거나 또는 (개인적인 프로젝트나 실험적인 작업에서는) prs. 접두사를 사용할 수 있다. 하지만 미디어 유형이 일반적으로 보편화된다면 등록해야 할 것이다. application/vnd. ms-powerpoint 같은 수백 가지 특정 벤더 미디어 유형은 IANA에 등록되어 있다.

API를 변경해야 할 때

오늘날 API 커뮤니티에서 가장 뜨거운 주제 중 하나는 바로 API 버전 관리다. 이는 정말 거대한 문제다. API를 공개한 대부분의 회사들은 초기 릴리스 이후에 API를 절대 변경하지 않는다. 그렇게 할 수 없다.

솔직히 말하면, 그 회사들은 하이퍼미디어 제약들을 무시했기 때문에 그렇게 할 수 없다. 대부분의 API는 그들의 프로토콜과 애플리케이션 의미 체계를 사람이 이해할 수 있는 문서로 집어넣었다. 이러한 API 사용자들은 해당 문서에 기반을 두고 클라이언트 소프트웨어들을 작성한다. 이제 API 제공자들은 곤경에 빠졌다. 문서를 변경할 수는 있지만 그렇게 하는 것이 모든 클라이언트를 자동으로 변경해 주진 않는다. 사용자들이 어떤 설계 변경이든 거부할 권리를 갖게 되었다.

하지만 하이퍼미디어 문서 변경은 해당 문서를 받는 모든 클라이언트의 행동을 변경한다. 이것이 모든 사람의 웹 브라우저를 망가뜨리지 않고 웹 사이트 전체를 다시 설계할 수 있는 이유다. 웹 사이트는 웹 사이트가 제공하는 표현들에 모든 것이 포함되어 있다. 사람이 이해할 수 있는 문서에 추가적으로 숨겨진 것은 아무것도 없다.

이것이 내가 이 책에서 한 많은 제안들, 즉 처음에는 잘난 척하고 트집 잡는 것처럼 보일 수도 있었을 제안들이 성과를 보이기 시작하는 지점이다. 내 주된 목표 중 하나는 여러분의 API에서 사람이 이해할 수 있는 문서의 양을 줄이는 것이다. 사람이 이해할 수 있는 문서가 오해를 일으킬 수 있기 때문만이 아니다. 사람이 이해할 수 있는 문서의 일부분을 변경하면 이 문서에 기반을 둔 모든 코드에서 이에 대응하는 변경을 요하기 때문이다.

API의 의미 체계를 사람이 이해할 수 있는 문서에서 하이퍼미디어 문서로 변경하면 여러분의 API가 변화를 맞이했을 때 더 견고해진다. 좋은 하이퍼미디어 포맷을 선택하면 기존 클라이언트에 영향을 주지 않고 API로 새로운 리소스와 상태 전이를 추가할 수 있다. 프로토콜 의미 체계를 변경할 수 있는 여유도 생길 것이다.

이상적으로는 API를 다시 설계하는 것은 웹 사이트를 다시 설계하는 것만큼 쉬울 것이다. 의미 체계 사이에 차이를 완전히 연결할 수 없는 몇 가지 이유 때문에 우리는 아마도 그렇게 할 순 없을 것이다. 새로운 필수 항목을 상태 전이에 추가해야 한다면 새로운 의미 체계 서술자를 기계가 이해할 수 있는 프로파일로 추가할 수 있지만 의미 체계 서술자의 설명은 여전히 사람이 해석해야만 한다. 완전히 자동화된 클라이언트는 "required_field를 위한 값을 제공하지 않았습니다"라는 에러 메시지를 아마 이해할 수 있을지도 모른다. 하지만 완전히 자동화된 클라이언트도 required_field를 위해 어떤 값을 보내야 하는지는 모를 것이다.

POST 대신 PUT을 사용하도록 하이퍼미디어 제어를 변경하는 것처럼 이상적인 클라이언트가 적응해야 하는 변화이지만 실제 클라이언트들을 망가뜨릴 수 있는 변화도 있다. 하지만 종합적으로 기계가 이해할 수 있는 용어로 되어 있다면 의미 체계의 변경을 더 성공적으로 할 수 있을 것이다.

리소스를 변경하고 클라이언트가 자동으로 이 변경에 적응할 수 없다면 어느 정도의 시간 동안 사실상 두 개의 다른 리소스, 즉 이전 리소스와 새 리소스를 다른 애플리케이션이나 프로토콜 의미 체계로 게시해야 한다. 이를 위한 세 가지 전략이 있다.

URL 공간 분리

가장 일반적으로 버전을 만드는 방법으로 전체 API를 두 집합의 API로 분리하는 것이다. 때로 이 두 API들은 http://api-v1.example.com/과 http://api-v2.example.com/ 같이 다른 광고판 URL을 갖는다.

때로 광고판 URL이 하나뿐이지만 광고판 표현은 하이퍼미디어를 사용해 클라이언트가 두 버전 중 하나를 선택할 수 있도록 한다.

```
<ul>
<li><a class="v1" href="/v1/">Version 1</a></li>
<li><a class="v2" href="/v2/">Version 2</a></li>
</ul>
```

여기에서 버전 번호는 의미 체계 서술자다. v2가 뭔지 모르는 클라이언트는 해당 링크를 따라가지 않을 것이다.

/v1 아래에 있는 표현들은 /v1 아래에 있는 리소스들로만 연결되기 때문에 공간을 분리하면 잘 동작한다. 두 버전의 API는 잠재적으로 같은 코드를 사용하겠지만 이 API들은 완전히 다른 애플리케이션 의미 체계를 가질 수 있다. 클라이언트들이 어느 하나만을 완전히 독립적으로 사용할 것이기 때문이다.

미디어 유형의 버전 만들기

애플리케이션을 위해 도메인 특화 미디어 유형을 정의하였다면 version 매개 변수를 넣을 수 있다. 그러면 클라이언트는 하나의 버전이나 또는 다른 버전을 요청하기 위해 콘텐트 협상(10장 참조)을 사용할 수 있다.

```
Accept: application/vnd.myapi.document?version=2
```

우선 도메인 특화 미디어 유형을 정의해야만 한다고 생각하지 않지만, 만약 그렇게 했다고 하더라도 이 방식은 좋은 생각이 아니다. 미디어 유형은 API가 아니다. 여기에 사고 실험을 하나 해 보자. 다른 회사가 그들만의, 상관없는 API에 여러분의 미디어 유형을 사용할 수 있을까? 여러분의 명목 표준과의 호환성 말고 그렇게 함으로써 얻는 이득이 있을까? 누군가가 여러분의 미디어 유형을 받아들일 만한 뭔가 끌리는 이유가 없다면 API의 너무 많은 부분을 미디어 유형 정의에 넣은 것이다.

Maze+XML이 하는 방식대로 API 프로토콜, 애플리케이션 의미 체계의 모든 것을 미디어 유형이 정의했는가? 만약 그랬다면, version 매개 변수를 추가하는 것으로 버전을 관리할 수 있다. 정의에 따라, 의미 체계 변경은 미디어 유형 변경을 의미한다. 하지만 미디어 유형 정의 외에 다른 사람이 이해할 수 있는 문서나 프로파일을 유지한다면 미디어 유형 정의 변경 없이 API를 변경하는 일을 언젠가 하게 될 것이다. 그러면 문제가 생길 것이다. version 속성이 정말로 무엇에 적용되는 것인가? 미디어 유형인가? 아니면 API에 적용되는 것인가?

표준화된 미디어 유형은 이를 하지 않는다. HTML 5는 HTML 4와 매우 다르지만 이 두 가지는 모두 text/html로 제공된다. HTML 5는 HTML 4와 하위 호환성을 가지고 있다.[5]

---

5 1995년도의 HTML 버전 3.0은 사실 지금의 API가 하고 있는 것을 하였다. version 매개 변수를 넣고 HTML

프로파일 버전 만들기

나는 표준화된 미디어 유형을 기초로 API를 만들라고 추천했다. 그리고 당연히 다른 누군가의 미디어 유형으로 새 버전은 만들 수 없다. 하지만 또한 기계가 이해할 수 있는 프로파일로 애플리케이션 의미 체계를 정의하라고 추천했고 새로운 버전의 프로파일을 선언할 수 있다.

여러분의 프로파일은 애플리케이션의 일부를 변경할 때 (하이퍼미디어로 설명해) 클라이언트가 적응할 수 있는 부분과 (사람이 이해할 수 있는 텍스트로 설명했기에) 클라이언트를 망가뜨릴 부분을 깔끔하게 분리한다. 두 가지 프로파일을 유지하는 것은 두 종류의 애플리케이션 의미 체계를 유지하도록 한다. 클라이언트는 하나의 프로파일이나 다른 프로파일을 요청하기 위해 Link 헤더를 사용할 수 있다. 또는 만약 미디어 유형이 profile 매개 변수를 지원한다면 클라이언트는 Content-Type 헤더를 사용해 보통의 콘텐트 협상을 할 수 있다.

버전 만들기는 특별하지 않다

API에 버전을 두는 것은 많은 주의를 필요로 한다. 하이퍼미디어 제약 조건을 무시하는 API의 경우 문제가 더 심각해지기 때문이다. 하지만 이는 단지 하이퍼미디어가 드러내는 일반적인 문제의 한 예다. 애플리케이션의 일부를 변경할 때 (하이퍼미디어로 설명해) 클라이언트가 적응할 수 있는 부분과 (사람이 이해할 수 있는 텍스트로 설명했기에) 클라이언트를 망가뜨릴 부분을 깔끔하게 분리한다. 클라이언트가 표현을 갖고 나면 클라이언트가 해당 표현이 의미하는 바가 무엇인지 어떻게 알 수 있을까? 앞에서 알려주었던 기법들은 서버가 클라이언트에게 여러 표현 중 하나를 선택하게 하는 경우 일반적으로 사용하는 기법들이었다.

서버는 두 개의 다른 URL에 링크를 줄 수 있고, 클라이언트는 애플리케이션 의미 체계의 이해를 기반으로 링크를 선택할 수 있다. 두 개의 URL이 완전히 다른 리소스들을 가리키고 있든지 또는 단일 리소스에 v1와 v2 버전을 갖고 있든지 마찬가지다.

단일 리소스는 다른 미디어 유형의 표현을 가질 수도 있다. 클라이언트는 하이퍼미디어나 콘텐트 협상을 사용하여(Accept 헤더를 이용, 11장 참조) 클라이언트가

문서가 text/html;version=3.0으로 제공하기를 추천했다. 이는 HTML 4에서 제거되었다. 하위 호환성은 더 나아졌다.

원하는 표현을 선택할 수 있다. 미디어 유형이 완전히 다르든지(Collection+JSON과 HTML) 아니면 version 매개 변수로만 달라지든지 마찬가지다. version 매개 변수는 좋은 방법이 아니라 생각하지만, 이를 사용한다면 완전히 다른 두 개의 미디어 유형을 사용한 것과 같은 방법으로 동작할 것이다.

서로 다른 프로파일들이 단일 리소스를 설명할 수도 있고 클라이언트는 이것들 중 원하는 프로파일을 선택하기 위해 콘텐트 협상이나 하이퍼미디어를 사용할 수 있다. 같은 것에 대해 다른 프로파일을 사용하였든지(hCard와 schema.org Person의 경우) 아니면 단일 API에 'v1'과 'v2'를 두었든지 역시 마찬가지다.

수명이 있는 계획을 만든다

버전을 넣는 것은 기술적인 문제가 아니다. 이는 여러분 사용자들과 관계의 측면이다. 사소한 변경으로 모든 이의 클라이언트 소프트웨어를 망가뜨리고 싶진 않을 것이다. 그래서 사람이 이해할 수 있는 문서보다는 기계가 이해할 수 있는 하이퍼미디어를 사용하여 가능한 한 많은 변경점을 설명해야 한다. 하위 호환성을 망가뜨리는 방향으로 리소스의 의미 체계를 변경해야만 한다면 새로운 클라이언트들이 사용할 수 있도록 리소스의 두 번째 버전을 생성한다. 두 번째 버전은 다른 URL이나 다른 미디어 유형, 또는 무엇이든 다른 무언가로 확인될 수 있다. 수정되지 않은 클라이언트는 이전 버전을 여전히 이용할 수 있다.

결국은 이전 버전을 없애고 싶을 것이다. 어찌 되었건 이전 기능이 좋았었다면 이를 바꾸지 않았을 것이다. 다시 말하지만 여기엔 기술적인 해법은 없다. 문제는 사용자들과 여러분의 관계 문제다. API 중 한 버전의 지원을 중단해야 할 때 클라이언트가 지원이 중단된 API를 얼마 동안 사용할 수 있을지에 대한 계획을 세워야 한다.

API를 게시할 때 어느 기간만큼은 유효할 거라는 일정 수준의 약속을 포함해야 한다. 유효 기간을 정해 지원할 수도 있고("우리는 이 API를 다음 5년 동안 지원할 것이다") 또는 통지하는 방식의 지원을 할 수도 있다("우리는 API 지원을 멈추기 1년 전에 이를 알려줄 것이다"). 또한 이에 대해 웹 페이지나 메일링 리스트를 통해 대화 채널을 갖고 있어야 한다.

하위 호환성을 깨트리는 API 변경을 하고 싶을 때 내가 과거에 잘 이용했던 방법은 다음과 같다.

1. 현재 버전은 '지원이 중단되었음'을 알린다. 여전히 잘 동작하지만 더 이상 현재 버전이 아닌 것이 된다. 이러한 목적으로 만들어 두었던 대화 채널에 이를 공지한다. 문서와 튜토리얼을 갱신하여 새로운 개발자들이 지원이 중단된 API가 아니라 현재 지원되는 API로 작업할 수 있도록 한다.

2. 잠시 후, 대화 채널을 사용하여 '지원이 중단'된 API의 버그 수정은 더 이상 없음을 알린다. 그리고 새로운 API를 사용하도록 알려준다.

3. 버그 수정을 하지 않는 기간이 좀 지난 후에 '지원이 중단'된 API를 제거할 것이라는 마지막 기한을 알린다.

4. 마지막 기한이 지난 후에도 약간의 유예 기간을 주어야겠지만 마지막 기한 이후 어느 시점에서 이전 API는 모두 제거한다. 요청에 대한 결과로 HTML 엔티티 바디에 이는 제거된 API이며 현재 버전의 API로 링크를 포함한 설명과 HTTP 상태 코드는 410(Gone)이 되어야 한다.

얼마나 빨리 이 단계들을 진행할 수 있는지는 사용자 수가 얼마나 되는지, 그리고 커뮤니티가 변화할 수 있는 평균 속도가 어느 정도인지에 달려 있다. 은행 API를 변경하는 것은 아마 상당히 오래 걸리겠지만 마이크로블로깅 API를 변경하는 것은 훨씬 빨리 진행할 수 있을 것이다.

이 과정은 즐거워 보이지 않는다. 정말 괴로운 일이다. 하지만 이것이 여러분이 제어할 수 없는 이미 배포된 클라이언트들을 망가뜨리지 않고 새로운 서버 소프트웨어를 배포할 수 있는 방법이다. 이것이 하이퍼미디어가 중요한 이유다. 프로토콜과 애플리케이션 의미 체계를 기계가 이해할 수 있는 형태로 더 많이 만듦으로써 API를 변경해야만 할 때 이러한 느리고 부담이 되는 과정을 더 줄일 수 있다.

한곳에 모든 하이퍼미디어를 유지하지 말라

RESTful API가 아닌 것들의 기능을 정의하는 오래된 방법 중 하나는 서비스 설명 문서였다. 이것은 매우 큰 문서(WSDL 형식으로 작성)로 API 프로토콜과 애플리케이션 의미 체계 서술자들의 완전한 설명을 제공한다. 이 파일은 서버 측 구현에 기반을 둔 API를 다 이해한 도구로 만들어졌다.

사용자들은 서비스 설명 문서를 다운로드할 수 있고 대응하는 클라이언트 구현을 자동으로 생성하기 위해 이를 사용한다. 클라이언트를 사용해 마치 로컬 프로그래밍 언어가 API를 호출한 것처럼 원격 API를 호출하도록 할 수 있었다. 하이퍼미디어나 표현 형식, 또는 HTTP 등 어떠한 것도 알고 있을 필요가 없었다. 그래서 뭔가 서버 측 구현에 변화가 발생하면 모든 것이 망가졌다.

이 설계의 문제점은 API의 서버 측 구현, 기계가 이해할 수 있는 설명, 그리고 그 설명으로부터 생성한 클라이언트 사이에 강한 결속을 만드는 것이다. 서버 측 구현이 변경될 때 기존 클라이언트에 이 변경은 반영되지 않을 것이고 이는 클라이언트가 망가짐을 의미한다.

이제 아마도 API에 대한 WSDL 설명서를 만들 생각은 하지 않고 있을 것이다. 하지만 전통적인 API 문서는 결국 사람이 이해할 수 있는 서비스 설명 문서다. 그것은 API의 애플리케이션 의미 체계와 프로토콜 의미 체계를 설명하는 하나의 큰 파일이다. 사람이 이해할 수 있는 문서는 WSDL 파일보다 사람이 더 이해하기 쉽지만 같은 문제가 있다. 서버 측 구현 변경은 '서비스 문서'의 변경이 따라오지만 이미 배포된 클라이언트에는 적용되지 않는다. 역시 클라이언트는 망가진다.

하이퍼미디어 기반 API는 클라이언트를 망가뜨리지 않고 서버 측을 변경할 수 있는 제한적인 능력이 있다. 하지만 이러한 능력을 자동으로 얻진 않는다. 이를 위해선 무언가 작업을 해야만 한다. 기계가 읽을 수 있는 '서비스 설명 문서'를 HTML로 작성하는 것으로 어느 정도 가능하다. 웹에서 우리는 이를 사이트 맵이라고 부른다. 사이트 맵은 웹 사이트의 프로토콜 의미 체계에 대한 완전한 설명 모두를 하나의 문서에 넣은 것이다. HTML 사이트 맵에 기반을 둔 API 클라이언트를 자동으로 생성할 수 있다. 그리고 서버 측 구현이 변경될 때 업데이트되지 않은 사이트 맵 때문에 클라이언트가 동작하지 않을 것이다.

하이퍼미디어 API를 사용하는 클라이언트가 가능한 모든 상태 전이에 대해 미리 알고 있으리라 기대할 수 없다. 클라이언트는 실행 중에 서버가 나타내는 가능한 다음 단계에 기반을 두고 결정을 할 수 있는 미로 찾기처럼 설계되어야 한다. 그래서 제공되는 각 표현이 현재 애플리케이션과 리소스 상태에 관련된 컨트롤들을 포함하도록 하이퍼미디어 컨트롤들을 분리하라고 추천했다. 이는 클라이언트 개발자들이 하이퍼미디어를 무시할 수 있는 것처럼 행동하는 대신 하이퍼미디어를 고려하도록 강제할 것이다.

이 이야기를 꺼내는 이유는 버튼만 누르면 여러분의 서버 구현을 검사하고 하이퍼미디어 기반 서비스 문서가 설명하는 API를 생성해 주는 도구가 있기 때문이다.

여기에 기술적인 문제는 전혀 없다. 서비스 문서의 하이퍼미디어도 여전히 하이퍼미디어다. 하지만 이는 여러분의 사용자들에게 서비스 문서가 변경되지 않을 것이라는 믿음을 주는 데 도움이 된다. 모든 것은 처음에 괜찮아 보이겠지만 API가 발전해 가면서 여러 문제를 만나게 될 것이다. '하이퍼미디어'란 이름이 붙은 기능 상자에 확인 표시는 했겠지만 하이퍼미디어를 적용한 것에서 오는 이득을 실제론 받지 못할 것이다.

어느 하이퍼미디어 유형이든 서비스 문서를 작성하는 데 사용할 수 있겠지만 특별히 안티패턴으로 이끄는 하이퍼미디어 유형 세 가지가 있다. OData, WADL(10장에서 설명할 것이다) 그리고 히드라(12장에서 설명할 것이다). 이에 대해 설명할 때 여기서 미리 경고했던 것을 다시 다루겠다.

기존 API에 하이퍼미디어 추가하기

API를 이미 설계했고 배포했다고 가정하자. 요즘 API의 일반적인 설계로 하이퍼미디어 없이 애드혹 JSON이나 XML 표현을 제공하는 명목 표준이다.

```
{
  "name": "Jennifer Gallegos",
  "baby": "1987-08-25"
}
```

내가 이 책에서 주장한 수준의 품질까지 기존에 배포된 클라이언트에 영향 없이 API를 향상시킬 수 있다. JSON 기반 API를 수정하기 위해 앞에서 나열했던 7단계 과정의 수정된 버전이다.

1. 모든 표현을 문서화한다. 각각은 의미 체계 서술자를 포함할 것이다. 이를 변경할 수 없지만 새로운 것을 추가할 수는 있어야 한다.
2. API를 위한 상태 다이어그램을 그린다. 다이어그램 상자는 존재하는 표현을 의미한다. 대부분의 기존 API는 하이퍼미디어 연결을 갖고 있지 않기 때문에 아마도 상태 전이는 하나도 없을 것이다. 이제 추가할 때가 되었다. 화살표를 사용하여 표현들을 잘 연결하도록 한다. 화살표의 이름은 연결 관계다.
   여기에서 몇 가지 의미 체계 서술자는 실제로 연결 관계였음을 알게 될 수도 있다.

```
{ "homepage": "http://example.com" }
```

이를 연결 관계로 바꿀 수 있지만 다음 단계에서 이름을 변경하지 않도록 주의하자.

3. 1단계에서 작성한 어떠한 것의 이름도 변경할 수 없다. 이름을 변경하면 이미 배포한 클라이언트들이 동작하지 않기 때문이다. 하지만 2단계에서 만든 연결 관계를 살펴보고 연결 관계의 이름들이 IANA와 다른 잘 알려진 곳으로부터 온 것인지 확실히 한다.

4. 배포된 클라이언트 때문에 미디어 유형을 변경할 수 없다. 미디어 유형은 계속 application/json을 유지할 것이다(또는 이미 결정되어 있던 무엇이든 계속 유지한다).

5. 미디어 유형을 변경할 수 없기 때문에 모든 애플리케이션 의미 체계와 프로토콜 의미 체계는 다른 어딘가에 반드시 정의되어 있어야 한다. ALPS 프로파일이나 JSON-LD 문맥을 사용하는 두 가지 선택이 있다.

   2단계에서 불안전한 연결 관계를 만들었다면 가장 좋은 선택은 히드라와 함께 사용하는 JSON-LD다(12장 참조). API 호출에 관한 사람이 이해할 수 있는 설명서를 모두 모아 이를 기계가 이해할 수 있는 히드라 연산자로 변경할 수 있어야 한다.

6. 이미 대부분의 코드가 작성되어 있을 것이다. 적절한 연결을 제공함으로써 각 표현을 확장하는 일만 남았다.

7. 광고판 URL은 이전과 같을 것이다. API가 별개의 API 호출 그룹이었기 때문에 이전에 만들지 않았다면 홈페이지처럼 동작하는 새로운 리소스를 만들 수 있다. 알겠지만 오로지 하이퍼미디어를 인식하는 클라이언트만 이에 접근할 수 있다.

XML 기반 API 수정하기

XML 표현을 제공하는 API를 위한 방법도 비슷하다. XML 문서에 하이퍼미디어 제어를 추가하기 위해 XLink와 XForm(12장 참조)을 사용할 수 있다.

2단계에서 의미 체계 서술자들 중 하나가 다음 homepage와 같이 연결 관계로서 더 말이 되는지를 찾을 때

```
<homepage>http://example.com/</homepage>
```

이를 연결 관계로 변경할 수 없다. 그렇게 하면 기존 클라이언트가 망가질 것이다. 중복을 추가해야 한다. 이 예제는 homepage를 연결 관계(xlink:arcrole)와 의미 체계 서술자 모두로 사용하기 위해 XLink를 사용하는 예다.

```
<homepage xlink:href="http://example.com" xlink:arcrole="homepage">
 http://example.com/
</homepage>
```

5단계에서도 문제가 있을 수도 있다. XML 문서에 JSON-LD를 사용할 수 없지만 ALPS 프로파일을 작성할 수는 있을 것이다. 다른 모든 방법으로 되지 않는다면 현재 API 문서에 기반을 둔 사람이 이해할 수 있는 프로파일에 의존할 수 있다.

이런 수고를 할 가치가 있는가?

하이퍼미디어를 무시하는 API를 하이퍼미디어를 완전히 이용하는 API로 변경하는 것은 기술적으로 가능하지만 여기에서 얻을 수 있는 이득은 단지 만족감뿐일 것이다. 문제는 이전 API들을 이용하는 클라이언트들이 있다는 것이다. 이것이 이전 API를 갈아엎고 새로운 API를 처음부터 설계할 수 없는 이유다. 기존 클라이언트들은 하이퍼미디어로부터 오는 유연함이 없으므로 이를 새로운 API로 이주하는 것은 매우 힘든 일이기 때문이다. 그리고 왜 새로운 API를 배우도록 사용자들을 귀찮게 하는가? 사용자들은 이미 동작하는 스크립트들을 갖고 있다.

  아무튼 API를 변경하려는 계획을 했다면 프로파일과 하이퍼미디어 제어들로 개선하여 다음에 변경할 때는 더 쉽게 할 수 있도록 한다. 하지만 기존 API에 하이퍼미디어를 추가하는 것은 기존 API가 가진 어느 문제점도 해결하진 않을 것이다.

앨리스의 두 번째 모험

1장에서 홈페이지의 URL을 알리기 위해 광고판을 사용하는 웹 사이트에 대해 이야기했다. 가상 캐릭터인 앨리스가 그 URL을 자신의 웹 브라우저에 입력하고 사이트의 기능을 점차 발견해 가는 이야기를 설명했다.

  이 이야기는 상당히 재미없었다. 단순히 월드 와이드 웹이 어떻게 동작해야 하는지 보여주기 위한 것이기 때문이었다. 하지만 이제 나는 HTTP 프로토콜을 사용한다는 것을 제외하면 웹과는 공통점이 없는 API에 대해 비슷한 이야기를 말하려 한다.

이전의 내 이야기처럼 URL 하나로 이야기는 시작된다. API를 위한 광고판 URL이다.

```
https://www.example.com/
```

(1장에 있는 웹 사이트와 2장에 있는 API와는 달리 호스트 이름에서 알 수 있는 것처럼 이 API는 완전히 가상의 것이다.)

에피소드 1: 말도 안 되는 표현

어둡고 폭풍이 치는 밤이다. HTTP 클라이언트는 GET 요청을 만든다.

```
GET / HTTP/1.1
Host: www.example.com
```

누군가가 이 클라이언트를 조종하고 있다. 이는 1장의 가상 캐릭터인 앨리스다. 하지만 이번에 그녀는 웹 브라우저를 사용하고 있지 않다. 그녀는 새 API의 기능들을 살펴볼 수 있는 프로그래밍 가능한 HTTP 클라이언트를 사용하고 있다. 그래픽으로 표현들을 표시할 웹 브라우저가 없어서 앨리스는 이 API가 무엇을 하는지 이해하기가 힘들 수도 있지만 결국엔 무엇을 하는지 알아낼 수 있을 것이다.

서버는 표현을 다시 돌려주고 앨리스는 이것을 관찰한다.

```
200 OK HTTP/1.1
Content-Type: application/vnd.myapi.qbit
''
===1 wkmje
<{data} {name:"qbe"} 1005>
<{link} {tab:"profile"} "https://www.example.com/The-Metric-System-
And-You">
<{link} {tab:"search"} "https://www.example.com/sosuy{?ebddt}">
===2 qmdk
<{link} {tab:"gyth"} "https://www.example.com/click%20here%20for%20
prizes">
<{data} {name:"ebddt"} "Zerde">
<{data} {name:"gioi"} "Snup">
```

"이게 대체 뭐야?" 앨리스가 말했다. "XML도 아니고 JSON도 아니네. qbe 같은 이상한 문자열로 가득 차 있고 URL도 1970년대 교육 영화 같은 URL을 갖고 있네."

앨리스의 유일한 단서는 Content-Type 헤더다. 이 헤더는 데이터 유형이 application/vnd.myapi.qbit이라 불리는 무언가임을 알려준다. 오갈 데 없는 앨리스는 IANA 등록부의 미디어 유형에서 application/vnd.myapi.qbit을 찾아본다. 그러자 그녀가 보고 있는 XML도 아닌, JSON도 아닌 데이터 유형을 설명하는 한 회사 웹 사이트로 안내된다. 이 웹 사이트는 또한 이 파일 형식을 분석하기 위한 몇 가지 코드 라이브러리도 제공한다. 이 도구를 사용하여 앨리스는 프로그래밍 가능한 HTTP 클라이언트를 확장하여 이 알 수 없는 데이터를 유용한 데이터 구조로 변환할 수 있다.

이제 앨리스는 몇 가지를 알아냈다. 그녀는 문서가 두 절로 이루어져 있음을 알게 되었다. 하나는 wkmje라 불리고 다른 하나는 qmdk라 불린다. 이 문서는 세 개의 의미 체계 서술자(gioi, ebddt, qbe)를 포함하고 있고 세 개의 하이퍼미디어 제어(두 개의 연결과 하나의 URI 템플릿)를 포함한다. 몇 가지 이상한 이유로 이 미디어 유형은 연결 관계를 'tab'이라 부른다. 'tab'은 세 개의 하이퍼미디어 제어들이 연결 관계인 profile, search, gyth를 가지고 있음을 의미한다.

하지만 앨리스는 wkmje와 qmdk가 무엇을 의미하는지 모른다. 미디어 유형과 함께 정의되지 않은 알 수 없는 단어들이다. 하이퍼미디어 제어들 중 하나는 https://www.example.com/click%20here%20for%20prizes를 가리키지만 URL은 스팸 같아 보이고 연결 관계(gyth)는 IANA에 등록되어 있지 않았기에 앨리스는 무엇이 연결되어 있을지 전혀 알 수 없다.

앨리스는 search 제어가 ebddt라는 변수를 정의하는 URI 템플릿이라는 것을 안다. 하지만 ebddt가 무엇을 의미하는지는 알지 못한다. 연결 관계 search는 IANA에 등록된 것으로 앨리스는 이 정의를 읽어서 검색 폼의 일종이라고 확신한다. ebddt는 아마도 검색 용어일 것이다. ebddt라는 의미 체계 서술자와 함께 무언가를 하는 것인 듯하다. 하지만 ebddt가 무엇을 의미할까?

에피소드 2: 프로파일

모든 질문에 대한 답은 문서의 첫 번째 연결에 있다.

```
<{link} {tab:"profile"} "https://www.example.com/The-Metric-System-
And-You">
```

이 시점에서 앨리스는 이 책의 8장을 읽었다. 그녀는 연결 관계 profile이 IANA에 등록되어 있고 이것이 프로파일 문서를 가리키는 연결임을 알았다. 그녀는 ebddt와 gyth가 뭔지 알 수 있는 프로파일 문서를 볼 수 있기를 희망하며 두 번째 요청을 만든다.

```
GET /The-Metric-System-And-You HTTP/1.1
Host: www.example.com
```

앨리스는 application/vnd.myapi.qbit의 정의를 읽고 이것이 ALPS 프로파일을 표현에 적용하기 위한 규칙들을 포함함을 알게 된다. 그래서 앨리스는 ALPS 프로파일을 기대하지만 사람이 이해할 수 있는 웹 페이지도 유용할 것이다.

요청에 대해 서버는 앨리스에게 ALPS 문서를 보낸다.

```
HTTP/1.1 200 OK
Content-Type: application/vnd.amundsen.alps+xml

<alps version="1.0">
  <doc>
    A searchable database of recipes.
  </doc>

  <descriptor id="wkmje" type="semantic">
    Information about the recipe database as a whole.
    <descriptor href="#qbe">
  </descriptor>

  <descriptor id="qmdk" type="semantic">
    Information about the currently featured recipe.
    <descriptor href="#gyth">
    <descriptor href="#ebddt">
    <descriptor href="#gioi">
  </descriptor>

  <descriptor id="qbe" type="semantic">
    Indicates the total number of recipes in a list.
  </descriptor>

  <descriptor id="gyth" type="safe">
    A link to a recipe.
  </descriptor>

  <descriptor id="ebddt" type="semantic">
    The name of a recipe.
  </descriptor>

  <descriptor id="gioi" type="semantic">
    Whether the recipe meets various dietary restrictions. The value
    "Snup" indicates a vegetarian recipe. The value "5a" indicates
    a recipe that includes meat. Other values are allowed (for
    gluten free, kosher, etc.), but any other value must start with
    the extension prefix "paq-". If two or more values are given,
    they must be separated by the character SNOWMAN, e.g. "Snup☃paq-
```

```
    vegan"
  </descriptor>
  ...
</alps>
```

앨리스는 마음속으로 또는 자동화된 도구를 사용해 ALPS 프로파일을 vnd. myapi.qbit 문서와 합친다. 이제 모든 것이 말이 된다. 이 API는 조리법 데이터베이스다. 표현의 첫 번째 절은 전체 데이터베이스를 설명한다. 이는 조리법 이름(ebddt)과 조리법의 전체 수(qbe)로 검색하는 방법을 포함한다. 두 번째 절은 특별한 조리법(gyth)으로 연결이다. 이는 조리법의 이름(ebddt="Zerde")과 채식주의자를 위한 조리법(gioi="Snup")이라는 사실을 언급한다.

vnd.myapi.qbit 문서와 ALPS 프로파일을 두 미디어 유형 모두를 이해하는 프로그램 안에 합치는 것은 그림 9-12와 같은 GUI가 될 것이다.

그림 9-12. ALPS 프로파일을 사용하는 qbit GUI의 가능한 모습

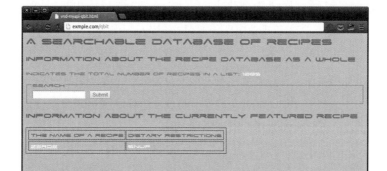

이것은 완전하지 않다. 사람이 읽을 수 있는 설명은 GUI에 사용될 수 있도록 작성되지 않았기에 GUI는 이를 이상하게 보여준다. 하지만 이해할 수 없는 vnd. myapi.qbit 문서 그 자체보다는 훨씬 더 낫다.

프로그래머인 앨리스는 그림 5-3에서 설명했던 클라이언트 종류들을 구현하기 위해 ALPS 프로파일을 사용할 수도 있었다. 다음은 몇 가지 예다.

• 조리법 데이터베이스를 검색하기 위해 사람이 제어하는 클라이언트

- 찾을 수 있는 모든 조리법을 다운로드하는 크롤러
- 채식주의자를 위한 새로운 조리법을 주기적으로 찾는 감시 도구
- 가지고 있는 재료 목록을 이용하여 식단을 짜는 도구. 이 도구는 이미 가지고 있는 재료를 사용하는 조리법을 찾기 위해 조리법 API를 사용한다. 또한 식료 품점의 가격 API를 사용하여 부족한 재료의 가격을 찾도록 결합한다. 이 도구 는 가지고 있는 재료 중 가능한 한 많은 것을 사용하고 추가 비용을 최소화하 는 재료법 목록을 출력한다.

하지만 공교롭게도 앨리스는 조리에는 전혀 관심이 없다. 그녀는 처음에 받은 문 서의 의미를 이해하자 이 괴상한 API의 사용을 멈추고 다시는 사용하지 않았다.

앨리스는 이해했다

이 API를 설계했을 때, API의 목적을 애매하게 할 수 있도록 모든 단계를 밟았다. application/vnd.myapi.qbit을 헷갈리는 미디어 유형으로 만들었다. 나는 일반적인 용어인 rel 대신에 연결 관계에 이름을 붙이기 위해 tab이라는 이상한 용어를 사용 하였다. URL은 오해하게 하는 이름을 사용하였다. 의미 체계 서술자와 연결 관계의 이름을 짓기 위해 무작위로 추출한 문자열을 사용하였다. 조리법이 다른 식단 제약 에 맞는지를 말하기 위해 기괴한 임의의 규칙을 고안했다. 유일하게 유용했던 vnd. myapi.qbit 문서의 사람이 읽을 수 있는 문자열 'Zerde'는 특별한 조리법의 이름이 다.[6] 그리고 일반적으로 이해할 수 있는 API 문서도 없었다. 오로지 광고판 URL뿐 이었다.

이 모든 것에도 불구하고, 앨리스는 어떻게 API가 동작하는지 알아낼 수 있었다. API를 마구 만들었더라도 이 책에서 정해둔 규칙 안에서 만들었기 때문이다. 애매 한 표현 유형의 미디어 유형을 포함하는 Content-Type 헤더를 제공하였다. 앨리스 는 IANA 등록부에서 이를 찾을 수 있었고 이 유형의 제대로 된 설명을 읽을 수 있 었다. vnd.myapi.qbit 문서에서 검색 폼을 설명하기 위해 IANA에 등록된 연결 관계 (search)와 프로파일 문서로 연결하기 위한 또 다른 연결 관계(profile)를 사용하였 다. 프로파일 문서는 기계가 이해할 수 있는 것이었지만 표현이 무엇을 의미하는지

---

6 Zerde는 터키 디저트로 쌀로 만든 푸딩의 일종이다. 이 책의 독자 대부분이 이 단어를 모를 거라 생각하여 이 단어를 선택하였다.

에 대한 사람이 이해할 수 있는 핵심적인 정보를 포함하고 있었다. 앨리스는 이 정보를 찾아 읽고 나서 애플리케이션의 의미 체계를 이해했고 API를 사용하길 원치 않음을 알았다.

당연히 여러분의 사용자들을 위해 API를 어렵게 만들어서는 안 된다. 의미 없는 URL을 사용하거나 임의로 생성한 이름을 연결 관계에 사용해선 안 된다.[7] 이 이야기의 핵심은 기술적인 수준에서는 전혀 상관이 없다는 것이다. 프로파일과 미디어 유형 정의의 조합을 통하여 API의 프로토콜과 애플리케이션 의미 체계가 문서화되어야 함을 확실히 해야 한다. 이 문서를 독립적인 결과물로 여겨서는 안 되고 하이퍼미디어 제어와 연결 관계를 사용한 다른 표현들로부터 연결된 표현으로서 API의 가장 중요한 부분으로 여겨야 한다.

API 표현에서 사람이 이해할 수 있는 연결 관계와 URL은 도움이 되는 힌트다. 간단히 말하면 클라이언트 개발자들이 문서에서 ebcdt를 지속적으로 찾아볼 필요를 없애주는 것이다. 연결 관계와 URL들 자체로는 문서가 아니다. API 그 자체가 문서가 되어야 한다. 이렇게 해야 여러분의 API를 오랜 시간에 걸쳐서 변경할 수 있게 된다.

---

7 API 사용자들이 하이퍼미디어를 고려하지 않은 클라이언트를 만들도록 하는 것이 아니라면 사용해선 안 된다.

10장

하이퍼미디어 동물원

현재 활발히 사용되는 하이퍼미디어 문서 형식은 정말 많다. 몇 가지는 매우 특별한 목적으로 디자인되었다. 이를 이용하는 사람들은 심지어 그것이 하이퍼미디어 유형이라 생각하지 않을 수도 있다. 다른 하이퍼미디어 유형들은 너무 자주 사용되어서 아예 생각조차 하지 않곤 한다. 이번 장에서는 가장 많이 쓰이고 관심받는 하이퍼미디어 유형들을 포함한 '동물원' 교육 관광을 할 것이다.

기술적인 세부 사항에 대해선 자세히 다루지 않을 것이다. 이 형식들 중 어떤 것은 아마도 여러분이 사용하고 싶지 않을 수도 있고 이 책에서 이미 여러 번 다루기도 했다. 많은 형식이 여전히 개발 중이고 이렇게 개발 중인 형식들은 변경될지도 모른다. 이 중 하나에 관심이 있다면 다음 단계는 형식 명세서를 읽는 것이다.

내 목표는 가능한 한 많은 종류의 하이퍼미디어 유형을 알려주는 것이고 이를 표현하기 위한 기본적인 문제에 얼마나 자주 봉착하는지를 보여주는 것이다. 하이퍼미디어 동물원은 형식이 너무나 다양해서 아마도 여러분의 API를 위한 새로운 미디어 유형을 정의할 필요가 없을 것이다. 기존 미디어 유형 중 하나를 골라서 이를 위한 프로파일을 작성하면 된다.

하이퍼미디어에 대한 몇 줄의 소개와 함께 하이퍼미디어 동물원을 구성하였다. 도메인 특화 형식을 위한 절(5장), 주목적이 컬렉션 패턴을 구현하는 것인 형식을 위한 절(6장), 그리고 일반적인 하이퍼미디어를 위한 절(7장)이 있다.

이미 자세히 다루었던 Collection+JSON 같은 형식은 형식에 대해 간단하게 요약하고 앞에서 논의한 내용을 알려줄 것이다. 이번 장에서 다루고 싶지 않은 몇 가지 하이퍼미디어 유형이 있는데 이 책에서 내가 지금까지 말해왔던 것과는 다른 방향으로 REST를 사용하는 것들이기 때문이다. 12장에서 RDF와 그 자손을 다루고 13장에서 CoRE 연결 형식을 다룰 것이다.

도메인 특화 형식

이러한 미디어 유형들은 하나의 특정 도메인에서 문제를 표현하기 위해 디자인되었다. 각각은 매우 구제적인 애플리케이션 의미 체계를 정한다. 그리고 다른 의미 체계를 전달하기 위해 이를 사용할 수 있겠지만 좋지 않은 생각이다.

Maze+XML

- 미디어 유형: application/vnd.amundsen.maze+xml
- 정의된 곳: 개인 표준(http://amundsen.com/media-types/maze/)
- 매체: XML
- 프로토콜 의미 체계: GET 연결을 이용한 탐색
- 애플리케이션 의미 체계: 미로 게임
- 이 책에서 다룬 곳: 5장

Maze+XML은 XML 태그, 미로와 관련된 연결 관계, 미로의 셀, 그리고 이 셀 사이의 연결을 정의한다. 그림 10-1은 프로토콜 의미 체계의 상태 다이어그램을 보여준다.

Maze+XML은 연결 관계를 받고 안전한 상태 전이를 정의하는 〈link〉 태그를 정의한다. 즉, 클라이언트가 GET 요청을 만들 수 있도록 한다. 사용자화된 연결 관계를 가져오거나 추가적인 XML 태그를 정의하여 Maze+XML을 확장할 수도 있다. XML 형식이므로 불안전한 상태 전이를 표현하기 위해 XForms도 사용할 수 있다.

설사 미로 게임을 만든다고 하더라도 Maze+XML을 사용하는 것을 추천하지 않는다. 이는 그냥 단순한 예제일 뿐이고 이번 장에서 어떻게 하이퍼미디어 유형을 설

그림 10-1. Maze+XML의 프로토콜 의미 체계

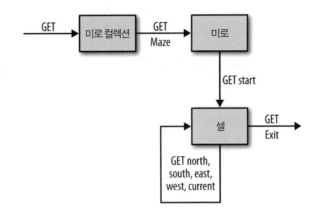

명하는지에 대한 예제로 처음 이를 보여준 것뿐이다.

오픈서치(OpenSearch)

- 미디어 유형: application/opensearchdescription+xml(등록 보류 중)
- 정의된 곳: 협회 표준(http://www.opensearch.org/Specifications/ OpenSearch/1.1)
- 매체: XML
- 프로토콜 의미 체계: GET을 사용한 검색
- 애플리케이션 의미 체계: 검색 쿼리
- 이 책에서 다룬 곳: 6장

오픈서치는 검색 폼을 표현하기 위한 표준이다. 단독으로 사용할 수도 있고 search 연결 관계를 사용하는 다른 API와 함께 사용할 수도 있다. 상태 다이어그램 은 다음과 같다.

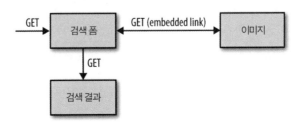

다음은 단순한 오픈서치 표현이다. 오픈서치 폼의 도착점(⟨Url⟩ 태그의 template 속성)은 문자열로 URI 템플릿과 비슷하지만(RFC 6570) 그럼에도 불구하고 URI 템플릿의 모든 기능을 가지고 있진 않다.

```xml
<?xml version="1.0" encoding="UTF-8"?>
<OpenSearchDescription xmlns="http://a9.com/-/spec/opensearch/1.1/">
 <ShortName>Name search</ShortName>
 <Description>Search the database by name</Description>
 <Url type="application/atom+xml" rel="results"
   template="http://example.com/search?q={searchTerms}"/>
</OpenSearchDescription>
```

오픈서치는 검색 결과를 표현하기 위한 방법은 정의하지 않는다. 주요 표현 형식에 맞는 목록 형식을 사용하면 된다.

문제 상세 문서

- 미디어 유형: application/api-problem+json
- 정의된 곳: 인터넷 드래프트 "draft-nottingham-http-problem"
- 매체: JSON(XML로 자동으로 변환되는 규칙과 함께)
- 프로토콜 의미 체계: GET으로 탐색
- 애플리케이션 의미 체계: 오류 보고

문제 상세 문서는 오류 조건을 설명한다. 문제 상세 문서는 구조화되고 사람이 이해할 수 있는 문장을 사용해 사용자화된 의미 체계를 HTTP 상태 코드로 추가한다. 이는 단순한 JSON 형식으로, 오류 메시지를 전달하는 데 사용하는 일회용 형식들을 대체하기 위해 설계되었다.

대부분의 JSON 기반 하이퍼미디어 문서처럼 문제 상세 문서는 JSON 객체의 폼을 받는다. 다음은 HTTP 상태 코드 503(Service Unavailable)과 함께 제공되는 문서다.

```json
{
 "describedBy": "http://example.com/scheduled-maintenance",
 "supportId": "http://example.com/maintenance/outages/20130533",
 "httpStatus" : 503
 "title": "The API is down for scheduled maintenance.",
 "detail": "This outage will last from 02:00 until 04:30 UTC."
}
```

이 프로퍼티들 중 두 개는 하이퍼미디어 연결로서 정의되었다. describedBy 프로퍼티는 사람이 이해할 수 있는 설명의 표현으로의 연결이다.[1]

supportId 프로퍼티는 문제의 이 특정 예를 표현하는 URL이다. 최종 사용자가 이 URL 이외에 다른 것을 찾을 것이라는 기대는 없다. API 지원 직원이 사용하기 위한 내부용 URL이거나 또는 어느 특정한 것을 가리키지 않는 고유한 ID인 URI일 수도 있다.

describedBy와 title 프로퍼티들은 필수 프로퍼티이고 나머지는 선택 사항이다. 여러분의 API에 다른 프로퍼티들을 더 추가할 수 있다.

SVG

- 미디어 유형: image/svg+xml
- 매체: XML
- 프로토콜 의미 체계: XLink와 같음
- 애플리케이션 의미 체계: 벡터 그래픽

SVG는 이미지 형식이다. 픽셀 수준에서 이미지를 표현하는 JPEG와는 다르게 SVG 이미지는 모양 자체로 만들어진다. SVG는 이미지의 다른 부분을 다른 리소스로 연결하는 하이퍼미디어 컨트롤을 포함한다.

SVG의 하이퍼미디어 컨트롤 〈a〉 태그는 HTML의 〈a〉 태그와 기능이 같다. 다음은 5장 미로에서 셀의 단순한 SVG 표현이다.

```
<svg version="1.1" xmlns="http://www.w3.org/2000/svg"
    xmlns:xlink="http://www.w3.org/1999/xlink">

  <rect x="100" y="80" width="100" height="50" stroke="black"fill="white"/>
  <text x="105" y="105" font-size="10">Foyer of Horrors</text>

  <a xlink:href="/cells/I" xlink:arcrole="http://alps.io/example/maze#north">
   <line x1="150" y1="80" x2="150" y2="40" stroke="black"/>
   <text x="130" y="38" font-size="10">Go North!</text>
  </a>

  <a xlink:href="/cells/O" xlink:arcrole="http://alps.io/example/maze#east">
   <line x1="200" y1="105" x2="240" y2="105" stroke="black"/>
```

---

1 describedBy는 profile의 더 일반적인 버전인 IANA에 등록된 연결 관계다. 리소스 해석에 도움을 주는 리소스를 describedBy에 넣는다.

```
  <text x="240" y="107" font-size="10">Go East!</text>
  </a>

  <a xlink:href="/cells/M" xlink:arcrole="http://alps.io/example/maze#west">
   <line x1="100" y1="105" x2="60" y2="105" stroke="black"/>
   <text x="18" y="107" font-size="10">Go West!</text>
  </a>

</svg>
```

그림 10-2는 클라이언트가 이 문서를 어떻게 렌더링하는지를 보여준다.

그림 10-2. 미로 셀의 SVG 표현

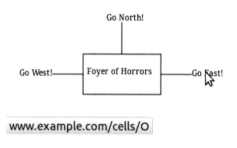

SVG는 모바일 애플리케이션을 만들 때 HTML의 좋은 대안이 된다. SVG는 HTML 5와 함께 사용할 수 있다. SVG 이미지를 내부에 포함시키기 위해 HTML 마크업에 〈svg〉 태그를 넣기만 하면 된다.

SVG의 〈a〉 태그는 사실 하이퍼미디어 기능을 정의하진 않는다. 이는 단순히 XLink의 role과 href 속성을 위한 태그다. SVG는 XML 형식이기 때문에 XForms 폼을 SVG에 추가할 수 있고 HTML에 호환되는 프로토콜 의미 체계를 가질 수도 있다. 이는 클라이언트가 SVG와 XForms를 모두 알고 있어야 하기 때문에 SVG를 HTML에 포함하는 것만큼 유용하진 않다.

VoiceXML

- 미디어 유형: application/voicexml+xml
- 정의된 곳: W3C 공개 표준(http://www.w3.org/TR/voicexml20/)과 확장 (http://www.w3.org/TR/voicexml21/)
- 매체: XML

- 프로토콜 의미 체계: 탐색을 위한 GET, 폼을 사용한 임의의 상태 전이, 안전한 전이에는 GET, 불안전한 전이에는 POST를 사용
- 애플리케이션 의미 체계: 대화 말하기

5장에서 하이퍼미디어 API를 탐색하는 HTTP 클라이언트를 사람이 전화 연락망을 탐색하는 것에 비유했다. 사실 많은 전화망은 백엔드로 하이퍼미디어 API를 사용하여 구현하였다. 여기에 사용한 표현 형식이 VoiceXML이다.

5장 미로 게임에서 가능한 셀의 VoiceXML 표현 예다.

```
<?xml version="1.0" encoding="UTF-8"?>
<vxml xmlns="http://www.w3.org/2001/vxml"
  xmlns:xsi="http://www.w3.org/2001/XMLSchema-instance"
  xsi:schemaLocation="http://www.w3.org/2001/vxml
   http://www.w3.org/TR/voicexml20/vxml.xsd"
   version="2.1">
 <menu>
  <prompt>
   공포의 집 입구에 있다. 출구는 다음과 같다. <enumerate/>
  </prompt>

  <choice next="/cells/I">
   북쪽
  </choice>

  <choice next="/cells/M">
   동쪽
  </choice>

  <choice next="/cells/O">
   서쪽
  </choice>

  <noinput>다음 중 하나를 말하시오.<enumerate/></noinput>
  <nomatch>그 방향으로 갈 수 없다. 출구는 다음과 같다. <enumerate/></nomatch>
 </menu>
</vxml>
```

전화기로 미로 게임을 하고 있다면 이 표현을 직접 볼 일은 절대 없을 것이다. VoiceXML '브라우저'는 전화선 반대 너머에 있다. 전화기가 이 표현을 받으면 ⟨prompt⟩를 읽어 다음을 여러분에게 말해 줄 것이다. "공포의 집 입구에 있다. 출구는 다음과 같다: 북쪽, 동쪽, 서쪽."

각 ⟨choice⟩ 태그는 하이퍼미디어 연결이다. 브라우저는 여러분이 무언가 말해 연

결을 활성화하길 기다린다. 여러분이 어느 연결을 활성화하려는 것인지 음성 인식을 사용하여 알아낸다. 확인 단계는 다음과 같다. 아무것도 말하지 않았거나 또는 여러분이 말한 것이 어느 연결에도 일치하지 않으면 브라우저는 에러 메시지를 읽어주고(〈noinput〉이나 〈nomatch〉에 있는 내용) 다음 입력을 다시 기다린다.

연결을 활성화하면 브라우저는 next 속성에 언급된 URL로 GET 요청을 만든다. 서버는 새 VoiceXML 표현으로 응답하고 브라우저는 이 표현을 처리하여 어느 미로 셀에 지금 있는지를 말해준다.

〈menu〉 태그는 VoiceXML 하이퍼미디어 컨트롤 중 그저 가장 단순한 태그다. 또한 〈form〉 태그는 음성 인식 문법을 사용해 여러분이 말한 내용에 따라 GET 또는 POST 요청을 만든다. 다음은 7장에서 내가 정의한 신비한 스위치를 작동시키는 VoiceXML 폼이다.

```
<form id="switches">
 <grammar src="command.grxml" type="application/srgs+xml"/>

 <initial name="start">
  <prompt>
    빨간 스위치와 파란 스위치가 여기에 있다.
    빨간 스위치는 켜져 있고 파란 스위치는 꺼져 있다.

    무엇을 하겠는가?
  </prompt>
 </initial>

 <field name="command">
  <prompt>
    빨간 스위치를 누를까, 파란 스위치를 누를까,
    아니면 아무것도 하지 말까?
  </prompt>
 </field>

 <field name="switch">
  <prompt>
    스위치 이름을 말하시오.
  </prompt>
 </field>

 <filled>
  <submit next="/cells/I" method="POST" namelist="command switch"/>
 </filled>
</form>
```

〈grammar〉 태그는 HTML의 〈img〉나 〈script〉와 비슷한 인라인 태그다. 이 태그는 자동으로 W3C의 음성 인식 문법 명세서(Speech Recognition Grammar Specification) 형식으로 작성된 문서를 포함한다.[2] SRGS는 하이퍼미디어 유형이 아니기 때문에 여기에서 SRGS 파일을 보여주진 않을 것이다. "빨간 스위치를 눌러라" 또는 "아무것도 하지 마라"라고 말할 때 폼 프로퍼티인 command와 switch 키-값 쌍으로 이러한 말을 변환하도록 VoiceXML 브라우저를 허용하는 것이 SRGS 문법이라고 해두자.

```
command=flip
switch=red switch
```

음성 인식을 통해 얻어진 값들로 프로퍼티가 채워진 후에는 〈submit〉 태그가 VoiceXML 브라우저가 HTTP POST 요청을 어떻게 만들어야 하는지를 알려준다. 이는 HTML 폼을 보내는 것과 비슷하게 생겼다.

```
POST /ceels/I HTTP/1.1
Content-Type: application/x-www-form-urlencoded

command=flip&switch=red%20switch
```

VoiceXML 문서는 프로그래밍 언어와 가장 닮았다. VoiceXML은 문답 트리를 통해 대화의 흐름을 표현하기 위해 프로그래밍 언어 용어를 사용한다. 예로 〈goto〉는 하나의 대화에서 다른 곳으로 건너뛰기 위해, 〈if〉는 조건을 표현하기 위해, 심지어 변수에 값을 할당하기 위해 〈var〉를 사용한다.

컬렉션 패턴 형식

이 절의 세 가지 표준은 애플리케이션 의미 체계와 프로토콜 의미 체계가 비슷하다. 이것들은 모두 6장에서 설명한 컬렉션 패턴을 구현했기 때문이다. 컬렉션 패턴에서 특정 리소스들은 '아이템' 리소스로 지정되어 있다. 아이템은 보통 GET, PUT, DELETE에 응답하며 아이템의 표현은 데이터의 구조를 설명한다. 컬렉션은 GET과 POST로 붙여넣기에 응답하고 컬렉션의 표현은 아이템 리소스를 연결한다.

이러한 세 가지 표준은 각기 다른 방법으로 컬렉션 패턴을 이룬다. '컬렉션'이나

---

2 http://www.w3.org/TR/speech-grammar/에 정의되어 있다.

'아이템'이라는 용어를 사용하지 않을 수도 있지만 대부분 같은 일을 한다.

Collection+JSON

- 미디어 유형: application/vnd.amundsen.collection+json
- 정의된 곳: 개인 표준(http://amundsen.com/media-types/collection/)
- 매체: JSON
- 프로토콜 의미 체계: 컬렉션 패턴(GET/POST/PUT/DELETE), 검색(GET을 이용)
- 애플리케이션 의미 체계: 컬렉션 패턴('컬렉션'과 '아이템')
- 이 책에서 다룬 곳: 6장

Collection+JSON은 AtomPub(Atom Publishing Protocol)을 대체하기 위한 간단한 JSON으로 되어 있다. 이는 API 개발자들이 첫 설계 과정에 설계하곤 하는 것의 형식을 갖추고 하이퍼미디어를 인식하는 버전이라 할 수 있다. 그림 10-3은 프로토콜 의미 체계를 보여준다.

그림 10-3. Collection+JSON의 프로토콜 의미 체계

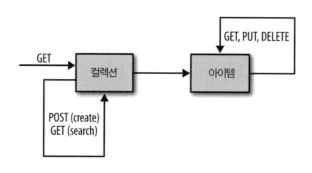

AtomPub

- 미디어 유형: application/atom+xml, application/atomsvc+xml, application/atomcat+xml
- 정의된 곳: RFC 5023과 RFC 4287

- 매체: XML
- 프로토콜 의미 체계: 컬렉션 패턴(GET/POST/PUT/DELETE), 잘 정의된 확장은 검색과 다른 폼의 탐색을 추가, 모두 GET 연결이나 폼을 사용
- 애플리케이션 의미 체계: 컬렉션 패턴(feed와 entry), entry는 블로그 글의 의미(author, title, category 등)를 포함, 아톰 문서(예: 바이너리 그래픽)가 아닌 entry는 바이너리 Media Entry와 메타 데이터를 포함하는 Atom Entry로 분리된다.
- 이 책에서 다룬 곳: 6장

오리지널 API 표준인 AtomPub은 컬렉션 패턴과 RESTful 방법을 API 전반에 처음으로 적용했다. JSON 표현이 지배하는 실제 현업에서, XML 기반 표준으로서 AtomPub은 이제 뭔가 오래된 것처럼 보일지 모르지만 많은 다른 표준 및 다른 하이퍼미디어 유형과 함께 사용할 수 있는 연결 관계에 많은 영감을 주었다. 그림 10-4는 AtomPub의 의미 체계를 보여준다.

그림 10-4. AtomPub의 프로토콜 의미 체계

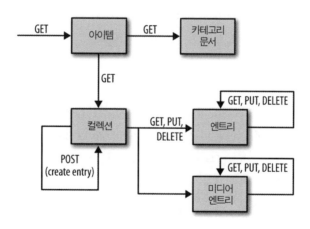

비록 아톰의 애플리케이션 의미 체계는 블로깅이나 콘텐트 관리 API 같은 뉴스 애플리케이션을 위해서만 사용해야 함을 암시하지만 표준은 확장성이 매우 높다. 아마도 가장 유명한 확장은 구글 API 플랫폼의 기반인 구글 데이터 프로토콜이다.

구글은 도메인 특화 태그를 AtomPub에 추가하여 구글 사이트의 각 애플리케이션 의미 체계를 표현하였다. 아톰 피드는 비디오의 집합(유튜브 API)이 되거나 스프레드시트 셀의 집합(구글 스프레드시트)이 된다.

여러분의 애플리케이션 의미 체계가 컬렉션 패턴에 맞지 않다고 생각한다면 구글의 API 디렉터리(https://developers.google.com/gdata/docs/directory)를 살펴보라. 이를 사용하는 것이 더 맞는 상황일 수도 있다. 구글 데이터 프로토콜은 또한 AtomPub의 XML 표현과 동일한 JSON도 정의한다. 이는 명목 표준으로 여러분이 재사용할 수 있는 것은 아니다.

여러 공개 표준들은 아톰 스레딩 확장과 deleted-entry 요소를 포함하여 많은 AtomPub 확장을 정의한다. 여기에 대해서는 6장에서 설명하였다.

OData

- 미디어 유형: application/json;odata=fullmetadata
- 정의된 곳: 진행 중인 공개 표준(http://www.odata.org/docs)
- 매체: 몇몇 부분은 JSON, 그 외의 부분은 XML
- 프로토콜 의미 체계: 부분 업데이트를 위한 PATCH와 수정된 컬렉션 패턴 (GET/POST/PUT/DELETE), 쿼리를 위한 GET, 폼을 사용한 임의의 상태 전이 (안전한 전이에는 GET, 불안전한 전이에는 POST)
- 애플리케이션 의미 체계: 컬렉션 패턴(feed와 entry)

OData의 의미 체계는 AtomPub에서 정말 많은 영감을 받았다. 사실 OData API는 아톰 표현을 제공할 수 있고, 클라이언트는 OData API를 확장한 AtomPub API로 생각할 수 있다. 하지만 나는 OData를 대부분 JSON 표현만 제공하는 API로 여길 것이다.

그림 10-5는 내가 여기서 다룰 OData의 일부분만 보여주기 위해 단순하게 만든 OData의 프로토콜 의미 체계를 보여준다. 그리고 다음은 2장의 "You Type It, We Post It"과 비슷한 마이크로블로깅 API에서 가져온 컬렉션의 OData 표현이다.

```
{
  "odata.metadata":
    "http://api.example.com/YouTypeItWePostIt.svc/$metadata#Posts",
  "value": [
```

```
    {
      "Content": "This is the second post.",
      "Id": 2,
      "PostedAt": "2013-04-30T03:34:12.0992416-05:00",
      "PostedAt@odata.type": "Edm.DateTimeOffset",
      "PostedBy@odata.navigationLinkUrl": "Posts(2)/PostedBy",
      "odata.editLink": "Posts(2)",
      "odata.id": "http://api.example.com/YouTypeItWePostIt.svc/Posts(2)",
      "odata.type": "YouTypeItWePostIt.Post"
    },
    {
      "Content": "This is the first post",
      "Id": 1,
      "PostedAt": "2013-04-30T04:14:53.0992416-05:00",
      "PostedAt@odata.type": "Edm.DateTimeOffset",
      "PostedBy@odata.navigationLinkUrl": "Posts(1)/PostedBy",
      "odata.editLink": "Posts(1)",
      "odata.id": "http://api.example.com/YouTypeItWePostIt.svc/Posts(1)",
      "odata.type": "YouTypeItWePostIt.Post"
    },
  "#Posts.RandomPostForDate": {
    "title": "Get a random post for the given date",
    "target": "Posts/RandomPostForDate"
  }
}
```

그림 10–5. 단순하게 표현한 OData의 프로토콜 의미 체계

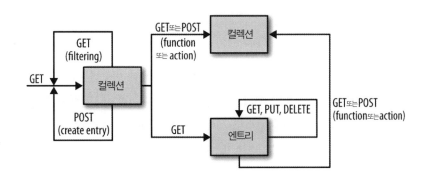

지금까지 봤던 다른 JSON 기반 형식처럼 OData 표현은 프로퍼티들이 짧고 특이한 문자열로 된 JSON 객체들이다. Content나 PostedAt 같은 프로퍼티는 보통의 JSON 데이터이고 이것들의 이름은 의미 체계 서술자의 역할을 한다. odata.라는 접두사를 가진 프로퍼티 이름은 하이퍼미디어 컨트롤이거나 다른 특정 OData 메타데이터다. 다음은 OData 문서의 몇 가지 예다.

- 프로퍼티 odata.id는 하나의 특정 엔트리 유형 리소스를 위한 고유한 ID, 즉 URI를 담는다.
- 프로퍼티 PostedAt@odata.type은 PostedAt 프로퍼티 값의 의미 유형 정보를 포함한다. Edm.DateTimeOffset 유형은 OData의 스키마 형식 엔티티 데이터 모델(Entity Data Model)을 참조한다.
- 프로퍼티 odata.editLink는 rel="edit"이 붙은 AtomPub 연결과 같은 역할을 한다. 예제 포스팅 중 하나를 수정하거나 삭제하고 싶다면 PUT이나 PATCH, DELETE 요청을 상대 URL인 Posts(2)나 Posts(1)에 보낼 수 있다.
- 프로퍼티 PostedBy@odata.navigationLinkUrl은 다른 리소스로의 하이퍼미디어 연결을 포함한다. 프로퍼티 이름 중 PostedBy는 연결 관계를 제공한다. 사람의 용어로 이는 이 특정 포스팅을 게시한 사용자로의 연결이다.

OData 리소스의 프로토콜 의미 체계는 Collection+JSON과 AtomPub에서 이미 여러분이 여러 번 보았던 것들의 반복이다. 컬렉션 리소스는 GET(표현을 갖기 위해)을 지원하고 POST(새로운 엔트리를 컬렉션에 추가하기 위해)를 지원한다. 엔트리 유형 리소스는 GET(odata.editLink를 통해)뿐 아니라 PUT, DELETE, PATCH를 지원한다.

필터링

OData는 컬렉션의 필터링과 정렬을 지원하기 위해 SQL과 비슷한 쿼리 언어를 사용하여 내재된 프로토콜 의미 체계의 집합을 정의한다. OData 컬렉션을 가리키는 URL을 알고 있다면 다양한 방법으로 해당 URL을 이용할 수 있다. 결과 URL에 GET을 보내면 여러 가지 방법으로 컬렉션을 필터링하고 페이지를 나누는 표현들을 생성할 것이다.

이런 프로토콜 의미 체계들이 내재되어 있다고 한 이유는 특정 검색을 수행하는 HTTP 요청을 만드는 방법을 알려주는 하이퍼미디어 폼을 찾을 필요가 없기 때문이다. OData 규격서에서 찾을 수 있는 규칙들을 기반으로 이 요청을 만들 수 있다.

몇 가지 예를 보자. 마이크로블로그 컬렉션의 (상대적인) 기본 URL이 /Posts라고 가정한다. Content 프로퍼티에 문자열 "second"를 포함하는 블로그 글을 어떻게 찾는지 알려주는 하이퍼미디어 폼은 필요하지 않다. URL을 여러분이 직접 만들 수 있

다.[3]

```
/Posts$filter=substringof('second', Content)
```

Content에 "second"를 포함하고 PostedBy 리소스가 Username 프로퍼티로 "alice"를 갖는 글을 찾을 수 있다.

```
/Posts$filter=substringof('second', Content)+ and +PostedBy/Username
eq 'alice')
```

2012년에 게시된 마지막 다섯 개의 글을 고를 수 있다.

```
/Posts$filter=year(PostedAt) eq 2012&$top=5
```

두 번째 페이지의 목록을 원한다면? 표현에서 next 관계로 된 연결을 찾을 필요가 없다. OData 스펙이 정의하는 다음과 같은 URL을 사용하면 된다.

```
/Posts$filter=year(PostedAt) eq 2012&$top=5&skip=5
```

기본적으로 마이크로블로그 컬렉션은 PostedAt 프로퍼티의 값에 기반을 두고 시간의 역순으로 엔트리를 보여준다. 연대순으로 사용하고 싶다면 다음과 같은 URL을 사용하라고 OData 스펙은 설명한다.

```
/Posts$orderBy=PostedAt asc
```

다른 컬렉션 패턴 표준에서 서버는 각각 허용하는 검색 종류를 명시적으로 알려주기 위해 하이퍼미디어 컨트롤을 제공해야만 한다. Collection+JSON은 검색 템플릿을 제공하고 AtomPub은 오픈서치 폼들을 제공한다. OData 컬렉션은 이러한 정보를 제공할 필요가 없는데 이는 모든 OData 컬렉션은 전체 OData 쿼리 프로토콜을 암묵적으로 지원하기 때문이다. 클라이언트는 특정 URL로 GET 요청들을 보내도 괜찮은지에 대해 알기 위한 하이퍼미디어 폼을 필요로 하지 않는다. OData 형식 자체가 서버에 추가적인 제약 조건을 둠으로써 특정 URL들이 동작함을 보장한다.

OData는 몇 가지 더 내재된 프로토콜 의미 체계들을 정의하는데 대부분 리소스들 사이의 관계에 관련된 것이다. 그것들을 여기에서 다루지는 않겠다.

---

3 이러한 모든 URL은 URL 인코딩이 필요하다. 내용을 정확히 전달하기 위해 여기에선 인코딩을 하지 않은 채로 작성하였다.

함수들과 메타데이터 문서

OData 쿼리 프로토콜이 암묵적으로 정의한 상태 전이의 멋진 집합에 추가적으로, OData 표현은 아마 어느 상태 전이든 전부 설명할 수 있는 하이퍼미디어 컨트롤을 명시적으로 포함할 수도 있다. 이러한 컨트롤들은 HTML 폼과 비슷한 프로토콜 의미 체계들을 가지고 있다. 안전한 전이는 '함수'라 부르고 HTTP GET을 사용한다. 불안전한 전이는 '액션(action)'이라 부르고 HTTP POST를 사용한다. 여기에선 함수에 대해 더 집중할 것이지만 액션도 같은 방법으로 동작한다.

다음은 날짜를 입력값으로 받는 간단한 OData 폼이다. 서버가 입력된 날짜로 마이크로블로그의 모든 엔트리를 찾아보고 하나를 임의로 선택해 그 표현을 제공하는 상태 전이를 일으킨다.

```
"#Posts.RandomPostForDate": {
    "title": "주어진 날짜로 임의의 글 가져오기",
    "target": "Posts/RandomPostForDate"
},
```

이것이 "주어진 날짜로부터 모든 마이크로블로그의 엔트리"와 같은 간단한 쿼리였다면 폼은 필요하지 않았을 것이다. 그런 상태 전이는 OData의 쿼리 프로토콜이 암묵적으로 설명할 수 있다. 하지만 프로토콜은 '임의 선택'의 개념을 표현할 수 없어서 이 상태 전이가 하이퍼미디어 폼을 사용하여 명시적으로 설명해야 한다. 이제 질문이 생긴다. 이 폼을 보고 어느 HTTP 요청을 만들어야 할지 알아낼 수 있는가?

이는 어려운 질문이다. 내가 전체 폼을 보여주지 않았기 때문에 알아낼 수 없을 것이다. 이 폼의 부분은 여러분에게 (Posts/RandomPostforDate)을 사용하기 위한 기본 URL을 준다. 하지만 어떻게 형식을 갖춰야 하는지 설명하지 않는다. 바로 임의의 글을 원하는 날짜의 정보를 어떻게 입력하는가이다. 이것은 다음 HTML 폼과 동일하다.

```
<form action="Posts/RandomPostForDate" method="GET">
 <input class="RandomPostForDate" type="submit"
  value="주어진 날짜로 임의의 글 가져오기"/>
</form>
```

이는 누가 봐도 완성되지 않은 것이다. '주어진 날짜'에 대해 제대로 된 설명이 없다. '주어진 날짜'는 어떤 형식을 사용해야 하나? 의미 체계 서술자는 무엇인가? GET 요청을 Posts/RandomPostfordate?Date=9/13/2009로, 아니면 Posts/

RandomPostForDate?the_date_to_use=13%20August%202009로, 아니면 Posts/
RandomPostForDate?when=yesterday로 보내는 것으로 상태 전이를 할 수 있나?
이에 대한 정보가 전혀 없다.

HTML 예제에서 포함하지 않은 정보는 〈form〉 태그 안에 두 번째 〈input〉 태그
로 들어가야 한다. 하지만 OData에서는 이 정보는 JSON이 아니라, CSDL(Comma
Schema Definition Language)[4]이라는 언어를 사용하여 XML로 기록된 '메타데이터
문서'라는 다른 문서에 보관된다.

OData 표현은 odata.metadata 프로퍼티를 사용해 메타데이터 문서로 연결한다.

```
{
  "odata.metadata":
    "http://api.example.com/YouTypeItWePostIt.svc/$metadata#Posts",
  ...
}
```

다음은 메터데이터 문서의 부분으로, RandomPostForDate 상태 전이의 완전한
정의다.

```
<FunctionImport Name="RandomPostforDate" EntitySet="Posts"
                IsBindable="true" m:IsAlwaysBindable="false"
                ReturnType="Post" IsSideEffecting="false">
  <Parameter Name="date" Type="Edm.DateTime" Mode="In" />
</FunctionImport>
```

이제 여러분은 전체 이야기를 다 알았다. 날짜 형식을 사용한 문자열로
RandomForDate 상태 전이를 할 수 있다. 날짜 형식은 OData의 엔트리 데이트 모
델(Entity Date Model)[5]에 정의되어 있다. CSDL 설명에 IsSideEffecting 속성이 false
로 되어 있기 때문에 이 상태 전이가 안전한 것을 알고 있다. 이는 이 상태 전이를
POST가 아니라 GET 요청을 사용하여 할 수 있음을 의미한다.

OData 표현과 메타데이터 문서를 합치면 RandomPostForDate 상태 전이를 하기
위해 필요한 모든 정보를 가지게 된다. 다음과 같은 HTTP 요청을 보낸다.

```
GET /YouTypeItWePostIt.svc/Posts/RandomPostForDate?date=datetime'2009-08-13T12:
00' HTTP/1.1
Host: api.example.com
```

---

4 CSDL에 대한 더 자세한 정보는 OData 웹 사이트(http://www.odata.org/documentation/odata-v3-
  documentation/common-schema-definition-language-csdl/)를 방문하라.

5 EDM은 CSDL로 같은 문서에 정의되어 있다.

RandomPostForDate는 단순한 전이지만 OData 상태 전이는 매우 복잡해질 수 있다. 메타데이터 문서는 OData 문서에서 언급된, 여러분이 찾을 수 있는 어떠한 상태 전이든 이를 어떻게 할 수 있는지를 정확히 설명한 복잡한 세부 사항들을 갖고 있다. 이로 인해 서버는 상태 전이를 지원하는 모든 표현에서 복잡한 상태 전이의 완전한 설명을 포함하지 않아도 된다. 주어진 상태 전이에 관심이 있는 클라이언트는 이에 대한 완전한 설명을 찾아볼 수 있다.

서비스 설명 문서로서 메타데이터 문서

나는 OData를 Collection+JSON이나 사이렌처럼 비슷하게 보이도록 설명하였다. 마이크로블로그 포스팅은 JSON 객체로 표현되는데 이는 하이퍼미디어 컨트롤들과 가능한 다음 단계들을 설명하는 다른 메타데이터와 함께 DatePublish와 같은 데이터 프로퍼티들을 포함한다.

이것이 내가 추천하는 OData의 버전이며 이는 미디어 유형으로 application/json;odata=fullmetadata를 가지고 있다. 하지만 OData 문서를 작성하는 다른 방법도 있다. 메타데이터 문서에 모든 하이퍼미디어 컨트롤을 다 유지하는 것이다.

이러한 문서의 미디어 유형은 application/json;odata=minimalmetadata다. 다음은 이 형식으로 마이크로블로그 표현을 나타낸 예다.

```
{
  "odata.metadata":
    "http://api.example.com/YouTypeItWePostIt.svc/$metadata#Posts",
  "value": [
    {
      "Content": "This is the first post.",
      "Id": 1,
      "PostedAt": "2013-04-30T01:42:57.0901805-05:00"
    },
    {
      "Content": "This is the second post.",
      "Id": 2,
      "PostedAt": "2013-04-30T01:45:03.0901805-05:00"
    },
  ]
}
```

이것은 훨씬 더 작지만 REST 세계에서 작은 것이 꼭 더 좋은 것을 의미하진 않는다. 메타데이터는 어디에 있을까? PostedBy@odata.navigationLinkUrl과 #Posts.

RandomPostForDate에는 무엇이 발생한 것일까? 다음으로 만들어야 할 HTTP 요청이 뭔지 어떻게 결정할 수 있을까?

이러한 모든 정보는 odata.metadata 연결의 마지막에 있는 CSDL 문서에 있다. 앞에서 RandomPostForDate에 대해 이야기할 때 CSDL 문서의 일부분을 보여주었다. 하지만 약간 더 자세한 예가 다음에 있다(다음 예는 PostedBy와 RandomPostForDate에 무엇이 발생했는지를 보여준다).

```xml
<edmx:Edmx Version="1.0"
 xmlns:edmx="http://schemas.microsoft.com/ado/2007/06/edmx">
<edmx:DataServices
 xmlns:m="http://schemas.microsoft.com/ado/2007/08/dataservices/
metadata"
 m:DataServiceVersion="3.0" m:MaxDataServiceVersion="3.0">

<Schema Namespace="YouTypeItWePostIt">
 <EntityType Name="Post">
  <Key><PropertyRef Name="Id"/></Key>
  <Property Name="Id" Type="Edm.Int32" Nullable="false"/>
  <Property Name="Content" Type="Edm.String"/>
  <Property Name="PostedAt" Type="Edm.DateTimeOffset"Nullable="false"/>
  <NavigationProperty Name="PostedBy"
   Relationship="YouTypeItWePostIt.Post_PostedBy"
   ToRole="PostedBy" FromRole="Post"/>
 </EntityType>

 ...

 <EntityContainer Name="YouTypeItWePostItContext"
  m:IsDefaultEntityContainer="true">

 <EntitySet Name="Posts" EntityType="YouTypeItWePostIt.Post"/>

 <FunctionImport Name="RandomPostforDate" EntitySet="Posts"
                 IsBindable="true" m:IsAlwaysBindable="false"
                 ReturnType="Post" IsSideEffecting="false">
  <Parameter Name="date" Type="Edm.DateTime" Mode="In" />
 </FunctionImport>

 <EntitySet Name="Users" EntityType="YouTypeItWePostIt.User"/>

 </EntityContainer>

 ...

 </Schema>
 </edmx:DataServices>
</edmx:Edmx>
```

리소스 표현 바깥에 그 리소스에 대한 추가적인 정보를 유지하는 것은 전혀 문제가 아니다. 이는 결국 프로파일이나 JSON-LD 콘텍스트가 하는 것이다. CSDL은 관계형 데이터베이스처럼 보이는 API 개요인데, 서비스 설명 문서로 보여서 문제다.

9장에서 언급했듯이 이러한 문서를 보는 사용자들은 이에 기반을 두고 클라이언트 코드를 자동으로 생성하려는 경향이 있다. 이렇게 하는 것은 자동으로 생성된 클라이언트와 이 서비스 설명의 특정 버전 사이에 강한 결속력을 만든다. 서버 구현이 변경되면 CSDL 문서도 따라 변경되어야 하지만 클라이언트는 여기에 맞게 변경되지 않을 것이다. 그저 클라이언트가 망가질 뿐이다.

다행히도 아무도 여러분이 OData를 이러한 식으로 사용하게 강요하지 않는다. 미디어 유형 application/json;odata=fullmetadata를 사용한다면 OData 표현은 이 표현만의 하이퍼미디어 컨트롤을 포함할 것이다. 클라이언트는 OData로 완전히 설명할 수 없는 오로지 복잡한 상태 전이, 즉 함수나 액션을 해야 할 때만 CSDL 메타데이터 문서를 참고할 것이다.

순수 하이퍼미디어 유형

이러한 미디어 유형들은 매우 일반적인 애플리케이션 의미 체계를 갖거나 또는 애플리케이션 의미 체계를 전혀 가지고 있지 않다. 이것들은 HTTP의 프로토콜 의미 체계를 표현하는 데 집중한다. 미리 정의된 곳에 연결 관계와 의미 체계 서술자들을 연결하여 직접 애플리케이션 의미 체계를 제공해야 한다.

HTML

- 미디어 유형: text/html과 application/xhtml+xml
- 정의된 곳: HTML 4(http://www.w3.org/TR/html401/), XHTML(http://www.w3.org/TR/xhtml11/), HTML 5(http://www.w3.org/TR/html5/)를 위한 공개 표준
- 매체: XML과 비슷
- 프로토콜 의미 체계: GET 연결을 통한 탐색, 폼을 통한 임의의 상태 전이(안전한 상태 전이에는 GET, 불안전한 상태 전이에는 POST)
- 애플리케이션 의미 체계: 사람이 이해할 수 있는 문서('문단', '목록', '표', '절', 기

타 등등)

- 이 책에서 다룬 곳: 7장

원래의 하이퍼미디어 유형이자 그리고 API를 위해 굉장히 과소평가된 선택이다. HTML은 ALPS 프로파일처럼 추정을 사용하는 대신 마이크로포맷과 마이크로데이터를 직접 사용할 수 있게 한다. HTML의 ⟨script⟩ 태그는 다른 하이퍼미디어 유형은 지원하지 않는 RESTful 아키텍처 기능으로(부록 C의 '코드 온 디맨드' 참조) 클라이언트에서 바로 실행 가능한 코드를 포함할 수 있도록 한다. 그리고 HTML 문서는 사람이 알아보기 쉽게 시각적으로 표시가 가능하다. 이는 Ajax나 모바일 클라이언트가 사용하도록 디자인된 API에 매우 중요하고, 어느 종류의 API든 디버깅에 매우 유용하다.

다음은 HTML의 상태 다이어그램이다.

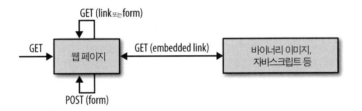

HTML은 세 종류가 있다. HTML 4는 1997년부터 안정된 표준이다. 이를 대체하려고 HTML 5가 나왔는데 여전히 개발 중이다. 또한 추가적으로 XHTML이 있는데 이는 HTML과 비슷한 형식으로 이는 유효한 XML이다.

이 책에 관련해, 이 세 가지 표준 사이에 중요한 차이점은 HTML 5가 클라이언트 측 입력 검증을 위한 새 규칙을 제공하고 결국엔 마이크로데이터를 지원할 것이라는 점이다.

HAL

- 미디어 유형: application/hal+json과 application/hal+xml
- 정의된 곳: JSON 버전은 인터넷 드래프트 "draft-kelly-json-hal", XML 버전은 개인 표준
- 매체: XML, JSON 모두

- 프로토콜 의미 체계: 아무 HTTP 메서드나 사용하여 이를 통한 임의의 상태 전이를 한다. 연결은 어느 HTTP 메서드를 사용해야 하는지 언급하지 않고 사람이 이해할 수 있는 문서에 기록한다.
- 애플리케이션 의미 체계: 언급할 내용 없음
- 이 책에서 다룬 곳: 7장

HAL은 가장 최소화된 형식이다. 상태 다이어그램은 너무 일반적이어서 HTTP 설계 명세서에서 나온 무언가처럼 보인다.

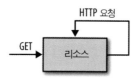

HAL은 무언가 큰 작업을 하기 위해 커스텀 연결 관계(그리고 프로파일에 사람이 읽을 수 있는 설명)에 의존한다.

사이렌

- 미디어 유형: application/vnd.siren+json
- 정의된 곳: 개인 표준(https://github.com/kevinswiber/siren)
- 매체: JSON(XML 버전은 예정되어 있다)
- 프로토콜 의미 체계: GET 연결을 통한 탐색, '액션'을 통한 임의의 상태 전이(안전한 액션에는 GET, 불안전한 액션에는 POST/PUT/DELETE)
- 애플리케이션 의미 체계: 매우 일반적임

사이렌 문서는 '엔티티'를 HTML의 〈div〉 태그와 의미가 거의 같은 JSON 객체라 설명한다. 엔티티는 '클래스'를 가질 수도 있고 '프로퍼티'의 목록을 가질 수도 있다. '연결'의 목록을 포함할 수도 있는데 이는 HTML의 〈a〉 태그처럼(rel, href와 함께) 동작한다. 또한 actions 목록을 포함할 수도 있는데 이는 HTML의 〈form〉 태그처럼 (name, href, method, 그리고 몇 개의 filed와 함께) 동작한다.

엔티티는 또한 몇 개의 하위 엔티티를 가질 수도 있는데 이는 〈div〉 태그가 그 밑으로 여러 개의 〈div〉 태그를 포함할 수 있는 것과 비슷하다. 컬렉션 패턴을 이와 같은 방법으로 구현할 수 있다.

사이렌의 상태 다이어그램은 HAL과 HTML 사이를 겹친 것처럼 보인다.

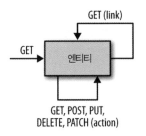

Link 헤더

- 미디어 유형: 없음
- 정의된 곳: RFC 5988
- 매체: HTTP 헤더
- 프로토콜 의미 체계: GET 연결을 통한 탐색
- 애플리케이션 의미 체계: 없음
- 이 책에서 다룬 곳: 4장

Link 헤더는 문서 형식이 아니지만 이 동물원에 포함시켰다. Link 헤더는 간단한 바이너리 이미지나 JSON 문서 같이 하이퍼미디어 컨트롤이 부족한 표현에 간단한 GET 연결을 추가할 수 있도록 해준다. 헤더의 rel 매개 변수는 연결 관계를 위한 자리다.

```
Link: <http://www.example.com/story/part2>;rel="next"
```

RFC 5988은 Link 헤더를 위해 type(연결 외에 다른 미디어 유형으로의 힌트를 준다)과 title(연결을 위해 사람이 이해할 수 있는 이름을 포함한다)을 포함하여 몇 가지 다른 유용한 매개 변수들을 정의한다.

내게 있어서 Link 헤더의 가장 중요한 용도는 JSON 문서를 프로파일과 연결하는 것이다. JSON은 하이퍼미디어 컨트롤이 없음에도 불구하고 믿기 어려울 정도로 인기가 많고 application/json 미디어 유형은 profile 매개 변수를 지원하지 않으므로

Link만이 이 JSON 문서가 무엇을 의미하는지 설명하는 프로파일을 지정할 수 있는 방법이다.

```
Content-Type: application/json
Link: <http://www.example.com/profiles/hydraulics>;rel="profile"
```

Location과 Content-Location 헤더

- 미디어 유형: 없음
- 정의된 곳: RFC 2616
- 매체: HTTP 헤더
- 프로토콜 의미 체계: HTTP 응답 코드에 의존적
- 애플리케이션 의미 체계: 없음
- 이 책에서 다룬 곳: 1장, 2장, 3장, 부록 B

다음은 HTTP 표준에 정의된 간단한 하이퍼미디어 컨트롤 두 가지다. 이와 함께 Location도 같이 언급하였지만 자세한 내용은 부록 B에서 설명할 것이다.

Content-Location 헤더는 현재 리소스의 기준이 되는 위치를 가리킨다. IANA에 등록된 연결 관계인 canonical을 사용하는 연결과 동일하다.

Location 헤더는 HTTP 응답의 프로토콜 의미 체계가 연결을 요구할 때마다 다양한 목적의 연결로서 사용된다. 정확한 행동은 HTTP 상태 코드에 의존한다. 응답 코드가 201(Created)일 때, Location 헤더는 새로 생성된 리소스를 가리킨다. 하지만 상태 코드가 301(Moved Permanently)이면, Location 헤더는 리소스가 이동된 새로운 URL을 가리킨다. 자세한 내용은 부록 B에서 다룰 것이다.

URL 목록

- 미디어 유형: text/uri-list
- 매체: 없음
- 정의된 곳: RFC 2483
- 프로토콜 의미 체계: 없음
- 애플리케이션 의미 체계: 없음

text/uri-list 문서는 그냥 URL의 목록이다.

```
http://example.org/
https://www.example.com/
...
```

이는 지금까지 고안된 하이퍼미디어 유형 중에 가장 기본적인 유형일 것이다. 이는 연결 관계를 지원하지 않아서 이 URL과 목록이 제공하는 리소스들 사이의 관계를 표현할 방법이 없다. 명시적인 하이퍼미디어 컨트롤이 없어서 클라이언트는 어느 종류의 요청을 이 URL들로 보낼 수 있는지 알 방법이 없다. 여러분이 할 수 있는 최선은 각 URL에 GET 요청을 보내고 어느 종류의 표현을 응답으로 받는지 살펴보는 것이다.

JSON 홈 문서

- 미디어 유형: application/json-home
- 정의된 곳: 인터넷 드래프트 "draft-nottngham-json-home"
- 매체: JSON
- 프로토콜 의미 체계: 완전히 일반적
- 애플리케이션 의미 체계: 없음

JSON 홈 문서는 URL 목록의 조금 더 복잡한 버전이다. 형식은 API의 '홈페이지'로 사용되도록 고안되었다. HTTP 프로토콜 하에 제공되는 모든 리소스와 그 동작을 나열한다.

JSON 홈 문서는 JSON 객체다. 키는 연결 관계이고 키에 대한 값은 '리소스 객체'로 알려진 JSON 객체다. 다음은 미로 게임에서 가져온 예제다.

```
{
  "east": { "href": "/cells/N" },
  "west": { "href": "/cells/L" }
}
```

리소스 객체는 리소스의 프로토콜 의미 체계를 설명하는 하이퍼미디어 컨트롤이거나 관련된 리소스들의 그룹이다. 다음은 URI 템플릿으로 설명한 검색 폼이다.

```
{
 "search": {"href-template": "/search{?query}",
            "href-vars": {
              "query" : "http://alps.io/opensearch#searchTerms"
            }
}
```

리소스 객체는 프로토콜 의미 체계를 한층 더 자세히 설명한 '리소스 힌트'를 포함할 수도 있다. 가장 일반적인 힌트는 allow로, 이는 리소스가 어느 HTTP 메서드에 반응하는지 설명한다. 다음 JSON 홈 문서는 미로 게임의 확장을 위해 내가 정의했던 flip 연결 관계를 사용하는 예다.

```
{
 "flip": { "href": "/switches/4",
           "hints": { "allow": ["POST"] }
         }
}
```

JSON 홈 문서는 연결하는 리소스의 애플리케이션 의미 체계에 대해서는 전혀 말하고 있지 않다. 이 정보는 연결 반대쪽 표현에서 가지고 있다.

JSON 홈 문서(API의 프로토콜 의미 체계를 설명한)와 ALPS 문서(애플리케이션 의미 체계를 설명한)를 합침으로써 여러분은 하이퍼미디어를 사용하지 않는 기존 API와 사람이 이해할 수 있는 문서도 잘 정의된 기계가 이해할 수 있는 형식으로 변경할 수 있다.

Link-Template 헤더

- 미디어 유형: 없음
- 정의된 곳: 인터넷 드래프트 "draft-nottingham-link-template"(RFC 6570도 참조)
- 매체: HTTP 헤더
- 프로토콜 의미 체계: GET을 통한 탐색
- 애플리케이션 의미 체계: 없음

Link-Template 헤더는 Link-Template의 값이 URL 대신에 URI 템플릿(RFC 6570)으로 해석되는 점을 제외하면 Link 헤더와 완전히 동일하게 동작한다. 다음은

HTTP 헤더에 있는 검색 폼이다.

```
Link-Template: </search{?family-name}>; rel="search"
```

Link-Template 헤더는 var-base라는 특별한 변수를 가지고 있는데, 이는 URI 템플릿에 있는 변수들을 위한 프로파일을 정할 수 있도록 한다. 예를 들어, 변수 이름 family-name은 해당 변수로 어떤 종류의 값을 넣어야 하는지를 제시하지만 기술적으로는 아무 의미가 없다. put-something-here라고 부를 수도 있다. var-base를 추가하고 family-name의 공식적인 정의로 연결을 넣는다.

```
Link-Template: </search{?family-name}>; rel="search";
var-base="http://alps.io/microformats/hCard#"
```

이제 family-name 변수는 URL http://alps.io/microformats/hCard#family-name 으로 확장된다. URL에 있는 ALPS 문서는 family-name 변수의 애플리케이션 의미 체계를 설명한다.

다음은 다른 예제로 ALPS 대신에 schema.org의 애플리케이션 의미 체계를 사용한다.

```
Link-Template: </search{?familyName}>; rel="search"; var-base=
"http://schema.org/"
```

여기에서 familyName 변수는 URL http://schema.org/familyName으로 확장되는데, 이는 기본적으로 http://alps.io/microformats/hCard#family-name과 같은 것을 의미한다.

이 글을 쓰는 중에, Link-Template 헤더를 정의하는 인터넷 드래프트가 만료되었다. 드래프트 지은이인 마크 노팅험(Mark Nottingham)이 어쨌든 이 책에는 이를 넣고 진행해 달라고 했다. 더 많은 사람이 Link-Template에 관심을 가지면 인터넷 드래프트를 살릴 것이라고 말했다.

WADL

- 미디어 유형: application/vnd.sun.wadl+xml
- 정의된 곳: 공개 표준(http://www.w3.org/Submission/wadl/)
- 매체: XML
- 프로토콜 의미 체계: 완전히 일반적

• 애플리케이션 의미 체계: 없음, 확장을 위한 최소한의 지원

WADL은 프로토콜 의미 체계의 완전한 집합을 지원하는 첫 번째 하이퍼미디어 유형이다. WADL 〈request〉 태그(HTML의 form과 유사)는 HTTP 요청(어느 메서드를 사용하든 상관없다)을 나타내고, 특정 HTTP 요청 헤더를 위한 값들을 제공하며 모든 미디어 유형에 대한 엔티티 바디를 포함한다. AtomPub처럼 이는 이제는 별로 특별하게 보이진 않지만 처음 나올 당시에는 혁신적이었다. WADL은 어떤 웹 API의 프로토콜 의미 체계든 모두 설명할 수 있다. 심지어 HTTP 표준을 무시하고 엉망으로 설계된 것일지라도 설명할 수 있다.

다음은 WADL의 코드 조각으로 미로 게임의 7장 버전에서 스위치를 어떻게 끄고 켜는지 설명한다.

```
<method id="flip" name="POST" href="/switches/4">
 <doc>Flip the switch</doc>
</method>
```

WADL은 또한 XML 표현의 내용(content)도 설명할 수 있다. WADL 문서는 표현의 어느 부분(특히 다른 리소스로의 연결에 대한 부분)이 관심을 가질 만한지를 지적할 수 있다. WADL 문서는 XML 데이터가 설명하는 부분의 데이터 유형을 설명하기 위해 XML 스키마 문서를 채용할 수 있다. 이는 XML 표현이 XML 표현 자체의 연관된 스키마가 없을 때 유용하다.

WADL의 〈doc〉 태그는 XML 표현의 내부나 HTTP 요청의 애플리케이션 의미 체계를 설명할 수 있는 기본적인 프로파일 형식이 되게 해 준다. 하지만 WADL은 JSON 표현의 내부는 전혀 설명할 수 없다.[6]

WADL은 널리 사용되지 않았지만 API의 WADL 설명을 생성하는 몇몇 자바 JAX-RS 구현이 있다. 바로 여기에 문제가 있다. 자동으로 생성된 API 설명은 서버 측 구현과 강한 결합을 만들 가능성이 높다. 게다가 WADL을 사용하는 API는 보통 전체 API의 프로토콜 의미 체계를 설명하는 하나의 거대한 WADL 문서를 제공한다.

이는 서비스 설명 문서이고, 9장에서 언급했듯이 이는 사용자들이 완전하고 변하지 않는 API 의미 체계의 개요를 갖게 되었다고 생각하여 자동으로 생성된 클라이

---

6 인터넷 드래프트 appsawg-json-pointer에 정의된 JSON 포인터 표준은 아마도 이를 수정할 것이다.

언트를 만들도록 한다.

하지만 API는 변한다. API가 변할 때, API의 WADL 설명 또한 변하게 된다. 하지만 자동으로 생성된 클라이언트는 변하지 않는다. 클라이언트는 동작하지 않을 것이다.

XLink

- 미디어 유형: 없음
- 정의된 곳: W3C 표준(http://www.w3.org/TR/xlink11/)
- 매체: XML 문서
- 프로토콜 의미 체계: GET을 사용한 탐색과 트랜스클루전(Transclusion)
- 애플리케이션 의미 체계: 없음

XLink는 XML 문서에 하이퍼미디어 연결을 추가할 수 있도록 하는 플러그인 표준이다. HTML, Maze+XML과는 다르게 XLink는 하이퍼미디어 연결을 나타내는 특별한 XML 태그를 정의하지 않는다. XLink는 어떤 XML 태그든 적용하면 연결로 변환하는 속성들을 정의한다.

다음은 미로 게임의 XML 표현이다. 〈root〉와 〈direction〉 태그는 보여주기 위한 목적으로 만든 태그 이름이다. 이것들 자체로는 하이퍼미디어 기능을 가지고 있지 않지만 XLink 속성들을 추가함으로써 연결로 변경할 수 있다.

```xml
<?xml version="1.0"?>
<root xmlns:xlink="http://www.w3.org/1999/xlink">
  <direction
    xlink:href="http://maze-server.com/maze/cell/N"
    xlink:title="Go east!"
    xlink:arcrole="http://alps.io/example/maze/#east"
    xlink:show="replace"
  />

  <link
    xlink:href="http://maze-server.com/maze/cell/L"
    xlink:title="Go west!"
    xlink:arcrole="http://alps.io/example/maze/#west"
    xlink:show="replace"
  />
</root>
```

href와 title 속성들은 비슷해 보일 것이다. 연결 관계는 선택 사항인 arcrole 속성에 들어간다. 여기에는 반전이 있다. arcrole 속성은 URL처럼 보이는, 오로지 확장 연결 관계만을 지원한다. 연결 관계는 author나 east처럼 될 수 없다. 이는 http://alps.io/maze/#west처럼 되어야 한다.

show 속성은 HTML의 ⟨a⟩ 태그처럼 동작하는 탐색 연결(show="replace", 기본값)과 HTML의 ⟨img⟩ 태그처럼 동작하는 포함된 연결(show="embed") 사이를 왔다 갔다 할 수 있다. 여기에선 항상 GET HTTP 메서드를 사용한다.

XLink로 Maze+XML에 디자인된 하이퍼미디어 기능들과 거의 같은 기능을 임시적인 XML 용어에 부여할 수 있다. 여기엔 내가 다루지 않은 XLink의 몇 가지 고급 기능이 있다. 특히 확장된 연결 유형은 단일 연결을 사용하여 두 개 이상의 리소스로 연결할 수 있고 role 속성은 12장에서 다룰 것이다.

XForms

- 미디어 유형: 없음
- 매체: XML 문서
- 프로토콜 의미 체계: 폼을 통한 임의의 상태 전이(안전한 상태 전이에는 GET, 불안전한 상태 전이에는 POST/PUT/DELETE)
- 애플리케이션 의미 체계: 없음

XForms는 XLink가 하이퍼미디어의 연결이 하는 일을 했던 것처럼 하이퍼미디어 폼이 하는 일을 한다. XML 문서에 HTML 폼과 같은 것을 추가할 수 있는 플러그인 표준이다. XLink와는 다르게, XForms는 자신만의 태그를 정의한다. 다음은 XForms가 간단한 검색 폼을 어떻게 표현하는지에 대한 것이다.

```
<xforms:model>
 <xforms:submission action="http://example.com/search" method="get"
                    id="submit-button"/>
 <xforms:instance>
  <query/>
 </xforms:instance>
<xforms:model>
```

⟨model⟩ 태그는 HTML의 ⟨form⟩ 태그처럼 컨테이너다. ⟨submission⟩ 태그는 어

떤 HTTP 요청을 만들어야 하는지 설명한다. 이 경우 GET 요청을 http://example.com/search로 보낸다. ⟨instance⟩ 태그의 자식은 GET 요청을 위한 쿼리 문자열이나 POST나 PUT 요청을 위한 엔티티 바디를 만드는 방법을 설명한다.

⟨query⟩ 태그는 이 예제를 위해 내가 만든 것이다. 이는 query라는 폼 프로퍼티를 나타낸다. 이 태그의 의미는(이것이 문자열 프로퍼티든 선택 상자이든) XForms의 ⟨input⟩ 태그 안에 따로 정의된다.

```
<xforms:input ref="query">
 <xforms:label>Search terms</xforms>
</xforms:input>

<xforms:submit submission="submit-button">
 <label>Search!</label>
</xforms:submit>
```

⟨input⟩ 태그와 ref="query"는 query 프로퍼티가 사람이 이해할 수 있는 ⟨label⟩과 함께 있는 문자열 입력임을 알려준다. ⟨submit⟩ 태그는 서브밋 버튼에 ⟨label⟩을 부여한다. ⟨model⟩ 태그와 두 개의 ⟨input⟩ 태그는 다음과 같은 HTML 폼의 기능과 비슷하다.

```
<form action="http://example.com/search" method="GET">
 <input type="text" name="query"/>
 <label for="query">Search terms</label>
 <submit value="Search!">
</form>
```

이는 매우 기본적인 예제다. 내가 다루지 않은 XForms의 고급 기능이 많이 있다. W3C 튜토리얼 "XForms for XHTML Authors"[7]는 XForms를 자세하게 설명하기 위해 HTML 폼을 사용하여 순수한 HTML의 기능을 넘어 XForms의 고급 기능들을 알려준다.

GeoJSON : 문제가 되는 유형

우리는 지금까지 하이퍼미디어 동물원에서 건강한 종들을 살펴보았다. 이제 GeoJSON을 살펴보려 한다. 이는 도메인 특화 문서 형식인데 API의 사용성을 해치는 설계 결함 몇 가지를 가지고 있다.[8] GeoJSON을 공격하기 위해 이 설명을 하

---

7 튜토리얼은 w3.org 페이지(http://www.w3.org/MarkUp/Forms/2003/xforms-for-html-authors.html)에 있다.
8 아무도 GeoJSON을 사용하지 않아서 이러한 결함들은 GeoJSON을 망가뜨리지 않는다. 좋지 않은 것에 비해

는 것은 아니다. 나 스스로도 동일한 실수를 해왔다. 이는 일반적인 실수들로, GeoJSON이 여러분이 당장 배우고자 하는 무언가가 아니더라도 일단은 둘러보자.

GeoJSON은 JSON에 기반을 둔 표준으로 지도에 위치를 가리키는 기능 같은 지리적 기능들을 표현하기 위해 설계되었다. 다음은 GeoJSON에 대한 설명이다.

- 미디어 유형: application/json
- 정의된 곳: 기업 표준(http://www.geojson.org/geojson-spec.html)
- 매체: JSON
- 프로토콜 의미 체계: 좌표계의 트랜스클루전을 위한 GET
- 애플리케이션 의미 체계: 지리적 기능들과 기능들의 묶음

API에서 사용하는 대부분의 JSON 기반 문서들처럼 GeoJSON 문서는 특정 프로퍼티들을 포함해야만 하는 JSON 객체다. 다음은 GeoJSON 문서 예로, 지구에서 고대 유적지 위치에 핀을 표시하는 문서다.

```
{
 "type": "FeatureCollection",
 "features":
 [
  {
    "type": "Feature",

    "geometry":
    {
     "type": "Point",
     "coordinates": [12.484281,41.895797]
    },

    "properties":
    {
     "type": null,
     "title": "Column of Trajan",
     "awmc_id": "91644",
     "awmc_link": "http://awmc.unc.edu/api/omnia/91644",
     "pid": "423025",
     "pleiades_link": "http://pleiades.stoa.org/places/423025",
     "description": "Monument to the emperor Marcus Ulpius Traianus"
    }
  }
 ]
}
```

서는 인기가 있다.

UNC의 에인션트 월드 매핑 센터(Ancient World Mapping Center, http://awmc.unc.edu)가 제공하는 실제 API로부터 이 표현을 만들었다. GeoJSON의 애플리케이션 의미 체계는 단순하여 사람이 쉽게 이해할 수 있다. GeoJSON은 FeatureCollection이라는 컬렉션을 표현한다. 이 컬렉션은 오로지 Feature라는 프로퍼티 하나만 포함한다. Feature는 geometry(지도 위의 하나의 Point)를 갖고 있고 사람이 이해할 수 있는 description과 같은 여러 개의 프로퍼티를 갖고 있다.

GeoJSON 표준을 잠깐 보면 geometry는 Point 대신에 LineString(경계선이나 길을 나타냄)이나 Polygon(도시나 국가의 지역을 나타냄)을 사용할 수도 있다.

GeoJSON은 일반적인 하이퍼미디어 컨트롤이 없다

불행히도 GeoJSON 프로토콜 의미 체계는 그저 간단할 뿐이다. GeoJSON의 표현 안에 awmc_link와 pleiades_link를 보았는가? 이것들은 하이퍼미디어 연결처럼 보이지만 사실은 아니다. GeoJSON 표준에 따르면 이것들은 URL처럼 생긴 그냥 단순한 문자열이다. 에인션트 월드 매핑 센터가 GeoJSON API를 설계했을 때 그들의 모든 연결을 properties 목록에 넣어야만 했다. GeoJSON은 이를 위한 하이퍼미디어 컨트롤을 정의하지 않았기 때문이다. 이는 일반적인 GeoJSON 클라이언트는 pleiades_link 연결을 따라갈 수 없거나 심지어 이걸 연결로 인식하지 않을 수도 있음을 의미한다. 이 연결을 따라가려면 에인션트 월드 매핑 센터의 API를 위한 특별한 클라이언트를 작성해야 한다.

GeoJSON이 하이퍼미디어 컨트롤을 전혀 정의하지 않았다면 이를 이해할 수 있었을 것이다. 모든 데이터 형식이 하이퍼미디어 유형일 필요는 없다. 아예 GeoJSON을 이 책에서 언급하지 않았을 수도 있다. 이상한 것은 GeoJSON은 하이퍼미디어 컨트롤을 정의했다는 것이다. 하지만 좌표계를 변경할 때만 유일하게 사용할 수 있는 것이다.

기본적으로 GeoJSON 표현에서 좌표([12.484281, 41.895797])는 위도와 경도로 표현한다. 이는 우리가 익숙한 좌표계다. 우리 지구는 완전한 구 형태가 아니어서 이러한 측정은 WGS84[9]라는 표준을 사용하여 해석한다. 이 표준은 본초 자오선 위치로 지구의 대략적인 모양을 늘어놓은 것이고 '해수면'이 의미하는 것이다.

---

9 산업 표준이지만 이 책에서 언급한 나머지 표준들과는 다른 산업 표준이다. http://earth-info.nga.mil/GandG/publications/tr8350.2/tr8350_2.html 페이지에서 PDF 버전의 표준을 볼 수 있다.

지도 애호가가 아니라면 지구가 둥글다고 가정할 수 있다. 하지만 지도 애호가들은 WGS84를 기본으로 생각한다. 이 외에도 사용할 수 있는 좌표계는 많다. 영국 독자들은 아마 오드넌스 서베이 내셔널 그리드(Ordnance Survey National Grid)에 익숙할지도 모르겠다. 이 좌표계는 위도와 경도 대신에 '동행'과 '북행'을 사용한다. 그리고 영국 제도를 커버하는 700에 1300킬로미터 지역 안에서만 표현이 가능하다. 어디든 여러분이 원하는 대로 지구의 자오선을 두도록 좌표계를 정의할 수 있기 때문에 무한의 좌표계가 있다고 할 수 있다.

이제 이야기는 다시 하이퍼미디어로 돌아간다. 이것이 GeoJSON의 유일한 하이퍼미디어 컨트롤을 위한 것이기 때문이다. GeoJSON은 여러분이 사용 중인 좌표계의 설명으로 연결을 허용한다.

다음은 GeoJSON 문서로 GeoJSON 클라이언트가 인식할 하이퍼미디어 연결을 포함하고 있다.

```
{
 "type":"Feature",
 "geometry":
 {
  "type":"Point",
  "coordinates":[60000,70000]
 },

 "crs": {
  "type": "link",
  "properties": {
    "href": "http://example.org/mygrid.wkt",
    "type": "esriwkt"
    }
  }
}
```

좌표 [60000, 70000]은 정상적인 위도와 경도 값이 아니지만 여기서는 위도와 경도를 사용하고 있지 않기에 괜찮다. 이 예는 http://example.org/mygrid.wkt에 있는 리소스가 정의한 커스텀 crs(coordinate reference system)를 사용하고 있다. 이는 하이퍼미디어의 좋은 사용 예다. GeoJSON의 문제는 좌표계 정의 안에 연결을 허용하는 곳이 유일하다는 점이다.

다음 상태 다이어그램은 GeoJSON의 프로토콜 의미 체계를 설명한다.

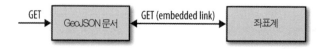

이는 정말 쓸모가 없다! 대부분의 GeoJSON API는 직접 정의한 좌표계를 사용하지 않는다. 우리는 모두 통상적인 위도와 경도에 익숙하다. 하지만 GeoJSON 표준은 이를 허용한다. 직접 정의한 좌표계가 문제 도메인의 핵심적인 측면이기 때문이다. 반대로 많은 API들이 리소스 사이에 잡다한 연결을 제공해야 하지만 추측컨대 문제 도메인에 직접적인 연관이 없기 때문에 GeoJSON 표준은 이 기능이 빠져 있다. JSON은 하이퍼미디어 컨트롤을 전혀 정의하지 않기 때문에 기본적인 데이터 형식은 도움이 되지 않는다. 이것이 왜 API 구현이 awmc_link와 같은 작업을 해야만 하는지에 대한 이유다.

불평은 충분히 하였다. 그럼 나는 어떻게 다르게 할 것인가? 하이퍼미디어에 더 집중한 설계는 각각의 연결 관계를 알려줄 수 있는 links의 목록 같은 것을 허용할 것이다. GeoJSON은 Collection+JSON이나 사이렌과 더 비슷하게 보일 것이다. 그러면 에인션트 월드 매핑 센터는 awmc_link나 pleiades_link 같은 것을 properties 객체에 집어넣을 필요도 없을 것이다.

좌표계로 연결하기 위해 다른 것에 사용했던 것과 같은 종류의 연결을 사용할 수 있다. GeoJSON의 crs는 연결 관계가 될 것이고 심지어 GeoJSON을 사용하지 않는 지도 애플리케이션에서도 유용할 것이다.

특정 애플리케이션을 위해 하이퍼미디어 컨트롤을 갖는 것도 괜찮다. HTML의 〈img〉 태그는 애플리케이션 특정 하이퍼미디어 컨트롤이다. 하지만 간단하고 일반적인 연결 컨트롤로 만들어야 한다.

GeoJSON은 미디어 유형이 없다

GeoJSON에는 또 다른 문제가 있다. GeoJSON에는 등록된 미디어 유형이 없다는 것이다. GeoJSON 문서도 다른 JSON 문서처럼 application/json으로 제공된다. 어떻게 클라이언트가 GeoJSON과 일반 JSON을 구별할 수 있을까?

가장 좋은 해결책은 서버가 GeoJSON을 JSON 프로파일로 취급하는 것이다. 이는 GeoJSON 표준을 rel="profile"의 연결로 제공하는 것을 말한다. JSON 자체에는 하이퍼미디어 컨트롤이 없기 때문에 Link 헤더를 사용해야 한다.

```
Link: <http://www.geojson.org/geojson-spec.html>;rel="profile"
```

GeoJSON을 위한 ALPS 프로파일이나 JSON-LD 콘텍스트를 작성해 Link 헤더를 사용하여 연결을 제공할 수도 있다.

```
Link: <http://example.com/geojson.jsonld>;
rel="http://www.w3.org/ns/json-ld#context"
```

내가 알기로 이 두 가지 중 어느 하나라도 지원하는 GeoJSON 구현은 없는 것으로 알고 있다. GeoJSON은 application/json으로 제공되고 클라이언트는 어느 리소스가 GeoJSON 표현을 제공하고 어느 리소스가 일반 JSON 표현을 제공하는지 미리 알기를 기대한다. JSON의 다른 프로파일을 인식하길 원하는 클라이언트는 모든 JSON 표현에 대해 서버가 지금 제공하는 프로파일이 어느 JSON 표현인지 일일이 직접 확인해 봐야만 한다.

한 클라이언트가 다른 종류의 JSON 프로파일을 다루는 상황이 비현실적이라고 생각되는가? 다음을 생각해 보자. ArcGIS 플랫폼은 GeoJSON과 같은 종류의 정보를 제공하는 API를 포함하고 있다. ArcGIS는 표면적으로 GeoJSON 표현과 거의 같은 JSON 표현을 제공하고, 프로파일 정보 없이 application/json 형태로 제공한다.

나는 한 클라이언트가 GeoJSON과 ArcGIS JSON을 모두 지원하는 것을 이상한 상황이라고 생각하지 않는다. GeoJSON이 application/geo+json으로 제공되고 ArcGIS JSON이 application/vnd.arcgis.api+json으로 제공되었다면 클라이언트 개발자는 Content-Type 헤더 값에 따라 클라이언트 코드를 분기했을 것이고 받아오는 데이터를 파싱하고 난 이후 코드 경로를 다시 합칠 수 있을 것이다. GeoJSON과 ArcGIS JSON이 다른 프로파일로 계속 제공되었다면 개발자는 Link 헤더 값에 기반을 두고 코드를 분기했을 것이다. 다른 JSON-LD 콘텍스트로 제공하였다면 개발자는 여기에 기반을 두고 코드를 분기했을 것이다.

하지만 양쪽 형식 모두 같은 것을 의미하는 것처럼 제공된다. 통합된 클라이언트는 일일이 시도해 보는 방법으로 두 형식을 구별해야만 한다. 또는 아무도 통합된 클라이언트를 생각하지 않을지도 모른다. 마치 두 배가 스쳐 지나가듯이 한 개발자는 GeoJSON API를 위한 GeoJSON 클라이언트를 작성하는 반면 다른 개발자는 ArcGIS 환경에 사용할, 처음 개발자와 상당 부분이 중복되는 ArcGIS 클라이언트를 작성한다.

아무도 이를 비난할 수는 없다. GeoJSON 표준은 2008년에 제정되었다. 이때로 되돌아가 보면 하이퍼미디어 API에 대한 우리의 이해도는 그다지 높지 않았다.

GeoJSON 설계자들은 미디어 유형을 등록하는 것을 잊지 않았다. 이를 고려했고 이 문제를 제기했었다.

하지만 지금은 2008년이 더 이상 아니다. 우리에겐 이제 실제 하이퍼미디어 컨트롤을 JSON에 추가할 수 있는 표준이 있다. 우리는 애플리케이션 수준의 의미 체계를 일반적인 하이퍼미디어 유형에 추가하는 프로파일을 사용할 수 있다. 우리는 application/json으로 제공되는 수백 가지의 일회성의, 상호간에 호환되지 않는 데이터 형식을 보아 왔고 이보다 더 잘 만들 수 있음을 알고 있다.

GeoJSON이 주는 교훈

GeoJSON 객체가 하이퍼미디어 호환 JSON 문서(OData 문서처럼 GeoJSON 포함을 지원하는 방식으로)에 포함되었을 때, 앞에서 언급한 GeoJSON의 두 가지 문제는 모두 사라진다. GeoJSON이 일반적인 하이퍼미디어 컨트롤이 없다는 것이 문제가 되지 않는다. 하이퍼미디어와 관련된 것들을 처리할 수 있는 다른 문서에 포함되었기 때문이다. 또한 GeoJSON이 특별한 미디어 유형이 없다는 것도 문제가 되지 않는다. GeoJSON을 포함하고 있는 문서로부터 이를 상속하기 때문이다. 이 시점에서 GeoJSON은 오픈서치 같은 플러그인 표준이 된다.

다른 형식을 위해 플러그인이 될 수 없는 도메인 특화 형식을 디자인한다고 하면, 이 형식에 고유한 미디어 유형을 주어야 한다. 미디어 유형을 IANA에 등록하는 것도 도움이 된다. 하지만 vnd. 접두사를 사용한다면 아무것도 등록할 필요가 없다.

또한 Maze+XML의 〈link〉 태그처럼 여러분의 형식이 일반적인 하이퍼미디어 컨트롤의 특징을 갖도록 한다. 여러분이 해결해야 할 문제와 아무런 관련이 없기에 일반적인 하이퍼미디어 컨트롤을 제공해야 하는 게 여러분의 의무가 아니라고 생각할지도 모르겠다. 하지만 하이퍼미디어 컨트롤을 제공하지 않는다면 모든 사용자는 awmc_link처럼 그들만의 일회용 설계를 만들고 말 것이다. XML 문서를 위한 XLink나 JSON 문서를 위한 JSON-LD 같은 것을 적용하여 간단한 하이퍼미디어 컨트롤을 채용할 수도 있다.

대체로, 도메인 특화 미디어 유형을 잊어버리고 도메인 특화 애플리케이션 의미 체계, 즉 프로파일을 설계하는 것이 나을 수도 있다. 이러한 의미 체계들은 사이렌 같은 일반적인 하이퍼미디어 유형이나 Collection+JSON 같은 컬렉션 패턴 미디어 유형에 플러그인처럼 사용할 수 있다.

의미 체계 동물원

하이퍼미디어를 기반으로 한 디자인의 다양성과 유연함을 알려주기 위해 하이퍼미디어 동물원의 경이로운 세계를 보여주었다. 이제 다른 동물원을 보여주려고 한다. 다른 문제 도메인을 위한 애플리케이션 의미 체계가 가득한 정원이다. 여기에서 내 목표는 더 확고하다. 다른 사람들이 이미 작업한 것들을 재사용하여 시간 절약에 도움을 주기 위함이다.

9장에서 기존 애플리케이션 의미 체계를 재사용하는 것의 이점에 대해 이야기했다. 여기에 열거했던 프로파일들은 똑똑한 사람들이 문제 도메인에 대해 깊게 고민하고 이름을 정하는 어려움을 겪은 결과물이다. 같은 작업을 반복할 이유는 없다. 가능한 한 기존 의미 체계를 재사용하는 것은 서버 구현에 대한 상세한 내용을 노출해야 하는 상황을 막고, 클라이언트에 영향을 주지 않고, 서버 쪽 세부 사항들을 자유롭게 변경할 수 있도록 한다.

가장 중요한 것은, 다른 API들이 같은 애플리케이션 의미 체계를 공유했을 때, 각 개별 API에 특화된 클라이언트를 작성하는 것 대신 공용 클라이언트를 작성한다든지 아니면 일반적인 의미 처리 라이브러리 작성이 가능해진다는 것이다. 이는 지금 현실보다는 희망에 가깝지만 가까운 장래에는 이렇게 될 것이 명확하다.

의미 체계 동물원의 많은 개별적인 프로파일들을 보여주기보단 프로파일들을 제공하는 등록 기관들에 대해 알려주려고 한다.

연결 관계의 IANA 등록부

- 미디어 유형: 모든 것
- 사이트: IANA 페이지(http://www.iana.org/assignments/link-relations/link-relations.xhtml)
- 의미 체계: 일반적인 탐색

나는 IANA 등록부의 연결 관계에 대해 이 책 전체에서 계속 말하고 있다. IANA 등록부는 국제적인 등록부로 60개의 연결 관계를 가지고 있다. 어느 표현에서든 IANA에 등록된 관계를 사용할 수 있고 여러분의 API를 사용하는 클라이언트가 API가 무엇을 말하고 있는지를 알고 있다고 가정할 수 있다.

RFC나 W3C 권고안 같이 공개 표준으로 정의되어 있고 어느 미디어 유형에도 유용할 정도로 일반적인 연결 관계들만 IANA 등록부로 들어간다. 각 연결 관계는 사람이 이해할 수 있는 짧은 설명이 주어지고 원래 이를 정의했던 표준으로 연결을 제공한다.

9장의 3단계 설계 절차에서 API 설계에 특히 유용한 여러 IANA에 등록된 연결 관계를 언급했다.

마이크로포맷 위키

- 미디어 유형: HTML(몇몇 마이크로포맷을 위한 ALPS 버전도 있다.)
- 사이트: 마이크로포맷 페이지(http://microformats.org/wiki/Main_Page)
- 의미 체계: 사람이 온라인에서 검색하길 원하는 내용들에 관한 것

마이크로포맷 프로젝트는 애플리케이션 의미 체계를 위해 정의된 프로파일로는 첫 번째로 성공한 시도였다. 마이크로포맷은 위키와 메일링 리스트를 통해 공동으로 정의되었다. 안정된 마이크로포맷들로, 다음은 여러분이 관심이 있을 만한 형식들이다.

hCalendar

시간 이벤트를 나타낸다. RFC 2445에 정의된 평문 iCalendar 형식에 기반을 둔다.

hCard

사람과 조직을 나타낸다. RFC 2426에 정의된 평문 vCard 형식에 기반을 둔다. 7장에서 다뤘다.

XFN

사람 사이 관계(friend부터 colleague, sweetheart까지)를 설명한 연결 관계의 집합이다.

XOXO

아웃라인을 나타낸다. 이 마이크로포맷은 HTML에 아무것도 추가하지 않는다는

점에서 흥미롭다. HTML의 기존 애플리케이션 의미 체계를 사용하는 것에 대한 성공 사례만을 제시한다.

다음 마이크로포맷들의 명세는 사실 드래프트들이지만 대부분 몇 년 동안 변경이 없었기 때문에 안정화되었다고 말할 수 있다.

adr

물리적 주소를 나타낸다. 이는 hCard의 하위 형식으로, 주소를 나타내는 부분만을 포함한다. hCard 전체가 필요하지 않을 때 adr을 사용할 수 있다.

geo

위도와 경도를 나타낸다(보통 WGS84 표준을 사용한다!). hCard의 또 다른 하위 형식이다.

hAtom

블로그 글을 나타낸다. RFC 4287에 정의된 아톰 피드 형식에 기반을 둔다. 이는 한 하이퍼미디어 유형(HTML)을 다른 애플리케이션 의미 체계(Atom)로 채택한 흥미로운 예다.

hListing

고용, 개인 광고 등에 관한 서비스 열거를 나타낸다. 이 마이크로포맷은 hReview, hCard, hCalendar 같은 연관된 마이크로포맷을 재사용한다.

hMedia

이미지, 비디오, 오디오 파일들에 대한 기본적인 메타데이터를 나타낸다.

hNews

dateline 같은 뉴스 기사를 위한 몇 가지 추가 서술자를 더한 hAtom 확장이다.

hProduct

제품 목록

hRecipe

조리법

hResume

이력서를 나타낸다.

hReview

rating을 포함한 모든 종류의 리뷰를 나타낸다.

여기에 언급하지 않는 마이크로포맷들이 더 있다. 이것들은 HTML 5에 도입되었고, 이제 IANA에 등록된 연결 관계로 author, nofollow, tag, license 등이다. rel-payment 마이크로포맷 또한 IANA에 등록된 연결 관계인 payment가 되었다.

여기에 언급한 대부분의 마이크로포맷의 애플리케이션 의미 체계를 다루는 ALPS 문서를 만들었다. 이 문서들은 ALPS 등록부 페이지(http://alps.io)에서 볼 수 있다.

마이크로포맷 위키의 연결 관계

- 미디어 유형: HTML
- 사이트: 마이크로포맷 페이지(http://microformats.org/wiki/existing-rel-values)
- 의미 체계: 매우 다양함

마이크로포맷 위키 또한 실제 사용되고 있거나 표준에 정의된 연결 관계들의 거대한 목록이다. 하지만 IANA에는 등록되어 있지 않다. 이 위키 페이지는 HTML 5에서 사용되는 연결 관계를 위한 공식적인 등록 기관이지만 단일 애플리케이션 밖에서도 유용하길 바라는 모든 연결 관계를 위한 비공식 등록 기관이기도 하다. Maze+XML의 연결 관계는 너무 특정 애플리케이션에 특화되어 있기 때문에 IANA에 등록되지 못할 것이다. 하지만 마이크로포맷 위키에는 언급되어 있다.

8장에서 이 위키 페이지를 언급하였고 여기에 정의된 몇 가지 관계의 예를 보여주었다. 이 위키 페이지에서 연결 관계를 고르고 사용하는 것을 추천하지 않는다. 여러분의 클라이언트는 여러분이 뭘 말하고 있는지 이해하지 못할 것이다. 이 페이지의 실제 이점은 여러분이 이전에 몰랐던 표준들을 찾는 데에 있다.

여러분만의 미로 게임 API를 만들 참이었고 maze나 north로 이 페이지에서 검색했다면 아마도 Maze+XML을 발견할 것이다. Maze+XML을 사용할 필요는 없지만 이를 훑어보고 비슷한 문제를 어떻게 해결했는지 정도는 살펴볼 수 있다.

schema.org

- 매체: HTML 5, RDF(ALPS 버전 또한 있다.)
- 사이트: http://schema.org
- 의미 체계: 사람이 온라인에서 검색하길 원하는 내용들에 관한 것

8장에서 내가 언급했듯이 마이크로데이터 항목을 위한 주요한 출처는 schema.org라는 정보 교환소다. 이 사이트는 rNews(뉴스를 위한 것)나 GoodRelations(온라인 상점을 위한 것) 같은 애플리케이션 의미 체계의 표준을 입력받아 이를 마이크로데이터 프로퍼티들로 제공한다. 나는 schema.org의 마이크로데이터 프로퍼티들을 위한 ALPS 문서를 자동으로 생성하고 alps.io에서 볼 수 있도록 했다.

schema.org에는 수백 가지 마이크로데이터 프로퍼티가 있고 schema.org의 메인테이너들이 다른 표준의 제작자들과 함께 그 표준들을 마이크로데이터로 표현하기 위해 일함으로써 더 많이 올라오고 있다. 마이크로데이터 프로퍼티들에 대해 이야기하기보다는 최고 계층 프로퍼티들을 나열하고 주목할 만한 서브클래스들을 언급하려고 한다.

- CreativeWork(Article, Blog, Book, Comment, MusicRecording, SoftwareApplication, TVSeries, WebPage 등 포함)
- Event(BusinessEvent, Festival, UserInteraction 등 포함)
- Intangible은 포괄적인 카테고리의 일종이다. Audience, Brand, GeoCoordinates, JobPosting, Language, Offer, Quantity 등을 포함한다.
- MedicalEntity(MedicalCondition, MedicalTest, AnatomicalStructure 등 포함)
- Organization(Company, NGO, SportsTeam 등 포함)

- Person
- Place(City, Mountain, TouristAttraction 등 포함)
- Product(ProductModel 포함)

여러분이 볼 수 있듯이 schema.org의 마이크로데이터 항목들과 마이크로포맷들은 많은 것이 겹친다. Person 프로퍼티는 마이크로포맷의 hCard와 같은 내용을 다룬다. Event 프로퍼티는 hEvent와, Article은 hAtom과, NewArticle은 hNew와, Recipe는 hRecipe와, GeoCoordinates는 geo와 비슷하다.

주의할 점은 schema.org의 마이크로데이터 항목들은 소비자에게 초점이 맞춰져 있다는 것이다. Product는 고객이 살 수 있는 무언가이지, 클라이언트가 작업하고 있는 프로젝트를 말하는 것이 아니다. Restaurant 프로퍼티의 의미 체계는 레스토랑에서 먹는 것과 많은 관련이 있고 레스토랑을 운영하거나 조사하는 것과는 거의 관계가 없다. SoftwareApplication 항목이 있는데 이는 버그나 유닛 테스트, 버전 컨트롤 저장소, 릴리스 마일스톤 또는 우리가 소프트웨어를 개발할 때 접하는 것들과는 아무런 관련이 없다. 내가 보기에는 의사에게 유용할 만큼 충분히 잘 설명된 항목으로 MedicalEntity가 유일한 것 같지만 실제 의사는 내 의견에 동의하지 않을 것 같다.

정리하면 schema.org 프로젝트는 명확한 관점을 갖고 있다. 이는 백과사전이 아니다. 여러분의 API 도메인과 겹치는 항목들을 정의하고 있다고 하더라도 schema.org가 정의하는 애플리케이션 의미 체계는 여러분이 해당 도메인을 어떻게 바라보는지와는 아무런 관련이 없다.

더블린 코어(Dublin Core)

- 매체: HTML, XML, RDF, 일반 텍스트
- 사이트: 더블린 코어 홈페이지(http://dublincore.org)
- 의미 체계: 출판 작업물

1995년까지 거슬러 올라가보면 더블린 코어는 애플리케이션 의미 체계를 정의하기 위한 최초의 표준이었다. 이는 출판물에 대한 정보인 title, creator, description 등을 15비트의 의미 체계로 정의한다. 이 의미 체계는 의미 체계 서술자나 연결 관계로도 사용할 수 있다.

더블린 코어 메타데이터 이니셔티브(Dublin Core Metadata Initiative)는 DCMI Metadata Terms라는 더 완성된 프로파일을 정의하고 있다. 이 프로파일은 isPartOf 와 replaces 같은 연결 관계뿐 아니라 dateCopyrighted와 같은 의미 체계 서술자를 포함한다.

액티비티 스트림즈

- 매체: 아톰, JSON
- 사이트: 액티비티 스트림즈 홈페이지(http://activitystrea.ms)
- 패밀리: 사람들이 온라인에서 행하는 것들

액티비티 스트림즈는 우리의 온라인 생활을 분리된 '행동들(activities)'의 연속으로 표현하기 위한 기업 표준이다. 각 액티비티는 액터(actor: 보통 컴퓨터를 사용하는 사람을 말함), 동사(verb: 액터가 무엇을 하는지), 그리고 오브젝트(object: 액터가 동사와 같은 행동을 하는 대상)를 포함한다.

여러분이 온라인 비디오를 시청할 때, 이것이 바로 액티비티다. 여러분이 액터가되고 비디오는 오브젝트가 되고 동사는 '재생(play)'이다. 몇몇 액티비티들은 오브젝트뿐 아니라 타깃(target: 행동을 행하는 대상)을 포함하기도 한다. 내가 내 블로그에 새로운 글을 게시할 때 나는 액터가 되고 블로그 글은 오브젝트가 되며 동사는 'post'이고 타깃은 내 블로그가 된다.

액티비티가 데이터 형식임에도 불구하고 이번 절에 액티비티 스트림즈를 넣었다. 이는 데이터 형식은 하이퍼미디어 제어를 정의하지 않기 때문이다. 하지만 여기에는 정말 많은 유용한 의미 체계가 있다. 액티비티 스트림즈는 온라인에서 우리가 행하는 정말 많은 것을 위한 이름과 의미 체계 서술자들을 정의한다(예: Article, Event, Group, Person 등). 더 중요한 것은 동사를 위한 유용한 이름들을 정의한다는 것이다(예: join, rsvp-yes, follow, cancel). 이러한 동사들은 불안전한 상태 전이의 이름으로 사용할 수 있다.

액티비티 스트림즈 표준은 이런 연속된 행동을 아톰 피드로 표현하는 법을 설명한다. 이를 사용하면 아톰의 확장으로 액티비티 스트림즈는 진정한 하이퍼미디어 유형이 될 것이다.

독립된 JSON 기반 버전 액티비티 스트림즈도 있다. 이는 GeoJSON과 같은 문제점을 갖고 있다. 하이퍼미디어 제어가 없기 때문에 다른 일반적인 JSON 문서들과 이를 구별할 방법이 없다.[10] 하이퍼미디어 제어를 JSON 액티비티 스트림즈 문서에 추가하기 위해 JSON-LD나 히드라를 사용해야 할 것이다(12장 참조).

액티비티 스트림즈의 의미 체계와 schema.org의 마이크로데이터 프로퍼티들 사이에도 많은 것이 겹친다. Article, Event, Group, Person 같은 마이크로데이터 프로퍼티들이 있다. UserCheckins 마이크로데이터 프로퍼티는 액티비티 스트림즈의 'checkin' 동사와 비슷하고, UserLikes는 'like'와, UserPlays는 'play'와 비슷하다(공식적으로, 액티비티 스트림즈는 schema.org보다 먼저 나왔다).

ALPS 등록부

나는 일반적인 재사용을 위해 이 페이지(http://alps.io)에서 ALPS 프로파일 등록을 해왔다. 애플리케이션 의미 체계를 그들의 미디어 유형으로부터 자유롭게 하기 위한 내 작업의 일부로 schema.org의 메타데이터 항목들, 많은 마이크로포맷들, 더블린 코어의 ALPS 버전을 만들어오고 있다. 이는 단지 시작일 뿐이다. 여러분이 이책을 읽고 있을 때 나는 다른 표준들의 애플리케이션 의미 체계도 전달할 수 있는 ALPS 프로파일들을 다 만들었기를 희망한다.

API 애플리케이션 의미 체계를 정의하기 위해 ALPS 프로파일을 사용하길 원한다면 여러분에게 알맞은 프로파일을 찾기 위해 alps.io를 검색하거나 기존 프로파일들을 사용하여 새 프로파일을 만들 수도 있다.

API에서 ALPS 프로파일을 사용하기로 결정하였다면 ALPS 등록부에서 프로파일을 자유롭게 참조하도록 한다. 완성되었을 때 여러분의 프로파일을 (여러분의 API의 일부분으로 같이 제공하는 것뿐 아니라) ALPS 등록부에 업로드해 준다면 매우 감사할 것이다. 이렇게 하면 다른 사람들이 여러분의 애플리케이션 의미 체계를 찾아서 재사용할 수 있을 것이다.

---

10 인터넷 드래프트 "draft-snell-activity-streams-type"은 두 번째 문제를 해결한다. 이는 액티비티 스트림즈 문서를 위해 application/stream+json 미디어를 등록한다.

11장

API를 위한 HTTP

월드 와이드 웹(그리고 다른 모든 RESTful API)을 기술 스택으로 생각해 보자. URL은 맨 아래에 있고 리소스가 된다. HTTP 프로토콜은 이러한 리소스 위에서 리소스 표현을 읽는 권한과 기본적인 리소스 상태에 쓰는 권한을 제공한다. 하이퍼미디어는 HTTP 맨 위에 위치하여 하나의 웹 사이트나 API의 프로토콜 의미 체계를 설명한다.

맨 아래 레이어는 "리소스는 어디에 있나?"에 대한 답을 한다. 가운데 레이어는 "내가 어떻게 이 리소스와 통신을 하는가?"에 대한 답을 한다. 맨 위 레이어는 "다음은 무엇인가?"에 대한 답을 한다.

지금까지 이 책은 이 스택의 맨 위 부분에 대해 집중해 왔다. 바로 "다음은 무엇인가?"다. 이는 맨 위 레이어가 가장 어려운 부분이었기 때문이다. 오늘날 대부분의 API는 URL과 HTTP를 올바르게 사용한다. 하지만 하이퍼미디어는 신경조차 쓰지 않는다.

이번 장에서 하이퍼미디어에 대해서는 잠시 쉬고 HTTP의 심화된 프로토콜 의미 체계를 설명하기 위해 한 단계 더 깊게 들어가려고 한다. HTTP 프로토콜 자체에 대해 자세히 말하고 싶진 않다. 이에 대해선 데이비드 고울리(David Gourley)와 브라이언 토티(Brain Totty)가 쓴 『HTTP: The Definitive Guide』(『HTTP 완벽 가이드』,

그림 11-1. 월드 와이드 웹을 구성하는 기술 스택

이응준·정상일 옮김, 인사이트)를 추천한다. API에서 특히 유용한 HTTP 기능에 초점을 맞출 것이다. 이 기능들은 새로운 API 개발자들은 아마도 잘 모를 것이다.

새로운 HTTP/1.1 설계 명세서

이 책에서 나는 HTTP 1.1 설계 명세서의 줄임말로 'RFC 2616'을 사용해 왔다. 하지만 로이 필딩(필딩 논문으로 유명한)과 IETF 워킹 그룹이 함께 새로이 RFC 문서들을 작업하고 있다.

HTTP 프로토콜 자체는 변하지 않을 것이다. 이 작업의 목표는 문서화를 향상시키는 것이다. 새로운 RFC 문서들은 HTTP 프로토콜 의미 체계를 명확하게 할 것이며 RFC 2616이 출판된 이후에 정의된 몇 가지 부가 기능, 예를 들면 https://의 정의 같은 URI 스키마들을 통합할 것이다.

독자들이 이 책을 읽는 시점에 새로운 RFC 문서들이 공표되었기를 바란다. 하지만 여전히 작업 중이라면 워킹 그룹의 문서 목록(http://datatracker.ietf.org/wg/httpbis/)을 방문하여 작업 중인 드래프트들을 읽을 수 있다. 기존 RFC 2616을 읽는 것보다 이렇게 하는 것이 HTTP 프로토콜의 신비한 부분들을 이해하기 더 쉬운 방법이다.

응답 코드

RFC 2616은 41가지 HTTP 응답 코드를 정의한다. 이것들 중 몇 가지는 우리의 목적에 쓸모가 없지만 모든 API 표준의 기본 체계로 정의된 의미 체계의 기본 집합이다. 이러한 선물을 무시할 이유는 없다. 여러분의 API를 위해 404(Not Found)나 409(Conflict)를 다시 발명한다면 모든 사람에게 더 많은 일거리를 만드는 것이다. 표준 응답 코드를 사용하라.

클라이언트가 API로 이상한 데이터를 보낸다면, 응답 코드 400(Bad Request)을 보내고 엔티티 바디는 문제가 무엇인지 설명해 주어야 한다. 200(OK)과 에러 메시지를 함께 보내지 말라. 이는 클라이언트에게 거짓말을 하는 것이다. 이에 대해 OK라는 게 때때로 'OK'를 정말로 의미하지 않는다는 추가적인 문서를 작성해야만 할 것이다.

부록 A에서 HTTP 표준에 정의된 모든 응답 코드를 볼 수 있다. 추가 RFC에서 정의한 몇 가지 유용한 코드도 더 있다.

헤더

RFC 2616은 47가지 HTTP 요청과 응답 헤더를 정의한다. 응답 코드와 마찬가지로 몇 가지는 거의 쓸모가 없지만 모든 API가 이로부터 이득을 볼 수 있는 의미 체계의 기본 집합을 정의한다. 이것들을 사용하자.

API에 중요한 HTTP 기능에 대응하는 헤더가 몇 가지 있는데, 특히 콘텐트 협상과 조건적 요청에 해당한다. 이에 대해 이 장에서 별도의 절로 따로 언급하였다. 부록 B에서는 HTTP 표준이 정의하는 모든 헤더를 볼 수 있다. 또한 이미 여러분이 본 Link 헤더를 포함하여 몇 가지 유용한 확장들도 다루었다.

표현들 사이에서 선택하기

단일 리소스는 많은 표현을 가질 수도 있다. 보통 표현들은 다른 데이터 형식 안에 담긴다. 많은 웹 API가 모든 리소스에 대해 XML과 JSON을 제공한다. 때때로 표현은 서로 다른 인간의 언어로 번역된 산문을 포함하기도 한다. 때때로 다른 표현들이 리소스 상태의 다른 데이터를 표현하기도 한다. 리소스는 '개요 표현(overview representation)'과 '세부 표현(detail representation)'을 가질 수도 있다.

서버가 하나의 리소스에 대해 다양한 표현을 제공할 때 클라이언트가 이것들을 어떻게 구분해야 할까? 클라이언트가 영어, 스페인어, XML, JSON 중 무엇을 원하는 지에 대해 어떻게 신호를 보내야 할까? 여기엔 두 가지 방법이 있다.

콘텐트 협상

클라이언트는 어떠한 표현을 원하는지 서버에 알리기 위해 특별한 HTTP 요청 헤더를 사용할 수 있다. 이러한 과정을 콘텐트 협상이라고 부른다. HTTP 표준은 이를 위해 다섯 가지 요청 헤더를 정의한다. 이 다섯 가지 요청 헤더는 통칭 Accept-* 헤더라 부른다. 이 다섯 가지는 부록 B에서 다루지만 가장 중요한 두 가지인 Accept 와 Accept-Language 헤더는 여기서 설명한다.

웹 API 클라이언트는 대부분 단일 미디어 유형만 이해한다. 클라이언트가 요청을 만들 때 미디어 유형을 물어보기 위해 단순한 Accept 헤더를 보낸다.

```
Accept: application/vnd.collection+json
```

클라이언트는 자신은 Collection+JSON만 이해할 수 있음을 서버에 알린다. 서버 가 아톰이나 Collection+JSON을 제공할 수 있다면 서버는 Collection+JSON으로 데 이터를 제공해야 한다.

웹 브라우저에서 HTTP 요청을 만들 때는 더 복잡한 Accept 헤더를 보낸다.

```
Accept: text/html,application/xhtml+xml,application/xml;q=0.9,*/*;q
=0.8
```

RFC 2616은 Accept-* 헤더에 무엇을 넣을 수 있는지에 대해 복잡한 세부 사항을 알려주지만 이 실제 예제는 무엇이 가능한지에 대해 좋은 예시를 제공한다. 웹 브 라우저의 주요한 일은 웹 페이지를 화면에 표시하는 것이므로 브라우저는 HTTP 표현들(text/html 미디어 유형)과 XHTML 표현들(application/xhtml)을 최우선으 로 두었다. 내 웹 브라우저는 XML 코드(application/xml)도 표시할 수 있지만 바 로 코드를 보여주는 건 좋아 보이지 않으므로 XML은 HTML보다 우선순위가 낮다 (q=0.9). HTML이나 XML 표현 모두 서버가 제공할 수 없다(리소스가 바이너리 이 미지이거나 한 경우) 내 브라우저는 모든 미디어 유형(*/*)을 수락한다. 하지만 이는 최후의 선택 사항으로 여기엔 가장 낮은 우선순위를 부여하였다(q=0.8)

내 웹 브라우저는 내가 페이지를 방문할 때 어느 언어를 먼저 보고 싶은지에 대한 언어 선호에 관한 설정이 있다. 내가 만드는 모든 HTTP 요청에는 웹 브라우저가 내 언어 선호도에 관한 값을 Accept-Language 헤더에 넣는다.

```
Accept-Language: en-us, en; q=0.5
```

이는 내가 미국 영어를 선호하지만 두 번째 선택으로 다른 모든 종류의 영어를 수락하겠다는 의미다(실제로 이런 것에 까다롭지는 않지만 이것이 내가 내 브라우저에 명령한 것이다).

서버가 여전히 Accept-* 제한 때문에 요청을 수행하지 못한다면 서버는 응답 코드 406(Not Acceptable)을 보낼 수 있다.

프로파일 협상하기

8장에서 profile 미디어 유형 매개 변수를 하찮은 것처럼 설명했다. 이는 많은 미디어 유형이 이를 지원하지 않았기 때문이었지만 콘텐트 협상에서는 큰 이점이 있다. 미디어 유형이 profile 매개 변수를 지원하면 콘텐트 협상을 사용해 특정 프로파일을 요청할 수 있다. 다음은 클라이언트가 hCard 마이크로포맷을 사용하는 XHTML 표현을 원할 때의 예제다.

```
Accept: application/xml+xhtml;profile="http://microformats.org/wiki/
hcard"
```

이 클라이언트는 같은 데이터 형식(XHTML)을 원하지만 schema.org의 마이크로데이터로 표현된 데이터를 원한다.

```
Accept: application/xml+xhtml;profile="http://schema.org/Person"
```

프로파일이 Link 헤더를 통해 전달된다면 이를 사용할 수 없다. 당연하지만 미디어 유형이 profile 매개변수를 지원하지 않으면 이를 사용할 수 없다.

하이퍼미디어 메뉴

콘텐트 협상에 대해 알아보았다. 하지만 클라이언트가 원하는 표현을 일반적으로 어떻게 찾을지 고려해 보자. '리소스 협상' 과정은 없다. 대신에 클라이언트는 API의 광고판 URL로 GET 요청을 보내고, 서버는 다른 리소스들로의 하이퍼미디어 연결을 포함한 홈페이지 표현을 제공한다. 클라이언트는 클라이언트가 따라가길 원하는 연결을 선택하고 다른 표현을 갖기 위해 다른 GET 요청을 만든다. 클라이언트는 이렇게 하나씩 선택을 함으로써 클라이언트가 원하는 리소스를 찾는다.

이러한 전략은 선택 사항이 데이터 형식 사이에 있을 때 잘 동작한다. HTTP의 콘텐트 협상 기능은 단지 몇 가지 경우에 대해서만 최적화를 한다. 콘텐트 협상 기능을 사용하는 대신, 각각의 표현에 자기 자신만의 URL을 줄 수 있다. 이 방법은 각 표현을 독립된 리소스로 만들 수 있다.

서버는 응답 코드 300(Multiple Choices)을 보냄으로서 이 리소스들 사이에 선택을 제안한다. 엔티티 바디는 다른 선택들로 연결하는 링크를 가진 하이퍼미디어 문서를 포함해야만 한다. 만약 이렇게 한다면 다른 연결 끝에 무엇이 있는지를 설명할 수 있는 하이퍼미디어 유형을 사용해야 한다. 그렇지 않으면 클라이언트들은 어느 링크를 클릭해야 할지 알 수 없다.

HTML의 ⟨a⟩와 ⟨link⟩ 태그는 type 속성을 통해 이를 잘 지원한다.

```
<a href="/resource/siren" type="application/vnd.siren+json" rel="alternate">
 The Siren version.
</a>

<a href="/resource/html" type="text/html" rel="alternate">
 The HTML version.
</a>
```

hreflang 속성은 다른 연결 끝에 있는 언어에 대한 힌트다.

```
<a href="/resource.es" hreflang="es">
 Para la versión en español, haga clic aquí.
</a>
```

대부분의 하이퍼미디어 유형이 이러한 기능들을 가지고 있지 않으므로 헤더 기반 콘텐트 협상을 보통 추천한다.

정규 URL(Canonical URL)

리소스가 하나 이상의 URL을 가지고 있을 때면 이것들 중 하나를 공식적인, 또는 정규 URL로 결정해야 한다. 이는 클라이언트가 HTTP 요청을 이 URL로 보내기보다는 이 리소스에 대해 이야기할 때 사용해야만 한다.

이를 위한 두 가지 방법이 있다. 첫 번째로 표준 HTTP 헤더 Content-Location을 현재 리소스의 정규 URL을 가리키는 하이퍼미디어 컨트롤로 사용할 수 있다. 또한 IANA에 등록된 연결 관계인 canonical이 있다. 이 연결 관계는 같은 기능을 제공한다. 표현에 canonical을 사용하거나 Link 헤더를 사용할 수 있다.

HTTP 성능

HTTP 클라이언트는 언제든, 무엇이든 클라이언트가 원하는 HTTP 요청을 만들 수 있도록 되어 있다. 하지만 몇 가지 요청은 시간을 낭비하는 걸로 밝혀졌다. HTTP는 다음과 같이 여러 가지 최적화를 정의한다. 의미 없는 요청들을 감소시키는 것(캐싱), 의미 없는 요청의 비용을 감소시키는 것(조건적 요청), 전반적으로 요청의 비용을 감소시키는 것(압축)이다.

캐싱

캐싱(caching)은 HTTP의 가장 복잡한 부분 중 하나다. RFC 2616은 캐시 무효화에 대한 자세한 규칙들을 담고 있고, 캐싱 프락시 같은 HTTP 중개자에 연관된 많은 이슈도 담고 있다. 여기에서는 HTTP 헤더의 Cache-Control을 사용하여 웹 API에 캐시를 추가하는 가장 간단한 방법에 초점을 맞추려고 한다. 부록 B에서 Expires 헤더에 대해서도 다룰 것이다. 이는 또 다른 일반적인 상황에서 유용할 것이다. 다른 모든 복잡한 것들에 대해서는 『HTTP 완벽 가이드』와 RFC 2616을 교체하려는 현재의 노력인 인터넷 드래프트의 "draft-ietf-httpbis-p6-cache"를 참고하길 추천한다.

다음은 HTTP GET 요청에 대한 응답의 일부분으로 Cache-Control 헤더 내용이다.

```
HTTP/1.1 200 OK
Content-Type: text/html
Cache-Control: max-age=3600
...
```

max-age 값은 클라이언트가 이 HTTP 요청을 다시 만들기 전까지 얼마나 기다려야 하는지를 알려준다. 클라이언트가 이 응답을 받고 30분 뒤에 다시 요청을 보내기 원한다면 기다려야만 할 것이다. 서버는 한 시간(3600초) 뒤에 다시 확인하라고 말했기 때문이다.

이러한 캐싱 지시 사항은 엔티티 바디뿐 아니라 헤더와 응답 코드를 포함한 HTTP 전체 응답에 적용된다. 클라이언트가 정말로 HTTP 응답을 봐야만 한다면 요청을 다시 만들지 않고 캐시된 응답을 확인해야만 한다.

또 다른 일반적인 Cache-Control의 사용은 클라이언트가 캐시를 한다고 하더라도 서버가 클라이언트에게 응답을 캐시하지 말라고 말하는 것이다.

```
HTTP/1.1 200 OK
Content-Type: text/html
Cache-Control: no-cache
...
```

이는 리소스 상태가 휘발성이라 이 리소스의 표현이 결과를 보내는 동안에 아마도 쓸모없는 상태가 됨을 가리킨다.

표현을 제공할 때 Cache-Control을 설정하는 것은 얼마나 표현이 자주 변경될 것인지에 대한 판단을 필요로 한다. 판단을 잘못한다면 사용자들이 업데이트되지 않은 데이터를 받게 될 것이다.

하이퍼미디어 컨트롤로만 구성된 표현이 API 구현을 업그레이드할 때만 변경되는 표현이라면 max-age를 높게 설정하는 것도 괜찮다. 아니면 다음에 나오는 내용을 이용할 수도 있다.

조건적 GET(Conditional GET)

때때로 언제 리소스 상태가 변경되는지 모르는 경우가 있다(컬렉션 유형 리소스들은 이런 점에서 최악이다). 항상 변화할 수도 있고 얼마나 자주 변화가 일어나는지 예측하지 못할 수도 있다. 어느 경우이든 max-age의 값을 결정할 수 없기 때문에 한동안 해당 리소스에 대한 요청을 만들지 말라고 클라이언트에게 말할 수 없다. 대신에 클라이언트가 해당 요청이 필요할 때마다 요청을 만들도록 하고 변경된 사항이 없으면 서버의 요청을 제거하는 방법이 있다.

이런 클라이언트 측 기능을 조건적 GET이라 부른다. 이를 지원하기 위해 Last-Modified나 ETag 헤더를 표현에 같이 제공해야 한다(더 나은 방법은 둘 다 제공하는 것이다). Last-Modified 헤더는 언제 이 리소스의 상태가 마지막으로 변경되었는지를 클라이언트에 알려준다. 다음은 HTTP 응답 예제다.

```
HTTP/1.1 200 OK
Content-Length: 41123
Content-type: text/html
Last-Modified: Mon, 21 Jan 2013 09:35:19 GMT
```

```
<html>
...
```

클라이언트는 Last-Modified 값을 기록하고 다음번 요청을 만들 때 이 값을
HTTP 헤더 If-Modified-Since에 넣는다.

```
GET /some-resource HTTP/1.1
If-Modified-Since: Mon, 21 Jan 2013 09:35:19 GMT
```

If-Modified-Since에 주어진 날짜 이후로 리소스가 변경되었다면 특별한 일이 발
생하지 않는다. 서버는 응답 코드 200을 보낼 것이며 업데이트된 Last-Modified 값
과 전체 표현을 보내줄 것이다.

```
HTTP/1.1 200 OK
Content-Length: 44181
Content-type: text/html
Last-Modified: Mon, 27 Jan 2013 07:57:10 GMT

<html>
...
```

하지만 표현이 마지막 요청 이후로 변경되지 않았다면 서버는 상태 코드 304(Not
Modified)를 엔티티 바디 없이 보낸다.

```
HTTP/1.1 304 Not Modified
Content-Length: 0
Last-Modified: Mon, 27 Jan 2013 07:57:10 GMT
```

이는 서버와 클라이언트 양쪽 모두의 시간과 네트워크 사용량을 절약한다. 서버
는 표현을 보낼 필요가 없고 클라이언트는 받을 필요가 없다. 표현이 리소스 상태
로부터 동적으로 생성되는 것들 중 하나라면 조건적 요청은 서버의 표현을 생성하
기 위한 노력도 줄여준다.

물론 이는 무언가 부가적인 작업을 해야 함을 의미한다. 모든 리소스에 대해 마
지막으로 변경된 시점을 계속 추적해야 하고, Last-Modified의 값은 리소스가 아니
라 표현이 변경된 날짜임을 기억해야 한다. 다른 표현들을 포함하는 컬렉션 리소스
를 가지고 있다면 이 리소스의 Last-Modified는 여기에 포함된 어느 표현 중 하나라
도 변경된 시점의 값을 가지고 있어야 한다.

Last-Modified보다 더 쉽게 구현할 수 있는 또 다른 전략이 있다. 이는 몇 가지 경
쟁 조건을 피한다. ETag 헤더('entity tag'를 의미함)는 요청에 대응하는 표현이 변할

때마다 변경되어야만 하는 무의미한 문자열을 포함한다.

다음은 ETag를 포함한 HTTP 응답 예제다.

```
HTTP/1.1 200 OK
Content-Length: 44181
Content-type: text/html
ETag: "7359b7-a37c-45b333d7"

<html>
...
```

클라이언트가 같은 리소스에 대해 두 번째 요청을 할 때 이는 If-None-Match 헤더를 원래 응답의 ETag에서 가져온 값으로 설정한다.

```
GET /some-resource HTTP/1.1
If-None-Match: "7359b7-a37c-45b333d7"
```

If-None-Match에 있는 ETag가 표현의 현재 ETag와 같다면 서버는 304(Not Modified) 응답을 비어 있는 엔티티 바디와 함께 돌려준다. 표현이 변경되었다면 서버는 200(OK) 응답을 전체 엔티티 바디, 그리고 갱신된 ETag와 함께 돌려준다.

Last-Modified를 제공하면 많은 타임스탬프를 기록하고 관리해야 하지만 ETag는 다른 추가 데이터 추적 없이 생성할 수 있다. MD5 해시 같은 변환은 긴 문자열을 유일한 짧은 문자열로 변환할 수 있다.

문제는 이런 변환을 하나 실행할 수 있게 되는 시점에는 이미 표현을 문자열로 생성해 두었다는 것이다. 결국에는 표현을 보내지 않음으로써 네트워크 사용량을 줄일지도 모르겠지만 이를 생성하기 위한 작업은 이미 완료하게 된다. 네트워크 사용량을 줄이는 것이 아니라 시간을 절약하기 위해 ETag를 사용한다면 표현의 ETag를 캐시해야 하고 표현이 변경되었을 때 해당 캐시를 무효화해야 한다.

Last-Modified나 ETag 모두 조건적 요청을 지원하지만 두 가지 모두 지원하는 것이 이상적이고 ETag가 Last-Modified보다 더 신뢰할 만하다.

LBYL(Look-Before-You-Leap) 요청

조건적 GET은 많은 수의 클라이언트가 이미 가진 표현들을 클라이언트로 보내는 것을 서버가 방지하기 위한 목적으로 디자인되었다. 덜 사용되긴 하지만 HTTP의 또 다른 기능으로는 무의미하게 많은(또는 민감한) 표현들을 서버로 보내는 것을 방지하는 것이다. 이러한 종류의 요청을 위한 공식적인 이름은 없다. 그래서 『RESTful 웹 서비스』에서 우스운 이름인 LBYL(Look-Before-You-Leap) 요청을 소개했는데, 거의 이 이름으로 확정된 것 같다.

LBYL 요청을 생성하기 위해 클라이언트는 엔티티 바디를 제외하고 PUT과 같은 불안전한 요청을 보낸다. 클라이언트는 Expect 요청 헤더를 문자열 100-continue로 설정한다. 다음은 LBYL 요청의 예다.

```
PUT /filestore/myfile.txt HTTP/1.1
Host: example.com
Content-length: 524288000
Expect: 100-continue
```

이는 실제 PUT 요청이 아니다. 이는 미래에 사용 가능한 PUT 요청에 대한 질문이다. 클라이언트는 다음과 같이 서버에 묻는다. "내가 새로운 표현을 /filestore/myfile.txt로 PUT하게 허가하는가?" 서버는 해당 리소스의 현재 상태와 클라이언트가 제공한 HTTP 헤더에 기반을 두고 결정한다. 이 경우, 서버는 Content-Length를 확인하고 500MB 크기 파일을 수락할지 말지 결정한다.

앞의 질문의 대답이 "예"라면 서버는 상태 코드 100(Continue)을 보낸다. 그러면 클라이언트는 Expect 헤더를 제거하고 500MB 크기 파일을 엔티티 바디에 포함한 PUT 요청을 다시 보낼 것으로 기대된다. 서버는 이 표현을 수락함을 동의하였다.

대답이 "아니오"라면 서버는 상태 코드 417(Expectation Failed)을 보낸다. 이 대답은 /filestore/myfile.txt에 있는 리소스에 클라이언트가 적당한 인증 확인을 하지 않았다는 이유로 쓰기 보호가 걸렸다거나 또는 500MB 크기가 단순히 너무 큰 이유로 "아니오"라고 서버가 응답했을 수도 있다. 이유가 무엇이든 간에 초기의 LBYL 요청은 클라이언트가 거절당할 500MB 크기의 데이터를 보내는 상황을 방지하였다. 이는 클라이언트와 서버 모두에게 더 좋다.

물론 잘못된 표현을 가진 클라이언트는 상태 코드 100을 받기 위해 헤더에 거짓 정보를 보낼 수 있지만 이는 아무 효과가 없을 것이다. 서버는 첫 번째 요청을 수락했다고 하더라도 두 번째 요청이 올 때는 잘못된 표현을 더는 수락하지 않을 것이다. 클라이언트의 대량 업로드는 아마도 응답 코드 413(Request Entity Too Large)에 의해 제지당할 것이다.

압축

JSON과 XML 문서 같이 문자 그대로의 표현은 원래 크기보다 작게 압축할 수 있다. HTTP 클라이언트 라이브러리는 표현의 압축된 버전을 요청할 수 있고 사용자를 위해 투명하게 압축을 풀 수 있다.

다음은 이것이 어떻게 동작하는지 보여준다. 클라이언트가 요청을 보낼 때 이 요청은 Accept-Encoding 헤더를 포함한다. 이 헤더는 어느 압축 알고리즘을 클라이언트가 이해할 수 있는지 알려준다. IANA는 IANA 페이지(http://www.iana.org/assignments/http-parameters/http-parameters.xml, 'content-codings' 목록이다)에서 수락 가능한 값들의 등록을 보관하는데 여기서 여러분이 사용하길 원하는 값은 gzip이다.

```
GET /resource.html HTTP/1.1
Host: www.example.com
Accept-Encoding: gzip
```

서버가 Accept-Encoding에 언급된 압축 알고리즘 중 하나를 이해한다면 해당 표현을 제공하기 전에 이를 해당 알고리즘으로 압축한다. 서버는 표현이 압축되지 않았을 때와 동일한 Content-Type을 보낸다. 하지만 Content-Encoding 헤더도 보내기 때문에 클라이언트는 문서가 압축되었는지 여부를 알 수 있다.

```
HTTP/1.1 200 OK
Content-Type: text/html
Content-Encoding: gzip

[바이너리 표현은 여기에 위치한다.]
```

클라이언트는 Content-Encoding에 주어진 알고리즘을 사용하여 데이터 압축을 해제하고 Content-Type에 주어진 미디어 유형으로 이를 처리한다. 이 경우 클라이언트는 gzip 알고리즘을 사용하여 바이너리 데이터를 HTML 문서로 압축을 해제한다. 클라이언트 입장에서 보면 HTML을 요청했고 다시 HTML을 받았다. 이 기술은 매우 낮은 비용의 복잡도로 네트워크 전송량을 많이 줄여준다.

부분 GET(Partial GET)

HTTP 부분 GET은 클라이언트가 표현의 일부분만 받을 수 있도록 허용한다. 보통 이는 중단된 다운로드를 다시 이어받을 때 사용된다. 대다수 웹 서버는 부분 GET을 정적 콘텐트에 대해 지원한다. 여러분의 API가 큰 정적 파일을 제공한다면 부분 GET을 지원하는 노력이 가치가 있을 것이다.

부분 GET을 지원하는 리소스는 Accept-Ranges 응답 헤더에 문자열 bytes를 설정하여 보통의 GET 응답에 이 사실을 알려준다. 다음은 매우 큰 비디오 파일에 대한 성공적인 GET 요청에 대한 응답이다.

```
HTTP/1.1 200 OK
Content-Length: 1271174395
Accept-Ranges: bytes
Content-Type: video/mpeg
```

[바이너리 표현은 여기에 위치한다.]

다운로드가 중단되면 부분 GET을 지원하는 클라이언트는 처음부터 시작하는 대신 중단된 지점부터 다운로드를 재개할 수 있다. 다음은 비디오 파일의 마지막 몇 킬로바이트를 다시 다운로드하기 위한 요청이다.

```
GET /large-video-file
Range: 1271173371-
```

응답은 다음과 같을 것이다.

```
206 Partial Content
Content-Type: video/mpeg
Content-Range: 1271173371-1271174395
Content-Length: 1024
```

[바이너리 표현은 여기에 위치한다.]

이론적으로 부분 GET은 표현을 바이트 단위가 아니라 논리적 단위로 분할하도록 사용할 수 있다. 이런 환상의 세계에서는 Accept-Range 헤더는 bytes가 아닌 다른 값을 가질 수 있다. Range 헤더는 다섯 개 아이템 컬렉션 중에서 두 개의 아이템을 가져오는 데 이용할 수 있다.

이는 매우 멋진 아이디어이지만 여기에는 표준이 없다. 그래서 일반적으로 독자적인 프로토콜 의미 체계를 만드는 것을 반대한다. 컬렉션을 분할해서 큰 전체를 받기 위해 여러 개의 HTTP 요청을 사용한다면 여러 '페이지' 리소스를 만들고 IANA에 등록된 연결 관계인 next나 previous 등을 사용하여 이 표현들을 연결해야 한다.

파이프라이닝

파이프라이닝은 클라이언트가 여러 개의 HTTP 요청을 한 번에 보낼 수 있도록 허용함으로써 지연을 감소시킨다. 서버는 요청을 받은 순서대로 차례대로 응답을 보내준다. 파이프라이닝은 클라이언트가 하나의 TCP 연결에 여러 개의 요청을 보낼 수 있도록 하는 영속 연결(persistent connection)에 의존하지만 이와는 다르다.

클라이언트는 멱등성이 있는 연속된 HTTP 요청들을 이 연속된 요청 전체가 멱등성이 있는 한 파이프라이닝할 수 있다. 연결이 중단되면 전체 요청을 다시 보내고 같은 결과를 받을 수 있어야 한다.

다음은 단순한 예제다. 파이프라인을 통해 두 개의 요청을 보내려고 한다. 첫 번째는 리소스의 표현을 가져오고 그 다음으로 리소스를 삭제한다.

```
GET /resource
DELETE /resource
```

GET과 DELETE는 멱등성이 있지만 이 둘의 조합은 그렇지 않다. 이 요청들을 보낸 후에 네트워크에 문제가 생겨서 이 파이프라인의 첫 번째 응답을 받지 못했다면 요청들을 다시 보내서 같은 결과를 받을 수 없을 것이다. 리소스가 더는 서버에 없을 것이다. 이러한 복잡성 때문에 GET 요청들의 문자열에 대해서만 파이프라이닝을 추천한다.

이러한 복잡성에 더하여, 파이프라이닝은 성능 향상에 그다지 도움을 주지 않는다. 파이프라이닝은 오로지 클라이언트가 같은 도메인에 길고 연속된 HTTP 요청들을 보낼 때에만 성과를 내는데 웹 사이트들은 대부분 다른 도메인으로부터 온 요소들을 포함하고 있다.

브라우저가 아닌 API 클라이언트는 단일 도메인에 대해 길고 연속된 요청들을 만들지만 파이프라이닝은 하이퍼미디어 기반 API에서도 그렇게 유용하지 않다. 하이퍼미디어 API는 일반적으로 클라이언트가 다른 요청을 만들기 전에 이전 요청에 대한 응답을 분석해야 하기 때문이다. 아마도 대다수 HTTP 클라이언트 라이브러리가 파이프라이닝을 지원하지 않는 이유일지도 모른다.

근본적으로 이 기능은 실패한 기능 중 하나다. HTTP 2.0 프로토콜(이 장의 마지막 절에서 다룰 것이다)은 HTTP 파이프라이닝을 좀 더 유용한 방법으로 구현해야만 한다. 현재의 파이프라이닝은 5장의 mapmaker 같은 클라이언트나 지연이 심한 모바일 기기에 더 유용했을 것이다. 조건적 GET처럼 꼭 있어야 하는 것은 아니지만 성능 향상을 고려해야 한다면 파이프라이닝은 고려해 볼 가치가 있다. 내가 줄 수 있는 가장 좋은 추천이다.

업데이트를 못한 문제 피하기

앞에서 GET 요청을 만들 때 시간과 데이터 사용량을 절약하기 위해 ETag와 Last-Modified를 소개하였다. 하지만 조건적 요청들은 PUT이나 PATCH 같은 불안전한 HTTP 메서드를 사용할 때 업데이트하려던 데이터의 유실을 막는 데에도 유용하게 사용할 수 있다.

앨리스와 밥이 다른 API 클라이언트를 사용하여 장바구니 목록을 편집하려 한다고 가정한다. 이들은 동일한 HTTP 요청을 만드는 것에서 시작한다.

```
GET /groceries HTTP/1.1
Host: www.example.com
```

그리고 동일한 표현을 가져온다.

```
HTTP/1.1 200 OK
Content-Type: text/plain
ETag: "7359b7-a37c-45b333d7"
Last-Modified: Mon, 27 Jan 2013 07:57:10 GMT

Pastrami
Sauerkraut
Bagels
```

앨리스는 장바구니 목록에 항목을 추가하고 새로운 표현을 PUT으로 보낸다.

```
PUT /groceries HTTP/1.1
Host: www.example.com
Content-Type: text/plain

Pastrami
Sauerkraut
Bagels
Eggs
```

앨리스는 200(OK) 응답을 받는다.

하지만 앨리스가 이런 일을 하고 있다는 사실을 모르는 밥은 목록에 항목을 추가하고 그의 새로운 표현을 PUT으로 보낸다.

```
PUT /groceries HTTP/1.1
Host: www.example.com
Content-Type: text/plain

Pastrami
Sauerkraut
Bagels
Milk
```

밥 또한 200(OK) 응답을 받는다. 하지만 앨리스의 목록, 즉 'Eggs'를 포함한 버전은 사라졌다. 밥은 앨리스의 버전에 대해선 전혀 알지 못한다.

이러한 종류의 비극은 불안전한 조건적 요청을 만들어서 피할 수 있다. 조건적 GET으로 우리는 표현이 변경되었을 때에만 해당 요청이 처리되길 원했다. 여기에서 밥은 그의 PUT 요청이 표현이 변경되지 않았을 경우에만 처리되길 바라고 있다. 사용할 기술은 동일하지만 조건이 역으로 된 경우다. If-Match 대신에 클라이언트는 반대되는 헤더인 If-None-Match를 사용하면 된다. If-Modified-Since 대신에 클라이언트는 If-Unmodified-Since를 사용한다.

밥이 다음과 같은 조건적 PUT 요청을 만들었다고 가정해 보자.

```
PUT /groceries HTTP/1.1
Host: www.example.com
Content-Type: text/plain
If-Match: "7359b7-a37c-45b333d7"
If-Unmodified-Since: Mon, 27 Jan 2013 07:57:10 GMT

Pastrami
Sauerkraut
Bagels
Milk
```

200(OK) 대신에 서버는 상태 코드 412(Precondition Failed)를 보냈을 것이다. 밥의 클라이언트는 이미 다른 누군가가 장바구니 목록을 수정했다고 알아챘을 것이다. 현재 표현을 덮어쓰는 대신에 밥의 클라이언트는 새 표현을 위한 GET 요청을 보낼 수 있다. 그리고 새 표현의 목록을 밥의 버전과 합치려고 시도할 것이다. 또는 이 문제를 밥에게 알려서 밥이 직접 해결하도록 할 수도 있다. 이는 미디어 유형과 애플리케이션 종류에 달려 있다.

내 의견으로는 여러분의 API 구현은 클라이언트가 조건적 PUT과 PATCH 요청을 만들도록 요구해야 한다고 생각한다. 클라이언트가 보통의 PUT과 PATCH 요청을 만들려고 한다면 상태 코드 428(Precondition Required)을 보내야 한다.

인증

단순함을 위해 이 책에서는 인증을 지금까지 언급하지 않았다. HTTP 요청을 보내면 응답을 받았다. 실제로 이렇게 동작하는 API가 많이 있지만 API들은 대부분 인증을 거쳐야 한다.

인증에는 두 단계가 있다. 첫 번째 단계는 사용자가 자신의 증명을 서버에 제공하는 것이다. 보통 이는 사람이 웹 브라우저를 통해 API 서버에 계정을 만들거나 기존에 웹 사이트에 만들었던 계정을 API 서버에 등록하거나 하는 것이다.

두 번째 단계는 이 사용자의 증명을 각 API를 요청할 때마다 자동으로 첨부하는 것이다.

왜 모든 HTTP 요청에 증명을 포함해야 할까? 이는 상태가 없는 제약 조건 때문인데 서버는 각 요청 사이에 클라이언트에 대해 완전히 잊어버린다. RESTful 서버 구현에서는 세션 데이터가 없다.[1]

몇 가지 인증 기법은 등록으로 부르는 0단계를 포함하기도 한다. 여기에서 개발자는 웹 브라우저를 사용하여, 작성하고 있는 클라이언트 소프트웨어에 대한 증명을 설정해야 한다. 수천 명의 사람들이 이 클라이언트를 결국 사용하게 된다면 각 사용자는 각각의 증명(1단계)을 설정해야만 할 것이다. 하지만 이 사용자들은 모두 클라이언트의 증명을 공유하게 될 것이다. API가 이러한 기법을 적용할 때 HTTP 요청을 만들 클라이언트는 클라이언트 증명과 사용자 증명을 모두 제출해야 한다.

WWW-Authenticate과 Authorization 헤더

이제 세 가지 인기 있는 인증 방법을 다루려 한다. 우선 이 세 가지가 모두 HTTP 인증 헤더를 사용하는 공통점이 있다는 걸 말해 둔다.

1장에서 그랬던 것처럼 우리 이야기는 우리의 주인공 앨리스가 표현을 위한 단순한 요청을 만드는 것에서 시작한다.

---

[1] 이 조언을 무시하고 API에 세션을 구현한다면 세션 ID는 매 요청마다 제시될 일종의 임시 증명이 될 것이다. 여러분이 해온 모든 것은 기존에 존재하는 증명 체계의 맨 위에 복잡한 또 다른 층을 하나 더 더하는 것이 된다.

```
GET / HTTP/1.1
Host: api.example.com
```

하지만 이번에는 서버가 요청받은 표현의 제공을 거절한다. 대신에 다음과 같은 에러를 리턴한다.

```
401 Unauthorized HTTP/1.1
WWW-Authenticate: Basic realm="My API"
```

401 응답 코드는 인증을 요구하는 것이다. WWW-Authenticate 헤더는 서버가 어떠한 종류의 인증을 수락하는지 설명한다. 이 경우 서버는 클라이언트가 HTTP 기본 인증을 사용하길 원한다.

앨리스는 어떻게든 증명을 얻어야 한다. 세부 사항은 사용되는 인증 방법에 따라 결정된다. 앨리스가 증명을 구하는 대로 HTTP 요청을 다시 만들 수 있고 Authorization 헤더에 증명을 넣어서 보낼 수 있다.

```
GET / HTTP/1.1
Host: api.example.com
Authorization: Basic YWxpY2U6cGFzc3dvcmQ=

This time, the server will hopefully give Alice the representation
she asked for.
```

기본 인증(Basic Auth)

HTTP 기본 인증은 RFC 2617에 설명되어 있다. 이는 단순한 사용자 이름/비밀번호 체계다. API 사용자는 사용자 이름과 비밀번호를 미리 설정해야 한다. 아마도 웹 사이트에 계정을 등록하거나 아니면 API 계정 요청을 이메일로 보낸다든가 하는 방법으로 말이다. 주어진 사이트에 대해 사용자 이름이나 비밀번호를 어떻게 가져 오는지에 대해서는 정해진 표준이 없다.

하지만 앨리스가 사용자 이름과 비밀번호를 갖고 나면 앨리스는 원래의 HTTP 요청을 다시 만들 수 있다. 이번에는 요청 헤더 Authorization의 값을 생성하기 위해 사용자 이름과 비밀번호를 이전 절에서 본 것처럼 사용한다.

서버가 앨리스를 인증하고 해당 요청을 수락하여 401 에러 대신에 표현을 리턴하였다.

```
HTTP/1.1 200 OK
Content-Type: application/xhtml+xml
...
```

기본 인증은 단순하지만 두 가지 큰 문제점이 있다. 우선 이는 안전하지 않다. YWxpY2U6cGFzc3dvcmQ=이란 값은 암호화된 것처럼 보이지만 실제로 이는 Base64[2]라는 단순하고 역변환이 가능한 변환을 통한 alice:password 문자열이다. 이는 누구나 앨리스의 인터넷 연결을 엿보고 있다면 앨리스의 비밀번호를 알 수 있음을 의미한다. 이들은 Authorization: Basic YWxpY2U6cGFzc3dvcmQ=을 포함한 HTTP 요청을 보내서 앨리스인 척 가장할 수 있다.

이 문제는 API가 보통의 HTTP 대신에 HTTPS를 사용하면 해결된다. 누군가 앨리스의 인터넷을 엿보고 있다면 앨리스가 열어둔 연결들을 볼 것이지만 SSL이 이 모든 요청과 응답을 암호화할 것이다.

RFC 2617은 다이제스트(Digest)라는 두 번째 인증 방법을 정의한다. 이는 HTTPS를 사용하지 않더라도 앞의 문제를 해결한다. 다이제스트와 기본 인증은 두 번째 문제를 공유하기 때문에 이 책에서 다이제스트를 다루진 않을 것이다. 월드 와이드 웹 세계에서 이 문제는 큰 문제가 아니지만 API 세계에서는 굉장히 심각한 문제다. API를 사용하는 사람들은 보통 그들의 클라이언트를 믿을 수 없기 때문이다.

문제를 명확히 하기 위해, 트위터 API 같은 매우 대중적인 API를 생각해 보자. 이 API는 너무 유명해서 앨리스는 이 하나의 API를 위해 열 개의 다른 클라이언트를 사용하고 있다. 몇 가지는 그녀의 휴대 전화에 있고 몇 가지는 데스크톱 컴퓨터에 있다. 또한 이 외에도 몇 가지 다른 웹 사이트에 이 API를 사용할 수 있는 권한을 주었다(이는 언제나 발생하는 일이다).

열 개의 다른 클라이언트들이다. 이 클라이언트 중 하나가 이상해져서 앨리스의 계정에 스팸 트윗을 계속 게시하면 어떻게 될까(실제로도 자주 일어나는 일이다)?

이 공격의 결과로 앨리스는 비밀번호를 변경해야만 한다. 그래야만 이상해진 클라이언트가 더 이상 유효한 증명을 갖지 않게 된다. 하지만 앨리스는 같은 비밀번호를 사용하는 열 개의 클라이언트를 가지고 있다. 클라이언트들 중 아홉 개는 여전히 믿을 수 있지만 비밀번호를 변경하면 이 열 개를 모두 망가뜨린다. 비밀번호를 변경한 후, 앨리스는 나머지 아홉 개의 클라이언트를 다시 확인하며 새로운 비밀

---

2 Base64는 RFC 2045의 6.8에 정의되어 있다. 프로그래밍 언어들은 대부분 표준 라이브러리에 Base64 구현을 가지고 있다.

번호를 다 다시 입력해야 한다. 이것들 중 하나가 다시 망가진다면 다시 또 여덟 개의 클라이언트를 확인하며 비밀번호를 또 변경해야 한다.

앨리스가 처음부터 각 클라이언트에 다른 증명을 줄 수 있었다면 애초에 이러한 문제가 발생하지 않는다. 여기에서 OAuth가 등장하였다.

OAuth 1.0

OAuth를 사용하면 앨리스는 각 클라이언트에 개별 증명을 줄 수 있다. 앨리스가 이 클라이언트들 중 하나가 마음에 들지 않는다면, 해당 클라이언트의 증명을 무효화해도 나머지 아홉 개의 클라이언트에는 아무 영향이 없다. 클라이언트가 이상해져서 스팸을 다시 게시하기 시작한다면 서비스 제공자가 개입하여 이 클라이언트 아래에 있는 앨리스를 포함한 다른 사람들의 모든 인스턴스에 대한 증명을 무효화할 수 있다.

OAuth에는 두 가지 버전이 있다. OAuth 1.0(RFC 5849에 정의됨)은 소비자를 대하는 웹 사이트 개발자들에게 여러분의 API 통합을 허용할 목적으로 잘 동작한다. 그런데 여러분이 데스크톱, 모바일 또는 브라우저 내 애플리케이션을 여러분의 API와 결합을 허용하길 원할 때는 문제가 발생한다. OAuth 2.0은 1.0과 매우 비슷하지만 이러한 상황을 해결할 수 있는 방법을 정의한다.

여기서는 OAuth 1.0을 사용해 OAuth의 개념을 간략하게 소개한다. OAuth 2.0을 읽기 쉽고 자세하게 설명한 라이언 보이드(Ryan Boyd)의 『Getting Started with OAuth 2.0』(오라일리)이 있다.

다음은 서버가 클라이언트에게 OAuth 증명을 요청하고 싶을 때 401 응답 코드가 어떻게 생겼는지를 보여준다.

```
HTTP/1.1 401 Unauthorized
WWW-Authorization: OAuth realm="My API"
```

증명들을 얻는 것은 정교한 과정이다. 앨리스가 YouTypeItWePostIt.com 웹 사이트를 이용 중이라고 가정해 보자. 그녀는 Example.net에 있는 그녀의 계정을 YouTypeItWePostIt.com에 있는 그녀의 계정에 결합할 수 있음을 말해 주는 하이퍼미디어 컨트롤을 본다. 앨리스는 YouTypeItWePostIt.com에 Example.net의 비밀번호를 알려주지 않아도 이를 할 수 있다(그림 11-2).

그림 11-2. Example.net을 통해 로그인하기 위한 YouTypeItWePostIt.com의 화면

앨리스에게 이 아이디어는 좋아 보인다. 그러면 그녀는 하이퍼미디어 컨트롤을 활성화하기 위해 버튼을 누른다. 다음엔 무엇이 일어날까?

1. YouTypeItWePostIt.com 서버는 비밀스럽게 API 제공자인 api.example.net으로부터 임의의 증명을 요청한다. 이 단계에는 앨리스가 관여해야 할 것이 전혀 없다.

2. YouTypeItWePostIt.com 서버는 HTTP 리다이렉트를 앨리스의 브라우저로 보낸다. 앨리스는 사용 중이던 웹 사이트를 떠나고 API 제공자가 보내준 웹 페이지, Example.net으로 이동한다.

   앨리스가 Example.net에 로그인되어 있지 않다면 로그인을 하거나 계정을 생성해야 한다. 이는 그녀의 비밀번호를 입력해야 함을 의미한다. 하지만 Example.net의 비밀번호를 api.example.net에 주는 것이지, YouTypeItWePostIt.com으로 주는 것이 아님을 기억하자.

3. 로그인한 후, 앨리스는 1단계에서 취득한 임시 증명과 연결된 웹 페이지를 본다. 페이지에서 무엇이 진행되고 있는지 앨리스에게 설명하고, 그녀가 api.example.net의 토큰 증명 집합을 YouTypeItWePostIt.com에 허용하길 원하는지를 묻는다(그림 11-3).

4. 앨리스는 결정을 하고 브라우저는 원래 사용 중이던 페이지인 YouTypeItWePostIt.com으로 리다이렉트된다.

5. a) 4단계에서 'no'라고 결정하면 클라이언트는 api.example.net의 토큰 증명서를 앨리스로부터 받지 못할 것이다.

b) 4단계에서 'yes'라고 결정하면 클라이언트는 1단계에서 취득한 임시 증명서를 실제 토큰 증명서로 교환할 수 있게 된다. 이 증명서들은 다음과 같은 요청에서 Authorization 헤더를 생성해서 HTTP 요청들을 암호화하여 서명하는 데 사용할 수 있다.

```
GET / HTTP/1.1
Host: api.example.net
Authorization: OAuth realm="Example API",
    oauth_consumer_key="rQLd1PciL0sc3wZ",
    oauth_signature_method="HMAC-SHA1",
    oauth_timestamp="1363723000",
    oauth_nonce="JFI8Bq",
    oauth_signature="4HBjJvupgIYbeEy4kEOLS%Ydn6qyV%UY"
```

이 단계에서 클라이언트는 마치 앨리스인 것처럼 API를 사용할 수 있다.

API에 따라 토큰 증명서는 영원한 경우도 있고 일정 시간이 지난 후 자동으로 만료되는 경우도 있다(만료된 이후에 클라이언트가 API를 계속 사용하길 원한다면 앨리스가 앞 프로세스를 다시 밟도록 요청한다). 토큰 증명서는 앨리스가 API로 할 수 있는 모든 것 또는 일부분에 대한 접근 권한을 클라이언트에게 줄 수 있다(한 가지 흔한 제약은 API에 읽기 전용 접근 권한을 부여하는 것을 들 수 있다). 이러한 것들은 OAuth 표준에 명시되지 않은 것들 중 일부분이며 API 제공자가 반드시 정의해야 하는 부분이다.

OAuth가 HTTP 기본 인증보다 훨씬 더 복잡하지만 이는 사용할 가치가 있다. OAuth는 앨리스가 믿을 수 없는 열 개의 다른 소프트웨어에 비밀번호를 모두 알려줘야 하는 일을 막아준다. OAuth의 복잡도는 몇 가지 다른 유용한 기능을 또 가지

그림 11-3. YouTypeItWePostIt.com을 대신하여 앨리스의 증명서들을 요청하는 Example.net

고 있다.

- 진행 과정 중 클라이언트가 하는 무엇인가가 마음에 들지 않으면 앨리스는 토큰 증명서를 폐기할 수 있다.
- API 제공자가 클라이언트 소프트웨어의 일부분에서 예상치 못한 행동을 감지하면 제공자는 클라이언트 증명서를 폐기할 수 있다(이것이 oauth_consumer_key다). 이는 API가 해당 클라이언트의 모든 사본에 대해 API 제공을 중단할 수 있음을 의미한다.
- 기본적인 HTTP와는 달리(하지만 HTTP 다이제스트와는 비슷하게) OAuth 1.0은 앨리스의 증명을 드러내지 않고, 안전하지 않은 HTTP를 통해 사용할 수 있다. 토큰 증명서는 Authorization 헤더의 oauth_signature 부분을 생성하기 위해 필요하지만 이 증명은 헤더 어디에도 사실 나타나지 않는다. 서버(앨리스의 증명을 역시 알고 있다)는 앨리스의 증명으로 서명한 요청을 확인할 수 있지만 요청을 엿보는 누군가는 그녀의 증명이 무엇인지 알아낼 수는 없다.
- Authorization 헤더에 있는 oauth_timestamp와 oauth_nonce 값은 '재생 공격(replay attack)'을 막는다. 이 공격은 공격자가 앨리스의 요청을 엿보고 있다가 그녀를 흉내 내기 위한 동일한 요청을 만드는 것이다(HTTP 다이제스트 인증 역시 이 기능을 가지고 있다).

OAuth 1.0은 어떤 면에서 부족했을까

OAuth 1.0은 모든 것이 앨리스의 웹 브라우저 안에서 발생할 때 정말 잘 동작한다. 하지만 앨리스가 데스크톱 애플리케이션을 사용한다면 어떨까?

이 경우, 앨리스는 웹 브라우저를 잠시 사용해야 한다. 2단계에서 api.example.net에 있는 페이지로 앨리스를 리다이렉트하는 대신에 데스크톱 애플리케이션이 새 브라우저 창을 열어서 이 페이지를 열어야 한다. 앨리스가 4단계에서 결정을 하고 나면 api.example.net에서 앨리스를 어디로 다시 리다이렉트시켜야 할지에 대한 정보가 없다. 백그라운드에서 데스크톱 애플리케이션은 앨리스가 임시 증명서를 수락했는지(또는 거부했는지)에 대해 api.example.net에게 지속적으로 물어봐야 한다.

이것이 사용자 이름/비밀번호 없이 데스크톱 애플리케이션으로 API를 통합하기 위한 OAuth 1.0의 해법이다. 웹 브라우저 창이 갑자기 나타나는 것은 별로 좋지 않지만 이는 실행할 수 있는 방법이다. 불행히도 이전에 설명했던 5단계 과정이 부족하거나 전혀 동작하지 않는 다른 여러 상황이 있다.

- 앨리스가 휴대 전화에서 앱을 사용하거나 게임 콘솔에서 게임을 한다면? 이러한 기기들에서 팝업으로 브라우저 창이 나타난다면 더 짜증날 것이다. 또한 구현이 불가능할 수도 있다. 몇몇 기기는 웹 브라우저가 없는 경우도 있다.
- 앨리스가 api.example.net을 위한 클라이언트 소프트웨어를 작성한 사람이라면? 앨리스에게 임시 증명서를 만들도록 하고 해당 클라이언트를 수락하도록 물어보는 것이 정말로 상식적인 일일까?
- 앨리스가 데스크톱 애플리케이션을 사용 중인데 웹 브라우저 안에서 실행되는 경우라면? 임시 증명서가 정말로 필요할까? 5단계에서 api.example.net이 실제 액세스 토큰을 포함한 페이지를 제공하고 브라우저 애플리케이션이 자바스크립트 코드를 사용하여 이를 읽게 하면 안 되는 것일까?

OAuth 2.0은 이러한 경우들을 고려하여 디자인되었다.

OAuth 2.0

OAuth 2.0은 RFC 6749에 정의되어 있다. OAuth 액세스 토큰을 갖기 위해 네 가지 다른 과정을 정의한다(다시 말하지만 세부 사항은 여기서 다루지 않을 것이다. 『Getting Started with OAuth 2.0』을 참고하도록 한다).

- '승인 코드'(RFC 6749의 1.3.1) 제공. 이는 OAuth 1.0을 위해 내가 설명했던 시스템이다. '리소스 소유자'(앨리스)는 '인증 서버'를 통해 인증한다(Exmaple.net에 로그인). '클라이언트'(api.example.net)로 리다이렉트한다. 액세스 토큰을 제공한다.
- '암묵적 승인'(RFC 6749의 1.3.2). 이는 웹 브라우저 안에서 동작하는 애플리케이션에 좋은 선택이다. 앨리스가 Example.net으로 로그인한 이후에, 앨리스는 api.example.net으로 리다이렉트된다. 그리고 api.example.net은 액세스 토큰이 포함된 URL로 리다이렉트한다. 임시 증명서를 만들 필요가 없다. 브라우저 애플리케이션은 브라우저 주소 란에서 액세스 토큰을 읽기만 하면 된다.

- '리소스 소유자 비밀번호 증명서'(RFC 6749의 1.3.3). 이는 앨리스가 그녀의 Example.net의 사용자 이름과 비밀번호를 클라이언트에 제공하여 이를 OAuth 액세스 토큰으로 교환함을 말한다.

  이것이 OAuth가 정확히 피하려고 하는 것, 즉 앨리스가 비밀번호를 신뢰하지 못하는 클라이언트에 주는 것이다. 하지만 모바일 기기나 게임 콘솔에서는 좋은 대안이 없다.

  이 시점에서, 악성 클라이언트는 앨리스의 비밀번호를 훔칠 수 있다. 하지만 정상적인 클라이언트는 OAuth 액세스 토큰을 갖는 대로 앨리스의 비밀번호를 잊을 것이다. 이는 이러한 정상적인 클라이언트는 앨리스가 어떤 이유로 인해 비밀번호를 변경하더라도 잘 동작할 것임을 의미한다.

- '클라이언트 증명서'(RFC 6749의 1.3.4). 이는 앨리스가 사용하는 클라이언트의 작성자 자신일 때 많은 불편함을 없애준다. 앨리스가 클라이언트를 api.example.net에 등록할 때, example.net 계정에 자유롭게 접근할 수 있는 권한을 클라이언트에 주는 증명서를 자동으로 받는다.

API 제공자로서 이러한 애플리케이션 과정 네 가지를 모두 구현할 필요는 없다. 모바일 애플리케이션을 위한 백엔드로 제공하기 위한 API를 작성 중이라면 '리소스 소유자 비밀번호 증명서' 과정만 구현할 수 있다. 하지만 다른 서드 파티에서 여러분의 API를 사용하도록 하고 싶다면 여러분의 클라이언트가 사용하길 원하는 애플리케이션 과정을 구현해야 할 것이다.

언제 OAuth 사용을 포기하나

OAuth 표준의 복잡함과 다양한 애플리케이션 과정 때문에 OAuth 사용을 포기하고 HTTP 기본이나 HTTP 다이제스트 인증을 사용하여 API를 보호하고 싶을 수도 있다. 하지만 OAuth를 계속 고수하고 어떻게 OAuth가 동작하는지 배우길 추천한다. 필요하다면 페이스북 같은 큰 회사의 OAuth 제공자 구현을 복제하고 공부하도록 한다.

OAuth의 기존 이점, 즉 앨리스의 Example.net 사용자 이름과 비밀번호를 api.example.net 증명서로부터 분리하는 것은 정말로 중요한 기능이다. 내 의견으로는 OAuth 없이 이를 할 수 있는 시나리오는 두 가지밖에 없다.

- 여러분의 API가 그냥 시시한 장난감인 경우다. 악성 클라이언트가 앨리스의 증명서를 훔친다고 하더라도 이 클라이언트는 피해를 입힐 수 없다.
- API의 모든 사용자가 직접 클라이언트를 작성하는 경우다. 이러한 경우 클라이언트 개발자를 최종 사용자로부터 떼어두는 것에는 아무런 보안 이득이 없다. 이는 앨리스가 웹 사이트에서 비밀번호를 변경할 때 모든 API 클라이언트에서 비밀번호를 변경해야 함을 의미한다. 이는 큰 문제가 되지 않는다.

보안 문제를 이해하지만 여러분의 API가 악성 클라이언트가 문제가 될 만큼 유명해지지 않을 거라 생각이 들더라도 어쨌든 OAuth를 사용해야만 한다. HTTP 기본 인증 사용을 시작하고 나면 모든 클라이언트를 OAuth로 변경하는 것은 매우 어렵다. 자신 스스로를 실패에 가두지 말라.[3]

HTTP 확장

웹 API들은 당연히 거의 HTTP 프로토콜에 기반을 두고 있다. 하지만 하이퍼미디어 제약 사항이 HTML 표현을 제공하지 않아도 되는 것처럼 REST의 내재된 개념은 HTTP를 필요로 하지 않는다.

HTTP 확장 두 가지는 특히 API에서 사용할 목적으로 새로운 메서드들과 HTTP를 시작 지점으로 삼는 세 가지 주요 프로토콜들을 정의한다. 이러한 프로토콜 중 하나는 CoAP로, 일반적이진 않아서 13장 전체에 걸쳐 이를 언급하고 있다. WebDAV와 HTTP 2.0은 HTTP에 밀접한 기반을 두고 있다. 그래서 WebDAV와 HTTP 2.0을 여기에서 HTTP 메서드의 몇 가지 확장과 함께 다룬다.

PATCH 메서드

- 정의된 곳: RFC 5789와 다른 곳들
- 프로토콜 의미 체계: 안전하지도 않고 멱등성도 없다.

---

3 트위터 API가 2010년 기본 인증에서 OAuth로 변경하였을 때 개발자들은 OAuth로 변경한 그 사건을 "OAuth 재앙"이라고 불렀다.

API 개발자들을 위한 추천 툴킷의 한 부분으로 3장에서 이 메서드를 다루었다. PATCH 메서드는 HTTP PUT의 성능 문제를 해결한다. PUT은 리소스의 전체 표현을 새로운 것으로 변경하는데, 이는 아무리 작은 변경이라 하더라도 클라이언트가 전체 표현을 다시 보내야 함을 의미한다. PATCH 메서드는 클라이언트가 오로지 변경을 원하는 변경점만 보내도록 한다.

PATCH 메서드의 바람직하지 않은 면은 클라이언트와 서버 모두 패치 문서를 위해 새로운 미디어 유형에 동의해야만 하는 것이다. 다행히도, 이 형식을 여러분이 직접 생각할 필요는 없다. RFC 6902는 JSON을 위한 표준 패치 형식을 정의하고 미디어 유형 application/json-patch를 이 형식을 위한 문서로 등록했다. RFC 5261은 XML 문서를 위한 패치 형식을 정의하고 있고, 인터넷 드래프트의 "draft-wilde-xml-patch"는 이 형식의 문서를 위한 미디어 유형 application/xml-patch+xml을 등록했다.

LINK와 UNLINK 메서드

- 정의된 곳: 인터넷 드래프트 "snell-link-method"
- 프로토콜 의미 체계: 멱등성은 있지만 안전하지 않다.

LINK 메서드는 두 리소스 사이에 연결을 생성한다. 추측하건대 리소스 A가 리소스 B로 연결될 때, A의 표현에서 B로의 하이퍼미디어 연결이 나타나기 시작할 것이다.

하지만 어떻게 연결이 생성될까? 어떻게 하나의 HTTP 요청이 두 개의 다른 리소스를 참조할까? 물론 하이퍼미디어를 포함함으로써 가능하다. LINK와 UNLINK 요청은 리소스 A의 URL로 보내지고, 리소스 B는 Link 헤더에 언급된다. Link 헤더에 연관된 연결 관계는 A와 B 사이에 바라는 관계를 나타낸다.

다음은 존재하는 항목을 컬렉션(컬렉션 패턴의 일반적인 사용이지만 AtomPub이나 Collection+JSON에는 정의되어 있지 않다)에 더하는 요청이다.

```
LINK /collections/a6o HTTP/1.1
Host: www.example.com
Link: <http://www.example.com/items/4180>;rel="item"
```

다음은 리소스 체인에서 두 번째 리소스를 제거하는 요청이다.

```
UNLINK /story/part1 HTTP/1.1
Host: www.example.com
Link: <http://www.example.com/story/part2>;rel="next"
```

이 요청이 실행된 후에, /store/part1과 /story/part2에 있는 리소스들은 여전히 존재한다. 단지 이것들 사이에 연결 관계가 'next'인 연결이 더 이상 없을 뿐이다. 아마도 /story/part1은 이제 rel="next"와 함께 /story/part3로 연결을 가지고 있을지도 모른다.

이 메서드들은 기술적으로 필요하지 않다. PUT으로 이러한 기능들을 만들 수 있다. 하지만 이 메서드들은 작업을 단순화한다. 이 메서드들은 리소스들 사이에 하이퍼미디어 연결의 조작이라는 공통 작업을 분리하고 프로토콜 의미 체계를 부여한다.

3장에서 1997년과 1999년 사이에 이 메서드들은 HTTP 표준의 일부분이었다고 언급하였다. RFC 2616에서 제거하였는데 왜, 어떻게 사용하는지 명확하지 않은 게 이유였다. 웹 API의 번영과 Link 헤더의 등장으로 이는 더 명확해졌다.

LINK와 UNLINK 사용의 추천을 꺼리게 하는 유일한 한 가지는 이 메서드들이 RFC에 승인되지 않았고 인터넷 드래프트 상태라는 점이다.

WebDAV

- 정의된 곳: RFC 4918과 다른 곳들
- 프로토콜 의미 체계: 파일 시스템 작업

WebDAV의 목표는 원격 파일 시스템에 파일과 디렉터리를 위한 HTTP 리소스들을 편하게 게시하는 것이다. WebDAV는 많은 HTTP 메서드들과 다른 확장들을 정의해서 그 자체가 거의 다른 프로토콜로 고려될 수 있다.

가장 주목할 만한 WebDAV 사용처는 마이크로소프트 셰어포인트(Sharepoint)와 서브버전(Subversion) 버전 관리 시스템이다. 우리는 이것들을 API로 생각하지 않고, 원격 파일 시스템(아마존 S3, 드롭박스 API, 기타 등등)처럼 동작하는 대부분의 API는 WebDAV를 사용하지 않는다. 이러한 것들은 PUT과 같은 표준 HTTP 메서드들을 사용하고 애드혹 XML이나 JSON 표현을 사용하여 메타데이터를 제공하는 명목 표준이다. 즉, 오늘날의 다른 API들과 비슷하다.

AtomPub처럼 WebDAV는 API가 어떤 형태를 지녀야 하는가에 대한 관점이 요즘 생각에 맞지 않아서 무시되고 있는 공개 표준이다. 하지만 WebDAV는 API 영역의 초기 개척자이므로 이를 이해하는 것은 여전히 유용하다. 다음은 WebDAV의 더 흥미로운 몇 가지 기능이다.

- WebDAV는 로컬 파일 시스템에서 디렉터리처럼 행동하는 '컬렉션' 리소스를 정의하여 컬렉션 패턴(6장)을 구현한다. 이 리소스들은 GET과 DELETE 메서드에 반응한다. WebDAV는 새로 컬렉션을 생성하는 새로운 HTTP 메서드인 MKCOL도 정의한다.

  클라이언트는 새 리소스를 만들 URL로 PUT 요청을 보내서 파일을 업로드한다. RFC 5995는 클라이언트가 PUT 대신 POST로 붙여넣기를 사용하여 새로운 파일을 올릴 수 있도록 허용하는 확장이다. 이 경우 클라이언트가 아닌 서버가 새로운 리소스를 위한 URL을 선택한다.

- 로컬 파일 시스템의 파일은 데이터를 포함하지만 연관 메타데이터도 담는다. 예를 들면, 파일 이름, 파일이 생성된 날짜 등이 있을 것이다. WebDAV 리소스는 displayname이나 creationdate 같이 '속성'들로 이러한 메타데이터를 표현한다.

  WebDAV는 리소스의 속성을 수정하는 PROPPATCH 같은 HTTP 메서드를 정의하고 컬렉션에서 특정 속성을 가진 리소스를 찾는 PROPFIND 메서드도 정의한다.

- WebDAV는 클라이언트가 명시적으로 리소스를 잠그는 것을 허용(새로운 HTTP 메서드인 LOCK과 UNLOCK을 사용하여)하여 다른 클라이언트가 이에 접근할 수 없도록 한다. 이는 이번 장 앞부분에서 언급한 업데이트에 따른 변경 유실 문제를 피할 수 있는 방법과도 함께 사용할 수 있다.

- WebDAV는 새로운 HTTP 메서드인 MOVE와 COPY를 정의한다. 이 메서드들은 파일 시스템 작업과 똑같이 동작한다. MOVE는 리소스의 URL을 변경하고 COPY는 리소스의 현재 표현을 어느 다른 URL로 복사한다.

  WebDAV는 또한 MOVE, COPY 같은 메서드를 위해 새로운 하이퍼미디어 컨트롤인 Destination 요청 헤더를 정의한다. 이 헤더는 리소스의 새로운 URL을 포함하거나 복사를 위해 사용하려는 URL을 포함한다. LINK와 UNLINK 메서드를 사용하는 Link 요청 헤더와 비교해 보자.

- WebDAV는 다섯 개의 새로운 HTTP 상태 코드를 정의한다. 이 중 423 (Locked), 507(Insufficient Storage) 같은 상태 코드들은 WebDAV를 사용하지

않더라도 관심이 있을지도 모르겠다. 하지만 WebDAV 이외에서 WebDAV 기능 사용을 추천하지 않는다. 대신 표준 상태 코드를 이용하자. 423(Locked) 대신에 409(Conflict)를 사용할 수 있고 문제 상세 문서에서 추가 정보를 제공할 수 있다.

HTTP 2.0

- 정의된 곳: 인터넷 드래프트 "draft-ietf-httpbis-http2"
- 프로토콜 의미 체계: HTTP 1.1과 동일하다.

HTTP 2.0은 RFC 2616에 정의된 현재 HTTP의 후계자이자 그 RFC를 대체할 것이다. HTTP 2.0은 구글에 의해 기업 표준으로 정의된 SPDY에 기반을 두었는데, SPDY는 HTTP 위에 성능 계층을 추가한 것이다. 웹 브라우저들은 대부분 SPDY를 지원하고 있고 많은 대형 사이트는 클라이언트가 이를 지원한다면 SPDY를 사용하여 데이터를 제공한다.

HTTP 2.0의 목표는 프로토콜 의미 체계를 유지하면서 HTTP 성능을 향상시키는 데 있다. 인상적인 이름에도 불구하고, HTTP 2.0은 API 디자인 기반을 뒤흔들 새로운 기능들을 제공하진 않을 것이다. 개발을 하고 있는 것이 API든, API 클라이언트든, 또는 웹 사이트든지 간에 HTTP 1.1을 사용하고 있는 것처럼 보일 수 있어야 하며 호환 계층이 자동으로 HTTP 1.1과 HTTP 2.0 사이를 변환할 수 있도록 해야 한다.

이 책을 쓰는 시점에서는 HTTP 2.0이 어떻게 동작할지에 대해 정확히 말하기에는 너무 이른 개발 단계에 있다. SPDY와는 전혀 같지 않게 될지도 모른다. 하지만 HTTP 2.0은 SPDY가 해결하는 문제를 해결해야 하므로 HTTP 2.0은 아마 다음 두 가지 기능을 갖게 될 것이다.

- HTTP 2.0은 HTTP 1.0에서는 유효하지 않았던 HTTP 헤더 압축으로 네트워크 대역폭을 절약할 것이다.
- HTTP 2.0 클라이언트는 하나의 TCP 연결을 통해 서버로 동시에 여러 개의 요청('스트림')을 보낼 수 있을 것이다. 이는 HTTP 1.1의 파이프라이닝 기능과 비슷하지만 앞에서 언급했듯이 파이프라이닝은 성능 향상에 그렇게 많은 도움을

주지 않는다. HTTP 2.0은 실제로 동작하는 파이프라이닝 같은 기능을 포함해야 할 것이다.

이러한 기술적인 발전들은 API 디자인에 크고 긍정적인 효과를 미칠 것이다. 요청들을 하나로 묶는 것으로 성능을 향상시켰던 API 디자인 패턴 같은 일반적인 것들을 제거할 것이다.[4] 이러한 패턴들은 클라이언트가 하나의 HTTP 요청으로 많은 리소스의 표현을 가져오는(또는 업데이트하는) 것을 허용한다. 이러한 '가상의 요청들'을 함께 패키지하는 표준적인 방법은 없지만 그렇게 함으로써 많은 시간을 절약한다. 이는 모든 HTTP 1.1 요청은 큰 초기 설정 비용이 있기 때문이다.

HTTP 2.0은 설정 비용을 제거할 것이다. 20개의 HTTP 요청을 만들고 20개의 응답을 받는 것은 하나의 큰 요청과 하나의 큰 응답을 받는 것만큼 빨라질 것이다. 특별한 묶음 기능이 더는 API에 필요하지 않을 것이다.

---

4 이러한 패턴들의 좋은 설명은 오라일리의 『RESTful Web Services Cookbook』의 11장에 있다.

12장

리소스 설명과 연결된 데이터

지금까지 이 책에서 다룬 데이터 형식은 기본적으로 리소스가 자기 자신에 대해 말하는 것을 허용했다. 이는, 클라이언트가 GET 요청을 리소스의 URL로 보내고 해당 리소스의 표현을 받는 것을 말한다. 나는 이를 표현 전략(Representation Strategy)이라 부른다.

하지만 리소스 A의 표현은 리소스 B에 대해 말할 무언가를 가지고 있을 수도 있다. 이 단순한 Collection+JSON 문서는 한 리소스의 표현(컬렉션)이지만 다른 두 개의 리소스에 대해 무언가 말할 것을 가지고 있다(컬렉션에 있는 아이템들).

```
{ "collection":
  {
    "version" : "1.0",
    "href" : "http://www.youtypeitwepostit.com/api/",

    "items" : [

      { "href" : "/api/messages/21818525390699506",
        "data": [
          { "name": "text", "value": "Test." }
        ]
      },

      { "href" : "/api/messages/3689331521745771",
        "data": [
```

```
            { "name": "text", "value": "Hello." }
          ]
        }
      ]
    }
}
```

나는 이를 설명 전략(description strategy)이라고 부른다. 설명 전략으로, 표현은 대부분의 시간을 표현의 리소스보다 다른 리소스들에 대해 말하는 데 사용할 수 있다.

모든 하이퍼미디어 유형은 어느 정도는 표현과 설명 전략을 혼합한다. 하지만 설명 전략에만 특히 집중한 형식 그룹이 있다. 리소스 설명 프레임워크(RDF) 데이터 모델에 영향을 받은 형식들과 시맨틱 웹 운동에 연관된 형식들이다.

이러한 형식들은 10장에서 다루지 않았는데, 이는 REST 관점에서 볼 때 이상한 형식들이기 때문이다. 순수한 설명 전략은 필딩 제약을 위반한다. RDF 문서들은 REST 관점으로 보면 '존재하지 않는' 리소스들을 설명한다. 이러한 문서들이 무엇을 말하고 있는지 이해하기 위해서는 다른 관점으로 생각할 수 있어야 한다.

다행히도, 연결된 데이터(Linked Data)라 부르는 시맨틱 웹의 두 번째 물결은 RDF가 표현 전략에 집중할 것을 목표로 하고 있다. 이는 좋은 소식이다. RDF로부터 파생된 유용한 데이터 형식들이 여럿 있고 RDF 스키마와 같이 기계가 읽을 수 있는 프로파일을 생성하기 위한 강력한 언어들이 있기 때문이다.

하지만 연결된 데이터로 넘어가기 전에 RDF를 이해해야 한다. 이번 장에 있는 모든 것은 RDF 데이터 모델에 반응하여 디자인되거나 영향을 받거나 기반을 둔 것들이기 때문이다. RDF 문서가 어떻게 생겼는지, 무엇을 의미하는지, 왜 연결된 데이터로 이동이 필요했는지 우선 이해해야 할 필요가 있다.

RDF

- 미디어 유형: application/rdf+xml, text/turtle 등
- 정의된 곳: W3C 공개 표준, http://www.w3.org/standards/techs/rdf#w3c_all 과 http://www.w3.org/TR/turtle/
- 미디어: 일반 텍스트, XML, HTML, 기타
- 프로토콜 의미 체계: GET을 사용한 탐색

- 애플리케이션 의미 체계: 없음

다음은 Maze+XML 미로에서 셀의 RDF 표현이다.

```
<rdf:RDF xmlns:rdf="http://www.w3.org/1999/02/22-rdf-syntax-ns#"
         xmlns:maze="http://alps.io/example/maze#">
<rdf:Description about="http://example.com/cells/M">
 <maze:title>The Entrance Hallway</maze:title>
 <maze:east resource="http://example.com/cells/N">
 <maze:west resource="http://example.com/cells/L">
</rdf:Description>
</rdf:RDF>
```

터틀(Turtle)이라는 일반 텍스트 버전과 RDFa라는 HTML 버전을 포함해 여러 가지 방법으로 RDF를 작성할 수 있다. 앞의 예제는 XML 버전으로 RDF+XML이라 부른다. 다음은 앞의 예와 완전히 동일한 내용을 표현하는 미로 셀의 터틀 표현이다.

```
<http://example.com/cells/M> <http://alps.io/example/maze#title>
"The Entrance Hallway" .
<http://example.com/cells/M> <http://alps.io/example/maze#east>
<http://example.com/cells/N> .
<http://example.com/cells/M> <http://alps.io/example/maze#west>
<http://example.com/cells/L> .
```

몇 개의 터틀 단축 문자를 설정하면 조금 더 간단한 방법으로 같은 정보를 표현할 수 있다.

```
@prefix maze: <http://alps.io/example/maze#> .
<http://example.com/cells/M> maze:title "The Entrance Hallway" ;
                             maze:east <http://example.com/cells/N> ;
                             maze:west <http://example.com/cells/L> .
```

이러한 문서 세 개 모두 URI가 http://example.com/cells/M인 같은 리소스를 설명하고 있다. RDF+XML에서 설명하고 있는 URI는 〈Description〉 태그의 about 속성 안으로 들어간다. 터틀에서 URI는 산형 괄호(〈〉) 안 시작 줄에 위치한다(HTTP Link 헤더가 도착 URL을 〈〉 괄호 안에 넣는 것과 같은 방법).

이러한 각 문서는 자신이 설명하는 리소스에 대해 동일한 주장을 한다. 각각은 리소스가 값이 일반 문자열 The Entrance Hallway인 http://alps.io/example/maze#title이라는 속성을 가지고 있다고 말한다.

각 문서는 또한 http://alps.io/example/maze#east와 http://alps.io/example/

maze#west라는 두 속성을 리소스가 가지고 있다고 말한다. 이러한 속성들은 연결 관계 확장처럼 행동한다. 이러한 속성들의 값은 URI(http://example.com/cells/L 같은)이다. 이러한 속성들은 속성의 오른쪽에 있는 리소스와 왼쪽에 있는 리소스 사이에 대한 관계를 설명한다.

```
<http://example.com/cells/M> <http://alps.io/example/maze#west>
<http://example.com/cells/L> .
```

사람이 이해할 수 있게 번역하자면, 앞의 터틀(Turtle) 내용은 "셀 L은 셀 M의 서쪽에 있다"라는 뜻이다.

RDF는 리소스의 애플리케이션 의미 체계에 대해 얘기할 수 있는 프레임워크를 제공한다. 하나의 리소스를 다른 리소스들로 연결하는 연결 관계, 그리고 리소스를 그 리소스 자체가 가진 상태로 묶는 의미 체계 서술자에 대해 이야기할 수 있다. 하지만 다른 형식들과는 달리 RDF 속성은 "title"이나 "east"처럼 짧은 문자열을 사용할 수 없다. RDF 속성은 오로지 http://alps.io/example/maze#title과 http://alps.io/example/maze#east 같은 URI만 사용할 수 있다. 이러한 URI들을 maze:title과 maze:east처럼 줄이기 위해 Turtle 접두사와 XML 네임스페이스를 사용할 수 있지만 이것들은 여전히 URI이다.

RDF는 URL을 URI로 취급한다

http://alps.io/example/maze#title 같은 속성들을 사용하는 미로 셀을 RDF 문서가 설명한다. 이러한 속성들은 무엇을 의미하는 것일까?

REST 세계에서, 이러한 질문은 명백한 답을 갖고 있다. http: URL은 웹의 리소스를 식별하고, 만약 이 URL로 GET 요청을 보낸다면 리소스의 상태를 알려주는 표현을 갖게 될 것이다.

GET 요청을 http://alps.io/example/maze로 보낸다면 ALPS 문서를 갖게 될 것이다. 이 문서에서는 "east"와 "title"을 찾는다. 그러면 사람이 이해할 수 있는 설명을 보게 될 것이다. 이는 의미적 차이를 연결하기엔 충분하지 않다. 하지만 자동화된 클라이언트가 무언가를 이해하지 못해서 멈췄다면 개발자인 여러분이 어디를 고쳐야 하는지 알게 될 것이다.

하지만 RDF는 URL을 URL로 취급하지 않는다. RDF는 이를 4장 이후로 그다지 자주 언급하진 않았던 용어인 URI로 취급한다. URI는 URL처럼 리소스를 확인하지만 여러분이 해당 리소스의 표현을 갖기 위해 컴퓨터를 사용할 수 있다는 것을 보장하지 않는다. 이것이 내가 이 책에서 계속 URI를 중요하게 여기지 않은 이유다. 4장에서 말했듯이 URI로 리소스를 확인하는 것은 많은 필딩 제약 조건들을 만족하기가 불가능하다.

하지만 http: URI를 내 RDF 문서에서 사용했다. 이 http: URI는 URL이다. 그러면 이 경우는 안전하다. 정말 그럴까? 아니다. 사실 안전하지 않다. RDF와 관계가 있는 한, 심지어 http: URL들도 그냥 URI다. URI http://example.com/cells/N은 URL처럼 보일지 모르겠지만 RDF 입장에서는 GET 요청을 이 URI로 만드는 것이 여러분에게 표현을 준다는 보장이 없다. RDF 클라이언트는 이를 시도해 보고 결과를 지켜볼 수는 있지만, 무언가 일어날 것이라고 가정해서는 안 된다.

HTTP GET 요청을 http://example.com/cells/M으로 보냈고 RDF 문서들 중 하나를 돌려받았다면, http://example.com/cells/M에 있는 리소스의 '표현'을 받았다고 했을 것이다. 하지만 현실 세계에서는, GET 요청을 보냈다면 404 에러를 보게 될 것이다. http://example.com/cells/M은 이 책의 예제를 위해 내가 만들어낸 예제 URI다. 그러면 우리는 이 RDF 문서들은 리소스의 '표현'이라고 말할 수 없을 것이다. REST 관점에서 보면 RDF 문서들은 존재하지 않는 리소스의 설명이다.

RDF에 관한 한, 이는 완전히 정상적인 것이다. 표현이 없는 리소스의 설명을 쓰는 것도 괜찮다. RDF 문서는 특별히 아무것도 가리키지 않는 http: URI를 자주 언급한다.

다른 데이터 형식에서 연결을 본다면, 그 문서는 여러분이 만들 수 있는 HTTP 요청에 대해 알려주고 있음을 알 것이다. 하이퍼미디어의 필딩 정의를 인용하자면, 연결은 여러분의 HTTP 클라이언트가 다음으로 무엇을 할 수 있는지를 설명하는 '애플리케이션 제어 정보'다.

하지만 RDF 표준에 관한 한, '제어되야만' 하는 '애플리케이션'은 없다. 연결은 추상 리소스들 사이에서 추상화된 연결을 이름 지을 뿐이다. 여러분은 이러한 연결들에 대해 다른 반대편에 무엇이 있는지 확인하기 위해 이러한 연결들을 따라가는 것이 아니라 판단해야 한다.

설명 전략을 사용해야 할 때

REST 관점에서 볼 때, 미친 방법 같아 보이지만 리소스 설명 전략을 사용해야 하는 몇 가지 좋은 이유가 있다.

첫째로, 리소스 설명은 여러분이 표현을 제어하지 않는 리소스에 대해 말할 수 있게 해 준다. 이는 아마도 다른 서버(사용자들 중 하나를 확인하기 위한 오픈아이디 (OpenID) 리소스 같은 경우)가 리소스를 제어하기 때문일 것이다. 또는 표현 형식이 완전히 고정되었기 때문일 수도 있다. 또한 다른 사람의 리소스에 대해 여러분이 이야기하기 위해 이 설명 전략을 사용할 수 있다.

둘째로, 존재하는 많은 API들이 하이퍼미디어 제어를 포함하지 않는 표현을 제공하고 있다. 이러한 문서들에 하이퍼미디어를 추가하는 것은 기존에 존재하는 클라이언트를 망가뜨리거나 표준을 위반할지도 모른다. 하지만 리소스 설명 형식으로, 다음과 같은 표현의 '외골격'을 하이퍼미디어를 모르는 문서의 위에 주석으로 추가할 수 있다. [⟨phrase role="keep-together"⟩hypermedia⟨/phrase⟩] 8장에서 다뤘고 다음 절에서 등장할 JSON-LD는 이러한 목적으로 설계되었었다.

마지막으로, 웹에 있지 않기 때문에 표현이 없는 리소스에 대해 이야기하려고 할 때 설명 전략을 사용할 수 있다. 4장에서 이 책의 인쇄 버전은 잘 알려진 URI 리소스인 urn:isbn:9781449358063이라고 언급했다. 이 리소스의 표현을 얻을 순 없지만 RDF 문서를 설명하는 표현을 가질 순 있다.

GET 요청을 http://www.example.com/book-lookup/9781449358063으로 보내고 다음 응답을 받았다고 해 보자.

```
HTTP/1.1 200 OK
Content-Type: text/turtle

@prefix schema: <http://schema.org/> .
<urn:isbn:9781449358063> a schema:Book ;
                  schema:name "RESTful Web APIs" ;
                  schema:inLanguage "en" ;
                  schema:isbn "9781449358063" ;
                  schema:author _:mike ;
                  schema:author _:leonard .

_:mike a schema:Person ;
      schema:name "Mike Amundsen" .

_:leonard a schema:Person ;
        schema:name "Leonard Richardson" .
```

엔티티 바디는 URI urn:isbn:9781449358063으로 확인되는 리소스 『RESTful Web API』의 인쇄본을 설명한다. 이 URI는 큰 문제가 있다. 리소스의 표현을 얻기 위해 이를 사용할 수 없다. 이것이 우리가 웹 API를 설계할 때 왜 우리가 URI를 사용해선 안 되는지에 대한 이유다. 우리는 제어할 수 있는 도메인 이름에 기반을 둔 http:나 https: URL을 만든다. 이러한 URL이 실제 세계의 물건들에 대응하도록 선언하고 이러한 실제 세계 물건들의 상태를 가져오는 표현을 제공한다.

이것이 다가 아니다. URL http://www.example.com/book-lookup/9781449358063으로 확인되는 두 번째 리소스인 '책 결과물 찾기 기능'을 만들었다. 이 리소스는 해당 리소스를 직접적으로 표현하기를 시도하지 않고 urn:isbn:9781449358063으로 확인되는 실제 세계 물건의 리소스 상태를 설명한다. 이 리소스의 표현은 실제 세계 물건에 대해 몇 가지 제약 조건을 만든다. 이 표현은 이 실제 세계 물건이 책(schema:Book)임을 말한다. 책의 제목은 『RESTful Web API』이고 영어로 쓰였으며 지은이가 두 명 있는데 이 지은이는 사람(_mike a schema:Person)으로 각각은 이름(schema:name)을 가지고 있다.

이는 굉장히 좋은 아이디어다. 열 개의 다른 단체들이 책을 다루는 웹 API 열 개를 정의한다면, 우리는 주어진 ISBN에 대해 열 개의 다른 URL을 갖게 될 것이다. http://example.com/books/9781449358063의 표현과 http://api.example.org/work?isbn=9781449358063의 표현이 같은 책에 대해 말하고 있다는 것을 알리기 위해 추가적인 작업이 필요할 것이다. 하지만 이러한 모든 URL이 urn:isbn:9781449358063을 설명하는 RDF 문서를 제공한다면 표현들이 같은 물건에 대해 이야기하고 있음이 명백할 것이다.

이미 말했듯이 이는 정말 좋은 아이디어다. 인쇄된 책에 대해선 말이다. 고유 식별자가 없는 리소스에 대해선 잘 동작하지 않는다. 사람 리소스를 살펴보자. RDF와 schema.org 단어집을 사용하여 온갖 종류의 확인 조건을 만들 수 있다.

```
HTTP/1.1 200 OK
Content-Type: text/turtle

@prefix rdf: <http://www.w3.org/1999/02/22-rdf-syntax-ns#> .
@prefix schema: <http://schema.org/> .
_:jennifer a schema:Person ;
        schema:name "Jennifer Gallegos" ;
        schema:birthdate "1987-08-25" .
```

이 RDF/Turtle 문서는 리소스를 설명한다. 리소스는 특정 이름과 생년월일을 가지고 있는 사람이다. 하지만 사람에 대해 합의된 URI 스키마는 없다.[1] 그래서 지금 다루는 이 리소스는 URI가 없다. 내부적으로 사용하는 구분자인 'jennifer'만 있을 뿐이다.

이 문서는 무명 리소스에 대한 확인 조건들의 집합이다. 이에 대해 여기서 우리가 말하고 있는, 사람을 확인하기 위해 합의된 방법은 없다. 만약 열 개의 API가 같은 사람에 대해 RDF 설명을 제공한다면 같은 사람에 대해 말하고 있는 것인지를 알아낼 명확한 방법이 없다.

이 시점에서, person 리소스를 위해 http: URL을 만들 수도 있다. 그러면 누군가가 해당 URL로 GET 요청을 만들었을 때 리소스의 표현을 제공할 수 있을 것이다. 그리고 설명 전략 대신에 표현 전략을 사용하기로 결정하면 아마도 RDF/XML이나 RDF/Turtle보다 하이퍼미디어 제어에 더 나은 다른 데이터 형식을 사용하길 원할 것이다.

리소스 유형

시맨틱 웹의 가장 유용한 아이디어 중 하나는 리소스가 하나 또는 하나 이상의 리소스 유형으로 분류될 수 있다는 것이다(추상화된 시맨틱 유형 또는 그냥 시맨틱 유형이라고도 부른다). 이러한 유형들은 프로그래밍 언어에서의 데이터 유형과는 다르다. 이것들은 동물의 종이나 책 장르처럼 분류를 나타낸다.

RDF의 type 속성은 유형을 리소스에 할당한다. RDF에 있는 다른 것과 마찬가지로 리소스 유형도 URI로 구분된다. 다음은 리소스의 설명(http://example.com/~omjennyg)이 리소스 유형 http://schema.org/Person으로 분류되는 예제다.

```
@prefix rdf: <http://www.w3.org/1999/02/22-rdf-syntax-ns#> .
<http://example.com/~omjennyg> <rdf:type> <http://schema.org/Person> ;
                <http://schema.org/birthDate> "1987-08-25" .
```

터틀은 a를 RDF type 속성의 단축키로 정의하므로 리소스 유형에 대해 말하기 위해 모든 터틀 문서마다 RDF 용어를 가져올 필요가 없다.

---

[1] 인터넷 드래프트 "draft-ietf-appsawg-acct-uri"에 정의된 acct: URI 스키마는 사람을 구분하지 못한다. 하지만 사용자 계정은 구분할 수 있다. 많은 API에서는 이 정도면 충분하다.

```
<http://example.com/~omjennyg> a <http://schema.org/Person> ;
                <http://schema.org/birthDate> "1987-08-25" .
```

때때로 '리소스 유형'의 개념이 시맨틱 웹 세계에서 나와 웹 API의 넓은 세계로 흘러 들어간다. XLink 형식(10장)에서, 연결은 role 속성을 가질 수 있는데, 이는 연결의 반대 끝에 있는 리소스의 유형을 알려준다.

```
<a xlink:href="http://example.com/~omjennyg"
   xlink:arcrole="http://alps.io/iana/relations#author"
   xlink:role="http://schema.org/Person">
```

다음 장에서 다룰 CoRE 연결 형식에서 연결의 rt 속성은 반대 끝에 있는 리소스의 유형을 전달한다('rt'는 '리소스 유형(resource type)'을 의미한다).

```
<http://example.com/~omjennyg>;rel="author";rt="http://schema.org/
Person"
```

연결 관계와 리소스 유형은 서로 다르다. 리소스 유형(http://schema.org/Person)은 연결의 반대 끝에 있는 리소스에 대한 설명이다. 연결 관계(author 또는 http://alps.io/iana/relations#author)는 연결 자체에 대한 설명으로, 두 리소스들 사이의 관계에 대한 설명이다.

연결 관계에 대해 말하자면 type이라는 IANA에 등록된 연결 관계가 있어서 표현 자체의 리소스 유형을 알리도록 한다.

```
HTTP/1.1 200 OK
Content-Type: text/plain
Link: <http://schema.org/birthDate>;rel="type"

1987-08-25
```

role과 rt 속성은 매우 유용하다. 이 두 속성은 어떤 종류의 리소스가 연결의 반대 끝에 있는지를 클라이언트가 미리 알 수 있도록 한다. 클라이언트가 원하는 것을 본다면 계속 진행하여 해당 연결을 따라갈 수 있다.

하지만 클라이언트가 이렇게 본 것이 원하던 것인지 아닌지 어떻게 알 수 있을까? '리소스 유형'의 개념은 RDF에서 왔고, RDF에 있는 http://schema.org/Person은 URL이 아니다. 이는 URI로 의미 없는 구분자다. 클라이언트는 이 URI로 향하는 GET 요청을 만들도록 되어 있지 않다. http://schema.org/Person과 http://schema.org/birthDate가 무엇을 의미하는지 알고 싶다면, 이러한 리소스들을 설명하는 어딘가의 RDF 문서를 찾아야만 한다.

하이퍼미디어 제약 조건이 없으면 설명 문서를 찾기 위한 규칙들이 없다. 해당 설명 문서를 찾을 때까지 계속 찾아야 한다. 하지만 그 문서는 정말 중요하다! 의미 사이 간격을 연결하는 유일한 것이기 때문이다. 그 문서 없이는 http://schema.org/birthDate은 단지 짧고 의미 없는 문자열일 뿐이다.

RDF 스키마

잠시 동안 마법의 문서를 찾는 문제는 무시하자. 찾은 문서가 어떻게 생겼을까? 문서는 앞의 짧고 의미 없는 문자열을 설명하는 것이었을 것이다. URI http://schema.org/Person과 http://schema.org/birthDate가 대략적으로 우리가 매일 사용하는 'person'(사람)과 'date of birth'(생년월일)에 해당하는 것이라고 알려주었을 것이다. 그 문서는 프로파일처럼 행동하여 ALPS나 XMDP 프로파일과 근본적으로 다른 점이 없었을 것이다.

RDF 프로파일은 때때로 용어(vocabulary)나 온톨로지(ontology: 사람들이 세상에 대해 보고 듣고 느끼고 생각하는 것에 대해 서로 간의 토론을 통해 합의를 이룬 바를 개념적이고 컴퓨터에서 다룰 수 있는 형태로 표현한 모델)라고 부르기도 한다. RDF 스키마라고 부르는 메타 용어의 한 종류로 쓰인다. RDF 스키마는 개별 리소스뿐 아니라 리소스 유형을 설명하기 위해 RDF를 사용하도록 한다.

다음은 RDF 스키마 문서로 http://schema.org/Person이 무엇인지 설명한다.[2]

```
@prefix rdf: <http://www.w3.org/1999/02/22-rdf-syntax-ns#> .
@prefix rdfs: <http://www.w3.org/2000/01/rdf-schema#> .
<http://schema.org/Person> a rdfs:Class ;
                rdfs:label "Person" ;
                rdfs:comment "A person (alive, dead, undead, or fictional)." ;
                rdfs:subClassOf <http://schema.org/Thing> .
```

세 번째 줄은 http://schema.org/Person의 리소스 유형이 rdfs:Class임을 알려준다. 이는 http://schema.org/Person이 하나의 특정 실제 세계 사물(개개의 사람)의 대역이 아님을 의미한다. 이는 개념('person'의 개념)으로 참여한다.

---

2 schema.org를 위한 공식적인 RDF 온톨로지는 http://schema.org/docs/schema_org_rdfa.html에 있다. 내 예제의 문서로부터 바로 인용할 수 있었으면 좋겠지만 이는 RDF의 HTML 버전인 RDFa를 사용하고, 여기에서 RDFa에 대해 설명할 공간이 없다. 그래서 문서의 일부분을 이번 장에서 사용해온 문자 기반 터틀 형식으로 변환했다.

rdfs:label과 rdfs:comment 속성은 이러한 신비한 개념에 대해 몇 가지 사람이 이해할 수 있는 정보를 가리킨다. 이 문서를 읽는 사람은 리소스 http://schema.org/Person이 우리 일상 개념 'person(사람)'으로 대응하는 것임을 알게 된다. 그래서 어떤 다른 리소스의 유형이 http://schema.org/Person이라면 이는 해당 리소스가 개개의 사람에 대응함을 의미한다.

하지만 이 RDF 스키마 프로파일에는 또한 기계가 이해할 수 있는 요소가 있다. rdfs:subClassOf 속성이다. 이는 모든 http://schema.org/Person 리소스가 또한 http://schema.org/Thing임을 말한다. http://schema.org/Thing이 무엇인지 궁금한가? 해당 URI의 RDF 설명을 둘러보는 것으로 호기심을 충족할 수 있다. 편리하게도 http://schema.org/Person의 설명과 같은 파일 안에서 찾을 수 있다.

```
...
<http://schema.org/Thing> a rdfs:Class
                          rdfs:label "Thing"
                          rdfs:comment "The most generic type of item."
```

http://schema.org/Thing은 특히 아무것도 아님이 드러났다. 실망스럽다. 하지만 최소한 이제 http://schema.org/Thing이 2011년 리메이크된 1982년 존 카펜터스(John Carpenter)의 영화인 "The Thing"이나 마블의 슈퍼 히어로 더 싱(The Thing)을 가리키지 않음은 알았다.

http://schema.org/birthDate은 어떠한가? 이는 무엇을 의미하는가? 다음은 이미 보여준 두 개의 다른 설명과 마찬가지로 동일한 용어 문서를 각색한 해당 리소스의 RDF 설명이다.

```
<http://schema.org/birthDate> a <rdf:Property> ;
                          rdfs:label "birthDate" ;
                          rdfs:comment "Date of birth." ;
                          rdfs:domain <http://schema.org/Person> ;
                          rdfs:range <http://schema.org/Date> .
```

이 설명에서 사람이 이해할 수 있는 부분은 오직 여러분이 이미 알아챈 것, 즉 http://schema.org/birthDate는 실제 세계 개념 'date of birth'에 대응한다는 것을 확인할 뿐이다. 여기에서 실제 관심은 설명에서 기계가 이해할 수 있는 부분, 즉 domain과 range에 있다.

```
rdfs:domain <http://schema.org/Person> ;
rdfs:range <http://schema.org/Date> .
```

RDF/Turtle의 이 두 줄은 birthDate가 Person과 Date의 관계임을 말해준다. birthDate를 함수로 생각해 보자. 사람을 입력하고 결과로 입력한 사람의 생일을 받을 것이다. domain은 입력이고 range는 입력에 대한 결과다.

기계가 이해할 수 있는 이 두 가지 제한은 의미적 차이에 급히 연결된 작은 밧줄이다. schema.org의 RDF 어휘에 있는 모든 것은 대체로 사람에게 완전히 명백한 것들이다. 하지만 내가 보여준 어휘의 일부분을 컴퓨터가 이해하도록 프로그램을 작성하기 위해선 컴퓨터에게 네 개의 다른 개념, 즉 Person, Thing, birthDate, Date를 가르쳐야만 한다. schema.org 어휘는 수천 개의 개념을 포함하고 계속 추가되고 있다. 아무도 컴퓨터가 이 모든 것을 이해하도록 프로그램을 작성하지 않을 것이다.

이것이 RDF 스키마 어휘의 기계가 이해할 수 있는 부분들, 즉 subclassOf나 domain, range 같은 속성들이 중요한 이유다. 이러한 속성들은 애플리케이션 의미 체계에 대한 저수준 이해를 사람의 도움 없이 컴퓨터에 제공한다. birthDate가 무엇인지 모르는 RDF 클라이언트는 birthDate가 Person에 연결된 Date의 일종이라는 지식(domain과 range 속성들에서 얻어냄)으로 그럭저럭 처리할 수 있다.

ALPS와 XMDP 프로파일들은 애플리케이션 의미 체계의 사람이 이해할 수 있는 설명에 굉장히 많이 의존한다. 이는 이러한 설명들을 동작하는 클라이언트 코드로 변환하기 위한 사람의 노동력에 의존함을 의미한다. RDF 스키마 프로파일은 더 많은 API 애플리케이션 의미 체계를 기계가 이해할 수 있는 형태로 넣는다. (여기서 다루지는 않지만) OWL이라는 RDF 스키마 확장은 이 아이디어를 한층 더 확장한다. 우리의 희망 사항은 수백만 가지 특정 콘셉트를 컴퓨터에게 가르치는 것 대신에 기본적인 콘셉트 수백 가지만 가르치고 나머지는 스스로 찾아낼 수 있도록 하는 것이다.

이로 인한 손실은 설명이 매우 복잡해진다는 것이다. 매우 기본적인 개념으로 '생일'을 설명하기 위해 RDF 스키마와 OWL을 사용할 수 있었다. 이는 '사람이 존재하지 않는 상태에서 존재하는 상태로 변하는 사건의 날짜'와 같은 의미로 표현되었을 것이다.[3] 대부분의 애플리케이션에서 클라이언트 작성자가 그들이 원하는 대로 생

---

3 이 정도까지 심하게 설명되진 않지만 BIO 용어(http://vocab.org/bio/0.1/.html)가 "birth event" 리소스를 설명하고 있다. 이는 http://purl.org/vocab/bio/0.1/Birth에 있는데 태어난 사람, 부모, 날짜, 그리고 장소를 하

년월일을 제어하는 코드를 작성하는 것이 더 쉽다.

연결된 데이터 운동

기계가 이해할 수 있는 용어로 애플리케이션 의미 체계 서술자를 표현하기에는 RDF가 최고다. 하지만 RDF만으로는 이 위에 RESTful API를 만들 수 없다. RDF는 URL 대신에 URI를 사용하기 때문이다. 클라이언트가 바라보는 리소스의 표현을 설명된 대로 가질 수 있다는 보장이 없다. 이는 대부분의 필딩 제약을 무시하게 한다.

물론 API 디자이너로서 그냥 이러한 규칙을 무시할 수도 있다. 모든 URI는 URL 이고 모든 리소스는 표현을 갖는다고 선언할 수도 있다. 표현이 있을 수도, 없을 수도 있는 다른 리소스를 설명하는 대신, 자기 자신을 설명하는 데 집중하는 RDF 문서를 제공할 수도 있다. 그러면 필딩 제약이 다시 돌아온 것이 된다. RDF 표현의 모든 URI는 하이퍼미디어 연결이 되고 클라이언트는 걱정 없이 연결을 따라갈 수 있게 된다.

이러한 생각의 집합은 연결된 데이터(Linked Data)라 부른다. 이 용어는 팀 버너스 리의 2006년 에세이(http://www.w3.org/DesignIssues/LinkedData)에서 나온다. 그는 웹에 기계가 이해할 수 있는 데이터를 놓기 위한 네 가지 법칙을 분류하였다. REST 관점에서 이러한 원칙들은 RDF의 URI 제약 조건을(URI를 URL로 처리해도 된다고) 완화시켜 필딩 제약 조건의 이점을 가져온다. 이러한 원칙들은 시맨틱 웹의 철학을 REST 철학에 좀 더 가깝게 한다. 다음은 버너스 리의 연결된 데이터의 네 가지 원칙들이다.

1. 사물을 위한 이름으로 URI를 사용한다.

REST 용어로 이는 URI가 리소스를 확인한다고 말한다. 1장에서 나는 이를 주소 지정 가능성이라 불렀다.

나로 모은다.

2. HTTP URI를 사용하여 사람들이 이 이름으로 찾도록 한다.

여기엔 두 가지가 있다. 첫째로, 리소스를 urn:isbn:9781449358063 같은 URL로 확인해서는 안 된다. http://example.com/books/9781449358063 같은 URL을 사용해야만 한다. urn:isbn:9781449358063이 리소스를 참조하는 일반적인 방법임은 사실이다. 하지만 이는 너무 일반적이기 때문에 클라이언트는 이 참조로는 아무것도 할 수 없다.

둘째로, 리소스는 표현을 가져야만 한다. URL로 GET 요청을 보내는 클라이언트는 값을 되돌려줄 때 유용한 데이터를 가져야만 한다. http://vocab.org/vnd/mamund.com/2013/numbers/primes 같은 URL은 GET 요청을 해당 URL로 보내고 404 에러를 받을 때까지는 괜찮아 보인다. 그리고 나면 해당 URL이 사실은 URI였음을 알게 된다. 이 URI는 표현이 없다. 아마도 URI를 설명하는 마법의 문서가 어딘가 있을지도 모르겠지만 찾으려면 수고를 좀 해야 할 것이다.

3. 누군가가 URI에 접근할 때, 표준(RDF나 SPARQL)을 사용하여 유용한 정보를 제공하도록 한다.

다시 말하지만 리소스는 표현을 갖는다. GET 요청을 리소스의 URL로 보내는 클라이언트는 리소스의 현재 상태를 담은 문서를 받아야만 한다.

여기에서 정확히 어떤 표준을 사용하는지는 중요하지 않다(이 책에서는 SPARQL을 다루지도 않는다). 중요한 것은 여러분이 직접 데이터 형식을 만드는 것 대신에 몇 가지 표준을 사용하는 것이다. 이렇게 하면 표준을 알고 있는 클라이언트가 여러분이 제공하는 데이터를 자동으로 처리하는 방법을 최소한 기본적인 수준으로는 알게 된다. 이는 이 책 전체에 걸쳐 내가 계속 이야기하는 주제다. 여러분이 직접 정의하는 것 대신에 기존에 있는 하이퍼미디어 유형을 사용해야만 한다.

4. 다른 URI로 연결을 포함하여 사람들이 더 많은 것을 찾아볼 수 있도록 한다.

그리고 마지막으로, 가장 커다란 대가인 하이퍼미디어 제약 조건이다. URI는 이제 URL이므로, 클라이언트는 표현을 갖기 위해 연결을 따라갈 수 있다. 표현은 다른 연결들을 포함할 수 있고 프로그램에 입력되었던 어떠한 것이든 원하는 것에 접근하기 위해 연결들을 따라갈 수 있다.

연결된 데이터 API를 작성하길 원한다면, RDF/XML이나 RDF/Turtle 대신에 JSON-LD를 사용하길 추천한다. JSON-LD는 특히 오늘날의 다른 하이퍼미디어 API들과 닮은 API들을 만들기 위해 특별히 디자인된 RDF의 새로운 시리얼라이제이션이다.

JSON-LD

- 미디어 유형: application/ld+json
- 설명된 곳: 공개 표준화는 진행 중이며 http://www.w3.org/TR/json-ld/에 정의되어 있다.
- 매체: JSON
- 프로토콜 의미 체계: GET 연결들을 통한 탐색
- 애플리케이션 의미 체계: 매우 유연하지만 각 문서는 스스로를 정의해야만 한다.

8장에서 프로파일 형식으로 JSON-LD를 다루었었다. JSON 표현이 …

HTTP/1.1 200 OK

```
Content-Type: application/json

{ "n": "Jenny Gallegos",
  "photo_link": "http://api.example.com/img/omjennyg" }
```

… JSON-LD 'context'의 정의로 어떻게 하이퍼미디어 문서로 변환될 수 있는지를 보여주었다.

```
HTTP/1.1 200 OK
Content-Type: application/ld+json

{
  "@context":
  {
    "n": "http://alps.io/schema.org/Person#name",
    "photo_link":
    {
```

```
            "@id": "http://alps.io/schema.org/Person#image",
            "@type": "@id"
        }
      }
    }
```

JSON-LD 콘텍스트는 설명들을 연결함으로써 연결 관계 photo_link와 의미 체계 서술자 n을 설명한다. 이 콘텍스트의 다른 버전도 보여주었다. ALPS 프로파일에 연결된 것, 사람이 이해할 수 있는 문서에 연결된 것, 그리고 다른 하나는 RDF 용어가 설명하는 URI를 사용한 것이다. 다음은 schema.org의 용어를 사용한 예제다.

```
{
  "@context":
  {
    "n": "http://schema.org/name",
    "photo_link":
    {
      "@id": "http://schema.org/image",
      "@type": "@id"
    }
  }
}
```

표현 형식으로서 JSON-LD

지금까지 JSON-LD를 일반 JSON 문서에 추가해 애플리케이션 의미 체계를 설명하는 프로파일 형식의 일종으로 설명하였다. JSON 문서를 JSON-LD 콘텍스트로 연결하기 위해 Link 헤더를 사용한다.

```
Link: <http://api.example.com/profile.person.jsonld>;
rel="http://www.w3.org/ns/json-ld#context"
```

JSON-LD가 프로파일 형식이라고 말하는 것은 정확하지 않다. JSON 문서가 JSON-LD 콘텍스트를 갖는다는 사실이 클라이언트에게 애플리케이션 의미 체계에 대한 추가 정보를 주지는 않는다. 이는 클라이언트가 문서를 어떻게 처리해야 할지를 바꾼다. 콘텍스트를 보지 않고 JSON 문서를 분석하고 JSON 규칙들을 사용하면 결국 중첩된 데이터 구조가 된다. 같은 문서를 콘텍스트를 보고 분석하고 RDF 규칙을 사용하여 결국 RDF 확인 규칙의 집합이 된다.

JSON-LD는 이런 애드온 규칙에 제한이 되지 않는다. @context 속성을 추가하고 application/ld+json으로 문서를 제공하면 모든 JSON 객체가 JSON-LD 문서가 될 수 있다. 이는 여러분이 제공하는 데이터와 함께 JSON-LD 콘텍스트를 합칠 수 있고 모든 것을 한 번에 제공할 수 있음을 의미한다.

```
HTTP/1.1 200 OK
Content-Type: application/ld+json

{
  "n": "Jenny Gallegos",
  "picture_link": "http://www.example.com/img/omjennyg",
  "@type": "http://schema.org/Person",
  "@context":
  {
    "n": "http://schema.org/name",

    "photo_link":
    {
      "@id": "http://schema.org/image",
      "@type": "@id"
    }
  }
}
```

이 시점에서 JSON-LD는 전통적인 하이퍼미디어 유형이 된다. 여기엔 하나의 문서 밖에 없기 때문에 Link 헤더는 더 이상 필요 없다. 여전히 photo_link가 하이퍼미디어 링크라는 것은 명확하다. 사실 이전보다 더 명확해졌다. 모든 정보가 한곳에 있기 때문이다.

하지만 표현 형식으로라면 JSON-LD는 별로다. JSON-LD가 매우 자세하게 애플리케이션 의미 체계를 표현할 수 있다는 것에선 RDF 유산에 감사하지만, JSON-LD의 프로토콜 의미 체계는 매우 제한적이다. 연결된 데이터 클라이언트는 하나의 데이터에서 다른 데이터로의 연결을 따라가는 것 말고는 아무것도 할 수 없다. JSON-LD는 불안정한 HTTP 요청을 하기 위한 하이퍼미디어 컨트롤이 없으므로 클라이언트가 데이터를 변경할 수도 없다.

API에서 JSON-LD를 사용하길 원한다면 히드라(Hydra)라는 확장을 사용하길 추천한다.

히드라

- 미디어 유형: application/ld+json
- 설명된 곳: 개인 표준으로 진행 중(http://www.markus-lanthaler.com)

- 매체: JSON
- 프로토콜 의미 체계: 완전히 일반적임
- 애플리케이션 의미 체계: JSON-LD에서부터 파생. 컬렉션 패턴을 구현한다 ('collection'과 'resource', 6장의 컬렉션 패턴 참조). 하지만 컬렉션은 아무 특별한 프로토콜 의미 체계가 없다.

히드라는 JSON-LD 콘텍스트로 JSON-LD에 많은 프로토콜 의미 체계를 추가한 것이다. JSON-LD 자체로는 GET 요청으로 구동시킬 연결만("@type": "@id"를 사용하여) 지정하게 해줄 뿐이다. 히드라를 추가하면 거의 모든 HTTP 요청을 지정할 수 있다.

다음은 YouTypeItWePostIt.com 사이에 블로깅 API의 애플리케이션과 프로토콜 의미 체계를 설명한 히드라 문서다(이 문서가 http://example.com/youtypeit.jsonld 에서 제공된다고 가정하자).

```
{
  "@context": "http://purl.org/hydra/core/context.jsonld",
  "@type": "ApiDocumentation",
  "title": "Microblogging API",
  "description": "You type it, we post it.",
  "entrypoint": "http://example.com/api/",
  "supportedClasses": [
    {
      "@id": "#BlogDirectory",
      "title": "A directory of blogs",
      "description": "Links to all blogs.",
      "supportedProperties": [
        {
          "@id": "#blogs",
          "@type": "link",
          "title": "Blogs",
          "description": "The available blogs.",
          "domain": "#BlogDirectory",
          "range": "#Blog"
        }
      ]
    },
    {
      "@id": "#Blog",
      "@type": "Class",
      "subClassOf": "Collection",
      "title": "Blog",
      "description": "A collection of posts.",
```

```
        "supportedOperations": [
          {
            "@type": "CreateResourceOperation",
            "method": "POST",
            "expects": "#BlogPost"
          }
        ]
      },
      {
        "@id": "#BlogPost",
        "@type": "Class",
        "title": "Post",
        "description": "A single blog post.",
        "supportedProperties": [
          {
            "@id": "#content",
            "@type": "rdfs:Property",
            "title": "Content",
            "description": "The content of a blog post.",
            "domain": "#BlogPost",
            "range": "xsd:string"
          }
        ]
      }
    ]
  }
```

JSON-LD와 RDF 스키마를 이해하는 클라이언트는 이 문서에서 많은 정보를 볼 수 있다. 사람이 이해할 수 있는 설명을 포함한 세 가지 리소스 유형(http://example. com/youtypeit.jsonld#BlogDirectory, http://example.com/youtypeit.jsonld#Blog, http://example.com/youtypeit.jsonld#BlogPost)에 대해서도 알 수 있다.

클라이언트가 히드라에 대해 전혀 알지 못한다 할지라도 표현을 이해하는 데에는 충분하다. 다음은 http://example.com/api/에서 제공하는 API 홈페이지의 JSON-LD 표현이다.

```
HTTP/1.1 200 OK
Content-Type: application/ld+json

{
  "@context": {
    "blogs": "http://example.com/youtypeit.jsonld#blogs",
    "Blog": "http://example.com/youtypeit.jsonld#Blog"
  },
  "@id":"http://example.com/api/",
  "blogs": [
    { "@id": "/api/blogs/1", "@type": "Blog" },
```

```
    { "@id": "/api/blogs/2", "@type": "Blog" }
  ]
}
```

아마도 blogs 속성이 무엇을 의미하는지 궁금할 것이다. 사실, @context는 애플리케이션 의미 체계가 http://example.com/youtypeit.jsonld#blogs에 정의되어 있음을 말해준다. 다음과 같다.

```
{
  "@id": "#blogs",
  "@type": "link",
  "title": "Blogs",
  "description": "The available blogs.",
  "domain": "#BlogDirectory",
  "range": "#Blog"
}
```

이는 블로그 목록이다. 더 정확하게는, 리소스 유형 http://example.com/youtypeit.jsonld#Blog를 모두 가진 가능한 출력(range)의 함수다. 이는 이 JSON이 다음 두 가지 다른 blog 유형 리소스들의 설명임을 의미한다.

```
"blogs": [
  { "@id": "/api/blogs/1", "@type": "Blog" },
  { "@id": "/api/blogs/2", "@type": "Blog" }
]
```

물론 이는 그렇게 많은 설명은 아니다. URI와 의미 체계 유형을 제외하면 이 리소스들에 대해 아는 것이 없다. 전통적인 RDF 문서에서는 이야기가 여기에서 끝난다. 어딘가에 있는 리소스들에 대한 더 나은 설명을 찾지 않는 한 이들에 대한 것은 더 이상 전혀 알 수 없다.

하지만 이 문서는 JSON-LD 문서로, 하이퍼미디어 제약 조건을 따른다는 사실을 알 것이다. /api/blogs/1이나 /api/blogs/2로의 GET 요청을 만들어야 한다. 이러한 GET 요청을 만든다면 Blog의 애플리케이션 의미 체계를 충족하는 표현을 기대할 수 있다.

이 단계까지 오기 위해 히드라에 대한 아무런 지식도 필요하지 않았다. JSON-LD 클라이언트는 API 홈페이지에 GET 요청을 보낼 수 있고, 콘텍스트를 이해하고, 두 번째 GET 요청을 /api/blogs/2에 보낼 수 있다. JSON-LD 클라이언트는 Blog 리소스 유형의 설명에 대해 표현을 비교할 수 있고 이 특정 '블로그'의 애플리케이션 의미 체계에 대해 이해할 수 있다.

하지만 히드라를 아는 클라이언트는 여기에 큰 이점이 있다. 히드라를 아는 클라이언트는 supportedOperations라는 특별한 속성을 이해한다. 이 콘텍스트에서, supportedOperations는 Blog가 HTTP GET뿐 아니라 POST를 지원하는 리소스임을 알려준다. 다음의 다른 부분을 보자.

```
{
  "@id": "#Blog",
  ...
  "supportedOperations": [
    {
      "@type": "CreateResourceOperation",
      "method": "POST",
      "expects": "#BlogPost"
    }
  ]
}
```

이는 클라이언트가 Blog라는 리소스 유형으로 HTTP POST 요청을 보내서 새로운 리소스(BlogPost 유형)를 만들 수 있음을 말한다. 이 요청의 엔티티 바디는 BlogPost의 애플리케이션 의미 체계를 만족하는 JSON-LD 표현이 되어야 한다.

BlogPost의 애플리케이션 의미 체계는 무엇일까? 원래의 콘텍스트에서 BlogPost는 xsd:string 형태의 문자열인 content라는 단일 속성을 가지고 있음을 말한다.

```
{
  "@id": "#BlogPost",
  ...
  "supportedProperties": [
    {
      "@id": "#content",
      "@type": "rdfs:Property",
      "title": "Content",
      "description": "The content of a blog post.",
      "domain": "#BlogPost",
      "range": "xsd:string"
    }
  ]
}
```

모든 것을 한데 모아 히드라 클라이언트는 다음과 비슷한 POST 요청을 보낼 수 있음을 안다.

```
POST /api/blogs/2 HTTP/1.1
```

```
Host: www.example.com
Content-Type: application/ld+json

{
  "@context": {
    "content": http://www.example.com/youtypeit.jsonld#content"
  },
  "content": "This is my first post."
}
```

JSON-LD는 API 제공자에게 겉으로 보기엔 평범한 JSON 문서의 애플리케이션 의미 체계를 설명할 방법을 제공한다. JSON-LD 콘텍스트는 클라이언트에게 클라이언트가 찾는 아무 URI로의 HTTP GET 요청을 만들기 위한 일괄 허가를 줌으로써 해당 문서의 프로토콜 의미 체계를 설명할 수 있다. 하지만 이는 여기까지다. JSON-LD 스스로는 안전한 상태 전이만 설명할 수 있다.

히드라는 한 단계 더 나아간다. 특별한 히드라 속성을 포함하는 JSON-LD 콘텍스트는 단순히 GET 요청뿐 아니라 어떤 종류의 HTTP 요청이든 허용되었다고 클라이언트에게 말할 수 있다. 히드라는 JSON-LD가 불안전한 상태 변환을 잘 설명할 수 있도록 한다.

전체적으로, 히드라 콘텍스트를 WADL 문서와 OData 메타데이터 문서들과 비교하려고 한다. 두 문서 모두 10장에서 다루었던 내용이다. 이 문서들은 런타임에 개별 리소스의 행동 양식을 나타내기보다는 리소스의 유형(Blog, BlogPost)을 먼저 정의하려는 경향이 있다. 여기에 본질적으로 잘못된 것은 없다. 거의 모든 API가 다른 리소스 유형을 가질 것이고 주어진 유형의 모든 리소스는 비슷한 애플리케이션과 프로토콜 의미 체계를 가질 것이다.

하지만 '리소스의 추상적인 의미 유형'과 '데이터 모델에서 클래스의 구현 세부 사항'에 혼돈이 오기 쉽다. 히드라 콘텍스트, OData 메타데이터 문서, 그리고 WADL 문서들 때문에 서버 측 API 개발자들은 표준 용어를 재사용하는 대신에 자신의 내부 데이터 모델에 기반을 둔 1회성 용어를 자동으로 생성하려는 유혹에 빠지기 쉽다.

그리고 9장에서 언급했던 더 큰 문제가 있다. 이 문서들은 거의 변경되지 않기 때문에 클라이언트 측 API 개발자들은 이 문서들을 API의 애플리케이션 의미 체계의 완전한 개요를 제공하는 능력이 있는 서비스 설명 문서로 취급하기 쉽다. 사용자들은 히드라 콘텍스트에 기반을 두고 클라이언트 코드를 생성하려 할 것이다. 콘텍스트가 변경될 때 이런 클라이언트 코드는 동작하지 않을 것이다.

이 책을 쓰는 현재 히드라 표준은 여전히 진행 중이다. 하지만 불안전한 상태 전이를 설명할 수 있으므로 JSON 기반 하이퍼미디어로서는 일반 JSON-LD보다 더 좋은 선택이다. REST의 하이퍼미디어 제약의 장점을 무효화하는 방법으로 이를 사용하지 않도록 주의한다.

XRD 종류들

연결된 데이터와 REST 모두에 기본이 되는 원칙을 채택했기에 JSON-LD를 추천한다. URI는 URL이어야 하고 모두 유용한 표현을 가지고 있어야 한다. urn:isbn:9781449358063 같은 URI는 해당 URI가 가진 가치보다 더 많은 문제를 일으킨다.

만약 이러한 타협을 거부했다면? 순수한 설명 전략을 사용한 API로 어디까지 갈 수 있을까? 이것이 내가 XRD 형식과 이 위에 만들어진 두 가지 표준, 즉 웹 호스트 메타데이터와 웹핑거(WebFinger)를 통해 알아보고 싶은 것이다.

XRD는 오늘날 API가 사용하는 애드혹 XML과 JSON 형식에 대한 설명 전략의 답이다. 웹 호스트 메타데이터 문서는 여러분이 제어하지 않는 리소스들, 표현이 전혀 없을지도 모르는 리소스들의 하이퍼미디어 API 제작을 가능하게 한다. 이는 의미 없어 보일 수 있을지도 모르겠지만 웹핑거는 우리에게 실제 사용 예를 보여준다.

XRD와 JRD

- 미디어 유형: application/xrd+xml 또는 application/jrd+json
- 정의된 곳: RFC 6415(JRD), 공개 표준(XRD, http://docs.oasis-open.org/xri/xrd/v1.0/xrd-1.0.html)
- 매체: XML 또는 JSON
- 프로토콜 의미 체계: GET 연결을 사용한 탐색
- 애플리케이션 의미 체계: 없음

XRD는 전통적인 XML 기반 문서로, 바깥의 리소스들을 기술하기 위해 디자인되었다. RDF와는 달리, XRD는 〈Property〉 태그로 들어가는 의미 체계 서술자들과

〈Link〉 태그로 들어가는 연결 관계들을 구분한다.

설명 전략을 이해하고 나면 이는 매우 직관적이다. 다음은 Maze+XML 미로에서 셀의 XRD 기술자 예다.

```
<XRD xmlns="http://docs.oasis-open.org/ns/xri/xrd-1.0">
<Subject>http://example.com/cells/M</Subject>

<Property type="http://alps.io/example/maze#title">
 The Entrance Hallway
</Property>

<Link rel="http://alps.io/example/maze#east"
     href="http://example.com/cells/N" />
<Link rel="http://alps.io/example/maze#west"
     href="http://example.com/cells/L" />
</XRD>
```

다시 말하지만 http://example.com/cells/M으로 확인하는 리소스가 '존재'하든 안 하든 상관없다(즉, 표현이 있든 없든 상관없다). 이는 단순히 리소스에 대해 몇 가지 것을 말하는 문서다.

RFC 6415는 XRD 문서를 JSON 객체로 변환하는 단순한 방법을 정의한다. 결과 물은 JRD로, application/jrd+json으로 제공한다.

```
{
 "subject": "http://example.com/cells/M",
 "properties": {
  "http://alps.io/example/maze#title": "The Entrance Hallway"
 },
 "links": [
  { "rel": "http://alps.io/example/maze#east",
    "href": "http://example.com/cells/N" },
  { "rel": "http://alps.io/example/maze#west",
    "href": "http://example.com/cells/L" }
 ]
}
```

웹 호스트 메타데이터 문서

- 미디어 유형: application/xrd+xml 또는 application/jrd+json
- 정의된 곳: RFC 6415
- 매체: XML 또는 JSON
- 프로토콜 의미 체계: GET 탐색, 제한된 GET 찾기 기능

• 애플리케이션 의미 체계: 없음

웹 호스트 메타데이터 문서는 전체 API의 최상의 계층 설명을 포함한 XRD 문서다. JSON 홈 문서(10장을 참조)에서 찾을 수 있는 설명의 일종이다. 웹 호스트 메타데이터 문서의 XRD 버전은 잘 알려진 URI인 /.well-known/host-meta 아래에 있어야 한다(잘 알려진 URI에 대한 소개는 9장을 참고한다). 문서의 JRD 버전이 있다면, 잘 알려진 URI인 /.well-known/host-meta.json 아래에 위치해야 한다.

여느 XRD 문서와 같이, 웹 호스트 메타데이터 문서는 프로퍼티와 연결을 포함할 수도 있다. 프로퍼티는 서버 구현의 현재 버전과 같은 전체 API의 프로퍼티들이다. 연결은 최상위 계층 컬렉션과 같이 API에서 특히 중요한 리소스들로의 연결들을 말한다.

XRD 연결은 href 속성 대신에 template 속성을 가질 수도 있다. 이는 연결을 URI에 대한 디렉터리 찾기 서비스로 변환한다. 다음은 찾기 서비스가 API의 상위 설명에서 어떻게 유용할 수 있는지 보여주는 단순한 예제다.

```
<Link rel="copyright" template="http://example.com/copyright?resource={uri}" />
```

이 〈Link〉 태그는 리소스가 http: URI나 urn:isbn: URI 중 무엇으로 확인되든지 간에, 만약 클라이언트가 저작권 성명서를 찾길 원한다면 GET 요청을 보내고 URI를 rel="copyright"을 가진 템플릿으로 보내야 함을 알려준다. 이 GET 요청은 요청에 전달된 URI에 대해 copyright 상태 전이를 시도할 것이다. 이런 방법으로 클라이언트는 표현이 없는 URI에 대한 상태 전이를 시도할 수 있다! URI urn:isbn:9781449358063은 표현이 없다. 하지만 GET 요청을 http://example.com/copyright?resource=urn:isbn:9781449358063으로 보낸다면 관련된 리소스인 해당 책을 위한 저작권 정보의 표현을 얻을 수 있을 것이다.

template 속성의 값은 URI 템플릿과 비슷하다. 하지만 이는 URI 템플릿은 아니다. 여러분이 사용할 수 있는 변수는 오로지 {uri}이기 때문이다. 웹 호스트 메타데이터 문서는 특정한 다른 리소스로 연결(href 속성을 사용)을 위해 〈Link〉를 사용할 수 있고 URI 기반 찾기 서비스로 연결({uri} 변수와 함께 template 속성을 사용하여)할 수 있다. 하지만 이뿐이다. 일반적인 검색 폼을 웹 호스트 메타데이터 문서로 넣을 수 없다.

다음은 RFC 6415의 저자가 분명하게 계획했던 것에 대한 예다.

```
<Link rel="lrdd" href="http://example.com/lookup?resource={uri}" />
```

이 예는 만약 리소스의 XRD 설명을 원한다면 그 URI를 템플릿에 집어넣고 GET 요청을 결과 URL로 보낼 수 있음을 클라이언트에게 알려준다. lrdd 연결 관계는 XRD 설명으로의 IANA에 등록된 연결이다(lrdd라고 부르는 이유를 여기에서 설명하기엔 너무 복잡하다).

웹 호스트 메타데이터 문서는 이제 어떻게 다른 XRD 문서를 찾을 수 있는지를 말해주는 XRD 문서다. URI의 표현을 얻지 못할 수도 있지만 웹 호스트 메타데이터 문서는 다양한 URI 설명들을 찾는 데 도움을 줄 수 있을 것이다.

웹핑거

- 미디어 유형: application/jrd+json
- 정의된 곳: 인터넷 드래프트의 "draft-ietf-appsawg-webfinger"
- 매체: JRD
- 프로토콜 의미 체계: JRD와 같음
- 애플리케이션 의미 체계: 사용자 계정

웹핑거 프로토콜은 사용자 계정에 대한 정보를 찾아보는 데 필요한 JRD 문서 사용을 위한 이름이다. 계정은 acct: URI 스키마[4]를 사용한 이메일 주소로 식별한다.

```
acct:jenny@example.com
```

또는 오픈아이디 제공자가 관리하는 http: URL인

```
http://openid.example.com/users/omjennyg
```

으로 확인할 수도 있다. 클라이언트는 찾고자 하는 계정을 URI에 넣고 GET 요청을 보내는 것으로 웹핑거 요청을 할 수 있다.

```
GET /.well-known/webfinger?resource=acct%3Ajenny%40example.com
HTTP/1.1
```

---

4 앞에서 언급했던 것처럼 인터넷 드래프트인 "draft-ietf-appswag-acct-uri"에 정의되어 있다.

서버는 사용자 계정의 JRD 설명으로 응답을 주어야 한다. 이 설명은 subject라는 추가적인 JSON 프로퍼티를 포함하도록 되어 있다. 이 subject 프로퍼티는 기술되는 리소스의 URI를 준다.

```
HTTP/1.1 200 OK
Content-Type: application/jrd+json

{
 "subject": "acct:jenny@example.com",
 "properties": {
  "http://schema.org/name": "Jenny Gallegos",
  "http://schema.org/email": "jenny@example.com"
 }
}
```

정말로 이것뿐이다. JRD 파일 형식은 대부분의 작업을 하고, acct: URI 스키마는 거의 모든 다른 것들을 한다. 웹핑거에 고유한 것들은 subject 프로퍼티와 잘 알려진 URI 템플릿인 /.well-known/webfinger?resource={uri}다.

이는 리소스 표현보다 리소스 설명이 더 잘 동작하는 상황의 완벽한 예다. 누군가가 웹 사이트에 계정을 만들 때, 아마도 가입자의 이메일 주소나 오픈아이디 URL로 가입하려는 사람을 식별할 것이다. 오픈아이디 URL은 표현을 가지고 있지만 오픈아이디 서버를 제어할 수 없으므로 이에 대한 표현을 변경할 수 없다. 이메일 주소는 표현을 가지고 있지 않다! 그럼에도 불구하고, 웹핑거는 사용자 계정의 설명을 게시하도록 한다. 대응하는 acct: URI에 설명을 다는 것으로 사용자 계정에 대해 알리고 싶은 무엇이든지 알릴 수 있다.

온톨로지 동물원

이는 10장의 '의미 체계 동물원'(276쪽) 절을 보충하는 것으로 몇 가지 흥미로운 RDF 스키마 용어들을 나열한다. 세상엔 많은 RDF 스키마 용어들이 있지만 인터넷 여기저기에 너무 흩어져 있다. 여기에서는 많이 사용되는 두 가지 용어를 언급하고 해당 용어들을 모아둔 한 웹 사이트를 소개하려 한다.

나는 소비자가 사용하는 API에 더 유용할 것 같은 용어들에 집중해 왔다. 정말로 중대한 용어들 대부분은 과학이나 의학 애플리케이션에서 사용되지, 웹에서 제공되는 문서의 의미 체계를 설명하지 않는다. 과학에서 사용하기 위해 설계된 방대한 용어들을 보려면 SWEET 온톨로지(http://sweet.jpl.nasa.gov)를 확인해 보도록 한다.

schema.org RDF

- 사이트: Schema 홈페이지(http://schema.org)
- 용어 문서: http://schema.org/docs/schema_org_rdfa.html
- 의미 체계: 사람들이 온라인에서 찾고자 하는 것들

이 책의 초반부에 HTML 마이크로데이터 아이템으로서 schema.org가 정의한 개념, 즉 Person, CreativeWork, 기타 등등을 보여주었다. 이는 이러한 개념들이 어떻게 schema.org 웹 사이트에서 보이는지에 대한 것이다. 하지만 이 뒤에는, 기계가 이해할 수 있는 RDF 용어들로 정의되어 있다. 바로 이번 장 전체에 걸쳐 http://schema.org/Person과 http://schema.org/birthDate 같은 URI를 사용해 참조해 온 용어다. 나의 alps.io 사이트를 위해 모든 schema.org 마이크로데이터 항목들의 ALPS 버전을 생성하려고 동일한 RDF 용어를 사용하였다.

RDF나 JSON-LD를 사용하고 있다면, 리소스를 설명할 때 schema.org RDF 용어를 참조할 수 있다. 이렇게 하면 표현 전략 대신에 설명 전략을 사용해서 schema.org가 말하는 모든 것을 설명할 수 있다.

리소스의 HTML 표현에서 schema.org의 마이크로데이터의 사용과

```
<div itemscope itemtype="http://schema.org/Person">
 <span itemprop="birthDate">1987-08-25</span>
</div>
```

표현을 가지지 않는 리소스를 설명하기 위한 schema.org의 RDF 용어의 사용을 비교해 보자.

```
@prefix schema: <http://schema.org/>
<acct:omjennyg@example.com> a schema:Person ;
                            schema:birthDate "1987-08-25" .
```

물론 사람을 설명하는 것에 제한될 필요가 없다. schema.org가 여러분이 하려는 것과 같은 방법으로 개념들을 이해하는 한, schema.org의 RDF 용어가 설명하는 1000개에 가까운 개념 중 아무거나 사용할 수 있다.

FOAF

- 사이트: FOAF 용어 규격 페이지(http://xmlns.com/foaf/spec/)
- 용어 문서: http://xmlns.com/foaf/spec/index.rdf에서 다운로드
- 의미 체계: 사람과 조직

FOAF는 가장 유명한 RDF 스키마 온톨로지로 사람, 조직, 그리고 사람과 조직 사이의 관계를 표현하기 위한 비공식 산업 표준이다.

다음은 FOAF 용어를 사용하여 RDF/Turtle에서 어떻게 사람의 이름과 생일[5]을 표현하는지를 보여준다.

```
@prefix foaf: <http://xmlns.com/foaf/0.1/>
<acct:omjennyg@example.com> a foaf:Person ;
                            foaf:name "Jennifer Gallegos" ;
                            foaf:birthday "08-25" .
```

vocab.org

- 사이트: http://vocab.org
- 용어 문서: 다양함
- 의미 체계: 다양함

이 사이트는 이안 데이비스(Ian Davis)가 관리하고 있고, RDF 스키마 문서를 제공하는 곳이다. ALPS 문서를 위한 나의 alps.io 레지스트리 같은 것이다. 여러 분야에 걸친 내용이 있고 다양한 위스키를 설명하는 용어뿐 아니라 앞의 각주에서 언급했던 BIO 용어도 포함하고 있다.

vocab.org는 또한 http://vocab.org/vnd/로 시작하는 URI에 대한 네임스페이스를 누구나 요청할 수 있도록 정책적으로 허락하고 있다. 이는 내가 URI http://vocab.org/vnd/mamund.com/2013/my-wonderful-resource를 사용하여 리소스를 설명하는 RDF 문서를 게시할 수 있음을 의미한다. vocab.org를 제어하지 않고 여기에 파일을 올릴 수 있는 권한도 없기에 이 리소스는 표현을 절대 가질 수 없다. 하지만 이 URI는 내가 소유하여 원하는 대로 설명할 수 있다.

---

5 단순히 태어난 날짜가 아니다! 생일은 더 복잡하다.

결론: 설명 전략은 살아 있다!

REST가 익숙한 사람들에겐 RDF 문서는 이상하게 보인다. 이는 'RDF 문서'를 작성하는 데 많은 방법이 있는 것이 부분적인 이유기도 하지만 대부분의 경우 RDF 문서가 일반적으로 필딩 제약 조건을 무시하기 때문이다. 사람들이 일을 하기 위해 사용하는 실제 RDF 문서들이 있다. 이러한 RDF 문서들은 HTTP GET에 대한 404 에러를 주는 URL을 포함한다. 표현 전략에 헌신하는 REST 관점에서는 이러한 URL은 '존재하지 않고' 이러한 URL을 포함하는 문서들은 망가진 것이다. 설명 전략을 이해하면 여러 가지 것이 조금 더 이해가 될 것이다.

이번 장, 그리고 일반적인 삶은 설명 전략을 무시하는 게 가능했더라면 더 단순했을 것이다. 연결된 데이터와 그 외 것들 덕택에 그게 나름 가능하다! 연결된 데이터 운동은 필딩 제약 조건을 지키는 방법에 있어서는 RDF를 사용하는 것이 더 낫다고 말한다. 웹에 여러분의 RDF 스키마 용어를 게시하고 웹에 존재하는 리소스들을 설명하기 위해서만 사용함을 확실히 하라.

연결된 데이터의 좋은 면은 상당히 크다. RDF 스키마와 OWL은 기계가 이해할 수 있는 방법에서 애플리케이션 의미 체계를 기술하려고 할 때 ALPS보다 훨씬 더 강력하다. 그리고 이러한 기술의 이점을 갖기 위해 필딩 제약 조건을 포기하지 않아도 된다.

하지만 연결된 데이터가 전체 이야기처럼 보이게 할 수 없다. 시맨틱 웹은 연결 데이터보다 훨씬 더 오래되었고 심지어 이제는 모든 사람이 연결된 데이터를 따르는 것은 아니다. 시맨틱 웹 기술을 사용할 때 URL들이 URI라고 밝혀지는 많은 문서를 만나게 될 것이다. 이러한 문서들을 더 만들어야 한다고 생각하진 않지만, 기존 문서들을 다루려면 무슨 의미인지 이해할 필요가 있다. 이것들은 표현을 갖지 않은 리소스의 설명이다.

13장

CoAP: 임베디드 시스템을 위한 REST

제약이 있는 애플리케이션 프로토콜(Constrained Application Protocol, CoAP)[1]은 홈오토메이션 시스템 같은 저전력 임베디드 환경을 위해 디자인된 프로토콜이다. CoAP는 HTTP에서 영감을 받았고 하이퍼미디어로부터 동작하는 RESTful API를 게시하기 위해 사용될 수 있다. 하지만 이는 HTTP와는 매우 다른 프로토콜이다. CoAP는 웹과 비슷한 아키텍처를 매우 제한된 환경, 예를 들어 '사물 인터넷', 즉 저사양 네트워크를 통해 통신하는 작고 값싼 수많은 컴퓨터들이 있는 환경으로 가져왔다.

 CoAP는 전력 소비, 네트워크 전송 속도, 처리 능력이 매우 제한된 환경에서도 동작하도록 디자인되었다. CoAP 세계는 사람들이 오늘날 사용하는 네트워크보다는 1970년경의 ARPAnet과 비슷하다. CoAP 요청과 응답은 매우 작다. 가정의 전력선을 통해 실행하는 네트워크 위에서, CoAP 메시지는 1024바이트보다 커서는 안 된다. 저전력 무선 네트워크 위에서는, 아마도 80바이트 이상이 되길 바라지 않을 것이다.

 하지만 네트워크 레이아웃에서는 이러한 환경들은 월드 와이드 웹과 매우 비슷하게 보인다. 다수의 비슷한 클라이언트들을 위한 단일의 'API 제공자' 같은 것은

---

1 인터넷 드래프트의 "draft-ietf-core-coap"로서 아직 개발 중인 공개 표준이다.

없다. 대신에 다수의 다른 제조사가 만든 기기들이 겉보기에는 임의로 둔 것처럼 같은 방 안에 놓인다. 이것들 중 몇몇은 제공해야 할 데이터가 있고 몇몇은 실제 세계에서 무언가를 하는 능력을 가지고 있다. 매우 희귀하게, 이것들 중 하나는 예-아니오 질문에 답하기 위해 사람의 충분한 주의를 필요로 하는 기기일 수도 있다.

이러한 기기들은 설치한 사람으로부터 약간의 안내가 있거나 아예 없더라도 네트워크를 통해 서로의 위치를 알아야 하며, 서로의 능력을 알 수 있어야 하고, 어떻게 같이 동작할 수 있는지 알아야 한다. 이는 정말 혼란스럽다. 이렇게 웹처럼 근본적으로 분산된 환경에서는 하이퍼미디어에 기반을 둔 전략이 동작할 가능성이 있는 유일한 방법이다.

CoAP 요청

일반적인 HTTP 요청이 어떻게 동작하는지는 안다. 클라이언트는 서버로의 TCP 연결을 열고, 요청을 보내고, 같은 연결에서 응답을 기다린다. CoAP는 UDP 위에서 동작하도록 디자인되었다. UDP는 TCP의 자매 프로토콜이지만 연결을 전혀 지원하지 않는다. CoAP 클라이언트는 요청 메시지를 서버로 보내고 잊어버리고 다른 일을 수행한다. 클라이언트는 응답 메시지가 언제 올지, 또는 오기나 할지 아는 바가 없다.

다음은 CoAP 표준에서 가져온 요청 메시지의 예제다.

```
CON [0xbc90]
GET /temperature
(Token 0x71)
```

 이 예제가 실제 CoAP 메시지가 아님을 여기서 확실히 해야 할 필요가 있다. 이는 사람이 이해할 수 있는 버전의 메시지로, 가능한 한 HTTP처럼 보이도록 형식을 맞추었다. 이 메시지는 실제로 UDP를 통해 전송되며 바이너리 포맷으로 압축되어 있다. 이는 사람이 알아볼 수 없는 구조다. CON은 2비트 정수인 00, GET은 0001 같은 식으로 변경된다.

이 요청이 의미하는 것은 무엇일까? GET /temperature는 HTTP로 생각하면 이해될 것이다. CoAP는 비록 의미 체계가 HTTP와는 약간 다르지만 네 가지 HTTP 기본 메서드(GET, POST, PUT, DELETE)를 정의한다.

CON은 '확인할 수 있는(Confirmable)'을 의미하는 것으로, 이 메시지는 서버의 확인 메시지가 필요하다고 말한다(이후 절에서 더 자세히 이야기할 것이다).

16진수 숫자인 0xbc90은 '메시지 ID'다. 이는 앞에서 말한 확인 메시지에서 사용될 것이다. 메시지 ID 없이는, 클라이언트가 GET 요청 둘을 보내고 응답을 두 개 받는 경우는 어느 응답이 어느 요청을 위한 것인지 알 수 없다.

16진수 숫자인 0x71은 '토큰(Token)'이다. 하나의 CoAP 요청은 여러 개의 응답을 발생시킬 수 있고, 이 토큰은 최초의 확인 메시지뿐 아니라 모든 응답에서 사용된다. 확인 메시지 이후에 보내지는 응답들은 새로운 메시지 ID를 갖지만 토큰에 의해 원래의 요청에 묶이게 된다.

CoAP 응답

자, 클라이언트는 요청을 보내고 이에 대해 잊는다고 하였다. 하지만 클라이언트의 메시지는 CON 메시지였고, 이는 응답 확인 메시지를 필요로 한다. 결국에는, 원래 서버가 확인(ACK) 메시지 형태로 응답 확인을 보낼 것이다.

다음은 사람이 이해할 수 있는 버전의 응답 확인 메시지다.

```
ACK [0xbc90]
2.05 Content
(Token: 0x71)
Content-Format: text/plain;charset=utf-8
22.5 C
```

 다시 말하지만, 이 메시지를 HTTP와 비슷하게 다시 만들었다. 실제로는 전혀 이렇게 생기지 않았다. 실제 CoAP 메시지는 바이너리 포맷으로 구성되어 있다. 예를 들어, 미디어 유형 application/json은 8비트인 00110010으로 되어 있다.

- 'ACK'는 이 메시지가 이전 메시지(앞에서 보여준 CON 메시지, 메시지 ID 0xbc90, 토큰 0x71)의 확인 결과임을 말한다.
- 2.05 Content는 상태 코드로, HTTP의 200 OK와 동일하다.
- Content-Format은 CoAP 선택 사항으로, HTTP 헤더와 같은 역할을 한다. Content-Format 선택 사항은 HTTP의 Content-Type 헤더와 같은 역할을 한다.
- 22.5 C는 페이로드로, HTTP의 '엔티티 바디'와 같다.

이 요청과 응답은 완전히 다른 메시지다. 이것들은 HTTP 요청과 응답이 하는 것처럼 TCP 연결도 공유하지 않는다. 이 응답과 요청은 메시지 안에 있는 메시지 ID(0xbc90)와 토큰(0x71) 데이터로 연결되어 있다.

메시지의 종류

각각의 CoAP 요청은 메서드와 연관되어 있다. CoAP는 네 가지 메서드를 정의하는데, 각각은 HTTP 메서드 GET, POST, PUT, DELETE를 따라 이름 지었다. CoAP 메서드들은 HTTP 메서드들에 정확하게 대응하진 않는다. 하지만 동일한 기본 속성들을 가지고 있다. GET은 안전하고 PUT은 멱등성을 가지고 있다.

CoAP는 CoAP 요청과 응답이 다른 메시지들로 전달된다는 사실을 제어하기 위해 프로토콜 의미 체계에 메시지 유형을 추가적으로 정의한다. 모든 메시지는 다음 네 가지 유형 중 하나다.

- 확인 가능한(confirmable) 메시지(CON)는 응답 확인 메시지(ACK)를 필요로 한다. 클라이언트는 같은 메시지 ID로 ACK 메시지를 받을 때까지 CON 메시지를 계속해서 보낸다.
- 확인 불가능한(nonconfirmable) 메시지(NON)는 응답 확인 메시지(ACK)를 필요로 하지 않는다. 오로지 안전한 요청(GET 요청)만이 확인 불가능한 메시지로 만들어질 수 있다.
- 응답 확인(acknowledgement) 메시지(AKC)는 이전 메시지를 받아서 처리함을 확인한다.
- 초기화(reset) 메시지(RST)는 이전 메시지에 대한 응답이지만 수신자가 이전 메시지를 처리하지 못한 것을 말한다. 수신자가 리부팅되었고 필요한 정보를 잃어버렸거나 네트워크가 일시적으로 끊겨서 이전 메시지를 받지 못했을 수도 있다.

이러한 메시지 유형들은 기본적으로 HTTP의 요청-응답 구조를 다시 만든다. CON 메시지와 ACK 메시지는 HTTP 응답/요청과 동일하다. CON 메시지를 보내고 응답 확인을 받지 못한 클라이언트는 GET 요청을 보내고 응답을 받지 않은 HTTP

클라이언트가 요청을 다시 보내기로 되어 있는 것처럼 CON 메시지를 다시 보내기로 되어 있다.

하지만 CoAP엔 HTTP엔 없는 흥미로운 두 가지 기능이 있다. 하나(지연된 응답)는 CoAP 요청이 여러 개의 응답을 발생시킬 수 있다는 사실과 관련되어 있다. 다른 하나(멀티캐스트 메시지)는 TCP가 지원하지 않기 때문에 HTTP에서는 사용할 수 없는 기능의 이점을 가져온 것이다.

지연된 응답

클라이언트가 보낸 CON 메시지를 처리하는 데 매우 오랜 시간이 걸린다고 가정해보자. 서버는 ACK 메시지로 바로 응답을 할 수 있다. 이는 메시지를 받은 클라이언트가 CON 메시지를 다시 보내지 않아도 됨을 알려준다. 클라이언트는 실제 응답을 포함한 두 번째 메시지를 나중에 기대할 수 있다.

이 두 번째 메시지는 ACK 메시지가 아니다. 이는 CON 메시지이거나 NON 메시지다. 서버는 클라이언트에게 차례를 넘긴다. 세 번째 메시지는 처음 CON 메시지와는 다른 메시지 ID를 가지고 있다. 하지만 토큰은 재사용되어 원래의 클라이언트는 이 메시지가 원래의 CON 메시지에 대한 응답임을 안다.

상황은 온라인 서점에서 책을 사는 것과 비슷하다. CON 메시지를 보내고 서점은 즉시 여러분에게 구매를 확인하는 이메일 영수증(ACK 메시지)을 보낸다. 하지만 책 자체는 바로 도착하지 않을 것이다. 아마도 배달 확인을 위한 서명(서버의 CON 메시지에 대한 ACK 메시지 응답)을 해야 한다거나 또는 배달자가 책을 그냥 집 문 앞에 두고 갈 수도 있다(이 경우 책은 NON 메시지가 될 것이다). 어느 것이든, 여러분의 원래 주문(원래 CON 메시지)의 영수증(토큰)과 함께 책을 받게 될 것이다.

HTTP는 이러한 상황에서 동작하는 응답 코드(202, Accepted)를 정의하였지만 HTTP는 서버가 '수락된(accepted)' 메시지 처리를 끝낸 클라이언트를 다시 찾기 위한 방법을 정의하지 않았다. 이러한 것이 발생하는 시점에서 TCP 연결은 종료된다. 이를 해결할 방법들(부록 B에서 Accepted에 대해 얘기할 때 설명할 것이다)이 있지만 잘 정의된 해결책은 없다. CoAP는 프로토콜 안에 해법이 들어 있다.

멀티캐스트 메시지

CoAP 클라이언트는 로컬 네트워크에 있는 UDP 멀티캐스트를 사용해 로컬 네트워크의 모든 기기에 메시지를 전달할 수 있다. TCP는 멀티캐스트를 지원하지 않기 때문에 HTTP로는 이를 할 수 없다.

CoAP 멀티캐스트(그리고 일반적인 CoAP)를 위한 일반적인 사용 예는 홈오토메이션이다. 이 시나리오에서 집 안의 온도계, 냉장고, 텔레비전, 전등 스위치, 다른 가전 기기들은 로컬 저전력 네트워크를 통해 통신하는 값싼 임베디드 프로세서를 가지고 있다. 새로운 기기의 플러그를 꼽으면 이는 네트워크에 있는 다른 컴퓨터들을 감지하고, 하이퍼미디어 문서의 교환을 통해 컴퓨터들의 기능들을 발견하고, 이 컴퓨터들과 협업하기 시작한다.

이런 식으로 집의 가전 기기들이 사람의 직접적인 입력 없이 기기들의 행동 양식을 결정한다. 오븐을 켜면, 온도 조절 시스템이 이 이벤트를 감지하고 부엌의 온도를 낮춘다. 휴대 전화를 꺼내서 방 안의 전등 목록을 가져온 후 스위치를 통하지 않고 직접 전화기에서 전등을 어둡게 할 수 있다.

홈오토메이션 사용 예는 50년 이상 지속되어 왔다. 개인적으로는 별로인 꿈이라 생각하지만 훨씬 괜찮은 멀티캐스트 사용 예가 있다. 멀티캐스트는 하나의 휴대 전화가 같은 방 안의 모든 다른 전화기에 말할 수 있도록 한다. 과학 기기들 간에 값을 공유하게 하거나 대역폭이 적은 무선 기기들을 데스크톱 컴퓨터에 연결하도록 허용할 수 있다.

언제든지 같은 장소에 다수의 작은 컴퓨터들이 있다면, CoAP와 UDP 멀티캐스트는 이 컴퓨터들이 서로를 찾아내고 협업할 방법을 찾아내게 해 준다. 동작하는 원칙은 상태가 없고 주소에 의해 지시될 수 있고, 자기 서술형 메시지여야 한다. 이는 REST의 원칙과 같다.

CoRE 연결 형식

- 미디어 유형: application/link-format
- 정의된 곳: RFC 6690
- 매체: 평문
- 프로토콜 의미 체계: GET을 사용한 탐색과 검색

- 애플리케이션 의미 체계: 없다!

물론 REST는 단순히 전송 프로토콜보단 훨씬 더 이상의 것이다. REST는 하이퍼미디어 표현의 교환을 통해 동작하고, 하이퍼미디어 표현들은 보통 상당히 크다. 전체 응답을 80 또는 1024바이트[2] 크기에 맞춰야만 할 때, HTML이나 Collection+JSON 표현으로 이를 보낼 순 없다.

HTTP는 네트워크 전송량을 절약하기 위해 표현을 압축할 수 있다. 하지만 압축은 여기에서는 도움이 되지 않는다. 간단한 센서는 유효한 시간 안에 압축된 표현을 압축 해제할 만한 프로세스 힘이 충분하지 않을 수도 있다. 게다가 압축을 해제한 문서를 분석할 시간은 더 부족할 것이다. 전체 문서를 저장하기 위한 메모리가 충분하지 않을 수도 있다. 이것이 CoAP 개발자들이 임베디드 애플리케이션을 위한 새로운 하이퍼미디어 유형을 설계한 이유다. 바로 CoRE 연결 형식(CoRE Link Format)이다.

다음은 5장 미로 게임에서의 셀을 CoRE 연결 형식 표현으로 나타낸 예다.

```
</cells/M>;rel="current";rt="http://alps.io/example/maze#cell",
</cells/N>;rel="east";rt="http://alps.io/example/maze#cell",
</cells/L>;rel="west";rt="http://alps.io/example/maze#cell",
<http://alps.io/example/maze>;rel="profile"
```

여기엔 네 개의 연결이 있고 각각은 rel 속성을 가지고 있다. 연결들 중 세 개(current, west, east)는 미로에 있는 셀(cell)을 가리킨다. 세 번째 링크(profile)는 current, east, west, cell이 무엇을 의미하는지를 설명한 프로파일 같은 것을 가리킨다.

CoAP 메시지와는 다르게, CoRE 연결 형식에 있는 문서들은 사람이 읽을 수 있는 구조다. 이는 바이너리 형식으로 되어 있지 않다. 이 예제 표현에서 내가 변경한 유일한 것은 각 연결 다음에 이 책에서 잘 보이도록 개행을 추가한 것뿐이다. CoRE 연결 포맷은 사람이 읽을 수 있는 구조를 포기하지 않고 다양한 하이퍼미디어를 킬로바이트 내에서 사용할 수 있도록 한다.

CoRE 연결 포맷은 HTTP 헤더의 Link와 같은 문법을 사용하여 연결을 설명한다. RFC 6690은 몇 가지 확장 매개변수를 정의한다. 특히 rt는 연결 반대편에 있는 자원의 추상화 의미 유형(abstract semantic type, 12장 참조)을 가리키는 URI를 포함한다.

---

2 인터넷 드래프트 "draft-ietf-core-block"은 큰 표현을 여러 개의 CoAP 메시지에 걸쳐 나누는 것을 허용한다. 이는 많은 도움이 되지만, 이 기능을 사용하여 전통적인 웹 방식의 API를 만드는 것은 매우 비효율적이다.

```
</cells/N>;rel="east";rt="http://alps.io/example/maze#cell"
```

RFC 6690은 또한 CoAP 리소스로 검색어를 물어보고 CoRE 연결 형식으로 응답을 받기 위한 몇 가지 추가적인 기법을 제안한다. 이는 application/link-format 미디어 유형에 Collection+JSON, OData 또는 컬렉션 패턴의 다른 구현에서 찾을 수 있는 것과 비슷한 몇 가지 기능을 준다.

하지만 CoRE 연결 형식 문서에 데이터를 위한 공간은 없다. CoRE 연결 포맷은 가장 순수한 형태의 하이퍼미디어다. 이는 오로지 상태 변환만 표현할 수 있다. 실제 데이터, 예를 들면 기기 판독값, 통곗값, 사람이 읽을 수 있는 메시지 등은 JSON 같은 다른 데이터 형식으로 제공되어야 한다.

결론: HTTP가 없는 REST

CoAP는 HTTP와는 매우 다르지만 이 아키텍처는 매우 RESTful하다. CoAP 시스템은 상태가 없는 제약 조건을 무조건 따른다. 사실 HTTP보다 더 상태가 없는 경우다. 요청과 요청에 대한 응답이 TCP 연결에 의해 묶여 있지 않기 때문이다. CoAP는 HTTP와 비슷하게(하지만 똑같지는 않은) 프로토콜 의미 체계를 정의한다. CoRE 연결 형식은 데이터를 표현할 순 없다. 하지만 이는 HAL보다 더 많은 하이퍼미디어 제어를 갖고 있는 실제 하이퍼미디어 유형이다.

CoAP 기기는 네트워크에 연결할 수 있고 주변에 다른 무슨 기기가 있는지를 보기 위해 UDP 멀티캐스트 메시지를 보낼 수 있고 다른 기기들이 무엇을 제공하는지 탐색을 시작할 수 있다. 이는 전부 사람의 개입 없이 된다. 이러한 유연성은 REST의 하이퍼미디어 제약 조건을 통해 가능해졌고, 홈오토메이션 같은 오래된 꿈을 이뤄 줄 유일하고 실제적인 해결책이다. 전자레인지와 대화하길 원하는 냉장고가 어떤 전자레인지가 설치되어 있는지 까다롭게 굴 여유는 없다.

나에게 있어서, 이러한 상황은 전체로서 API 세계와 비슷하게 보인다. 우리는 수천 가지의 유용한, 하지만 애매하게 프로그래밍 가능한 기기들(API)로 가득한 집(인터넷) 안에 살고 있다. REST는 이러한 기기들을 최소한의 사람의 개입만으로 함께 동작할 수 있도록 하는 것에 대한 기술이다.

성공은 애플리케이션 의미 체계에 동의함을 의미한다. 기기들과 API는 같은 것에 대해 말할 때, 같은 단어를 사용해야만 한다. 또한 우리의 프로토콜 의미 체계를 광고하는 것을 의미한다. 모든 '기기'는 서랍에 넣어 둔 먼지 쌓인 설명서를 통하는 것이 아니라 온라인에서, 다른 '기기'가 이해할 수 있는 용어로, 자신들이 무엇인지 설명해야만 한다. 이는 말도 안 되는 꿈처럼 보일지도 모르겠다. 하지만 우리가 만들어가는 모든 것의 복잡함을 관리할 수 있는 유일한 방법이다.

부록 A

상태 목록(Status Codex)

HTTP 상태 코드는 HTTP 응답에 붙는 세 자리 숫자다. 서버가 요청을 처리하려고 할 때, 무엇이 발생했는지를 클라이언트에게 가장 기본적인 수준으로 알려주는 프로토콜 의미 체계다. HTTP 규격에 정의된 41개의 HTTP 응답 코드들은 어느 API든 사용할 수 있는 기본적인 프로토콜 의미 체계의 집합을 이룬다.

HTTP 리다이렉트와 유명한 "404 Not Found" 오류 페이지 이외에 우리는 월드 와이드 웹에서 상태 코드를 별로 사용하지 않고 있다. 사람들은 HTTP 표준에 있는 숫자 코드를 찾아보는 대신에 응답의 부분으로 제공된 엔티티 바디를 읽음으로써 요청에 대해 무엇이 발생했는지 파악한다. 웹 사이트에 있는 폼을 채우다가 필요한 항목 중 하나를 입력하지 않았을 때, 서버는 오류 메시지를 보낸다. 하지만 이 오류 메시지가 있는 응답 코드는 200(OK)이다.

그래도 괜찮다. 응답 코드조차 보지 않기 때문이다. 오류 메시지를 읽고 문제를 수정한다. 하지만 그런 식으로 동작한 API는 클라이언트에게 거짓말을 하고 있는 것이다! 컴퓨터 프로그램한테는 숫자로 된 코드를 찾아보는 것이 매우 쉬운 일이며, 산문을 이해하는 것은 매우 어려운 일이다. 오류 조건에서 200 상태 코드를 제공할 때, 이 경우 OK는 실제로 OK를 나타내지 않는다는 추가적인 내용을 API 문서 안에 적어야만 한다. 이러한 추가적인 문서는 API 사용자들에게 더 많은 작업이 필요함을 의미한다.

그래서 API 세계에서 HTTP 응답 코드는 매우 중요해진다. HTTP 응답 코드는 엔티티 바디가 표현이든 오류 메시지이든 여기에 있는 문서를 클라이언트가 어떻게 처리해야 할지를 알려준다. 또는 클라이언트가 엔티티 바디를 이해할 수 없다면 무엇을 해야 할지를 알려준다. 클라이언트(또는 프락시나 방화벽 같이 서버와 클라이언트 사이에 있는 중간 개체)는 응답의 처음 몇 바이트를 살펴보고 HTTP 요청이 어떻게 처리되었는지 알아낼 수 있다.

그렇기는 하지만 HTTP 상태 코드들 중 몇 가지는 완전히 쓸모없다. 몇몇은 매우 제한적인 상황에서만 유용하고 또 몇몇은 매우 까다롭게 따져야 다른 상태 코드와 구분할 수 있다. 월드 와이드 웹을 사용하는 누군가에게 있어서(사실 우리 모두다) 상태 코드의 다양성은 당혹스럽다.

이번 부록 A에서, 각 상태 코드를 간략히 설명하고 API에서 언제 사용해야 하는지, 그리고 API 디자인에 있어서 얼마나 중요한지에 대해 개인적인 견해도 제공한다. 클라이언트가 특정 응답 코드를 받기 위해 무언가 특정한 작업을 해야 한다면, 그것이 무엇인지에 대해 설명할 것이다. 또한 서버가 응답 코드와 함께 어느 HTTP 응답 헤더들을 사용해야 하는지, 어느 종류의 엔티티 바디를 사용해야 하는지도 알려줄 것이다. 이는 API 개발자를 위한 부록이지만 의미를 모르는 이상한 응답 코드를 받아본 클라이언트 제작자를 위한 부록이기도 하다.

연결 관계와 미디어 유형과 함께, IANA는 HTTP 상태 코드의 공식적인 등록부를 유지하고 있다. 여기서 '공식적'이라 함은 'RFC에 정의됨'을 의미한다. 이번 부록에서는 RFC 2616에 언급된 41개의 상태 코드를 다루려고 한다. 심지어 이것들 중 일부는(특히 프락시와 함께하는 것들) 이 책의 범위를 약간 벗어나기도 한다. 또한 다른 RFC들, 특히 '추가적인 HTTP 상태 코드'로 이름 지어진 RFC 6585에 있는 몇 가지 상태 코드도 다루려고 한다.

여기에서 HTTP에서 영감을 받은 CoAP의 상태 코드들(4.04 Not Found)이나 WebDAV 같은 확장이 정의한 HTTP 상태 코드는 다루지 않을 것이다. 정식으로 정의되지 않았거나 웹 서버 구현에서 정의한 상태 코드 같은 것들도 다루지 않을 것이다. 이러한 것에는 509(Bandwidth Limit Exceeded)나 nginx의 499(Client Closed Request) 같은 많은 내부 오류 보고 코드 등이 있다.

문제 상세 문서

10장에서 문제 상세 문서를 언급했다. 이 문서는 짧은 하이퍼미디어 문서로, HTTP 상태 코드에 대해 사람이 이해할 수 있는 설명을 제공한다. 이에 대해 잊지 말라! 400(Bad Request) 같은 일반적인 상태 코드에 API에 특화된 세부 사항을 추가하기 위해 이 문서들을 사용할 수 있다. 자세한 오류 정보를 전달하기 위해 새로운 표현 형식(또는 더 끔찍한 방법인 새로운 상태 코드)을 만들 필요가 없다. 표현 형식이 Collection+JSON이 하는 방법으로 오류 보고를 위한 자리를 가지고 있다면, 아마 도 이 문제 상세 문서가 필요하지 않을 것이다.

자세한 오류 보고는 무엇이 잘못되었을 때 200(OK)을 제공한 것에 대한 핑계가 아님을 기억하자. 표현의 의미는 항상 HTTP 상태 코드와 일치해야 한다.

상태 코드 집합

HTTP 상태 코드의 첫 번째 자리는 요청이 어떻게 처리되었는지 나타내는 매우 일 반적인 코드다. HTTP 규격은 첫 번째 자리 수 1부터 5를 사용하여 상태 코드의 다 섯 가지 집합을 정의한다. 각 집합에 대해서는 별도의 절에서 다룰 것이다.

1xx: 정보(Informational)

이 응답 코드들은 HTTP 클라이언트와 서버 사이에서 연결 협상을 할 때만 사용 된다.

2xx: 성공(Successful)

클라이언트가 요청했던 어느 상태 전이었든지 간에 성공한 상태다.

3xx: 리다이렉션(Redirection)

클라이언트가 요청했던 상태 전이는 일어나지 않았다. 하지만 클라이언트가 약 간 다른 HTTP 요청을 처리하려고 한다면, 이 다른 요청은 클라이언트가 요청하 고 있는 것을 실행한다.

4xx: 클라이언트 오류(Client Error)

클라이언트가 요청했던 상태 전이는 HTTP 요청 문제 때문에 일어나지 않았다. 요청이 이상하거나 앞뒤가 맞지 않거나 자기모순적이거나 서버가 수락할 수 없는 경우다.

5xx: 서버 오류(Server Error)

클라이언트가 요청했던 상태 전이는 서버 측 문제 때문에 일어나지 않았다. 문제가 해결될 때까지 기다리는 것 외에는 클라이언트가 할 수 있는 것이 없다.

네 가지 상태 코드: 최소 사항

다음에 나오는 긴 상태 코드 목록을 다루기 전에, API를 위한 최소 요구 사항으로 고려해야 할 네 가지를 알려주고 싶다. 다음은 각 코드 집합에서 하나씩 가져온 것이다(무시할 수 있는 1xx를 제외하고).

200(OK)

모든 것은 괜찮다. 엔티티 바디에 문서가 있다면 어느 리소스의 표현이다.

301(Moved Permanently)

클라이언트가 하나의 URL에서 다른 URL로 리소스를 이동하는 상태 전이를 할 때 보내진다. 이 이동 이후에, 이전 URL로의 요청들은 301 상태 코드를 리턴한다.

400(Bad Request)

클라이언트 측에 문제가 있다. 엔티티 바디에 문서가 있다면 오류 메시지가 담긴다. 잘된다면 클라이언트는 오류 메시지를 이해할 수 있고 문제를 해결하기 위해 이를 사용할 수 있다.

500(Internal Server Error)

서버 측에 문제가 있다. 엔티티 바디의 문서에는 오류 메시지가 있다. 클라이언트가 서버 문제를 해결할 순 없으므로 이 오류 메시지는 그다지 도움이 되지 않을 것이다.

만약 내가 두 개를 더 추가한다면, 클라이언트 측 오류 두 가지를 추가했을 것이다. 하나는 404(Not Found)이고 다른 하나는 409(Conflict)이다. 더 자세한 것을 줘야 할 때, 다음의 거대한 목록에서 다른 상태 코드를 적용하거나 문제 상세 문서를 제공할 수도 있다.

그리고 이제 거대한 목록이다. 따로 설명하지 않는 한, 이 모든 상태 코드들은 RFC 2616에 정식으로 정의되어 있다.

1xx: 정보

1xx 응답 코드들은 HTTP 클라이언트와 서버 사이에서 협상을 할 때만 사용된다.

100(Continue)

중요도: 낮음에서 중간

이는 11장에서 설명했던 HTTP LBYL(look-before-you-leap) 요청에 대한 가능한 응답 중 하나다. 이 상태 코드는 클라이언트가 처음에 생략되었던 표현(아마도 크거나 민감한)을 포함한 처음 요청을 다시 보내야 함을 의미한다. 클라이언트는 더 이상 표현을 보내고 거부당할 것을 걱정할 필요가 없다. LBYL 요청에 대한 또 다른 가능한 응답은 417(Expectation Failed)이다.

요청 헤더: LBYL 요청을 생성하기 위해, 클라이언트는 Expect 헤더를 "100-continue"로 설정해야만 한다. 클라이언트는 또한 100 또는 417 응답 코드에 응답할지에 대해 결정할 때 서버가 필요한 다른 헤더 값들도 포함해야만 한다.

101(Switching Protocols)

중요도: 매우 낮음, 잠재적으로 중간 정도

클라이언트는 요청에서 클라이언트가 HTTP가 아닌 다른 프로토콜을 더 선호함을 서버에 알리기 위해 Upgrade 헤더를 사용할 때만 이 응답을 받는다. 101 응답의 의미는 "좋아. 난 이제 다른 프로토콜로 이야기하고 있어"라는 것이다. 보통 HTTP 클라이언트는 서버로부터 응답을 읽은 후에 TCP 연결을 닫는다. 하지만 101 응답 코드의 의미는 클라이언트가 연결을 닫지 않은 채로 둬야 하고 HTTP 클라이언트로 행동을 멈춘 뒤 다른 종류의 클라이언트로 행동한다는 의미다.

Upgrade 헤더는 HTTP에서 HTTPS로 변경 또는 HTTP 1.1에서 2.0로 변경에 사용할 수 있었는데도 불구하고 거의 사용되지 않는다. 이는 또한 HTTP에서 완전히 다른 프로토콜인 IRC 같은 것으로 변경에도 사용할 수 있다. 하지만 이렇게 하려면 웹 서버가 IRC 서버 기능도 해야 하고 웹 클라이언트 역시 IRC 클라이언트 기능이 있어야 한다. 서버는 같은 TCP 연결을 통해 즉시 새로운 프로토콜로 통신을 시작하기 때문이다.

요청 헤더: 클라이언트는 HTTP 외에 사용하길 원하는 프로토콜 목록을 Upgrade에 넣는다.

응답 헤더: 서버가 Upgrade를 수락하면 서버에서 어느 프로토콜로 변경할 것인지 응답 헤더 Upgrade에 프로토콜을 넣고 공백 한 줄과 함께 보낸다. TCP 연결을 닫는 것 대신에 서버는 새로운 프로토콜로 응답하기 시작하고 연결이 종료될 때까지 새로운 프로토콜로 계속 통신한다.

2xx: 성공

2xx 상태 코드는 클라이언트가 요청한 상태 전이가 서버에서 발생했음을 알려준다.

200(OK)

중요도: 매우 높음

대부분의 경우 이 코드가 클라이언트가 원하는 상태 코드다. 이 상태 코드는 상태 전이가 완료되었음을 알려주고 2xx 종류의 더 구체적인 코드들이 적합하지 않음을 나타낸다.

엔티티 바디: GET 요청에 대해 리소스의 표현은 GET의 목표다(이는 애플리케이션 상태를 변경한다). 다른 요청들에 대해서는 리소스 상태에서 변경의 설명이다. 즉 상태 변환 자체에 대한 설명이거나 선택된 리소스의 현재 상태의 표현이다.

201(Created)

중요도: 높음

서버가 클라이언트 요청으로 새로운 리소스를 생성할 때 이 상태 코드를 보낸다.

응답 헤더: Location 헤더는 새로운 리소스에 대한 정규 URL을 포함해야만 한다.

엔티티 바디: 새로 생성된 리소스에 대한 설명과 연결이 있어야 한다. 리소스가 실제로 어디에 있는지 클라이언트에게 말해주는 Location 헤더를 사용한다면 리소스의 표현은 유효하다.

202(Accept)

중요도: 중간

클라이언트의 요청을 실시간으로 처리할 수 없거나 처리하지 않는 경우다. 클라이언트의 요청은 나중에 처리된다. 요청이 유효해 보이나 서버가 실제로 처리할 때 문제가 있는 것으로 밝혀질지도 모른다.

요청이 비동기 행동이나 실제 세계의 행동, 또는 상태 변환에 시간이 오래 걸려서 클라이언트에게 응답을 기다리도록 할 수 없을 때 적절한 응답이다.

요청 헤더: Prefer 헤더(부록 B 참고)는 202 응답 코드 대신에 실제 응답을 받기 위해 클라이언트가 얼마나 기다릴 수 있는지 서버에 알려준다.

응답 헤더: 대기 중인 요청은 클라이언트가 나중에 확인할 수 있도록 리소스의 어떤 형태로 노출되어야 한다. Location 헤더는 이러한 리소스를 가리키는 URL을 포함할 수 있다.

엔티티 바디: 클라이언트가 요청을 나중에 확인할 방법이 없다면 최소한 요청이 언제쯤 처리될지에 대한 예정이라도 알려주어야 한다. 이 문제가 사실 기술적으로 '문제'가 아니더라도 문제 상세 문서가 적절할 수도 있다.

Retry-After: Retry-After 헤더는 전체 응답이 언제 준비되는지에 대해 서버의 예측 시간을 가리키는 데 사용될 수 있다. 이 헤더는 5xx와 3xx 응답 코드와 함께 사용되도록 설계되었지만 202 응답과도 안전하게 사용할 수 있다.

203(Non-Authoritative Information)

중요도: 매우 낮음

이 상태 코드는 200(OK)과 동일하지만 서버는 클라이언트가 응답 헤더 중 일부를 서버가 보내지 않았음을 알길 바라는 경우다. 이 헤더들은 클라이언트의 이전 요청에서 복제되었거나 서드 파티에서 가져온 것일 수도 있다.

응답 헤더: 클라이언트는 몇몇 헤더들이 정확하지 않을 수도 있음을 알아야만 한다. 그리고 서버가 무엇을 의미하는지 모르는 다른 헤더들이 전달되었을 수도 있다는 것도 알아야 한다.

204(No Content)

중요도: 높음

이 상태 코드는 PUT 요청과 같은 불안전한 요청에 대한 응답을 할 때 사용된다. 이는 서버가 상태 전이를 수행했지만 상태 전이에 대한 설명이나 어떤 표현도 되돌려 주길 거부한 경우다.

서버는 GET 요청에 대한 응답으로 204를 보낼 수도 있다. 이는 요청된 리소스는 존재하지만 표현이 비어 있는 경우다. 304(Not Modified)와 비교해 보자.

204는 브라우저 내 자바스크립트 애플리케이션에 종종 있다. 204는 서버가 클라이언트의 입력을 수락했음을 말해주지만 클라이언트는 어느 UI 요소도 변경하면 안 된다.

엔티티 바디: 허용되지 않는다.

205(Reset Content)

중요도: 낮음

이는 204(No Content)와 비슷하지만 클라이언트는 뷰나 데이터의 근원인 데이터 구조를 초기화해야만 한다. 웹 브라우저에서 HTML 폼을 보내고 204(No Content) 응답을 받았다면, 폼에 있는 데이터는 그대로 있어서 변경할 수 있다. 205 응답을 받았다면 폼의 항목들은 원래 값으로 초기화된다. 데이터 입력 관점에서 204는 하나의 레코드를 계속 수정하는 경우에 적합하고, 205는 계속하여 레코드를 입력할 때 적합하다.

엔티티 바디: 허용되지 않는다.

206(Partial Content)

중요도: 부분 GET을 지원하는 API에겐 매우 높다. 그 외엔 낮다.

이는 200(OK)과 비슷하지만 Content-Range 요청 헤더를 사용하는 부분 GET 요청에 대한 응답을 나타낸다. 클라이언트는 다운로드가 중단된 큰 바이너리 표현을 이어 받기 위해 부분 GET 요청을 사용한다. 이 책에서는 11장에서 부분 GET 요청에 대해 다루었다.

요청 헤더: 클라이언트는 Content-Range 헤더 값을 보낸다.

응답 헤더: Date 헤더는 필수 요소다. ETag와 Content-Location 헤더는 표현 전체가 보내질 때 사용하는 값과 동일하게 설정되어야만 한다.

엔티티 바디가 표현으로부터 단일 바이트 범위라면, 전체로서 응답은 표현의 어느 바이트가 지금 제공되고 있는지에 대한 Content-Range 헤더를 포함해야만 한다. 바디가 멀티파트 엔티티(multipart entity, 즉 표현의 여러 바이트 범위가 제공되는 중)라면, 모든 미디어 유형이 multipart/byteranges여야 하고 각 부분은 각각의 Content-Range 헤더를 가지고 있어야만 한다.

엔티티 바디: 완전한 표현을 포함하지 않고 표현에서 하나 또는 여러 개의 바이트를 포함할 것이다.

3xx: 리다이렉션

클라이언트가 요청했던 상태 전이가 발생하지 않았을 때의 상태 코드다. 하지만 클라이언트가 약간 다른 HTTP 요청을 만들겠다고 하면 이 요청은 클라이언트가 요청하고 있는 것을 해야만 한다. 일반적으로 클라이언트는 다른 리소스로 동일한 요청을 반복하면 된다.

이는 응답 코드들 중 가장 애매하다. 301(Moved Permanently), 302(Found), 303(See Other), 307(Temporary Redirect)이 모두 매우 비슷하기 때문이다. 많은 애플리케이션들이 애플리케이션 의미 체계 관점에서 응답 코드가 무엇을 의미하는지별 고려 없이 마치 하이퍼미디어 핀볼 기계를 통하는 공처럼 클라이언트를 이리저리 튕기는 방법으로, 이런 상태 코드들을 무차별적으로 사용하고 있다. 이번 절에서 나의 주목표는 이러한 혼란을 완전히 제거하는 것이다.

300(Multiple Choices)

중요도: 낮음

서버는 요청받은 리소스에 대해 여러 개의 표현을 가지고 있고 클라이언트가 어느 표현을 원하는지 모를 때 이 상태 코드를 보낼 수 있다. 클라이언트는 표현을 지정하기 위해 Accept-* 헤더를 사용하지 않았든지 존재하지 않는 표현을 요청했든지 둘 중 하나다.

이 상황에서 서버는 서버가 원하는 표현을 그냥 하나 선택하여 200(OK) 상태 코드와 함께 이를 클라이언트에게 보낼 수 있다. 하지만 대신에 다른 표현들에 대한 가능한 URI 목록들과 함께 300 상태 코드를 보내는 것을 결정할지도 모른다.

응답 헤더: 서버가 선호하는 표현이 있으면 이 표현에 해당하는 URI를 Location에 넣을 수 있다. 대부분 다른 3xx 상태 코드들 중에서 클라이언트는 아마도 Location에 있는 URI를 자동으로 따라가려고 할지도 모른다.

엔티티 바디: 하이퍼미디어 연결 목록으로, 사용자가 이러한 연결들 중 하나를 선택하게 하기 위해 필요한 애플리케이션 의미 체계가 함께 있다.

301(Moved Permanently)

중요도: 중간

서버는 클라이언트가 접근하려고 시도하는 리소스가 무엇인지 알고 있지만 클라이언트는 리소스를 요청하기 위해 사용되는 URL인지 신경 쓰지 않는다. 서버는 클라이언트가 새로운 URL에 대해 기록을 하고 추후 요청에서 이를 사용하길 바란다.

API의 URL 구조를 변경하여 API가 망가지는 경우가 있다. 이때 이전 URL을 유지하기 위해 이 상태 코드를 사용할 수 있다.

응답 헤더: 서버는 Location에 정규 URL을 넣어야만 한다.

엔티티 바디: 서버는 새로운 위치로 연결하는 하이퍼미디어 문서를 보내야만 한다.

302(Found)

중요도: 특히 클라이언트를 작성할 때 알고 있는 것이 매우 중요하다. 사용하는 것은 추천하지 않는다.

이 상태 코드는 대부분의 리다이렉션에 연관되어 혼란을 주는 가장 큰 근원지다. 이 상태 코드는 307(Temporary Redirect)과 같이 처리하도록 되어 있다. 사실, HTTP 1.0에서 이 상태 코드의 이름은 Moved Temporarily였다. 불행히도, 현실 세계에서 대부분의 클라이언트들은 302를 303(See Other)처럼 처리한다. 차이점은 클라이언트가 PUT, POST, DELETE 요청에 대한 응답으로 302를 받았을 때 무엇을 하기로 되어 있었는지에 달려 있다. 자세한 사항에 관심이 있다면 307과 308(Permanent Redirect)을 위한 항목들을 살펴보자.

이런 애매모호함을 해결하기 위해 HTTP 1.1에서 이 응답 코드는 Found로 이름이 변경되었고 307 응답 코드를 만들었다. 이 응답 코드는 여전히 광범위하게 이용되고 있지만 애매모호하다. 그래서 이 302 대신에 303, 307, 308을 대신 사용하길 추천한다.

응답 헤더: Location 헤더는 클라이언트가 요청을 다시 보내야만 하는 URL을 포함해야 한다.

엔티티 바디: 301처럼 새로운 URL로의 하이퍼미디어 연결을 포함해야만 한다.

303(See Other)

중요도: 높음

요청이 처리되고 있지만 서버가 응답 문서 대신에 응답 문서의 URL을 클라이언트에게 보내는 것이다. 이는 아마도 정적인 상태 메시지의 URL이거나 또는 몇 가지 더 흥미로운 리소스의 URL일 수도 있다. 후자의 경우 303은 서버가 클라이언트에게 모든 데이터를 강제로 다운로드하게 하지 않고도 리소스의 표현을 보내는 방법이다. 클라이언트는 Location에 언급된 URL로 GET 요청을 보내야 하지만 꼭 그래야 할 필요는 없다.

303 상태 코드는 리소스를 정규화하기 위한 좋은 방법이다. 리소스들을 여러 URL을 통해 접근하게 할 수 있지만 하나의 표현에 하나의 '진짜' URL을 가질 수 있다. 모든 다른 URL은 표현을 위한 정규 URL을 가리키기 위해 303을 사용한다. 예를 들어, 303은 http://www.example.com/software/current.tar.gz을 URL http://www.example.com/software/1.0.2.tar.gz으로 되돌릴 수도 있다.

307(Temporary Redirect)과 비교해 보자.

응답 헤더: Location 헤더는 표현의 URL을 포함한다.

엔티티 바디: 301처럼 새로운 URL을 가리키는 하이퍼미디어 연결을 포함해야만 한다.

304(Not Modified)

중요도: 높음

이 상태 코드는 응답의 엔티티 바디가 비어 있어야 한다는 점에서 204(No Content) 와 비슷하다. 하지만 204는 보낼 엔티티 바디 데이터가 없을 때 사용되지만 304는 데이터가 있지만 클라이언트가 이미 해당 데이터를 가지고 있을 때 사용된다. 클라이언트가 이미 가지고 있는 데이터를 다시 보낼 이유가 없기 때문이다.

이 상태 코드는 조건부 HTTP 요청들과 함께 사용된다. 클라이언트가 일요일 날짜로 If-Modified-Since 헤더를 보냈는데 표현이 일요일 이후로 변경되지 않았다면 이 경우는 304가 적절하다. 200(OK) 또한 적절하지만 이 경우 클라이언트가 해당 데이터를 가지고 있고 해당 표현을 다시 보내야 하므로 대역폭을 낭비하게 될 것이다.

응답 헤더: Date 헤더는 필수다. 응답 코드가 200(OK)일 때와는 같은 값들로 ETag와 Content-Location 헤더가 설정되어야 한다.

이전에 보냈던 캐싱 헤더 Expires, Cache-Control, Vary가 변경되었다면 이 헤더들도 필수다.

여기서 다루진 않겠지만 복잡한 캐싱 규칙들이 있다. 하지만 서버는 새로운 엔티티 바디 없이 변경된 헤더들만을 보낼 수 있다. 이는 표현의 메타데이터가 변경되었지만 엔티티 바디가 변경되진 않았을 때 유용하다.

엔티티 바디: 허용되지 않는다.

305(Use Proxy)

중요도: 낮음

이 상태 코드는 클라이언트가 요청을 반복해야 함을 말하기 위해 사용된다. 하지만 이때 서버로 직접 접근하는 것 대신에 HTTP 프락시를 통해야 한다. 이 코드는 거의 사용되지 않는데, 이는 클라이언트가 특정 프락시를 사용했는지를 서버가 신경 쓰는 경우가 매우 드물기 때문이다.

이 코드는 프락시 기반 미러 사이트인 경우라면 더 많이 사용되었을 수도 있다. 오늘날, http://www.example.com/의 미러 사이트는 같은 내용을 제공하지만 http://www.example.com.mysite.com/ 같은 별도 URL로 제공된다. 원래 사이트는 클라이언트를 적절한 미러 사이트로 보내기 위해 307(Temporary Redirect) 상태 코드를 사용했을 수도 있다.

프락시 기반 미러 사이트가 있다면 프락시로서 http://proxy.mysite.com/을 설정하지 않고 원래의 URL http://www.example.com/으로 접근했을 것이다. 여기서 원래 도메인인 example.com은 305 상태 코드를 사용하여 클라이언트가 지역적으로 가까이에 있는 프락시로 갈 수 있도록 했을 것이다.

웹 브라우저는 보통 이 상태 코드를 정확하게 처리하지 않는다. 이 상태 코드가 대중적이지 않은 또 다른 이유이기도 하다.

응답 헤더: Location 헤더는 프락시를 가리키는 URL을 포함해야 한다.

306(Unused)

중요도: 없음

306 상태 코드는 RFC에 전혀 들어간 적이 없다. 인터넷 드래프트인 "draft-cohen-http-305-306-responses"에서 Switch Proxy로서 설명한다. 이 상태 코드는 프락시 서버가 보낸 상태 코드로, 클라이언트가 다른 프락시를 사용하게 하기 위한 것이다. 이 인터넷 드래프트는 1996년에 만료되었으므로 이 상태 코드에 대해선 신경 쓰지 않아도 된다.

307(Temporary Redirect)

중요도: 높음

요청된 리소스가 요청한 URL에 없기 때문에 요청이 처리되지 않았다. 다른 URL에 위치해 있는 경우다. 클라이언트는 다른 URL로 요청을 다시 보내야만 한다.

서버가 표현을 보내주기만 요청하는 GET 요청의 경우라면 이 상태 코드는 303(See Other)과 동일하다. GET 요청에 대해 307이 적절한 응답인 일반적인 경우는 서버가 클라이언트에게 미러 사이트를 보내고 싶을 때다. 하지만 POST, PUT, DELETE 요청과 같이 요청에 대한 응답으로 서버가 어떤 행동을 취하길 기대되는 경우, 이 상태 코드는 303과 매우 다르다.

POST, PUT, DELETE에 대한 응답으로서 303 코드는 요청 처리가 성공하였지만 응답의 엔티티 바디는 이 요청과 함께 보내지지 않고 있음을 의미한다. 클라이언트가 엔티티 바디 응답을 원한다면 다른 URL로 GET 요청을 보내야 한다.

POST, PUT, DELETE에 대한 응답으로서 307 코드는 요청 처리 자체를 서버가 시도조차 하지 않았음을 의미한다. 클라이언트는 요청 전체를 Location 헤더에 있는 URL로 다시 보내야 한다.

비유가 도움이 될지도 모르겠다. 처방전의 약을 타기 위해 약국을 방문한다. 303은 "약을 다 조제했습니다. 다음 창구로 가서 약을 받으세요"라고 말하는 약사다. 307은 "약이 다 떨어졌습니다. 옆 약국으로 가세요"라고 말하는 약사다.

응답 헤더: Location 헤더는 클라이언트가 요청을 다시 보내야만 하는 URL을 포함한다.

엔티티 바디: 301처럼 새로운 URL을 가리키는 하이퍼미디어 연결을 포함해야만 한다.

308(Permanent Redirect)

중요도: 중간

정의된 곳: 인터넷 드래프트 "draft-reschke-http-status-308"

GET 요청에 대한 응답에서 308은 301(Moved Permanently)과 같다. 하지만 불안전한 요청에 대한 응답에서 308은 307(Temporary Redirect)과 같다. 이 경우 클라이언트는 Location 헤더에 있는 URL로 요청을 다시 보내야만 한다. 차이점은 클라이언트가 만들려고 생각했던 미래의 요청들에 대해 Location 헤더에 있는 URL을 클라이언트가 사용해야만 한다는 것이다.

307(Temporary Redirect)에서 사용했던 약사 비유를 보면, 308 응답 코드는 폐업한 약국이다. 나중에 다시 돌아온다고 약국 문이 열리진 않는다. 지금 처방전과 앞으로의 모든 처방전은 옆 약국으로 들고 가야 한다.

이 상태 코드는 여전히 인터넷 드래프트 상태인 HTTP 확장에 정의되어 있다. 이것이 RFC에 들어간 이후라고 하더라도 영구적인 리다이렉트에 대해 307을 사용하는 편이 더 안전할 것이다. 클라이언트는 308 응답 코드가 무엇을 의미하는지 이해하지 못할 수도 있다.

4xx: 클라이언트 측 오류

이 상태 코드는 클라이언트 측에서 무언가 잘못했음을 가리킨다. 인증에 문제가 있거나, 표현 형식에 문제가 있거나, 요청 시기에 문제가 있거나, HTTP 클라이언트 자체에 문제가 있을 수도 있다. 클라이언트는 클라이언트 측에서 무언가를 수정해야 한다.

문제의 세부 사항(10장을 참고)은 4xx 종류의 코드에서 가장 유용하다. 이러한 오류 응답 코드 대부분은 엔티티 바디에 '문서'를 포함할 수도 있다. 내재된 오류 보고 체계를 가진 표현 형식을 사용하지 않는다면, 문제 세부 사항에 대한 문서를 만들기를 권한다.

400(Bad Request)

중요도: 매우 높음

이는 일반적인 클라이언트 측 오류 상태 코드로, 다른 적당한 4xx 코드들이 없을 때 사용된다. 이 오류 코드는 클라이언트가 PUT이나 POST 요청과 함께 보낸 표현이 형식은 올바르지만 이해할 수 없는 내용일 때 보통 사용한다.

엔티티 바디: 클라이언트 측 문제에 관한 서버 측 관점을 설명하기 위한 문서를 포함할 수도 있다.

401(Unauthorized)

중요도: 높음

클라이언트가 적합한 인증 증명서를 제공하지 못한 채로 보호된 리소스에 대한 요청을 보냈다. 클라이언트는 잘못된 인증서를 제공했거나 아예 제공하지 않았을 수도 있다. API가 무엇을 기대했든지, 인증서는 사용자 이름과 비밀번호, API 키, 또는 인증 토큰 등일 수 있다. 클라이언트가 URL로 요청을 보내고 401을 수락하는 건 일반적이다. 그래서 어떠한 형식으로 어떠한 종류의 인증서를 보내야 하는지 알 수 있다. 사실 HTTP 다이제스트 모드의 인증은 이러한 습성에 의존한다.

서버가 인증되지 않은 사용자에게 리소스의 존재 유무를 알려주길 바라지 않는다면, 401 대신에 404(Not Found)를 보내는 거짓말을 할 수도 있다. 이것의 단점은 해당 리소스에 대해 어떠한 종류의 인증이 서버에 필요한지를 클라이언트가 미리 알고 있어야 한다는 점이다. HTTP 다이제스트 같은 프로토콜은 동작하지 않을 것이다.

응답 헤더: WWW-Authenticate 헤더는 서버가 어떠한 종류의 인증을 수락할 것인지 설명한다.

엔티티 바디: 실패를 설명하는 문서로 왜 인증서(만약 무엇이든 제공했다면)가 거부되었고, 어떤 인증서가 수락되었을 것인지에 대한 문서다. 실제 사용자가 웹 사이트에 가입하여 인증서를 얻을 수 있거나 '사용자 계정' 리소스를 생성할 수 있다면 가입을 위한 리소스로의 하이퍼미디어 연결도 유용하다.

402(Payment Required)

중요도: 없음

이 상태 코드는 이름을 제외하고는 HTTP 표준에 정의되어 있지 않다. '나중에 사용하기 위해 예약'된 코드다. 이는 HTTP를 위한 소액 결제 시스템이 없기 때문이다. 즉, HTTP를 위한 소액 결제 시스템이 존재하면, 이러한 시스템에 있는 API들이 이 응답 코드를 보여주기 시작할 것이다. HTTP 요청을 통해 사용자에게 청구하기를 원하고, 사용자들과의 관계에서 이를 가능하게 할 수 있다면, 이 상태 코드가 쓸모가 있을 수 있다.

이미 결제 API가 많이 나와 있지만 이러한 상태 코드를 지원하는 결제 API가 있는지는 모르겠다. 아마도 영원히 '예약된' 상태일지도 모르겠다.

403(Forbidden)

중요도: 중간

클라이언트의 요청은 정확했지만, 서버가 이를 수용하길 원치 않을 때다. 이는 불충분한 인증서의 경우가 아니다. 이 경우는 401(Unauthorized)이 될 것이다. 이 코드는 리소스가 특정 시간에만 접근이 가능하다든가 또는 특정 IP 주소로부터만 접근이 가능한 경우에서 벗어날 때 볼 수 있다.

403 응답은 클라이언트가 실제로 존재하는 리소스로 요청을 보냈음을 암시한다. 401(Unauthorized)처럼, 서버가 이러한 정보를 주길 바라지 않는다면, 역시나 404(Not Found)를 대신 보내는 거짓말을 할 수 있다.

클라이언트의 요청이 정확한데 왜 5xx 종류(서버 측 오류)가 아니라 4xx 종류(클라이언트 측 오류)를 사용한 것일까? 이는 서버가 요청 구조보다 다른 관점에서 이를 결정하였기 때문이다. 예로, 요청이 언제 만들어졌나 등일 수 있다.

엔티티 바디: 요청이 왜 거부되었는지에 대한 추가 문서

404(Not Found)

중요도: 높음

아마도 가장 유명한 HTTP 상태 코드일 것이다. 404는 서버가 클라이언트의 URL을 리소스로 매핑하지 못함을 알려준다. 조금 더 정보를 주는 410(Gone)과 비교해 보자.

404는 403과 401을 감추기 위한 거짓 응답일 수도 있음을 기억하자. 리소스는 존재하지만 서버가 이를 클라이언트에게 알려주고 싶지 않은 경우다.

엔티티 바디: 오류를 설명하는 추가 문서. 문서는 이곳에 리소스를 생성(아마도 HTTP PUT을 사용)하기 위한 하이퍼미디어 컨트롤을 포함할 수도 있다.

405(Method Not Allowed)

중요도: 중간

클라이언트가 리소스가 지원하지 않는 HTTP 메서드의 사용을 시도했다. 예를 들어, 읽기 전용인 리소스는 아마도 GET과 HEAD 메서드만을 허용할 것이다. 컬렉션 리소스는(컬렉션 패턴이 정의하는) 일반적으로 GET과 POST만을 허용하고 PUT과 DELETE는 허용하지 않는다.

응답 헤더: Allow 헤더는 해당 리소스가 지원하는 HTTP 메서드를 나열한다. 다음은 헤더 예제다.

```
Allow: GET, POST
```

406(Not Acceptable)

중요도: 중간

클라이언트가 서버가 수락하는 표현에 너무 많은 제한을 두어서(아마도 Accept-*를 요청 헤더에 사용) 서버가 표현을 아예 보낼 수 없을 때 이 응답 코드를 보낼 수 있다. 이 대신 서버는 클라이언트의 선택을 무시하고 200(OK) 코드와 함께 서버가 원하는 표현을 보낼 수 있다. 이는 일반적인 웹에서 종종 일어난다.

엔티티 바디: 수락할 수 있는 표현들로의 연결이 있는 하이퍼미디어 문서. 형식은 300(Multiple Choices)과 비슷하다.

407(Proxy Authentication Required)

중요도: 낮음

이 상태 코드는 HTTP 프락시에서만 볼 수 있을 것이다. 이 상태 코드는 인증서 없이 API를 사용할 수 없다는 것이 문제가 아닌 점을 제외하면 401(Unauthorized)과 같다. 즉 인증서 없이 프락시를 사용할 수 없다는 것이다. 401처럼 문제는 클라이언트가 인증서를 제공하지 않았거나 잘못된 인증서, 또는 불충분한 인증서를 제공했을 것이다.

요청 헤더: 인증서를 프락시 서버에 보내기 위해 클라이언트는 Authorization 헤더 대신에 Proxy-Authorization 헤더를 사용해야 한다. 이 헤더의 형식은 Authorization과 동일하다.

응답 헤더: Authenticate 헤더 대신에 프락시 서버는 어떤 종류의 인증을 기대하는지에 대한 정보와 함께 Proxy-Authenticate 헤더를 채워 넣는다. 형식은 Authenticate와 동일하다.

프락시 서버와 API 모두 인증서를 필요로 해서 클라이언트가 407을 제거한 뒤에 401(Unauthorized)을 만날 수도 있다.

엔티티 바디: 상태 코드 401을 설명했던 것처럼 실패를 설명하는 문서

408(Request Timeout)

중요도: 낮음

HTTP 클라이언트가 서버로 연결을 열지만 요청을 전혀 보내지 않거나(또는 요청의 마지막을 알리는 빈 줄을 보내지 않거나) 한다면, 서버는 결국 408 응답을 보내고 연결을 닫아야만 한다.

409(Conflict)

중요도: 매우 높음

불가능하거나 모순된 리소스 상태를 서버에 생성하는 것을 시도하였다. '불가능한'

이나 '모순된'은 API의 애플리케이션 의미 체계에 따른다. 컬렉션 기반 API는 클라이언트가 빈 컬렉션을 DELETE하는 것을 허락할 수 있다. 하지만 클라이언트가 여전히 멤버를 가지고 있는 컬렉션에 DELETE를 시도할 때는 응답 코드 409를 보낼 수 있다.

응답 헤더: 이러한 충돌이 어떠한 다른 리소스의 존재로 인해 발생되었다면(예: 클라이언트가 이미 존재하는 특별한 리소스를 생성하려고 할 때) Location 헤더는 충돌의 근원이 되는 리소스의 URL을 가리켜야 한다.

엔티티 바디: 충돌을 설명하는 문서가 포함되어야만 한다. 클라이언트가 가능하다면 이러한 충돌들을 해결할 수 있다.

410(Gone)

중요도: 중간

이 응답 코드는 404(Not Found)와 비슷하지만 조금 더 많은 정보를 제공한다. 서버가 요청된 URL이 리소스를 참조하는 데 사용되어 왔음을 알지만 더 이상 존재하지 않았음을 알았을 때 이 응답 코드를 사용한다. 서버는 해당 리소스의 새로운 URL을 알지 못한다. 알았다면 서버는 301(Permanent Redirect)을 보냈을 것이다.

301 응답 코드처럼 410 응답 코드는 클라이언트가 현재 URL을 제거하여 이 URL로 요청 보내는 일을 중단해야 함을 의미한다. 301 응답 코드와 다른 점은 410은 잘못된 URL의 대안을 제공하지 않는다는 점이다. 해당 리소스는 그냥 사라진다. RFC 2616은 410 응답 코드를 "제한된 기간 동안, 프로모션 서비스와 서버의 사이트에서 더 이상 동작하지 않는 개개인에게 속한 리소스를 위하여" 사용할 것을 추천한다.

성공한 DELETE 요청에 대한 응답으로 이 응답 코드를 보내려고 했을지도 모르겠지만 그건 너무 앞서나간 것이다. 클라이언트는 클라이언트가 리소스를 삭제했는지 안 했는지, 또는 클라이언트가 요청을 만들기 전에 리소스가 사라졌는지를 알 수 없을 것이다. 성공한 DELETE 요청에 대한 알맞은 응답은 200(OK)이다.

411(Length Required)

중요도: 낮음에서 중간

표현을 포함한 HTTP 요청은 Content-Length 요청 헤더에 엔티티 바디의 길이(바이트 단위)를 설정해야만 한다. 이는 때때로 클라이언트에게 불편하다. 예를 들어 표현이 다른 곳에서부터 스트리밍되고 있을 때 등이다. 그래서 HTTP는 클라이언트에게 각각 요청에 대해 Content-Length를 보내도록 요구하지 않는다. 하지만 HTTP 서버는 어떤 요청이든 간에 이를 요구할 권리가 있다. 서버는 Content-Length 없이 표현을 보내는 요청을 중단할 수 있고 클라이언트에게 Content-Length 헤더와 함께 요청을 다시 보내라고 할 수 있다. 이 응답 코드는 이런 중단의 경우에 보내진다.

클라이언트가 잘못된 길이를 제공하거나 아니면 너무 큰 표현을 보내려고 했다면 서버는 이를 중단하고 연결을 닫을 수 있지만 이 경우 응답 코드는 413(Request Entity Too Large)이 되어야 한다.

412(Precondition Failed)

중요도: 중간

클라이언트가 하나 또는 그 이상의 전제 조건을 요청 헤더에 지정해 이 조건들이 만족할 때에만 서버가 요청을 처리하도록 했다. 사실 이러한 조건들은 충족되지 않아서 요청을 처리하는 것 대신에 서버는 상태 코드를 보낸다.

일반적인 전제 조건은 If-Unmodified-Since다(이에 대해 11장에서 다루었다). 클라이언트는 리소스를 수정하기 위해 PUT 요청을 보내지만 클라이언트가 마지막으로 해당 리소스를 가져간 뒤로 아무도 그 리소스를 수정하지 않았을 경우에만 이번 수정이 효과가 있도록 요청할 수도 있다. 전제 조건을 사용하지 않으면 클라이언트는 누군가가 변경을 했든지 알아차릴 필요 없이 이를 덮어쓸 수도 있고 또는 409(Conflict)를 발생시킬 수도 있다.

요청 헤더: 클라이언트는 If-Match, If-None-Match, If-Modified-Since, If-Unmodified-Since 헤더 중 하나를 사용하여 이 응답 코드를 받을 수 있다.

If-None-Match는 좀 특별하다. 클라이언트는 GET이나 HEAD 요청을 만들 때 If-None-Match를 지정하고 전제 조건 확인에 실패한다면, 응답 코드는 412가 아니라 304(Not Modified)가 된다. 이는 조건적 HTTP GET(이 또한 11장에서 다루었다)의 기반이다. PUT, POST, DELETE 요청이 If-None-Match를 사용하고 전제 조건에 실패한다면 응답 코드는 412가 된다. If-Match나 If-Unmodified-Since 헤더를 전제 조건이 사용할 때에는 HTTP 메서드에 상관없이 응답 코드가 또한 412가 된다.

413(Request Entity Too Large)

중요도: 낮음에서 중간

서버가 이 상태 코드와 함께 클라이언트의 요청을 중단할 수 있고 요청이 완료되기를 기다리지 않고 연결을 닫을 수 있는 점에서 411(Length Required)과 비슷하다. 411 응답 코드는 요청의 표현 길이를 지정하지 않는 요청들에 대한 응답 코드다. 이 상태 코드는 서버가 처리하기엔 너무 큰 표현을 보낸 요청들을 위한 것이다.

LBYL(look-before-you-leap) 요청(11장 참고)은 클라이언트가 이러한 오류 때문에 중단되는 것을 피하기 위한 가장 좋은 방법이다. LBYL 요청이 100(Continue) 응답 코드를 받았다면 클라이언트는 계속 진행하고 전체 표현을 보낼 수 있다.

응답 헤더: 문제는 일시적이고 클라이언트 측(표현이 너무 큰 경우)인 경우보다는 서버 측(리소스 부족) 문제일 수도 있다. 만약 그렇다면, 서버는 Retry-After 헤더에 날짜나 초를 설정하여 클라이언트가 요청을 나중에 재시도할 수 있다.

414(Request-URL Too Long)

중요도: 낮음

HTTP 표준은 URL 길이에 공식적인 제한을 두지 않는다(그리고 내 의견도 없어야 한다는 쪽이다). 하지만 대다수 웹 서버들은 URL 길이에 상한선을 두고 API에도 비슷한 제약이 있다. 가장 일반적인 원인은 엔티티 바디에 있어야 할 리소스 상태를 URL에 두는 클라이언트다. 깊게 중첩된 데이터 구조도 매우 긴 URL을 만든다. 이것이 여러분에게 문제가 된다면 URL이 길어지게 하기보다는, 예를 들어 킬로바이트보다 길어지게 하기보다는, 리소스에 난수 등을 이용하여 생성한 임의의 URL을 할당하도록 한다.

클라이언트가 서버에 연결하고 무한정으로 긴 URL을 보내기 시작한다면 심지어 URL 길이에 제한을 두지 않은 서버라고 할지라도 TCP 연결을 확보하기 위해 414 응답으로 요청을 멈출 수 있다. 서버는 또한 단순하게 연결을 끊어버릴 수 있다.

415(Unsupported Media Type)

중요도: 중간

클라이언트가 서버가 이해하지 못하는 미디어 유형으로 표현을 보낼 때 서버는 이 응답 코드를 보낸다. 서버는 application/vnd.collection+json을 바라고 있었는데 클라이언트가 application/json을 보냈을 경우다.

클라이언트가 올바른 미디어 유형이지만 잘못된 형식(예: 잘못된 용어를 사용한 XML, 또는 잘못된 ALPS 프로파일을 사용한 Collection+JSON 문서)으로 문서를 보냈다면 더 일반적인 400(Bad Request)이 더 나은 응답이다.

416(Request Range Not Satisfiable)

중요도: 낮음

클라이언트가 표현으로부터 바이트 범위로 데이터를 요청했지만 바이트 범위를 적용하기엔 표현이 너무 작은 경우 서버가 이 상태 코드를 보낸다. 다르게 말하면, 99바이트짜리 표현에 100바이트를 요청한다면 이 상태 코드를 받을 것이다.

요청 헤더: 원본 요청이 Range 헤더를 포함했을 때만 이 상태 코드를 받는다. 원본 요청이 If-Range 헤더를 포함했다면 이 상태 코드를 받지 않는다.

응답 헤더: 서버는 클라이언트에게 표현의 실제 크기를 알려주는 Content-Range 항목을 보내야만 한다.

417(Expectation Failed)

중요도: 낮음에서 중간

이 응답 코드는 100(Continue)의 반대 응답이다. 서버가 표현을 수락하고 요청을 처리하는지를 보기 위해 LBYL 요청을 만들었다면 응답 코드 100을 받고 계속 진행할 수 있다. 서버가 표현을 수락하지 않는다면 417 응답 코드를 받을 것이고 표현을 보내지 말아야 한다.

428(Precondition Required)

중요도: 중간

정의된 곳: RFC 6585

11장에서 API 구현은 갱신 무효 문제(Lost Update Problem)를 피하기 위한 방법으로 클라이언트의 PUT과 PATCH 요청들이 조건부 요청들이 되는 것을 추천하였다. 웹 서버는 이 상태 코드로 그 규칙을 강제하는데, 이는 클라이언트의 요청이 조건부가 아니기 때문에 서버가 요청을 거부함을 말한다.

엔티티 바디: 서버가 수락할 조건부 헤더(아마도 If-Match 또는 If-Unmodified-Since)를 설명하는 문서를 포함해야만 한다.

429(Too Many Requests)

중요도: 중간

정의된 곳: RFC 6585

이 상태 코드는 서버의 속도 제한(Rate Limiting) 규칙을 강제한다. 클라이언트가 너무 많은 요청들을 보냈기 때문에 요청을 보내는 속도를 늦출 필요가 있다.

서버는 속도 제한 규칙을 위반한 요청들을 429 응답 코드로 각각 응답하는 대신에 이를 무시할 수 있다.

응답 헤더: Retry-After 헤더는 이 클라이언트로부터 온 요청들을 서버가 다시 수락할 때를 힌트로 주어야 한다.

엔티티 바디: 속도 제한 규칙을 설명하는 문서를 포함해야만 한다.

431(Request Header Fields Too Large)

중요도: 낮음

정의된 곳: RFC 6585

이는 413(Request Entity Too Large)이나 414(Request-URL Too Long)와 비슷하지만 여기에서 문제는 요청 헤더 항목에 너무 많은 데이터가 있는 것이다.

서버가 요청 헤더의 크기에 미리 정의한 제약을 두는 것은 정상적인 것이지만 이는 좋은 방법은 아니라고 생각한다. 특히 Link 헤더의 경우 정상적인 방법으로도 매우 커질 수 있다. 클라이언트가 서버와 연결을 하고 무한정 긴 헤더를 보내기 시작한다면 서버는 해당 요청을 431 응답과 함께 멈출 수 있다(서버는 아마도 단순하게 연결을 끊을지도 모른다).

엔티티 바디: 하나의 특정 헤더가 너무 크다면(헤더를 합친 결과가 큰 경우와 달리), 엔티티 바디는 어느 헤더에 문제가 있는지 언급해야만 한다.

451(Unavailable For Legal Reasons)

중요도: 이론적으로 매우 낮음

정의된 곳: 인터넷 드래프트 "draft-tbray-http-legally-restricted-status"

클라이언트의 요청이 잘 만들어졌지만 서버가 법적인 이슈로 거부해야 하는 상황이다. 보통 이는 검열과 같은 것에 걸려 표현 제공이 금지되기 때문이다. 서버는 리소스 상태 전이를 거부할 때 이 상태 코드를 또한 사용할 수도 있다.

요청이 잘 만들어졌고 법적인 요구 사항이 서버 측에 있다 하더라도 이러한 상황은 클라이언트 측 문제로 본다. 어찌 되었건 표현이 어떤 이유로 검열되었기 때문이다. 요청을 만들어 낸 당사자에게 뭔가 문제가 분명 있을 것이다.

5xx: 서버 측 오류

상태 코드 5xx 종류는 서버 측 문제를 표현하기 위한 것이다. 이 코드들은 서버가 클라이언트의 요청을 실행하기 위한 상태에 있지 않거나 심지어 요청이 올바른지 볼 수 있는 상태조차 아니라서 클라이언트가 나중에 해당 요청을 다시 시도해야 함을 의미한다. 때때로 서버는 클라이언트가 요청을 언제 다시 시도해야 하는지를 예측하고 해당 정보를 Retry-After 응답 헤더에 넣을 수 있다.

4xx 상태 코드보다 5xx 상태 코드가 더 적은데 이는 서버 측 오류가 더 적기 때문이 아니라 구체적으로 설명해 봐야 의미가 별로 없기 때문이기도 하다. 클라이언트는 서버 측 문제를 수정하기 위해 어떠한 것도 할 수 없다.

이러한 상태 코드를 사용하는 응답들은 엔티티 바디에 설명 문서(아마도 문제에 대한 상세 설명)를 포함할 수 있다.

500(Internal Server Error)

중요도: 높음

이는 일반적인 서버 오류 응답이다. 예외를 일으키는 요청 제어 코드를 실행하면 대부분의 웹 프레임워크는 이 상태 코드를 보낸다.

501(Not Implemented)

중요도: 낮음

서버가 구현하지 않은 HTTP 기능(아마도 확장된 기능)을 클라이언트가 사용하려고 시도했다.

가장 일반적인 경우는 일반적인 웹 서버가 지원하지 않는 PATCH 같은 확장 HTTP 메서드를 사용하는 요청을 클라이언트가 만들었을 때다. 이는 응답 코드 405(Method Not Allowed)와 비슷하지만 405는 클라이언트가 해당 메서드를 지원하지 않는 리소스에 사용하고 있음을 의미한다. 501 응답 코드는 서버가 메서드 자체를 인지하지 못하는 것을 의미한다.

502(Bad Gateway)

중요도: 낮음

이 응답 코드는 HTTP 프락시로부터만 받을 것이다. 이는 프락시에 문제가 있음을 의미하거나 업스트림 서버 자체가 아니라 프락시와 업스트림 서버 사이에 문제가 있음을 의미한다.

프락시가 업스트림 서버에 전혀 접근할 수 없다면 응답 코드는 504(Gateway Timeout)가 될 것이다.

503(Service Unavailable)

중요도: 중간에서 높음

이 응답 코드는 HTTP 서버가 살아 있지만 API가 내재된 애플리케이션이 제대로 동작하지 않음을 의미한다. 가장 일반적인 원인은 시스템 자원 부족이다. 예를 들어 API가 한 번에 다 처리할 수 없을 만큼 너무 많은 요청이 한 번에 오는 경우다.

이와 같은 문제는 보통 반복되는 클라이언트 요청으로 야기되므로 HTTP 서버는 요청을 수락하고 응답 코드 503을 보내는 대신에 클라이언트 요청 수락을 거절하는 옵션을 항상 가지고 있다.

응답 헤더: 서버는 클라이언트에게 요청을 언제 다시 보내라고 알려주는 Retry-After 헤더를 보낼 수도 있다.

504(Gateway Timeout)

중요도: 낮음

502(Bad Gateway)처럼 이 응답 코드도 HTTP 프락시에서만 볼 수 있을 것이다. 이 상태 코드는 프락시가 업스트림 서버에 접속할 수 없음을 알려준다.

505(HTTP Version Not Supported)

중요도: 매우 낮음

서버가 클라이언트가 사용하려 하는 HTTP 버전을 지원하지 않는다. 아마도 HTTP 2.0이 발표되기 전까지는 이 상태 코드를 볼 수 없을 것이다. 심지어 발표된다 하더라도 HTTP 1.1 서버에서 HTTP 2.0 기능을 사용하려고 할 때에만 이 응답 코드를 보게 될 것이다.

엔티티 바디: 서버가 지원하는 HTTP 버전이 무엇인지 설명하는 문서를 포함해야만 한다.

511(Network Authentication Required)

중요도: 중간

정의된 곳: RFC 6585

상태 코드 511은 인증 포털(Captive Portal)을 덜 불편하게 만들어 준다. 인증 포털은 커피숍이나 호텔 등에서 무선 네트워크를 사용하려 할 때 여러분의 브라우저에 보이는 웹 사이트를 말한다. 여러분이 요청한 웹 페이지와 관계없이, 인증 포털은 인터넷 연결을 위해 얼마를 지불해야 하는지를 알려주는 페이지와 상태 코드 200(OK)으로 응답한다. 때때로 포털은 응답 코드 302(Found)와 함께 인터넷 연결을 위해 얼마를 지불해야 하는지를 말해주는 페이지로 브라우저를 리다이렉트시킨다.

이와 같은 일이 브라우저에 일어날 때, 매우 짜증나는 일이긴 해도, 여러분은 사람이기에 대응할 수 있다. 웹 페이지를 읽을 수 있고 웹에 잘 도달하기 위한 방법을 찾아낼 수 있다. API 클라이언트에 이런 일이 발생할 때가 위험하다. 자동화된 클라이언트와 관련해서는, API 제공이 중단되고 아마도 "죄송합니다. 더 이상 API를 제공하지 않습니다"라고 말하는 부적절한 HTML 문서로 교체된 것처럼 보인다. 이는 클라이언트를 강제 종료시켜 일관성 없는 상태로 데이터를 남겨둘 가능성도 있다.

상태 코드 511은 API 클라이언트가 인증 포털을 더 쉽게 지나가게 하지 않지만 당황하여 크래시가 나는 것 대신에 클라이언트에게 무엇이 일어나고 있는지, 그리고 정상적으로 종료할 방법을 찾을 기회를 준다.

인증 포털 개발자가 사용자 경험에 관심을 가져야 상태 코드 511을 제공하므로 나는 이게 근시일 내에 일어날 것이라 생각하지 않는다. 하지만 클라이언트 측에서 상태 코드 511을 대비하는 것은 만약 누군가가 여러분의 API 클라이언트를 커피숍에서 사용할 때 최악의 상황을 피할 수 있도록 해줄 수도 있다.

부록 B

헤더 목록(Header Codex)

HTTP 헤더는 HTTP 요청이나 응답의 프로토콜 의미 체계를 설명하는 메타데이터다. If-None-Match 같은 헤더들은 오로지 요청에서만 사용된다. 이러한 헤더들은 클라이언트가 요청 처리 방법을 서버에 알려주는 방법이다. ETag 같은 헤더들은 오로지 응답에서만 사용된다. 이러한 헤더들은 요청 처리 방법에 대한 정보나 표현에 나타나지 않은 내재된 리소스에 대한 정보를 서버가 전달하는 방법이다. 엔티티 바디의 미디어 유형을 담고 있는 Content-Type 같은 몇몇 헤더는 요청과 응답에서 모두 사용될 수 있다.

표준 HTTP 헤더에 대한 좋은 두 가지 안내서가 있다. 하나는 RFC 2616으로, HTTP 표준 자체이고 다른 하나는 데이비드 고울리와 브라이언 토티가 쓴 오라일리의 『HTTP 완벽 가이드』란 책의 부록 C다. 이번 부록 B에서는 웹 사이트와 HTTP 프락시 같은 HTTP 기반의 다른 애플리케이션들과 대조해 보고, 이 헤더들의 RESTful API에서 사용을 보면서 표준 HTTP 헤더를 형식적으로나마 설명을 하려고 한다.

커스텀 HTTP 헤더

새로운 HTTP 메서드를 만들거나 상태 코드를 만드는 것은 매우 큰 작업이다. 기본적으로 RFC를 작성해야 한다. 하지만 HTTP 서버를 운영하는 누구든지 HTTP 헤더를 직접 정의할 수 있다. AtomPub은 Slug(다음 절에서 다룰 예정)라는 HTTP 헤더를 정의한다. 아마존은 S3 API를 위해 X-amz-acl과 X-amz-date 같은 헤더를 정의한다.

『RESTful 웹 서비스』에서 커스텀 HTTP 헤더를 언제 정의해야 하는지, 어떻게 이름을 지어야 하는지에 대한 몇 가지 조언을 했다. 지난 몇 년간 이에 대한 내 생각이 바뀌었다. 아마도 새로운 HTTP 헤더를 전혀 만들지 말아야 할지도 모르겠다.

새로운 HTTP 헤더는 새로운 HTTP 메서드나 상태 코드처럼 HTTP에 대한 확장이다. 새로운 헤더를 만든다면 기존 HTTP 헤더들이 문서화된 것처럼 이에 대한 문서를 만들어야만 한다. 정교한 단어들의 거대한 집합으로 사람이 이해할 수 있는 문서 말이다. 다른 점은 사용자가 여러분의 커스텀 HTTP 헤더에 대해 배우려고 노력을 투입했을 때, 그 지식을 다른 HTTP 서버에 적용할 수 없다는 점이다. 커스텀 헤더는 여러분의 API에만 한정된 명목 표준이다.

좋은 소식은 새로운 HTTP 헤더를 위한 많은 사용 예는 더 이상 적용되지 않는다는 것이다. 하이퍼미디어 데이터 형식들은 몇 년 전보다 더 많아지고 더 유연해졌다. 커스텀 헤더에 들어가던 정보들은 이제 표현에 직접 들어간다. 기존의 미디어 유형에 새로운 애플리케이션 의미 체계를 추가하려 한다면, 새로운 HTTP 헤더 대신에 기계가 이해할 수 있는 프로파일로 정보를 넣을 수 있다.

HTTP 프로토콜 자체에서 무언가 부족한 것을 찾은 경우에만 새로운 HTTP 헤더를 생성해야 한다. 새로운 헤더가 HTTP의 표준 확장이 되었다면 더 살기 좋은 세상이 되었을까? 이런 경우라면 새로운 헤더를 정의하도록 한다. 아마도 Link 헤더가 그랬던 것처럼 표준 확장이 될 것이다.

이름 짓는 것에 관해서는 '확장(extension)'을 의미하는 문자열인 X-로 커스텀 헤더 이름을 시작하도록 조언하였다. 커스텀 헤더를 My-Header와 같이 부르고 싶었다면 X-My-Header라고 부르길 추천했다. RFC 6648은 이러한 나의 생각을 바꾸었다. 이렇게 하면 안 된다. 그냥 My-Header라고 하자.

다른 프로토콜들(RFC 6646에 설명된 것처럼)로부터 어렵게 얻은 교훈은 X- 접두사는 이것의 가치보다 더 많은 문제를 일으킨다는 것이다. 커스텀 HTTP 헤더가 표준화되었다면 기존 클라이언트들이 망가지기 때문에 X-를 제거할 수 없을 것이다. 이것은 X- 접두사가 확장을 의미한다고 신뢰성 있게 말할 수 없다는 것이다. X-가 원래 의도했던 목적대로 되지 않기에 이를 더 이상 사용할 이유가 없다. 고유한 좋은 이름을 고르도록 한다.

헤더들

다음 46개 헤더들은 RFC 2616에 있고 8개 헤더들은 확장 RFC와 인터넷 드래프트에 정의되어 있다. 각 헤더에 대해 HTTP 요청에서만 볼 수 있는지, 응답에서만 볼 수 있는지, 또는 양쪽 모두에서 볼 수 있는지와 함께 간략한 설명을 할 것이다. 헤더가 API에서 어떻게 유용할지에 관한 내 의견도 담았다. 특히 중요한 헤더나 좀 더 까다로운 헤더에 대해서는 짧은 설명도 넣었다. 헤더의 값이 어떻게 되어야 하는지 등에 관한 자세한 사항은 다루지 않을 것이다. 여러분은 똑똑하고 필요하다면 더 자세한 정보를 찾아볼 수 있다는 것을 알고 있다.

다른 표기가 없는 한 헤더의 정규 정의는 RFC 2616에서 찾을 수 있다.

Accept

유형: 요청 헤더

중요도: 중간

클라이언트는 Accept 헤더를 사용해 서버가 표현을 제공할 때 어느 미디어 유형을 사용했으면 하는지 알린다. 이는 '콘텐트 협상(Content Negotiation)' 기술로 11장에서 다루었던 내용이다. 어느 클라이언트는 XML 형식으로 HAL 문서를 원할 수도 있고(Accept: application/hal+xml), 또 다른 클라이언트는 같은 HAL 문서의 HAL+JSON 표현(Accept: application/hal+json)을 원할 수도 있다.

이 헤더(또는 다른 Accept-* 헤더)를 위한 분석기를 구현한다면 RFC 2616에서 세부 사항을 참고한다. 이 헤더의 형식은 여러분이 생각하는 것보다 훨씬 더 복잡하다.

Accept-Charset

유형: 요청 헤더

중요도: 낮음

클라이언트는 서버가 사용했으면 하는 문자 인코딩을 알려주기 위해 Accept-

Charset 헤더를 보낸다. 어느 클라이언트는 일본어를 포함한 리소스의 표현이 UTF-8으로 인코딩되길 바랄 수도 있고, 또 다른 클라이언트는 같은 데이터를 Shift-JIS로 인코딩되길 바랄 수도 있다.

개인적으로 모든 사람이 모든 것에 UTF-8이나 UTF-16을 사용했으면 한다.

Accept-Encoding

유형: 요청 헤더

중요도: 중간에서 높음

클라이언트는 gzip 같은 잘 알려진 알고리즘으로 응답의 엔티티 바디를 압축하여 네트워크 사용량을 줄일 수 있도록 하기 위해 서버에 Accept-Encoding 헤더를 보낸다. 이름에도 불구하고, 문자 인코딩과는 아무런 상관이 없다. 문자 인코딩과 관련된 것은 Accept-Charset이다.

Accept-Encoding의 값은 '콘텐트 코딩(content-coding)'이라 부른다. IANA는 http://www.iana.org/assignments/http-parameters/http-parameters.xml에 수락 가능한 콘텐트 코딩(예: gzip) 목록을 관리한다. 일반적으로, content-coding은 전송되는 데이터를 압축하기 위해서만 사용된다.

Accept-Language

유형: 요청 헤더

중요도: 낮음

클라이언트는 서버가 표현을 위해 어떠한 자연 언어를 사용했으면 하는지 알려주기 위해 Accept-Language를 보낸다. 응답 형식에는 영향을 미치지 않는다. 당연히 데이터에는 영향을 준다.

Accept-Language의 값은 언어 태그(Language Tag)라 부른다. 몇 가지 언어 태그에 아마 친숙할 것이다. 영어는 en이고, 미국 영어는 특히 en-us로 표시한다. RFC 5646은 언어 태그의 형식을 정한다. IANA는 언어(en)와 지역(us)의 목록을 기계가 이해할 수 있는 형태로 IANA 등록부(http://www.iana.org/assignments/language-subtag-registry/language-subtag-registry)에 보관한다.

Accept-Ranges

유형: 응답 헤더

중요도: 낮음에서 중간

서버는 이 헤더를 보내 리소스의 부분 HTTP GET(11장 참조)을 지원함을 알린다. 헤더의 값은 문자열인 'bytes'가 되어야만 한다.

```
Accept-Ranges: bytes
```

이는 클라이언트의 표현 다운로드가 중단되었을 때에만 발행해야 한다. 서버가 원래의 응답에서 Accept-Ranges 헤더를 설정하였다면, 클라이언트는 적절한 Range 헤더를 제공하여 두 번째 요청이 같은 URL로 가도록 만들 수 있다. 그러면 클라이언트는 중단된 지점에서 다운로드를 다시 시작하고 전체 표현을 다시 다운로드하지 않는다.

Age

유형: 응답 헤더

중요도: 낮음

응답의 엔티티 바디가 서버로부터 최근 것이 오지 않았다면 Age 헤더는 엔티티 바디가 얼마나 오래 전에 서버에서 떠났는지를 초 단위로 알려준다. 보통 이 헤더는 HTTP 캐시에 의해 설정되는데, 그래서 클라이언트는 시간이 좀 지난 표현의 복제본을 받았다는 사실을 안다.

Allow

유형: 응답 헤더

중요도: 낮음에서 중간

3장에서 간략하게 이 헤더에 대해 언급했다. 이 헤더는 OPTIONS 요청에 대한 응답으로, 리소스의 프로토콜 의미 체계, 특히 어느 HTTP 메서드에 응답할지에 대해 클라이언트에게 알려준다.

이 헤더는 그다지 중요하지 않다. 하이퍼미디어는 OPTIONS 메서드보다 더 나은 탐색 방법을 가지기 때문이다. 하지만 몇몇 API는 OPTIONS를 위한 지원을 구현한다.

Authorization

유형: 요청 헤더

중요도: 매우 높음

이 요청 헤더는 사용자 이름이나 비밀번호와 같이 인증 증명을 포함한다. 클라이언트는 어느 정도 협의된 계획을 통해 이러한 인증 증명을 인코딩한다. 서버는 증명서를 디코딩하고 요청을 수락할지 여부를 결정한다.

이는 확장 가능하므로 (다른 단계에서 동작하는 Proxy-Authorization을 제외하고) 우리에게 필요한 유일한 인증 헤더다. 가장 일반적인 구조는 OAuth와 HTTP 베이직이다. 하지만 이러한 설계는 클라이언트와 서버가 모두 이해하는 한 뭐든 될 수 있다.

특히 X-WSSE와 같이, Authentication 위에서 동작하는 다른 인증 헤더들이 있다. 하지만 이런 표준은 거의 사용되지 않으므로 이 책에서 이에 대해서는 다루지 않았다.

Cache-Control

유형: 요청 및 응답 헤더

중요도: 높음

이 헤더는 클라이언트와 서버 사이의(클라이언트와 서버 기계 자체의 로컬 캐시를 포함해) 캐시에 대한 지시를 포함한다. 데이터가 어떻게 캐시되고 언제 캐시에서 버려져야 하는지에 대한 규칙을 나열한다. 이는 매우 복잡한 헤더지만 거의 모든 기본 캐싱 명령은 다 다루었다(11장의 "캐싱" 참조).

Connection

유형: 응답 헤더

중요도: 낮음

대다수의 HTTP 응답은 서버에서 클라이언트로 보내는 통신이다. 프락시 같은 중개자가 응답을 볼 수 있지만, 그중 어떤 것도 받을 대상이 프락시인 것은 없다. 하지만 서버는 프락시가 받을 내용을 기타 헤더로 넣을 수 있고, 프락시도 연계된 다음 프락시가 볼 헤더를 추가할 수 있다. 이때 이런 특별 헤더들을 Connection 헤더라 부른다. 이 헤더는 서버와 클라이언트 사이의 HTTP 연결이 아니라 기계 사이의 TCP 연결에 적용된다. 응답을 보내기 전에 프락시는 특수 헤더와 Connection 헤더 자체도 제거해야 한다. 물론, 자신만의 특별한 통신을 추가할 수 있고 원하면 새 Connection 헤더도 추가할 수 있다.

이 책과 아주 관계가 깊지는 않으므로 간단한 예제를 하나 보자. 서버가 다음 세 HTTP 헤더를 프락시를 통해 가는 응답에 보낼 수 있다.

```
Content-Type: text/plain
Proxy-Directive: Deliver this as fast as you can!
Connection: Proxy-Directive
```

Proxy-Directive는 커스텀 HTTP 헤더다. 서버와 프락시가 이를 이해할 수 있지만, 클라이언트는 이해하지 못할 수도 있다. 프락시는 Proxy-Directive와 Connection을 제거하고 남은 하나의 헤더를 클라이언트에 보낸다.

```
Content-Type: text/plain
```

프락시를 사용하지 않는 클라이언트를 작성한다면 만나게 될 Connection의 값은 Close뿐이다. 이는 그저 서버가 이 요청을 끝내고 나면 TCP 연결을 닫을 것이라는 얘기다.

Content-Disposition

유형: 응답 헤더

중요도: 중간

정의: RFC 6266

Content-Disposition 헤더는 일반적으로 클라이언트가 엔티티 바디를 표현으로 처리하는 대신 파일로 저장해야 함을 나타내는 데 사용한다. 다음과 같이 사용된다.

```
Content-Disposition: attachment; filename="bug-1234-attachment-1"
```

업로드된 파일을 저장하는 API라면 Content-Disposition을 사용해 API에서 생성한 문서와 업로드된 파일을 구별하는 데 사용해야 한다. API가 이상한 형태의 문서를 제공한다면, API에 버그가 있음을 의미한다. 물론 클라이언트가 이상한 형태의 문서를 업로드했고, API는 그저 업로드한 내용을 충실히 표현하고 있는 경우가 아니라면 말이다.

이 예제에서 attachment 값은 이 엔티티 바디가 첨부 파일임을 나타내고, filename 파라미터는 어떤 파일명으로 문서를 저장해야 하는지를 나타낸다. 이 파라미터는 보안 측면에서 많은 문제를 야기할 수 있는데, 그런 이유로 Content-Disposition 헤더가 HTTP 표준에서 명시적으로 제외되었다. Content-Disposition을 지키는 클라이언트를 작성하거나 API 클라이언트들이 업로드하는 파일명을 지정할 수 있게 하려면 RFC 6266의 조언을 보고 주의하길 바란다.

Content-Encoding

유형: 응답 헤더

중요도: 중간에서 높음

이 응답 헤더는 요청 헤더의 Accept-Encoding에 대응되는 것이다. 이 요청 헤더는 서버에 엔티티 바디를 특정 알고리즘을 사용해 압축하도록 요청한다. 이 헤더는 서버가 실제로 어떤 알고리즘을 사용했는지를 클라이언트에 알려준다.

Accept-Encoding과 마찬가지로 헤더의 값은 'content-coding'이라 부르며, IANA는 http://www.iana.org/assignments/http-parameters/http-parameters.xml에 수락 가능한 content-coding 목록을 유지한다. 이론적으로 content-coding은 원상 복구 가능한 데이터 변환이면 어떤 것이든 가능하지만, 등록된 content-coding은 모두 데이터 압축용이다.

Content-Language

유형: 응답 헤더

중요도: 중간

이 응답 헤더는 Accept-Language 요청 헤더 또는 리소스의 URI에 해당하는 변수 모음에 대응된다. 엔티티 바디의 의미를 파악해야만 하는 사람의 자연 언어를 지정한다.

모든 Accept-* 헤더와 대응하는 응답 헤더와 마찬가지로, 이 헤더도 여러 값을 담을 수 있다. 엔티티 바디가 중국어에 일본어 자막이 붙은 영화라면, Content-Language의 값은 zh-guoyu, jp일 것이다. 영화 안에 영어 한 문장이 나타난다고 해서 Content-Language 헤더에 en이 추가되지는 않을 것이다.

Content-Length

유형: 응답 헤더

중요도: 높음

이 응답 헤더는 엔티티 바디의 크기를 바이트로 제공한다. 두 가지 이유로 중요한데, 먼저 클라이언트가 미리 이 값을 읽고 작은 엔티티 바디나 큰 엔티티 바디를 준비할 수 있다. 두 번째로, 클라이언트가 HEAD 요청을 보내 엔티티 바디를 바로 요청하지 않고 먼저 그 크기를 알아볼 수 있다. Content-Length의 값은 클라이언트가 전체 엔티티 바디를 받을지, 또는 Range로 일부만 요청할지, 아니면 아예 전부 받지 않을지를 결정하는 데 영향을 미칠 수 있다.

Content-Location

유형: 응답 헤더

중요도: 낮음

이 헤더는 클라이언트에게 요청한 리소스의 정식 URL을 알려준다. Location 헤더의 값과 달리, 이는 그저 정보 제공용이다. 클라이언트가 새 URL을 사용하기 시작할 필요는 없다.

이는 한 리소스의 다른 표현에 다른 URL을 지정하는 API에 주로 유용하다. 클라이언트가 콘텐트 협상을 통해 얻은 특정 표현을 연결하고 싶다면 Content-Location에 제공된 URI를 사용할 수 있다. 따라서 만일 /document/104로 요청을 보내고, Accept와 Accept-Language 헤더를 사용해 영어로 작성된 HTML 표현을 받고 싶다고 지정한다면, /document/104.html.en을 Content-Location의 값으로 지정하는 응답을 받을 수 있다. 그게 바로 리소스의 한 가지 특정 표현으로의 연결이다.

이 헤더는 간단한 하이퍼미디어 컨트롤임을 기억하자. IANA에 등록된 링크 관계인 canonical을 사용하는 링크와 동일한 방식으로 동작한다.

Content-MD5

유형: 응답 헤더

중요도: 낮음에서 중간

이는 엔티티 바디의 암호화 체크섬이다. 클라이언트는 이 값을 사용해 엔티티 바디가 전송 중에 오염되었는지 여부를 확인할 수 있다. (중간자 같은) 공격자가 엔티티 바디와 Content-MD5 헤더가 일치하도록 변경할 수 있으므로, 보안에는 소용이 없고 그저 오류 탐지에 사용할 수 있다.

Content-Range

유형: 응답 헤더

중요도: 낮음에서 중간

클라이언트가 Range 요청 헤더로 부분 GET 요청을 보내면 이 응답 헤더로 클라이언트가 표현의 어느 부분을 받는지 알려줄 수 있다.

Content-Type

유형: 요청 및 응답 헤더

중요도: 매우 높음

가장 유명한 HTTP 헤더이며, 아마 가장 중요한 헤더인 Content-Type은 엔티티 바디의 미디어 유형을 알려준다. 미디어 유형은 다음 세 가지 목적을 위해 존재한다.

- 수신자가 어떤 분석기를 사용해 엔티티 바디를 분석할지 알려준다.
- 표현의 프로토콜 의미 체계를 종종 결정한다. 표현의 어느 부분이 하이퍼미디어 컨트롤인지, 이 컨트롤을 활성화시켜 어떤 HTTP 요청이 야기되는지 등이다.
- 표현의 애플리케이션 의미 체계를 결정할 수도 있다. 실세계의 개념과 해당하는 특정 API에서 표현이 무엇을 의미하는지를 알려준다.

프로파일에 대한 링크처럼 애플리케이션과 프로토콜 의미 체계를 전달하는 다른 방법도 있지만 Content-Type이 가장 주된 방법이다. 그래서 미디어 유형으로 application/json을 제공하는 것이 나쁜 생각이다. 매우 큰 기회를 놓치게 되는 것이다.

미디어 유형과 프로파일로 설명된 문서를 제공할 때는 반드시 Link 헤더를 이용해 프로파일의 링크를 제공해야 한다.

Cookie

유형: 요청 헤더

중요도: 사람이 쓰는 웹에서는 높음, API 세계에서는 낮음

정의: RFC 2109

아마도 Content-Type 다음으로 두 번째로 유명한 HTTP 헤더이지만, HTTP 표준이 아니고 넷스케이프 확장이다.

쿠키는 서버가 반영속 상태를 클라이언트 측에 Set-Cookie 헤더(이에 대해서는 뒤에 더 설명한다)를 사용해 저장하는 클라이언트와 서버 사이의 동의이다. 클라이언트가 쿠키를 받으면 각 쿠키마다 Cookie 헤더를 지정해, 그 서버에 보내는 모든 요청에 이 쿠키를 함께 보낼 것으로 예상된다. 이 데이터가 모든 요청에서 HTTP 헤더 안에 보이지 않게 보내지므로 클라이언트와 서버가 상태를 공유하는 것처럼 보인다.

쿠키는 REST 측에서는 악평을 받는데, 주로 두 가지 이유 때문이다. 먼저, 보통 포함하는 '상태'라는 게 그저 세션 ID인 경우가 많다. 이 세션 ID는 서버 측의 더 큰 데이터에 묶인 짧은 영숫자 키다. 이는 애플리케이션 상태가 서버에 저장되므로 상태 없음의 원칙을 파괴한다.

좀 더 자세하게는 클라이언트가 쿠키를 한 번 받고 나면, 특정 시간 동안 그 쿠키를 모든 요청에 보내도록 되어 있는 것이다. 서버는 클라이언트에게 기존 쿠키로 더 이상 요청을 보낼 수 없다고 말한다. 이 역시도 상태 없음의 원칙에 위배된다.

쿠키를 반드시 사용해야만 하면, 모든 상태를 클라이언트 측에 저장하길 권한다. 그렇지 않으면, REST의 많은 규모 확장성의 혜택을 잃게 될 것이다.

Date

유형: 요청 및 응답 헤더

중요도: 요청에서는 높음, 응답에서는 필수

요청 헤더에서 이 값은 클라이언트가 해당 요청을 보낸 시간을 나타낸다. 응답 헤더에서는 서버가 요청을 수행한 시간을 나타낸다. 응답 헤더의 Date는 캐시에서 캐

시한 문서가 여전히 새 문서인지 결정하는 데 사용한다.

ETag

유형: 응답 헤더

중요도: 매우 높음

ETag의 값은 불명확한 문자열로 표현의 특정 버전을 명시한다. 표현이 바뀌면 ETag도 변경되어야 한다.

서버는 가능한 한 GET 요청에 응답으로 ETag를 반드시 보내야 한다. 11장에서 보였듯이 클라이언트는 이전 ETag 값을 If-None-Match 요청 헤더로 보내 조건부 GET 요청을 보낼 수 있다. 표현이 변경되지 않았으면 ETag도 변경되지 않았으므로 서버는 표현을 다시 보내지 않는 것으로 시간과 대역폭을 절약할 수 있다.

조건부 GET 요청은 주로 더 간단한 Last-Modified 응답 헤더와 그에 대응하는 요청 헤더 If-Modified-Since를 사용한다. ETag의 주목적은 2차 방어선이다. 1초 동안 표현이 두 번 변경되면, Last-Modified-Since는 하나의 값만 있겠지만, ETag는 두 개의 다른 값이 존재한다.

(표현을 압축하는 아파치 mod_compress 모듈처럼) 서버와 클라이언트 사이의 중개자가 표현을 수정하면, 그 중개자는 ETag의 값도 변경하는데 조건부 요청을 망가뜨릴 수도 있다.

Expect

유형: 응답 헤더

중요도: 중간, 거의 사용되지 않음

이 헤더는 11장에서 다룬 '뛰어들기 전에 확인'하는(look-before-you-leap, LBYL) 요청을 표시하는 데 사용한다. 서버는 클라이언트가 '뛰어들어' 진짜 요청을 보내야 하면 응답 코드 100(Continue)을 보낸다. 클라이언트가 '뛰어들지 말아야' 하면 응답 코드 417(Expectation Failed)을 보낸다.

Expires

유형: 응답 헤더

중요도: 중간

이 헤더는 클라이언트 또는 서버와 클라이언트 사이의 프락시에게 엔티티 바디뿐 아니라 HTTP 응답을 특정 시간까지 캐시할 수 있음을 알려준다. 조건부 HTTP GET이 아무것도 하지 않더라도 HTTP 요청의 고정 비용을 발생시키므로 이를 쓰는 게 유용하다. Expires에 주의를 기울이면 클라이언트는 한동안 HTTP 요청을 전혀 만들지 않을 수 있다.

11장에서 설명한 Cache-Control 헤더의 max-age 캐싱 지시어를 사용하는 게 보통 더 쉽다. 이는 "이 표현은 한 시간 동안 사용해도 좋다"가 지금부터 한 시간 뒤를 정확한 시간으로 표시하는 것보다 더 쉽기 때문이다. 하지만 서버가 표현이 언제 변경될지(매 시간, 매일, 매주 같은 시간대에 변경하기에) 정확히 안다면, Expires가 더 낫다.

클라이언트는 Expires의 값을 그 시간까지 엔티티 바디가 변경되지 않으리라는 약속보다는 대략의 가이드로 인식하는 것이 좋다.

From

유형: 요청 헤더

중요도: 매우 낮음

이 헤더는 이메일 메시지의 From 헤더처럼 동작한다. 요청을 보내는 사람에게 연계된 이메일 주소를 제공해 준다. 개인 정보 보호의 이유로 월드 와이드 웹에서는 결코 사용되지 않고, OAuth 토큰처럼 클라이언트를 식별할 다른 방법이 존재하는 API 세상에서도 사용되지 않는다.

Host

유형: 요청 헤더

중요도: 필수

이 헤더는 요청 URL의 도메인 이름 부분을 담는다. 클라이언트가 http://www.example.com/page.html에 GET 요청을 보내면, 실제 요청을 받는 URL은 /page.html이고, Host 헤더의 값은 www.example.com이나 www.example.com:80이다.

클라이언트 입장에서 이는 필수이기엔 좀 이상한 헤더다. 이게 필수인 이유는 한

HTTP 서버가 여러 도메인을 한 IP 주소에서 호스팅할 수 있기 때문이다. 이 기능은 '이름 기반 가상 호스팅'이라 부르며, 다수의 도메인 이름을 가진 사람이 각각의 도메인 이름마다 개별 컴퓨터나 네트워크 카드들을 살 필요를 없애준다.

이름 기반 가상 호스팅의 문제점은 클라이언트가 TCP 연결을 열려고 할 때, 도메인명이 아니라 IP 주소로 연결을 한다는 것이다. 도메인명을 포함하는 Host 헤더 없이는 HTTP 서버는 클라이언트의 요청의 대상이 어떤 가상 호스트인지 알 방법이 없다.

If-Match

유형: 요청 헤더

중요도: 높음

이 헤더는 다른 헤더들과 비교하며 설명하는 게 가장 이해하기 쉽다. 뒤에 설명하는 If-Unmodified-Since처럼 사용하는데, GET 외의 다른 HTTP 액션을 11장에서 설명한 실종된 업데이트 문제를 피하기 위해 조건부로 수행할 때 일반적으로 쓴다. 하지만 If-Unmodified-Since가 값으로 시간을 받는 대신 이 헤더는 ETag를 값으로 갖는다.

간단히 말하면, 이 헤더는 If-Unmodified-Since가 If-Modified-Since, Last-Modified에 대응되는 것처럼 If-None-Match와 ETag에 대응한다.

If-Modified-Since

유형: 요청 헤더

중요도: 매우 높음

이 요청 헤더는 조건부 HTTP GET의 주요 요소다. 사용하는 값은 클라이언트가 리소스에 보낸 이전 GET 요청의 응답으로 받은 Last-Modified 응답 헤더의 값이다. 클라이언트가 그 값을 If-Modified-Since의 값으로 보내면 지난 요청으로부터 표현이 변경됐을 경우에만 표현을 받겠다고 요청하게 된다.

표현이 실제로 지난 요청 후에 변경되었다면 기존보다 더 최신의 Last-Modified 일자가 온다. 이 말은 If-Modified-Since의 조건이 일치하면, 서버가 새 표현을 보낸다는 뜻이다. 리소스가 변경되지 않았다면, Last-Modified 일자가 기존과 동일하며,

If-Modified-Since 조건은 실패한다. 서버는 응답 코드 304(Not Modified)를 엔티티 바디 없이 보낸다. 이 말은 조건이 실패하면 조건부 HTTP GET은 성공했음을 의미한다.

Last-Modified가 1초 내에서만 정확하므로, 조건부 HTTP GET은 If-Modified-Since에만 의존하는 경우 때로는 잘못된 결과를 제공할 수도 있다. 그래서 ETag와 If-None-Match도 사용하는 것이다.

If-None-Match

유형: 요청 헤더

중요도: 매우 높음

이 헤더는 조건부 HTTP GET 요청에서 사용한다. 헤더의 값은 기존 GET 요청의 ETag나 응답 헤더에서 가져온다.

ETag의 표현이 마지막 요청에서 변경되면, If-None-Match 조건이 성공하고 서버는 새 표현을 전송한다. ETag가 기존과 동일하면 조건이 실패하고 서버는 응답 코드 304(Not Modified)를 엔티티 바디 없이 보낸다.

If-Range

유형: 요청 헤더

중요도: 낮음

이 헤더는 조건부 부분 GET 요청에서 사용한다. 이 헤더의 값은 지난 range 요청의 ETag 또는 Last-Modified 응답 헤더에서 가져온다. 서버는 엔티티 바디의 해당 부분이 변경되었을 때만 새 range를 전송한다. 그 밖의 경우는 엔티티 바디의 다른 부분이 변경되었을지라도 서버는 304(Not Modified)를 보낸다.

조건부 부분 GET은 아주 자주 사용되지는 않는데, 클라이언트가 큰 표현의 일부 바이트만 가져오고, 후에 그 부분만 다시 가져오기를 시도할 일이 거의 없기 때문이다.

If-Unmodified-Since

유형: 요청 헤더

중요도: 중간

보통 클라이언트는 응답 헤더의 Last-Modified의 값을 요청 헤더 If-Modified-Since의 값으로 사용해 조건부 GET 요청을 보낸다. 이 헤더 역시 Last-Modified의 값을 사용하지만, 보통 GET 외의 다른 HTTP 액션을 조건부로 만들고 싶을 때 사용한다. 그 목적은 보통 11장에서 설명한 실종된 업데이트 문제를 피하기 위함이다.

만일 PUT 또는 PATCH 요청을 If-Unmodified-Since로 조건부로 만들어 보냈는데 누군가 다른 사람이 해당 리소스를 몰래 변경했을 경우, 요청의 응답으로 응답 코드 412(Precondition Failed)를 받을 것이다. 그러면 그 표현을 다시 받고 누군가가 수정한 새 버전을 가지고 어찌 할지 결정할 수 있다.

Last-Modified

유형: 응답 헤더

중요도: 매우 높음

이 헤더는 조건부 HTTP GET을 가능하게 한다. 표현이 변경된 최근 시간을 클라이언트에게 알려준다. 클라이언트는 이 시각을 기록해 뒀다가 이후에 보낼 요청의 If-Modified-Since 헤더에 사용할 수 있다.

웹 애플리케이션에서 Last-Modified는 보통 현재 시간이어서 조건 HTTP GET을 쓸모없게 만든다. API는 이보다 더 잘 처리해야 하는데, API 클라이언트가 동일한 URL(특히 광고판 URL)에 요청을 반복해서 호출하기 때문이다.

Link

유형: 요청 및 응답 헤더

정의: RFC 5988

이 헤더는 범용 하이퍼미디어 링크로 제공된다. 이 헤더는 책에서 여러 번 설명했는데 4장과 11장에서 많이 다뤘다. 산형 괄호로 감싼 URL을 값으로 가지며, 그 URL에 대한 콘텍스트를 주는 파라미터 일부(rel처럼)를 갖는다. 예를 들면 다음과 같다.

```
Link: <http://www.example.com/story/part2>; rel="next"
```

rel이 이 헤더에 연계된 가장 중요한 파라미터이긴 하지만, RFC 5988에서

hreflang, media, title, title*, type 같은 몇 개의 다른 파라미터도 정의한다. hreflang 과 type 파라미터는 HTML의 〈a〉 같은 목적 링크의 언어와 미디어 유형을 지정한다. title과 title* 파라미터는 그 링크에 대한 사람이 읽을 제목을 제공하는 방법들이다.

media 파라미터는 HTML 〈style〉 태그의 media 속성처럼 동작한다. 링크의 끝단 에 위치한 표현을 어떤 미디어를 사용해 표시할 수 있는지 설명한다(screen, print, braille 등).

Link가 보통 응답 헤더이긴 하지만, 클라이언트가 요청으로 보내야 하는 경우도 있다. 문서의 애플리케이션 의미 체계를 이해하기 위해 프로파일이 필요하다면, 그 문서를 POST, PUT, PATCH로 보내는 클라이언트는 문서와 함께 Link 헤더를 보내 야 한다. Link의 값은 프로파일 문서를 가리키고 있어야 하며 rel="profile"을 가져야 한다. JSON-LD 콘텍스트가 결합되어야만 이해할 수 있는 문서에도 동일한 논리가 적용된다.

Link 헤더에 하나 이상의 값을 제공할 수도 있다.

```
Link: </story/part3>; rel="next", </story/part1>; rel="previous"
```

또는 헤더 자체를 한 번 이상 보내는 것도 가능하다.

```
Link: </story/part3>; rel="next"
Link: </story/part1>; rel="previous"
```

일부 다른 HTTP 헤더에서도 이렇게 사용할 수 있지만, 주로 Link, Link-Template 헤더에서 이 기능을 사용한다.

Link-Template

유형: 응답 헤더

정의: 만료된 인터넷-드래프트 "draft-nottingham-link-template"

이 헤더는 11장에서 다뤘다. Link처럼 동작하는데 그 값이 URI 템플릿(RFC 5988)인 것이 차이점이다. 이는 action="GET"인 HTML 폼에 해당하는 하이퍼미디어 기능을 제공한다. 그래서 HTML 〈a〉에 대응되는 Link보다 훨씬 더 유연하다.

Link-Template 헤더는 Link의 모든 파라미터를 지원하며 11장에서 다룬 "var-base"도 지원한다.

Location

유형: 응답 헤더

중요도: 매우 높음

이 헤더는 RFC 2616에 정의된 하이퍼미디어 링크로 동작하는 HTTP 헤더 둘 중 하나다. 나머지 하나는 Content-Location인데, 단순하고 일관성 있는 의미를 갖지만, Location 링크는 상태 코드에 영향을 받는다.

이 헤더는 3xx(Redirection) 상태 코드들에 강하게 연계되며 HTTP 리다이렉트를 둘러싼 혼동은 많은 경우 각 종류의 리다이렉트에 따라 Location의 의미가 약간씩 달라진다는 사실 때문이다.

- 클라이언트의 요청 코드가 새로운 리소스를 생성하면, 응답 코드는 201(Created)이고 Location 헤더는 새로 생성된 리소스를 가리킨다.

- 서버가 어떤 표현을 제공해야 할지 결정할 수 없고 각 표현이 자신의 URL을 가질 때는 상태 코드는 300(Multiple Choices)이 되고, Location 헤더는 서버가 선호하는 표현을 링크 건다.

  이는 다수의 표현이 각자의 URL을 갖고, 클라이언트가 콘텐트 협상을 통해 선택을 하는 더 흔한 상황과 다르다. 이 경우의 상태 코드는 200(OK)이며 Location 헤더는 제공되지 않고, Content-Location이 클라이언트가 협상한 표현의 기준 URL을 가리킨다.

- 클라이언트의 요청이 리소스의 URL을 변경하게 한다면, 응답 코드는 301(Moved Permanently)이 되고 Location 헤더는 원래 리소스의 새 위치의 링크가 된다.

- 클라이언트가 '잘못된' URL에 요청을 보냈지만, 클라이언트가 어떤 리소스를 찾고자 하는 것인지 서버가 알 수 있을 때는 Location 헤더는 '올바른' URL의 링크가 된다. 응답 코드는 그 URL이 정확히 어떻게 '잘못되었는지'에 따라 301, 302(Found), 307(Temporary Redirect), 308(Permanent Redirect)이 될 수 있다.

- 응답 코드가 303(See Other)일 때, Location 끝에 위치한 리소스는 요청한 리소스의 표현이 아니다. 이는 그 요청이 어떻게 처리되었는지 설명하는 메시지다. 일반적으로 POST 요청에 응답하는 리소스가 자기 자신의 표현을 갖지 않고 있을 때 사용한다.

Max-Forwards

유형: 요청 헤더

중요도: 매우 낮음

이 헤더는 주로 클라이언트의 HTTP 요청을 처리하는 프락시를 추적하는 데 사용하는 TRACE 메서드와 함께 사용한다. TRACE를 이 책에서 다루지는 않았지만, TRACE 요청의 일부로 Max-Forwards는 그 요청이 얼마나 많은 프락시를 거쳐 갈 수 있는지 제한을 건다.

Pragma

유형: 요청 또는 응답 헤더

중요도: 매우 낮음

Pragma 헤더는 클라이언트, 서버, 프락시 같은 중개자 사이의 특별 지시어를 위한 자리다. 공식 프라그마는 no-cache뿐인데 HTTP 1.1부터는 사용하지 않게 되었다. 이는 Cache-Control 헤더에서 no-cache를 보내는 것과 동일하다.

자신만의 HTTP 프라그마를 정의하는 것도 가능하지만, HTTP 헤더 자체를 정의하는 것이 더 낫다(물론 이것도 꼭 해야 하는 것은 아니다).

Prefer

유형: 요청 헤더

중요도: 지금은 낮음, 높아질 수 있음

정의: 인터넷-드래프트 "draft-snell-http-prefer"

Prefer 헤더는 클라이언트가 HTTP 표준이나 미디어 유형에 연계된 규칙이 다루지 않는 사소한 사항들에 대한 선호 사항을 서버에 전달하게 해준다. Prefer를 정의하는 인터넷 드래프트는 다른 웹 표준이 추가할 수 있는 선호 사항의 IANA 등록부를 제안하지만, API에서도 자주 등장하는 세 가지 이슈를 다루기 위한 여섯 가지 선호 사항도 정의한다.

- handling=lenient 선호는 서버에 작은 문법이나 논리 오류가 있더라도 요청을 처리하기를 시도하라고 지시한다. handling=strict 선호는 반대로 서버에 아주

작은 문제라도 발견하는 즉시 에러 조건을 보내도록 지시한다.

- respond-async 선호는 요청 처리가 매우 긴 시간이 걸린다는 것을 알려주고, 클라이언트는 서버가 응답을 다 처리할 때까지 기다리기보다 응답 코드 202(Accepted)를 받길 원함을 알려준다. wait 선호는 초를 지정할 수 있는데 (예: wait=10) 클라이언트가 실제 응답을 얼마나 기다릴지 나타낸다.

- return=minimal 선호는 리소스를 수정하는 요청(PUT, POST, PATCH)과 함께 보낸다. 이는 클라이언트가 서버에게 새 리소스 또는 수정된 리소스의 전체 표현을 원치 않음을 표시하는 방법이다. return=representation은 그 반대다. 서버가 일반적으로 표현 전체를 보내지 않는 경우에도 클라이언트가 표현 전체를 원함을 나타낸다.

나만의 선호를 정의한다면 커스텀 HTTP 헤더와 동일한 문제를 가지게 됨을 염두에 두어야 한다. 새 선호는 HTTP의 확장이므로, 다른 선호가 문서화된 것처럼 매우 정확하게 문서화해야 한다. 직접 만든 이 선호는 명목 표준이므로 대다수의 클라이언트는 지원하지 않을 것이다. 대체로, 새 선호를 만들기보다는 새 하이퍼미디어 컨트롤을 만드는 게 쉽다.

Preference-Applied

유형: 응답 헤더

중요도: Prefer보다 조금 덜 중요

정의: 인터넷-드래프트 "draft-snell-http-prefer"

서버가 Prefer를 사용하는 요청을 받고, 클라이언트의 선호 사항의 일부를 수용하기로 정하면 Preference-Applied 헤더에 어떤 선호 사항을 수용했는지 언급할 수 있다. 때로 에러가 handling-strict 때문인지 아니면 그것 없이도 발생했을 에러인지 불분명할 때가 있다. 또는 엔티티 바디가 작은 게 return=minimal 때문인지 표현 자체가 작아서 그런지 알기 어려울 때도 있다. Preference-Applied 헤더는 이런 애매한 것들을 명확하게 해준다.

Proxy-Authenticate

유형: 응답 헤더

중요도: 낮음에서 중간

일부 클라이언트(특히 기업 환경에서)는 프락시 서버를 통해서만 HTTP 접근이 가능하다. 일부 프락시 서버는 인증을 요구한다. 이 헤더는 프락시가 인증을 요구함을 알려준다. 응답 코드 407(Proxy Authentication Required)과 같이 보내며, WWW-Authenticate와 동일하게 동작하는데 유일한 차이점은 반대편 끝에 있는 웹 서버가 아니라 프락시가 인증할 방법을 클라이언트에 알려준다는 것이다.

WWW-Authenticate 인증 요청이 Authorization으로 가는 반면, Proxy-Authenticate 인증 요청 응답은 Proxy-Authorization으로 간다. 요청 하나가 Authorization과 Proxy-Authorization 헤더를 모두 포함해야 할 수도 있다. 하나는 API 인증을 위함이고, 나머지 하나는 프락시 인증을 위함이다.

대다수 API가 가시적인 프락시를 아키텍처에 포함하지 않으므로 이 헤더는 이 책에서 다루는 주제들과 깊은 관련이 있지는 않다. 하지만 클라이언트와 웹 사이에 프락시가 존재하는 경우라면, 관련이 있을 수 있다.

Proxy-Authorization

유형: 요청 헤더

중요도: 낮음에서 중간

이 헤더는 인증을 요구하는 프락시를 통과해 요청을 보내고자 하는 시도다. Authorization과 비슷하게 동작한다. 포맷은 Authorization의 포맷이 WWW-Authenticate에 정의된 구조를 따르는 것과 마찬가지로 Proxy-Authenticate에 정의된 구조에 의존한다.

Range

유형: 요청 헤더

중요도: 중간

이 헤더는 클라이언트의 요청이 리소스 표현의 일부분만 원한다는 것을 나타낸다 (11장 참조). 일반적으로 클라이언트가 이 헤더를 보내는 이유는 큰 표현을 다운로드하기를 시도했다가 끊겼을 경우다. 끊긴 이후의 나머지 표현을 받고자 하는 것이다. 이런 이유로 이 헤더는 보통 Unless-Modified-Since와 같이 쓰인다. 표현이 지난 요청 이후로 변경되었다면, 처음부터 다시 GET 요청으로 받아야 할 필요가 있기 때문이다.

Referer

유형: 요청 헤더

중요도: 웹에서는 높음, API에서는 낮음

웹 브라우저에서 링크를 클릭할 때, 브라우저는 Referer 헤더에 현재 URL을 값으로 포함해 HTTP 요청을 보낸다. 이 URL이 지금 새로 요청하는 URL로 클라이언트를 '보낸' 것이다. 중간에 r 철자가 하나 빠져 있는 것이 맞다.

사람이 사용하는 웹에서는 매우 흔하지만, API에서는 이 헤더를 거의 사용하지 않는다. 서버에 애플리케이션 상태 정보(API를 통한 클라이언트의 최근 경로)를 전달하는 데 사용할 수는 있다.

나는 Referer 헤더를 하이퍼미디어 링크로 간주하지는 않는다. 비록 값이 언제나 URL이긴 하지만 이 헤더는 클라이언트에서 서버로 보내지기 때문이다. 하이퍼미디어 링크는 서버에서 클라이언트로 내려온다.

Retry-After

유형: 응답 헤더

중요도: 낮음에서 중간

이 헤더는 보통 실패를 나타내는 응답 코드와 함께 나온다. 413(Request Entity Too Large), 429(Too Many Requests), 그리고 5xx 시리즈 중 하나(Server-side Error)와 종종 함께 사용된다. 이 코드들은 서버가 요청을 당장 처리하지는 못했지만, 이후에 동일한 요청을 처리할 수 있음을 클라이언트에게 전달한다. Retry-After 헤더의 값은 클라이언트가 재시도해야 하는 시간이나, 기다려야 하는 시간이 초 단위로 들어간다.

만일 서버에 과부하가 걸렸고, 서버가 모든 클라이언트의 Retry-After 값을 동일한 규칙으로 선택하게 되면, 동일한 클라이언트가 동일한 순서로 동일한 요청을 잠시 후에 다시 보내게 되어 서버에 과부하가 다시 걸리게 된다. 그러므로 서버는 이 더넷의 백오프 기간과 비슷한 랜덤화 기법을 사용해 Retry-After 값에 변화를 줘야 한다.

Set-Cookie

유형: 응답 헤더

중요도: 웹에서는 높음, API에서는 낮음

정의: RFC 2106

이는 서버가 반영속 상태를 클라이언트 측에 쿠키로 설정하려는 시도다. 클라이언 트는 쿠키의 만료일까지 보내는 모든 요청에 적절한 Cookie 헤더를 담아 보내야 한다. 클라이언트는 이 헤더를 무시할 수 있지만, (보통 좋은 생각이 아니며) 이후 Cookie 헤더 없이 보내는 요청에 대한 좋은 응답이 올지는 알 수 없다. 이는 상태 없음의 원칙에 어긋나므로 API에서 쿠키의 사용을 추천하지 않는다.

Slug

유형: 요청 헤더

중요도: AtomPub API에서만 꽤 높음

정의: RFC 5023

AtomPub 클라이언트가 사진 같은 바이너리 문서를 POST로 피드에 보내면 그 문 서의 제목을 Slug 헤더로 보낼 수 있다. 이를 통해 업로드가(파일을 POST로 업로드 하고, 그 메타데이터를 PUT으로 수정하는) 두 단계 과정에서 한 단계 과정으로 줄 어든다.

TE

유형: 요청 헤더

중요도: 낮음

또 다른 Accept 타입 헤더로, 클라이언트가 받을 전송 인코딩을 지정하게 해준다 (전송 인코딩은 Transfer-Encoding 절 참조). 『HTTP 완벽 가이드』에서는 Accept-Transfer-Encoding이 더 나은 이름일 것이라 제안한다.

TE의 값은 '전송 코딩(transfer-coding)'이라 부르는데 가능한 전송 코딩은 IANA 에서 목록(http://www.iana.org/assignments/http-parameters/http-parameters. xml)을 관리한다.

Trailer

유형: 응답 헤더

중요도: 낮음

서버가 엔티티 바디를 덩어리 전송 인코딩을 사용해 보낼 때는, 특정 HTTP 헤더를 엔티티 바디 전이 아니라 뒤에 넣을 수 있다. 이렇게 하면 헤더가 아니라 트레일러가 된다. 서버는 트레일러로 보낼 헤더의 이름을 Trailer의 값으로 보낸다. Trailer로 가능한 값의 예를 보자.

```
Trailer: Content-Length
```

서버는 엔티티 바디를 제공하고, 얼마나 많은 바이트를 보냈는지 알고 난 후에 Content-Length의 값을 제공할 것이다.

Transfer-Encoding

유형: 응답 헤더

중요도: 낮음

Transfer-Encoding은 Content-Encoding과 목적이 똑같다. 다른 끝에서 작업을 되돌릴 수 있는 일시적인 보통 압축 변환을 엔티티 바디에 적용하는 것이다. 차이점은 '다른 끝'이 Content-Encoding보다 Transfer-Encoding이 서버에 훨씬 더 가깝다는 것이다.

HTTP 클라이언트가 프락시를 통해 서버에 통신하는 상황을 생각해 보자. Content-Encoding 입장에서는 통신의 양 끝이 서버와 클라이언트다. 하지만 Transfer-Encoding 입장에서는 두 개의 대화가 이뤄지고 있다. 하나는 클라이언트와 프락시 사이고, 나머지 하나는 프락시와 서버 사이다.

서버가 엔티티 바디를 압축하고 Content-Encoding: gzip으로 설정하면 프락시는 아마도 엔티티 바디를 압축된 그 상태로 두고 클라이언트에게 전달할 것이다. 하지만 서버가 Transfer-Encoding: gzip을 설정하면, 이 엔티티 바디의 압축을 해제한 채로 클라이언트에게 전달하는 것이 프락시의 일이다.

TE와 마찬가지로, 이 헤더의 값은 '전송 코딩'이라 부르며, IANA에서 수용 가능한 전송 코딩 목록을 http://www.iana.org/assignments/http-parameters/http-parameters.xml에서 관리한다. 대다수의 전송 코딩은 압축 알고리즘을 나타내며 Content-Encoding의 값으로도 사용될 수 있지만, Transfer-Encoding으로만 사용되는 chunked라는 값도 존재한다.

때로 서버는 엔티티 바디가 얼마나 큰지 같은 중요한 정보를 알지 못한 채로 전송해야 할 때가 있다. 이 정보에 의존하는 Content-Length와 Content-MD5 같은 HTTP 헤더를 생략하는 대신, 서버는 엔티티 바디를 덩어리로 보내고 Content-Length와 그 밖의 헤더를 엔티티 바디를 전송한 후에 넣기로 정할 수 있다. Transfer-Encoding: "chunked"를 보내면 서버가 바로 이렇게 하겠다고 알리는 것이다. 모든 덩어리가 다 전송된 후에는, 서버도 기존에는 몰랐던 정보를 알 수 있게 되므로, Content-Length와 Content-MD5를 '헤더'가 아니라 '트레일러'로 보낼 수 있다.

HTTP 1.1은 클라이언트가 덩어리 전송 인코딩을 지원하도록 요구하지만, 프로그래밍 가능한 많은 클라이언트들이 이 기능을 지원하지 않는다.

Upgrade

유형: 요청 헤더

중요도: 낮음, 미래에 잠재적으로 높음

HTTP 외의 다른 프로토콜을 사용하길 원한다면, 서버에 Upgrade 헤더를 보내 알릴 수 있다. 서버가 사용하고 싶은 프로토콜을 이해한다면, 응답 코드 101(Switching Protocols)을 보낼 것이고, 즉시 새로운 프로토콜로 통신할 것이다.

RFC 2817은 Upgrade 헤더의 값으로 사용할 수 있는 값의 목록을 포함하는 IANA 등록부(http://www.iana.org/assignments/http-upgrade-tokens/http-upgrade-tokens.xhtml)를 하나 더 만들었다. 지금은 HTTP, TLS/1.0(HTTPS), 웹소켓(WebSocket) 셋만 있다.

웹소켓(웹 브라우저에서 사용하도록 만든 프로토콜인데 REST 패러다임에 맞지 않는다)을 제외하고는 Upgrade 헤더는 지금은 그다지 사용되지 않는다. HTTPS를 사용하고 싶은 클라이언트는 그냥 바로 HTTPS를 사용할 수 있다. HTTP 2.0 표준이 완료되었지만, 서버들이 모두 HTTP 2.0을 지원한다고 클라이언트가 가정할 수 없는 시점이 존재할 것이다. 그 기간 동안 Upgrade 헤더가 꽤 인기를 끌 것이다.

User-Agent

유형: 요청 헤더

중요도: 높음

이 헤더는 HTTP 요청을 보내는 소프트웨어가 무엇인지 서버에 알려준다. 사람이 사용하는 웹에서 이는 웹 브라우저의 브랜드를 식별하는 문자열이다. API 세계에서는 보통 클라이언트를 작성하는 데 사용한 HTTP 라이브러리나 클라이언트 라이브러리다. 또는 특정 클라이언트 프로그램을 식별할 수도 있다.

웹이 인기 있어진 지 얼마 지나지 않아, 서버는 User-Agent를 보고 반대편 끝에 어떤 브라우저가 있는지 알아내기 시작했다. 그리고 User-Agent 값에 따라 다른 표현을 보냈다. 이는 매우 끔찍한 생각이다. User-Agent 스니핑이 웹 브라우저 간의 비호환성을 영속하게 할 뿐 아니라, User-Agent 헤더 자체에 경쟁을 불러일으켰다.

오늘날 거의 모든 브라우저가 모질라(Mozilla)인 척하는데, 그 이유는 인기를 끈 첫 웹 브라우저(Netscape Navigator)의 내부 코드명이었기 때문이다. 모질라인 척하지 않는 브라우저는 필요한 표현을 받지 못할 수도 있다. 어떤 브라우저는 모질라이면서 인터넷 익스플로러인 척하는데, 원래 인터넷 익스플로러만 목적으로 하는 코드를 동작시키기 위함이다. 일부 브라우저는 아예 사용자가 요청마다 User-Agent를 선택할 수 있게 하는데, 서버를 속여 적합한 표현을 보내게 하기 위함이다. 정말 난장판이다.

역사가 되풀이되게 하지 말자. API는 User-Agent를 오직 통계 측정의 방법과 잘못 짜인 프로그램의 접근을 거부하기 위한 용도로만 사용해야 한다. User-Agent를 사용해 특정 클라이언트에 맞춤 표현을 제공해서는 안 된다. 마찬가지로 OAuth 클라이언트 인증 같이 특정 소프트웨어 에이전트를 식별하는 다른 방식도 맞춤 표현을 위해 사용하지 말아야 한다.

Vary

유형: 응답 헤더

중요도: 낮음에서 중간

Vary 헤더는 어떤 요청 헤더를 변경하면 리소스의 다른 표현을 받을 수 있는지 클라이언트에게 알려준다. 간단한 예제를 보자.

```
Vary: Accept Accept-Language
```

이 값은 클라이언트에게 Accept 헤더를 설정하거나 변경하는 것으로 표현을 다른 데이터 포맷으로 요청할 수 있다고 알려준다. 또, Accept-Language를 설정하거나 변경하는 것으로 표현을 다른 언어로 요청할 수 있음을 알려준다.

또 이 값은 동일한 URL을 갖는 경우라도 영어 표현과 일본어 표현을 따로 캐시하라고 알려준다. 일본어 표현은 캐시된 영어 버전을 무효화시킬 완전히 새로운 바이트 스트림이 아니다. 두 요청이 다른 값을 갖는 헤더(Accept-Language)를 보냈으므로 응답도 별도로 캐시되어야 한다.

만일 Vary의 값이 *라면 응답이 캐시되어서는 안 됨을 의미한다.

Via

유형: 요청 및 응답 헤더

중요도: 낮음

HTTP 요청이 클라이언트에서 서버로 직접 가거나 응답이 서버에서 클라이언트로 바로 갈 때에는 Via 헤더가 없다. 프락시 같은 중개자가 있을 때는 각 중개자가 요청이나 응답 메시지에 Via 헤더를 추가한다. 메시지 수신자는 Via 헤더를 보고 HTTP 메시지가 어떤 중개자를 통과해 왔는지 경로를 살펴볼 수 있다.

Warning

유형: 응답 헤더(기술적으로는 요청 헤더에서도 사용 가능)

중요도: 낮음

Warning 헤더는 HTTP 응답 코드의 보완 역할을 한다. 보통 캐싱 프락시 같은 중개자가 추가하는데, 사용자가 응답을 봐서는 명백히 파악하기 어려운 문제들을 알려준다.

응답 코드와 마찬가지로 각 HTTP 경고는 '경고 코드'로 세 자리 숫자 값을 갖는다.

대다수의 경고는 캐시 동작과 연관된다. 다음 Warning은 localhost:9090에 있는 캐싱 프락시가 응답이 효력이 지났음에도 불구하고 캐싱된 응답을 보냈다고 알린다.

```
Warning: 110 localhost:9090 Response is stale
```

경고 코드 110은 "응답이 효력이 없음"을 의미하고 HTTP 응답 코드 404(Not Found)와 같은 뜻이다. HTTP 표준은 일곱 개의 경고 코드를 정의하는데 여기서는 설명하지 않겠다.

WWW-Authenticate

유형: 응답 코드

중요도: 매우 높음

이 헤더는 응답 코드 401(Unauthorized)과 함께 사용한다. 이는 서버가 클라이언트가 그 URI로 다음번에 요청을 보낼 때 어떤 종류의 인증을 보내라고 요구하는 것이다. 또 클라이언트에게 서버가 기대하는 인증의 종류도 알려준다. 일반적으로 HTTP Basic Auth거나 OAuth의 한 종류다.

부록 C
RESTful Web APIs

API 설계자를 위한 필딩 논문 가이드

이 책의 전반에 걸쳐 '필딩 제약 조건'이라는 용어를 RESTful 시스템이 따라야만 하는 원칙들의 개념적인 축약어로 사용했다. '상태 없음(statelessness)', '하이퍼미디어 제약 조건' 등에 대해서도 얘기했다. 이 부록에서는 이 용어들이 어떤 의미로 사용되었는지, 그리고 서로 어떻게 상호 작용하는지를 좀 더 정식으로 설명하고자 한다.

필딩 제약 조건은 로이 필딩의 박사 과정 논문에 정의된 웹의 '구조적인 특성'이다. 이는 학구적인 스타일로 작성된 많은 양의 증명이고 RFC보다 더 높은 수준의 추상화를 다루기에 보통의 개발자가 이해하기는 어려운 작업물이다. 그래서 필딩의 작업으로부터 나온 실용적인 이점들을 보여주는 것으로 시작해 보자.

로이 필딩은 1990년대의 대부분을 HTTP 프로토콜의 버전 1.0(RFC 1945)을 공식화하고, 버전 1.1을 개발(RFC 2616)하며 보냈다. 그 당시 웹은 이미 큰 성공을 거두고 있었고, 그 성공 덕택에 오늘날 우리가 즐기는 수준으로 웹이 성장하기 위해 고쳐야 하는 디자인 문제들이 드러났다.

필딩 논문은 웹과 비슷한 시스템이 가질 특성들을 나열하고 웹을 성공적으로 만들어준 특성들을 고른다. 그 다음 웹처럼 보이는 일반적인 네트워크 시스템을 만들 제약 조건(필딩 제약 조건)을 선택한다. 이 제약 조건이 REST다. 웹의 본질을 나타내는 공식적인 구조적 정의다.

처음에는 이 얘기가 유토피아적인 얘기로 들린다. 실제 웹은 구조적인 정의에 따라 만들어진 것이 아니다. 웹은 물리학자와 해커들이 서투르게 고치며 만들어 낸 것이다. 컴퓨터 과학자의 이론적인 틀에 맞춰져야 할 이유가 전혀 없다. 게다가 당연히 들어맞지도 않는다! 필딩 제약 조건이 서술하는 이상적인 웹과 1990년대 중반의 실제 웹 사이에는 많은 격차가 있다. '리소스'의 원래 정의는 정적 문서에 초점이 맞춰져 있었다. HTTP에 추가된 인기 있는 '쿠키(cookie)' 확장(RFC 2109에 정의됨)은 많은 문제를 일으키고 있었다. 서버는 유효한 HTTP 요청을 받았지만 어떻게 처리해야 할지 모르는 경우도 종종 있었다.

바로 이 지점에서 필딩의 학설이 성과를 올렸다. 필딩 제약 조건과 실제 웹 사이의 격차가 존재한다는 사실이 그의 모델을 쓸모없게 만들지는 않는다. 이런 격차는 문제가 어디 있는지를 지시하는 것이다! 이 문제점들을 고치면 실제 웹을 REST에서 정의한 이상적인 웹에 더 가까이 가게 만들어 준다. 확장성의 문제가 없는 웹이 되는 것이다.

HTTP 1.1(RFC 2616)과 URI 표준(RFC 2396)은 이론과 실제상의 대다수의 격차를 고친다. 필딩 제약 조건을 청사진으로 삼아 웹이 고쳐졌다. HTTP 쿠키처럼 고쳐지지 못한 격차들은 여전히 문제로 남아 있다.

'REST' 뒤에 있는 아이디어가 중요한 이유는 웹 API가 1990년대 중반의 웹과 동일한 위치에 있기 때문이라 생각한다. 확장성과 장기 유지 보수성보다는 편의에 따라 끼워 맞춰진 시스템들이 잔뜩 존재한다. 필딩 제약 조건은 더 나은 세상을 가리키고 있다. 우리가 가진 웹 API를 이상적인 원칙에 비교해 보면 무엇을 고쳐야 하는지 알 수 있게 된다.

그럼 웹의 구조적 특성을 살펴보자. 필딩 제약 조건이 담고자 했던 것들 말이다.

이 부록의 인용은 모두 필딩의 논문에서 나왔다. 필딩의 2008년 블로그 글 "REST API는 하이퍼텍스트 주도여야 한다(http://roy.gbiv.com/untangled/2008/rest-apis-must-be-hypertext-driven)"를 읽어보길 권장한다.

웹의 구조적 특성

필딩의 논문 2장은 성능, 단순성, 안정성 등 네트워크 시스템이 가질 법한 '구조적 특성'들을 나열한다. 이는 모두 매우 기본적인 원칙들이다. 어느 누구도 '단순성'이나 '안정성'에 반대하지 않는다.

4장에서 필딩은 어려운 결정을 내린다. 그 장에서 월드 와이드 웹의 네 가지 핵심 구조적 특성을 식별한다. 이 특성들은 웹을 성공적으로 만들어 주었으며 필딩은 이를 위해 다른 특성들은 제쳐두었다.

낮은 진입 장벽

정보의 생성과 구조화의 참여가 자발적이었으므로, 충분한 채택을 위해서는 낮은 진입 장벽이 필수였다.

웹이 인기를 얻은 이유는 바로 사용이 쉬웠기 때문이었다. FTP나 텔넷을 사용하려면 신비한 명령을 많이 외워야 했다. 하지만 웹 브라우저를 구동하면 사람이 읽을 수 있는 텍스트와 그 텍스트들 사이에 근접한 웹 페이지로의 링크를 찾을 수 있다. 각 링크는 약간의 콘텍스트를 담고 있어서 무엇을 클릭할지 선택을 도와준다. 링크를 클릭하면 이 과정이 또 반복된다.

웹 이전의 하이퍼텍스트 시스템에 비해 웹 사이트를 만들어 올리기는 매우 쉽다. HTML 페이지를 작성하기 위해 특별한 저작 프로그램이 필요하지도 않다. 그저 텍스트 에디터면 충분하다.

확장성

단순성이 분산 시스템의 초기 구현의 배포를 가능하게 해 주는 반면 확장성은 그 배포된 상태로 영원히 머물러 있지 않게 해 준다. 사용자의 요구 사항에 완벽히 들어맞는 소프트웨어 시스템을 만들 수 있다 하더라도, 이 요구 사항들은 사회가 변화함에 따라 변하기 마련이다. 웹처럼 오래 유지될 시스템은 반드시 변화에 준비되어야 한다.

확장성 없는 시스템은 단 한 번만 배포될 수 있다. 사용자들이 행복해하는 한 모든 것이 다 좋다(처음엔 행복해할 것이다). 하지만 사용자의 요구 사항이 바뀐다면 다른 시스템으로 넘어가 버릴 것이다.

웹은 20년간 사용자를 행복하게 해 왔다. 수십억 달러 가치의 제국이 생겼다가 사라지고, 새로운 제국으로 계속 대체되어 왔지만 모두 HTTP, URI, HTML, 자바스크립트 이 네 가지 기술에 기반을 두고 있다.

분산 하이퍼미디어

분산 하이퍼미디어는 표현과 컨트롤 정보를 원격지에 저장하게 해 준다.

클라이언트-서버 시스템에서 데이터셋에 대한 권한을 서버가 갖는다. "원격지에 저장"된 것이다. 클라이언트가 해당 데이터셋을 변경하도록 시도할 수 있지만, 그 변경을 승인할지 여부는 서버가 언제나 결정한다.

분산 하이퍼미디어의 원칙은 데이터("표현과 컨트롤 정보")로 무엇을 할 수 있는지에 대한 지시를 받고, 그 지시 사항을 데이터와 동일하게 처리하는 것이다. 이는 모두 서버가 담당한다.

웹 서버는 HTML 문서를 사용해 리소스 상태를 전달하고, 리소스 간의 링크(안전한 전이)와 리소스 상태를 수정하는 허용된 기법(안전하지 않은 전이)을 알린다. 클라이언트는 서버로부터 받은 하이퍼미디어 문서에서 이런 정보를 모두 읽어 들인다. 이 문서는 시스템이 변화하면 그에 따라 바뀔 수 있다.

"표현과 컨트롤 정보"는 다른 곳 어디로 갈 수 있을까? 클라이언트에 프로그래밍되어 있거나, 사람이 이해할 수 있는 문서로 시스템 바깥에 존재할 수도 있다. 사실 이게 오늘날 대다수의 API들이 처리하는 방식이다. 이 기법들 모두 서버가 동작 방식을 변경하면 클라이언트의 동작이 망가지게 된다. 그리고 서버를 변경할 수 없다면 확장성이 없는 것이다.

인터넷–규모

"인터넷-규모"라는 말은 "진짜 큰"을 의미하는 전문적인 느낌의 유행어처럼 들리지만, 필딩은 두 가지 특별한 것을 염두에 두고 있었다. 먼저 "무질서한 규모 확장성"은 시스템의 다른 각 부분 사이의 장기적인 관계나 협동을 부정한다.

클라이언트가 모든 서버에 대한 지식을 가지고 있으리라 기대할 수는 없다. 서버는 요청 간의 상태에 대한 정보를 유지하리라고 기대할 수 없다. 하이퍼미디어 데이터 요소는 자신을 참조하는 각 데이터 요소의 식별자인 "백 포인터"를 유지할 수 없다. 이는 한 리소스의 참조 수는 그 정보에 관심 있는 사람의 수에 비례하기 때문이다.

두 번째 "독립적인 배포"는 장기적인 관계가 없으므로 시스템의 각 부분이 다른 속도로 변할 수 있다는 의미다.

복수의 조직적인 경계는 시스템이 기존 구현과 새 구현이 동시에 존재하면서 새 구현의 확장된 기능의 사용을 막지 않는 점진적이고 단편적인 변화에 대비해야 함을 의미한다. 순차적 배포를 강제하는 게 불가능하므로 전체 아키텍처는 구조적 요소의 부분적, 반복적 배포를 쉽게 할 수 있도록 설계되어야 한다.

API는 웹과 좀 다르다

이것들이 필딩이 보는 웹의 네 가지 핵심적인 구조적 특성이다. 이 특성 중 일부는 웹 API에도 적용되는 게 분명하다. 나머지가 동일하다고 하면, 우리는 시간이 지나도 변할 수 없는 시스템보다는 확장성 있는 시스템을 선호한다. 작은 API더라도 인터넷에 공개되어 있다면 무질서한 규모 확장과 독립적인 배포로 인해 문제를 맞이하게 되므로 "인터넷-규모"가 된다.

그러나 이 원칙들이 웹 API 세계에도 바로 적용되리라고 가정하는 것은 실수다. 웹과 웹 API 사이에는 의미적 차이라는 이 둘을 구분하는 큰 차이점이 하나 있다. 이 차이점 하나가 웹의 구조적 특성 사이의 관계를 약화시키고, 네 개의 바람직한 특성 사이에서 선택을 하도록 강요한다.

사람이 의사 결정을 모두 내릴 때는 "분산 하이퍼미디어"가 "진입 장벽"을 낮추는 가장 쉬운 방법이다. 사람이 가능한 상태 전이를 모두 보고 고른다. 하지만 의사 결정 루프에 사람이 없다면, 프로그래머가 사람 대신 의사 결정을 내릴 소프트웨어 프로그램을 만들어야 한다. 이런 경우 "분산 하이퍼미디어"는 "진입 장벽"을 만든다. 하이퍼미디어 문서는 개별 문제를 작은 조각으로 나누고, 의사 결정 로봇에게 그 문제 공간을 전체로 이해할 능력을 요구한다.

웹 API에서 "진입 장벽"을 낮출 가장 쉬운 방법은 "분산 하이퍼미디어" 특성을 없애버리고, 시스템을 사람이 이해할 수 있는 산문으로 미리 설명하는 것이다.

이 해결책의 문제점은 "분산 하이퍼미디어" 특성이 유일하게 "확장성" 특성을 지지한다는 것이다. 사람이 이해할 수 있는 텍스트를 수정한다고 해서 클라이언트 시각에서의 시스템이 그에 맞춰 변하지 않는다. "분산 하이퍼미디어" 없이는 클라이언트 시각에서의 시스템 변화를 보장해 주는 것은 없다. "인터넷-규모"는 추적하기엔 너무 많은 클라이언트가 존재하고, 업그레이드되지 않은 클라이언트들이 굉장히 오랫동안 유지될 수 있다고 말한다.

이런 클라이언트들에 "분산 하이퍼미디어"로 될 수 있는 정보들이 하드 코딩되어 있다면, "확장성"을 잃게 된다. 처음엔 API들은 사용자의 기도에 대한 응답처럼 보이지만 요구 사항이 변함에 따라, 사용자는 떠나가지만 그들을 붙잡기 위한 변화를 할 수 없다.

웹에서 네 가지 구조적 원칙은 서로를 강화한다. 웹 API에서 이들은 서로 갈등 관계에 있다. 이 갈등을 해결하기 위한 세 가지 방법을 살펴보자.

- 융통성 없는 방식이지만 모든 클라이언트를 업그레이드하도록 강제할 수 있다면, "인터넷-규모"를 포기할 수 있다. 그러면 "분산 하이퍼미디어" 없이도 "낮은 진입 장벽"과 "확장성"을 가질 수 있게 된다. 주로 회사 내 배포된 API에서 이런 방식을 선택한다.
- "인터넷-규모"가 필요하다면 "낮은 진입 장벽"을 위해 "확장성"과 "분산 하이퍼미디어"를 포기할 수 있다. 오늘날 대부분의 웹 API가 이렇다.
- 또는 "분산 하이퍼미디어"를 포용하고 "확장성"과 "인터넷 규모"를 더 높은 "진입 장벽"을 비용으로 지불하고 얻을 수 있다. 그게 이 책에서 내가 선택한 접근법이다. ALPS와 프로파일은 하이퍼미디어 API를 위한 "진입 장벽"을 낮추고자 하는 시도다.

인터페이스 제약 조건

이제 웹에 바람직한 구조적 특성을 부여하는 규칙인 필딩 제약 조건을 살펴보자. 네 개의 가장 유명한 필딩 제약 조건은 논문의 5장에 한 번 나온다.

REST는 네 개의 인터페이스 제약 조건으로 정의된다. 리소스 식별, 표현을 통한 리소스 조작, 자기 서술 메시지, 애플리케이션 상태의 엔진으로서의 하이퍼미디어다. 이 제약 조건은 5.2에서 논의한다.

이 제약 조건들이 REST 의 "단일 인터페이스"를 구성한다. 이 논문의 5.2에 설명되어 있지만, 예상하고 있을 편리한 목록 형태로 되어 있지 않다. 이 절에서 각각을 설명한다.

리소스 식별

전통 하이퍼텍스트 시스템은 콘텐츠와 별개로 레퍼런스를 유지하기 위해 링크 서버에 의존하고, 정보가 변할 때마다 변경되는 고유한 노드나 문서 식별자를 사용한다. 중앙 링크 서버는 웹의 거대한 규모와 다수의 조직적인 도메인 요구 사항에 아주 반대되는 것이므로, REST는 대신 저자가 식별하는 대상에 가장 잘 맞는 리소스 식별자를 선택하게 한다.

"리소스 식별"은 내가 "주소 지정 가능성"이라 부르는 것에 필딩이 부여한 이름이다. URI는 리소스를 식별한다. 리소스 상태는 변할 수 있지만 그에 딸린 URI는 그대로 유지된다. 리소스의 URI가 바뀐다면 서버는 하이퍼미디어(Location 헤더)를 사용해 클라이언트에게 새 URI로 지시한다.

웹이 오늘날 워낙 지배적이므로 언제나 식별자를 변경하는 "전통적인 하이퍼텍스트 시스템"을 상상하는 게 어려워졌다. 그러나 다른 문제를 떠올리기는 그렇게 어렵지 않다. 웹 사이트와 API는 너무 많은 리소스 상태를 하나의 URL에 부여하는데, 1장에서 불평했던 레스토랑 웹 사이트를 떠올리면 된다.

표현을 통해 리소스 다루기

REST 구성 요소는 현재 상태나 해당 리소스의 의도하는 상태를 표현에 담고, 그 표현을 구성 요소 사이에 전송하는 방식으로 리소스에 작업을 수행한다. 표현은 연속된 바이트와 그 바이트를 설명하는 표현 메타데이터로 이루어진다.

웹은 "리소스"라는 개념을 포괄적으로 본다. 어떤 것이든 리소스가 될 수 있다. 이는 물리적인 객체와 추상적인 개념처럼 인터넷으로 보낼 수 없는 리소스도 존재함을 의미한다. 그래도 표현을 사용하면 이 리소스들에 대해 얘기할 수 있게 된다.

표현은 "바이트의 연속"으로 네트워크를 통해 전송할 수 있다. "리소스의 현재 상태 또는 의도하는 상태"를 담고 있으므로 클라이언트는 표현을 실제 무언가를 대신해 사용할 수 있다. 그리고 표현은 생성하는 서버 측 코드에 매여 있지 않으므로 서버 구현이 바뀐다고 해서 바뀔 필요가 없다.

웹에서 클라이언트와 서버는 표준 HTTP 메서드의 일부(GET과 POST)를 사용해 표현을 주고받으며 리소스를 다룬다. 웹 API는 몇 가지 메서드(PUT, DELETE 등)를 더 사용할 수도 있지만, 여전히 적은 세트이고 확장하려면 커뮤니티의 합의가 필요하다. 클라이언트와 서버 사이의 풍부한 상호 작용은 거의 대부분 그들이 서로 전송하는 표현에서 찾을 수 있다.

자기 서술형 메시지

REST는 메시지가 자기 서술하도록 제약해 중간 처리를 가능하게 한다. 요청 사이의 인터랙션은 상태가 없고, 표준 메서드와 미디어 유형을 사용해 의미 체계를 표시하고 정보를 공유하며, 응답은 캐시 가능성을 명시적으로 표시한다.

HTTP 메시지는 수신자가 이해하기 위해 필요한 모든 정보를 담고 있다. 클라이언트가 이해하고 있으리라 기대되는 문서가 근처 어딘가에 떠다니는 게 아니다. 만일 메시지를 이해하기 위해 미디어 유형 정의나 프로파일 같은 다른 문서를 파악해야 한다면 메시지는 Content-Type이나 Link 헤더에 그 문서의 참조를 포함해야 한다.

필딩의 예제를 한 번에 살펴보자.

1. "요청 간 인터랙션은 상태가 없다." 다음에 설명된 상태 없음 제약은 자기 서술형 메시지 제약의 특별한 경우다. 상태 없는 시스템에서 서버는 클라이언트의 요청을 처리할 때 기존에 그 클라이언트의 요청을 어떻게 처리했는지 기억하고 있을 필요가 없다. 각 요청은 개별로 존재한다.

2. "표준 메서드와 미디어 유형을 사용해 의미 체계를 지시하고 정보를 교환한다." 따로 설명이 필요 없이 명확하다. HTTP 요청이 Content-Type 헤더를 포함하지 않으면 클라이언트는 엔티티 바디를 어떻게 파싱해야 하는지 알 수 없다. 만일 HTTP 요청이 어떤 HTTP 메서드를 사용할지 언급하지 않았거나 자신만의 메서드를 만들어 낸다면 서버는 이를 어떻게 처리해야 할지 알 수 없다.

3. "응답은 명시적으로 캐시 가능성을 지정한다." 클라이언트가 웹 서버로부터 HTTP 응답을 받았다. 그러면 클라이언트가 그 응답을 캐시하는 게 맞는가? 그렇다면 얼마나 오래 해야 할까? 일분? 일년?

클라이언트가 이걸 결정해서는 안 된다. 응답을 언제까지 캐시하는 것이 안전한지는 서버가 더 잘 안다. 따라서 서버는 클라이언트에게 이 정보를 전달할 책임이 있다.

여기서 자기 서술형 메시지가 들어간다. HTTP에서 서버는 캐시해야 할 바로 그 HTTP 응답에 헤더를 추가해 캐시 정보를 전달한다. 서버가 방금 보낸 메시지를 어떻게 캐시해야 하는지 알려주는 다른 전송 통로는 없다. 캐싱 지시 사항이 메시지 자체의 일부고, 메시지와 함께 캐싱된다. 메시지를 캐시로부터 받을 때가 되고, 여전히 새롭다면 클라이언트는 메시지에 있는 정보에 기반을 두고 의사 결정을 할 수 있다.

HTTP 초기 버전은 "자기 서술형 메시지"의 이상에 미치지 못했다. 필딩 논문의 6.3.2에서 이 문제를 일으킨 요인을 다룬다. 가장 중요한 것은 Host 헤더 없이는 서버가 받는 HTTP 요청을 어떤 도메인명에서 처리해야 할지 알 수가 없다는 것이었다. 이 때문에 한 서버에서 다수의 도메인을 호스팅하기가 매우 어려웠다.

HTTP 1.1에서도 응답 메시지는 원래 요청과 연결할 만한 정보를 전혀 담고 있지 않았다. 이는 자기 서술형 메시지 제약을 충족시키지 못한다. CoAP 프로토콜과 비교하면, CoAP에서는 메시지 ID와 토큰을 사용해 응답을 연결한다. HTTP 2.0은 아마도 비슷한 방법을 사용할 것이다.

하이퍼미디어 제약

필딩 논문은 악명 높은 문구인 "애플리케이션 상태의 엔진으로서의 하이퍼미디어"를 명시적으로 정의한 적이 없다. 하지만 개별적인 개념을 이해하고 나면 말이 될 것이다.

1. 모든 애플리케이션 상태는 클라이언트 쪽에 유지된다. 애플리케이션 상태의 변환은 클라이언트의 책임이다.
2. 클라이언트는 HTTP 요청을 보내고 응답을 처리하는 것으로만 애플리케이션

상태를 변경할 수 있다.

3. 클라이언트가 다음에 보낼 요청을 어떻게 알 수 있을까? 여태까지 받은 표현에 있는 하이퍼미디어 컨트롤을 보는 것으로 알 수 있다.

4. 따라서 하이퍼미디어 컨트롤이 애플리케이션 상태 변화를 야기하는 힘이다.

하이퍼미디어 제약은 "RESTful"이기 위해 반드시 해야 하는 잡일이 아니다. 다른 제약 조건들을 충족시킨 결과로 받는 보수이며, 확장성을 제공한다. 하이퍼미디어 제약은 서버 측의 변화에 자동으로 적응하는 똑똑한 클라이언트를 만들 수 있게 해 준다. 또 서버가 클라이언트를 망가뜨리지 않고 하부 구현을 변경할 수 있게 해 준다.

하이퍼미디어가 사용자 인터페이스로 선택된 이유는 단순성과 일반성 때문이다. 정보 소스에 상관없이 동일한 인터페이스를 사용할 수 있고, 하이퍼미디어 관계(연결)의 유연성은 제한 없는 구조를 가능하게 하며, 링크의 직접 조작은 애플리케이션을 통해서 정보 안의 복잡한 관계를 독자에게 안내해 준다.

구조적 제약

필딩의 3장은 다양한 네트워크 아키텍처들을 그것들의 "구조적 특성"에 따라 일반적인 "널 스타일"에 관한 원자적이고 상호 교환 가능한 제약 조건으로 분해한다. 3장은 이런 원시적인 제약 조건을 결합해 분산 객체 시스템 같은 흔한 아키텍처를 설명하는데 사용한다.

필딩의 유명한 5장 "표현의 상태 전송"은 이 분해적 접근법을 웹에 적용한다. 웹은 필딩의 3장에서 언급한 다섯 가지 속성("클라이언트-서버", "상태 없음", "캐시", "계층화 시스템", "코드 온 디맨드")으로 이루어져 있는 것으로 나타났다. 여기에 이미 다룬 네 가지 인터페이스 제약 조건으로부터 만들어진 여섯 번째 속성("단일 인터페이스")도 존재한다. 단일 인터페이스 제약 조건은 웹을 고유하게 만드는 대다수의 속성을 포함한다.

일반적으로 웹 API는 "클라이언트-서버", "상태 없음", "캐시", "단일 인터페이스"를 중요하게 여긴다. "계층화 시스템"은 웹 API 설계보다는 배포에 더 중요하다. 웹

API는 보통 "코드 온 디맨드"는 거의 사용하지 않는다. 그럼 이제 웹의 각 구조적 제약 조건의 상세한 내용을 살펴보자.

클라이언트-서버

서비스가 수행되길 기대하는 클라이언트 구성 요소는 연결자를 통해 서버에 요청을 보낸다. 서버는 해당 요청을 거절하거나 수행하고 클라이언트에 응답을 보낸다.

클라이언트-서버가 인터넷에서 지배적인 네트워크 구조이므로 익숙할 것이다. 이 구조는 예상하지 못했던 곳에서도 나타난다. 많은 수의 피어-투-피어 아키텍처도 클라이언트-서버 아키텍처다. 그저 피어가 때로는 "클라이언트" 역할을 하고 때로는 "서버" 역할을 하는 것이다.

클라이언트-서버 아키텍처의 주된 경쟁자는 이벤트 기반 통합 아키텍처로 구성 요소가 네트워크를 통해 이벤트를 브로드캐스팅하고, 관심 있는 이벤트는 리스닝한다. 시스템의 일부에서 한쪽은 "클라이언트"가 되고 나머지 한쪽은 "서버"가 되는 일대일 통신은 일어나지 않는다. 모두가 브로드캐스팅하고 엿들을 뿐이다.

상태 없음

목표는 서버가 클라이언트의 상태를 현재 요청을 넘어 알 필요를 없애는 것으로 서버의 규모 확장을 개선하는 것이다.

HTTP 서버 입장에서는 클라이언트가 요청을 보내는 그 순간 외에는 클라이언트는 존재하지 않는다. 모든 애플리케이션 상태(애플리케이션에서 특정 클라이언트의 경로에 대한 정보)는 클라이언트에 속한다. 서버는 전혀 신경 쓰지 않는다.

애플리케이션 상태의 일부가 너무 중요해서 서버가 신경 써야 하면, 리소스 상태가 되어야 한다. 리소스가 되어야 한다면, 자신만의 URL을 가져야 한다. 이런 식으로 서버가 상태를 컨트롤하고, 클라이언트는 다른 리소스를 다루는 방식으로 수정할 수 있다.

이 말은 세션 ID를 서버에 저장하지 않아야 함을 의미한다. 필딩의 말을 인용하자면, 다음과 같다.

많이 남용되는 것 중 하나는 현재 사용자를 식별하는 정보를 하이퍼미디어 응답 표현이 참조하는 URI 전부에 포함시키는 것이다. 이렇게 포함시킨 사용자 아이디들은 서버에서 세션 상태를 유지하고, 사용자 액션을 기록해 사용자 행동을 추적하거나 다수의 액션에 사용자 설정을 전달하는 데 사용할 수 있는데, REST의 제약 조건들을 어김으로써 시스템이 공유된 캐싱의 효과가 떨어지게 되며, 서버의 규모 확장성을 떨어뜨리고, 사용자가 이런 참조를 다른 이들과 공유할 때 원치 않은 결과가 생길 수 있다.

캐싱

이런 형태의 복제는 월드 와이드 웹에서처럼 한 클라이언트의 처리 능력보다 잠재적인 데이터셋이 더 클 때 종종 발견된다.

자기 서술형 메시지 제약 덕분에 응답을 이해하기 위해 필요한 모든 정보는 그 응답 자체에 담겨 있다. 상태 없음 제약 덕분에 HTTP 요청은 다른 요청들과 독립적으로 각각 자체로 처리할 수 있다. 이 두 제약이 캐싱을 가능하게 한다. HTTP 클라이언트는 자동으로 자신의 요청을 기존에 받은 응답에 매치시켜 네트워크에 데이터 송수신하는 비용을 줄일 수 있다. 필딩이 말했듯, "최고의 애플리케이션 성능은 네트워크를 사용하지 않음에서 나온다."

단일 인터페이스

구현은 제공하는 서비스와 결합도가 낮을수록(decoupled) 독립적인 진화 가능성을 촉진한다. 하지만 반대로 잃는 것도 있는데, 단일 인터페이스는 효율성을 떨어뜨린다. 정보가 애플리케이션의 필요성에 특화된 방식이 아닌 표준화된 형태로 전송되기 때문이다. REST 인터페이스는 큰 덩어리의 하이퍼미디어 데이터 전송에 효율적이도록 설계되어 웹의 일반적인 경우에 최적화되어 있지만, 그 결과 다른 형태의 구조적 상호 작용에는 적합하지 않은 인터페이스가 되었다.

이미 단일 인터페이스는 다뤘다. 앞에서 설명한 네 개의 인터페이스 제약 조건(주소 지정 가능성, 표현을 통한 리소스 다루기, 자기 서술형 메시지, 하이퍼미디어)으로 만들어졌다.

필딩은 이 제약 조건들이 "큰 덩어리의 하이퍼미디어 데이터 전송"에 치우쳐 있다고 지적했다. 일반적인 웹 브라우저는 GET 요청을 어떤 URL에 보내는 것으로 시작하고(주소 지정 가능성), 링크로 가득 찬 큰 HTML 표현을 받는다(표현의 사용). 웹 브라우저의 사용자인 사람이 문서를 읽고 링크 중 하나를 따라간다(하이퍼미디어 제약). 그러면 브라우저가 다른 GET 요청을 보내고 링크로 가득 찬 또 다른 HTML 표현을 받는다.

대다수의 HTTP 요청은 안전한 상태 전이를 수행하는 GET 요청이다. 그래서 많은 수의 HTTP 성능 최적화(캐싱, 조건적 요청, 부분 요청)가 모두 GET 요청의 비용을 줄이는 데 집중하고 있다.

API 설계가 안전하지 않은 상태 전이에 많이 편중되어 있다면 웹의 단일 인터페이스와 API 클라이언트의 필요를 가장 잘 충족시키는 인터페이스 사이에 큰 격차가 존재할 것이다. 그런데 API 클라이언트도 "큰 덩어리"의(하이퍼미디어 전송이 아니라도) 데이터 전송에 대부분의 시간을 보낸다. 그래서 "RESTful" API라 부르는 것들이 하이퍼미디어 제약 조건을 따르지 않고도 성공할 수 있었다. 사용자에게 나머지 세 개의 인터페이스 제약 조건의 혜택을 제공한다.

때로 하이퍼미디어를 인지하는 API가 "큰 덩어리의 하이퍼미디어 전송"에서 "큰 덩어리" 부분을 무시하는 경우가 있다. 사람을 나타내는 hCard 문서처럼 많은 리소스 상태를 전달하는 큰 문서를 제공하는 대신, 사람의 이름, 성, 생일에 각각의 URL을 부여해 정보를 여러 개의 리소스로 분리한다. 클라이언트는 필요한 정보를 얻으려면 GET 요청을 여러 번 날려야 한다. 결과는 대기 시간이 긴 "수다스러운" API가 된다.

기술적으로 이게 잘못된 것은 아니지만 성능에는 문제가 있다. HTTP 2.0은 작은 덩어리의 하이퍼미디어 전송에 기반을 둔 이런 종류의 API를 더 실용적으로 작성할 수 있게 할 것이다.

계층화 시스템

계층화 클라이언트-서버는 프락시와 게이트웨이 구성 요소를 클라이언트-서버 스타일에 추가한다. … 추가 중개자 구성 요소가 다수의 계층에 추가해 로드 밸런싱과 보안 확인 기능 등을 시스템에 추가할 수 있다.

이 책의 전반에 걸쳐 HTTP 요청을 보내는 소프트웨어인 HTTP 클라이언트와 HTTP 응답을 보내는 소프트웨어인 HTTP 서버에 대해 이야기했다. 하지만 HTTP 스펙에서는 클라이언트와 서버 사이에 있을 수 있는 두 개의 다른 소프트웨어인 프락시와 게이트웨이를 정의한다. 이것들 모두 HTTP 시스템의 구성 요소다.

프락시는 웹 서버와 마찬가지로 HTTP 요청을 구성 요소(클라이언트, 프락시, 게이트웨이)로부터 받는다. 웹 서버와 차이점은, 프락시 자신이 해당 요청을 처리하지 않는다는 것이다. 대신, 받은 요청을 다른 구성 요소(서버, 프락시, 게이트웨이)로 보내고 응답을 기다린다. 응답을 받으면 프락시는 요청을 보냈던 구성 요소에 그 응답을 보내준다. 프락시가 데이터를 압축하거나, 식별 정보를 제거하거나, 검열하는 등 전송하는 요청과 응답을 수정할 수도 있다.

게이트웨이는 HTTP와 다른 프로토콜 사이에서 중계하는 프락시다. 어떤 게이트웨이는 받은 HTTP 요청을 연속된 명령으로 변경해 FTP 서버에서 파일을 다운로드한 다음, 다운로드한 파일을 HTTP 응답의 엔티티 바디로 제공할 수 있다. 클라이언트 입장에서는 일반적인 HTTP 요청을 보내고, HTTP 리소스의 표현을 받는 것이다.

"계층화 시스템" 제약 조건은 프락시나 게이트웨이에 대한 것보다는 클라이언트와 서버 사이에 무언가를 추가하는 것이 쉬운 작업이라는 것이다. 클라이언트는 자신이 서버에 직접 통신하는지, 혹은 프락시에서 프락시로 또 게이트웨이로 걸쳐 통신하는지 알 필요가 없다.

클라이언트, 서버, 프락시, 게이트웨이는 모두 동일한 인터페이스를 갖는다. 특별한 "프락시 프로토콜" 같은 건 존재하지 않는다. 프락시는 HTTP 요청을 받고, HTTP 응답을 보낸다. 부록 A에서 언급한 특별한 프락시 관련 상태 코드가 있기는 하다. 프락시를 컨트롤하기 위한 HTTP 헤더 몇 개(부록 B), 그리고 프락시의 사용과 디버깅을 위해 CONNECT와 TRACE 두 개의 HTTP 메서드도 존재한다. 하지만 클라이언트에게 프락시는 그저 HTTP 서버처럼 보일 뿐이다. 서버에게 프락시는 HTTP 클라이언트처럼 보인다.

HTTP는 "계층화 시스템" 구조적 요소가 "캐싱" 요소와 어떻게 상호 작용하는지 복잡한 규칙을 많이 정의하지만, 사건은 온전히 프락시 구성 요소에서 일어난다. 클라이언트와 서버는 이를 다룰 필요가 없다.

실제 API 배포에서 프락시는 매우 유용하다. 프락시가 다른 요청들을 여러 서버에 보내 로드밸런싱을 수행할 수 있다. 프락시는 자주 접근하는 표현을 캐시해 클라이언트 요청이 항상 서버까지 전달되어야 할 필요를 없애준다. 하지만 계층화 시스템의 전제는 계층화 시스템이 보이지 않는다는 것이므로, 이 책에서 프락시와 게이트웨이를 다루지 않았다. 다른 필딩 제약 조건에서, 특히 상태 없음은 클라이언트와 서버가 알아채지 않고도 둘 사이에 많은 수의 중개자를 추가하거나 제거할 수 있게 해준다.

프락시와 게이트웨이에 대한 상세한 내용은 『HTTP 완벽 가이드』의 6, 8장을 읽어보길 추천한다.

코드 온 디맨드

클라이언트 구성 요소는 리소스 묶음에 접근할 수 있지만, 어떻게 처리해야 하는지에 대한 노하우가 없다. 리모트 서버에 이 노하우를 나타내는 코드를 요청하고, 코드를 받은 다음 로컬에서 구동시킨다. … 가장 큰 한계는 서버가 간단한 데이터 대신 코드를 보내기 때문에 시인성이 결여된 것이다. 시인성 결여는 클라이언트가 서버를 믿을 수 없는 경우에 명백한 배포 문제를 야기한다.

코드 온 디맨드는 하이퍼미디어가 데이터에 하는 역할을 소프트웨어에 수행한다. 월드 와이드 웹은 코드 온 디맨드 위에서 동작하지만, 웹 API의 콘텍스트에서 어떻게 사용하는지에 대한 좋은 조언이 없기에 이 책에서는 다루지 않았다. 이 책에서 다룬 하이퍼미디어들 포맷 중, HTML만 코드 온 디맨드를 지원한다.

HTML의 비밀은 〈script〉 태그에 있는데, 자동으로 리소스의 표현을 가져와 그 표현을 자바스크립트(JavaScript) 코드로 실행한다. 〈script〉 태그 덕택에 웹 사이트의 방문자가 복잡한 소프트웨어 애플리케이션을 다운로드하고 구동할 수 있다. 애플리케이션이 변화하면, 사용자는 웹 페이지를 재로딩하고 모든 것을 다시 다운로드하는 것으로 코드를 "재설치"한다.

API 클라이언트 코드의 주요 배포 전략은 라이브러리를 다양한 프로그래밍 언어(또는 API를 위한 API)로 작성하고, 개별 개발자가 다운로드해 사용할 수 있게 제공하는 것이다. 이는 좋은 생각이 아닌데, 하이퍼미디어에 무지한 API가 나쁜 생각인 것과 동일한 이유다. 이는 확장성을 파괴한다. 클라이언트는 언젠가 변하지만, 어느 누구도 기존에 설치된 기반을 알려줄 이가 없다. 클라이언트의 옛 버전이 구동되고 이전과 동일한 코드를 실행하지만, 이제는 잘못된 코드다.

코드 온 디맨드가 이 문제를 해결해 줄 수 있다. 코드 온 디맨드를 이용하면 클라이언트 라이브러리는 배포되면 새 버전으로 알아서 다운로드하게 된다. 클라이언트의 프로그래밍 언어 API가 동일하기만 하면, 해당 클라이언트 라이브러리에 기반을 둔 코드는 내부 구현이 변경되더라도 계속해서 동작할 것이다.

문제는 어느 누구도 다른 이의 서버에서 코드를 자동으로 다운로드하고 구동하는 것을 좋아하지 않는다는 것이다. 서버가 제공하는 하이퍼미디어 문서가 해킹되거나 했다면 클라이언트는 가짜 데이터를 받게 될 수 있다. 이것도 나쁘지만 더 나쁜 결과가 나올 수도 있다. 코드 온 디맨드를 지원하는 서버가 해킹된다면 그 클라이언트도 해킹될 수 있다!

코드 온 디맨드가 웹에서 동작하는 이유는 웹 브라우저가 다운로드한 자바스크립트 코드를 샌드박스 환경에서 구동하기 때문이다. 그럼에도 불구하고, 코드 온 디맨드는 크로스 사이트 스크립팅 공격 같은 보안 문제를 야기한다. 자동 클라이언트는 일반적으로 샌드박스 환경에서 구동되지 않는다. 로컬 파일 시스템, 데이터베이스, 기타 시스템 리소스에 접근할 수 있어야 하기 때문이다. 나쁜 코드 온 디맨드는 시스템에 많은 피해를 입힐 수 있다.

사내 환경처럼 모든 참가자가 서로를 신뢰하는 환경이라면 코드 온 디맨드를 사용해 배포하는 것이 말이 될 수도 있다. 하지만 이는 RESTful 아키텍처가 가장 약한 경우에 해당하는 환경이고 신뢰할 수 있는 서버에서 클라이언트에 소프트웨어를 배포하는 다른 정착된 많은 방법들이 있다.

이런 이유로 코드 온 디맨드가 머지않은 미래에 다운로드할 수 있는 클라이언트를 대체할 일은 없다고 본다. 하이퍼미디어를 인지하는 API를 위한 다운로드할 수 있는 클라이언트는 API 변화가 있을 때에도 쉽게 망가지지 않으므로 코드 온 디맨드 없이도 잘 돌아간다.

요약

웹의 성공은 다음 네 가지 구조적 특성으로부터 온다.

낮은 진입 장벽

웹을 사용하는 방법은 매우 쉽게 배울 수 있고, 웹 사이트를 제작하는 것도 쉽다.

확장성

개별 웹 사이트는 하룻밤 새에 변화할 수 있고, 클라이언트들을 망가뜨리지도 않는다. 수십 년간 웹 그 자체가 급격히 변해 왔지만, 기반 기술은 그렇게 많이 변하지 않았다.

분산 하이퍼미디어

클라이언트가 서버의 데이터로 무엇을 할 수 있는지에 대한 정보는 그 데이터와 같이 유지되고, 동일한 문서로 클라이언트에게 보내진다.

인터넷-규모

시스템의 각 부분 사이에는 장기간의 관계가 없고, 개별 부분은 다른 속도로 변화할 수 있다.

이런 구조적 특성은 여섯 가지 구조적 제약 조건으로 웹에 실현되었다.

클라이언트-서버

웹의 모든 통신은 일대일이다.

상태 없음

클라이언트가 요청을 보내는 그 순간을 제외하고는 서버는 클라이언트의 존재를 모른다.

캐시

클라이언트는 캐시에서 기존 응답을 재사용해서 네트워크 사용을 줄일 수 있다.

계층화 시스템

프락시 같은 중개자가 클라이언트와 서버 사이에 보이지 않게 추가될 수 있다.

코드 온 디맨드

서버는 데이터에 추가로 실행 가능한 코드를 보낼 수 있다. 이 코드는 클라이언트가 요청하면 자동으로 배포되고, 변하는 경우 자동으로 재배포된다.

단일 인터페이스

네 가지 인터페이스 제약 조건을 통칭하는 용어

리소스 식별

각 리소스는 지속하는 URI로 식별할 수 있다.

표현을 통한 리소스 조작

서버는 표현을 클라이언트에게 보내는 것으로 리소스를 서술한다. 클라이언트는 서버에 표현을 보내는 것으로 리소스 상태를 조작한다.

자기 서술형 메시지

요청 또는 응답 메시지를 이해하기에 필요한 모든 정보는 메시지 자체에 포함되거나 링크로 들어 있다.

하이퍼미디어 제약 조건

서버는 클라이언트가 선택할 수 있는 선택 사항을 담는 하이퍼미디어 '메뉴'를 보내 클라이언트의 상태를 조작한다.

이 아홉 개(또는 세는 방식에 따라 열 개) 제약 조건이 필딩 제약 조건이다.

결론

의미적 차이가 존재하지 않았다면 웹 API 설계는 웹 사이트 설계와 동일했을 것이다. 웹이 어떻게 동작하는지 이해하지 않고 그저 흉내 내어 복사했을 것이다. 이미 우리가 만들고자 하는 시스템의 성공적이고 실용적인 예제가 있으므로, 필딩의 논문도 필요 없을 것이고, 우리의 API를 필딩 제약 조건에 비춰 판단할 필요도 없었을 것이다.

웹은 우리의 목적에 거의 충분히 좋지만 아주 좋지는 않다. 웹의 성공을 기반으로 두고 싶지만, 완벽히 동일한 원칙을 사용할 수는 없다. 해결책은 보통 무시되는 필딩 논문의 앞부분에 있는데, 필딩 제약 조건이 어디서 왔는지를 보여준다. 이들은 다음과 같은 절차로부터 왔다.

1. 원하는 시스템에 좋은 특성을 모두 적는다.
2. 이 중 어떤 특성이 필요하고, 어떤 특성은 포기할 수 있는지 알아낸다.
3. 시스템에 정말 원하는 특성을 부여할 구조적 제약 조건을 만들어 낸다.
4. 제약 조건을 담을 수 있는 프로토콜 모음과 다른 표준들을 설계한다(HTTP, URL, HTML, 자바스크립트).
5. 수십 년 동안 문제가 명백해짐에 따라 2~4단계를 반복한다(HTTP 0.9, HTTP 1.0, HTTP 1.1, 앞으로 나올 HTTP 2.0).

웹 API는 새로운 제약 조건을 소개한다. 바로 의미적 차이다. 10년 넘게 의미적 차이에 대해 논쟁해 왔는데, 필딩 제약 조건의 몇 가지가 여전히 의미 있다고 합의를 이루었지만, 해결책은 여전히 찾을 수 없었다. 어떤 측의 논쟁에 동의하는지를 알아내려면 웹의 구조적 특성 중 어떤 것이 나에게 가장 중요한지 정해야 한다.

사람들이 사이트별로 훈련받지 않고도 웹 사이트를 이용할 수 있게 해 주는 낮은 진입 장벽 특성이 가장 중요한가? 클라이언트를 망가뜨리지 않고 웹 사이트를 완전히 다시 설계할 수 있게 해 주는 확장성이 가장 중요한가? 아니면 모든 사람이 자신이 원하는 웹 브라우저를 사용하고 원할 때 업그레이드할 수 있는 인터넷-규모 특성인가?

나는 확장성과 인터넷-규모를 택하고 낮은 진입 장벽을 포기했다. 그 이유는 의미적 차이 자체가 진입 장벽을 높이기 때문이다. 어떤 API든 동등한 웹 사이트보다는 더 사용하기 어렵다. 하이퍼미디어 기반 설계는 진입 장벽을 더 높이지만, 장기적으로 필수적인 확장성과 인터넷 규모를 제공한다.

그리고 이것이 장기 프로젝트이기 때문이다. 진입 장벽은 더 똑똑한 클라이언트 라이브러리와 공통 하이퍼미디어 유형과 공통 애플리케이션 의미 체계 모음을 사용하기로 동의하면 다시 낮출 수 있다. 하지만 확장성과 인터넷 규모를 포기하면 결코 다시 찾을 수 없다.

용어 해설

애플리케이션 의미 체계(application semantics)

표현(representation)의 애플리케이션 의미 체계는 실제 개념의 관점으로 내재된 리소스를 설명한다. 두 개의 HTML 문서가 정확히 동일한 태그를 사용할지도 모르지만 이 둘 중 하나는 사람을 설명하고 다른 하나는 의료 절차를 설명하는, 완전히 다른 애플리케이션 의미 체계를 가질지도 모른다.

문서 형식이 실제 개념을 표현하기 위해 고안되었다면 그 형식 자체를 애플리케이션 의미 체계라고 말할 수 있다. Maze+XML 형식은 미로 게임을 나타내기 위해 필수적인 애플리케이션 의미 체계를 갖는다. HTML 형식은 사람이 이해할 수 있는 문서의 애플리케이션 의미 체계를 갖는다. HAL 형식은 애플리케이션 의미 체계가 없다. HAL 형식을 이용하는 각 사용자는 직접 의미 체계를 준비해야 한다.

'애플리케이션 의미 체계'라는 용어는 이 책을 위해 고안되었다. 표준화된 용어가 아니다.

애플리케이션 상태(application state)

API를 통한 클라이언트의 경로에 대한 정보를 애플리케이션 상태라 한다. 대부분의 클라이언트들은 API의 '홈페이지'라는 동일한 상태에서 시작한다. 클라이언트가 다른 선택을 함으로써 다른 하이퍼미디어 제어들을 구동하고 다른 곳에서 종료되어 클라이언트들의 애플리케이션 상태는 여러 상태가 된다.

캐시(cache)

클라이언트의 성능 향상을 위해 사용되는 HTTP 응답의 보관소다. 클라이언트는 네트워크를 통해 요청을 보내는 대신에 캐시된 응답을 사용할 수 있다.

코드 온 디맨드(code on demand)

필딩 제약 조건(Fielding constraints)들 중 하나다. 이 제약 조건은 서버가 데이터에 추가적으로 실행 가능한 코드를 보낼지도 모름을 말한다. 이 코드는 클라이언트에 자동으로 배포되어 서버 구현의 나머지와 함께 변경할 수 있다. API는 보안 문제 때문에 이 제약 조건을 거의 구현하지 않는다.

연결(connectedness)

하이퍼미디어 제약 조건을 위해 이 책에서 사용한 용어. 리소스는 안전한 상태 전이에 의해 서로가 '연결'되어 있다는 사실에 집중하기에 이 용어를 선호한다.

디레퍼런싱(dereferencing)

URL을 표현으로 변환하는 컴퓨터화된 작업. http: URL에 대해 디레퍼런싱은 HTTP GET 요청을 해당 URL로 보내는 것을 의미한다.

임베딩된 링크(embedded link)

연결이 트리거될 때 클라이언트의 애플리케이션 상태를 교체하는 대신 추가하는 연결. 임베디드 연결은 HTML의 〈img〉, 〈script〉 태그와 함께 종종 자동으로 트리거된다. 아웃바운드 연결(outbound link)과 대조된다. 문서 끼워 넣기(transclusion)도 참고한다.

엔티티 바디(entity-body)

HTTP 요청이나 응답과 연관된 문서. 일반적으로 이 문서는 어떤 리소스의 표현이다.

헤더(header)

HTTP 요청이나 응답과 연관된 키-값(Key-Value) 쌍

HATEOAS

"hypermedia as the engine of application state"(애플리케이션 상태 엔진으로서 하

이퍼미디어)의 약자

하이퍼미디어(hypermedia)

하이퍼미디어는 서버가 클라이언트로 보낸 데이터로 클라이언트가 다음에 무엇을 해야 하는지 설명한다. HTML 연결과 폼들은 하이퍼미디어다. RESTful API를 결정 짓는 기능은 RESTful API가 하이퍼미디어 제약 조건을 따른다는 것이다. RESTful API의 표현은 가능한 상태 전이를 설명하는 하이퍼미디어 컨트롤들을 포함한다.

애플리케이션 상태 엔진으로서 하이퍼미디어(hypermedia as the engine of application state)

필딩 제약 조건 중 하나. 나는 이를 짧게 "하이퍼미디어 제약 조건"이라 부른다. 서버는 클라이언트가 자유롭게 선택할 수 있는 옵션을 포함한 하이퍼미디어 "메뉴"를 보내서 클라이언트의 상태를 다룬다.

하이퍼미디어 컨트롤(hypermedia control)

하이퍼미디어 컨트롤은 상태 전이를 설명한다. 웹 API에서, 하이퍼미디어 컨트롤은 보통 두 부분을 가지고 있다. 가장 중요한 부분은 클라이언트가 만들었을지도 모를 HTTP 요청의 설명(또는 HTTP 요청의 집단)이다. 덜 중요한 것은 연결 관계로, 이는 만약 클라이언트가 HTTP 요청을 만들었다면 발생하게 될 상태 전이를 설명한다.

    몇 가지 하이퍼미디어 컨트롤은 자동으로 트리거되게 되어 있다(HTML의 〈img〉 태그처럼). 다른 컨트롤들은 만약 클라이언트가 해당 컨트롤을 트리거하겠다고 할 때만 트리거된다(HTML의 〈a〉 태그처럼).

HTTP 메서드(HTTP method)

"HTTP 동사"라고도 부른다. HTTP 요청의 부분은 클라이언트가 리소스에 무엇을 하길 원하는지를 매우 기본적인 단계에서 서버에게 말한다.

멱등의(idempotent)

멱등성이 있는 상태 전이는 한 번 실행되든, 여러 번 실행되든 같은 영향을 미친다.

HTTP 메서드인 PUT, DELETE, LINK, UNLINK는 멱등성이 있어야 한다. 클라이언트는 이러한 메서드들을 실행할 수 있을 때까지 불안정안 네트워크에서 재시도할 수 있다.

모든 안전한 상태 전이 또한 멱등성이 있다.

정보 리소스(information resource)

원래 형태가 비트 스트림인 리소스로, 물리적 객체나 추상적 개념과 반대되는 것. 정보 리소스는 리소스의 표현 역할을 할 수 있다.

연결 관계(link relation)

하이퍼미디어 컨트롤과 연관된 문자열. 연결 관계는 만약 클라이언트가 컨트롤을 트리거하면 어떠한 상태 전이가 일어나는지를 설명한다. 연결 관계는 애플리케이션 상태(next와 previous 같은)에서 변화나 리소스 상태(edit 같은)의 변화를 설명할지도 모른다.

RFC 5988은 두 종류의 연결 관계를 정의한다. 하나는 URI인 확장 관계(extension relation), 다른 하나는 충돌을 피하기 위해 어딘가에 '등록되어야만' 하는 등록된 관계(registered relation)이다.

미디어 유형(media type)

미디어 유형(콘텐트 유형이나 MIME 유형으로도 불린다)은 문서의 형식을 결정하는 짧은 문자열이다. 문서의 미디어 유형을 알고 나면 해당 문서를 분석할 수 있다. 또한 해당 문서의 애플리케이션 의미 체계와 프로토콜 의미 체계를 이해할 수 있을지도 모른다.

바깥으로 나가는 링크(outbound link)

트리거될 때 클라이언트 애플리케이션 상태를 완전히 새로운 상태로 변경하는 하이퍼미디어 컨트롤. HTML의 ⟨a⟩ 태그가 바깥으로 나가는 링크를 포함한다. 임베딩된 링크과 대조된다.

오버로드한 POST(overloaded POST)

무엇이든 할 수 있는 상태 전이를 트리거하기 위해 HTTP POST 메서드를 사용하는 것. POST로 추가하기와 대조된다.

POST로 추가하기(POST-to-append)

다른 리소스 아래에 새 리소스를 생성하기 위해 HTTP POST 메서드를 사용하는 것. 오버로드한 POST와 대조된다.

프로파일(profile)

프로파일은 미디어 유형으로 설명되지 않은 문서의 의미 체계를 설명한다. 프로파일은 기존에는 볼 수 없었던 문서의 의미를 보여주는 마법의 안경과 비슷하다.

예를 들어 hCard 프로파일은 일반 HTML 문서를 사람에 대한 설명으로 바꿔준다. HTML 표준에서는 사람에 대해 설명하는 내용은 전혀 없다. 관련된 추가 작업은 프로파일이 처리한다.

프로파일을 이해하지 못하는 클라이언트도 문서의 미디어 유형의 이해에 기반을 두고 여전히 문서를 파싱하고 정보를 추출해 낼 수 있다. 하지만 추가적인 의미 체계 계층이 빠져 있을 것이다.

프로토콜 의미 체계(protocol semantics)

하이퍼미디어 컨트롤은 클라이언트가 보낼 수 있는 HTTP 요청에 대해 얘기한다. 이것들이 그 하이퍼미디어의 프로토콜 의미 체계다. HTTP 프로토콜 중 어느 서브셋이 현재 상황에서 유용한지 알려준다.

하이퍼미디어 컨트롤은 애플리케이션 의미 체계도 가질 수 있다. 애플리케이션 의미 체계는 실세계의 용어로 HTTP 요청과 함께 어떤 정보가 서버에 제공되어야 하는지, 요청에 대한 응답으로 어떤 일이 일어날지, 클라이언트가 응답을 자신의 작업 흐름에 어떻게 받아들일지를 설명한다.

문서가 하이퍼미디어 컨트롤을 포함하면, 문서 자체가 프로토콜 의미 체계를 갖는다고 말한다. 문서는 하이퍼미디어 컨트롤이 정의한 HTTP 요청을 모두 허용한다.

문서 형식이 하이퍼미디어 컨트롤을 허용하면 형식 그 자체가 프로토콜 의미 체계를 갖는다고 말한다. 예를 들어 HTML의 프로토콜 의미 체계가 GET, POST 요청은 허용하지만 PUT 요청은 허용하지 않는다고 말할 수 있다.

'프로토콜 의미 체계'라는 용어는 이 책을 위해 만들어졌다. 표준 용어는 아니다.

표현(representation)

표현은 리소스의 상태를 나타내는 데이터 조각이다. 보통 표현은 HTTP 요청이나 응답의 엔티티 바디로 사용되는 문서다. 어떤 경우에는 요청이나 응답 메시지 전체를 '표현'이라 생각하는 게 도움이 될 수도 있다.

서버가 표현을 클라이언트에 보낼 때는, 리소스의 현재 상태를 나타내는 것이다. 클라이언트가 서버에 표현을 보낼 때는 리소스의 상태를 수정하려 시도하는 것이다.

리소스(resource)

무엇이든 리소스가 될 수 있다. 웹 페이지, 사람, 그 사람의 이름, 특정 일자의 그 사람의 몸무게, 다른 사람과의 관계 등 무엇이든 가능하다. 유일한 제약은 리소스가 반드시 자신의 URI를 가져야 한다는 것이다. URI가 없이는 얘기할 거리가 없어진다.

클라이언트는 결코 리소스에 직접 상호 작용하지 않는다. 표현으로 작성된 리소스 상태에 대한 설명을 볼 뿐이다.

리소스 상태(resource state)

표현은 리소스 상태로 가득 차 있다. 표현 하나에는 (서버가 클라이언트에 표현을 보낼 때) 리소스의 현재 상태에 대한 정보나, (클라이언트가 표현을 서버에 보낼 때) 변경되길 원하는 새 상태가 전달될 수 있다.

웹 API 세계에서 리소스 상태는 보통 (사람의 이름 같은) 개별 덩어리로 나뉘고, 각 조각은 의미 체계 서술자로 설명된다. 하지만 이는 REST 자체에 대한 것이라기보다 우리가 컴퓨터 프로그래밍을 작성하는 것과 더 연관되어 있다. 월드 와이드 웹은 이렇게 동작하지 않는다.

리소스 유형(resource type)

(표현에 담긴 데이터가 아닌) 현실 세계의 물건이나 리소스 뒤의 개념에 대해 얘기하고 싶을 때, 리소스 유형을 사용할 수 있다. 리소스 유형은 person 같은(또는 더 정

확하게 하자면 http://schema.org/Person이나 http://xmlns.com/foaf/0.1/Person) 추상 카테고리로 리소스를 구분하는 URI이다.

안전(safe)

안전한 상태 전이를 시도하는 것은 리소스 상태에 아무것도 하지 않을 때와 동일한 효과를 가져야 한다. HTTP 메서드 GET, HEAD, OPTIONS는 안전해야 한다.

자기 서술형 메시지(self-descriptive message)

필딩 제약 조건 중 하나. 요청이나 응답 메시지를 이해하기 위해 필요한 모든 정보가 그 메시지 자체에 포함되거나 적어도 링크가 있어야 한다.

의미 체계 서술자(semantic descriptor)

리소스 상태의 각 조각을 명명하는 짧은 문자열. 의미 체계 서술자는 프로파일로 보통 사람이 읽을 수 있는 설명으로 주어지며, 다른 프로파일들이 동일한 정보에 다른 이름을 제공할 수도 있다. 예를 들면 "given-name"(hCard), "givenName"(schema.org), "firstName"(FOAF)이 있다.

　'의미 체계 서술자'라는 용어는 이 책을 위해 만든 단어로 표준 용어는 아니다.

의미적 차이(semantic gap)

문서의 구조와 실제 세계에서의 의미 사이의 차이는 애플리케이션 차이라고 한다. 미디어 유형, 기계가 이해할 수 있는 프로파일, 사람이 이해할 수 있는 문서는 다른 식으로 의미적 차이를 메우는데, 이때는 언제나 사람이 어느 시점에서든 관여해야 한다.

　'의미적 차이'라는 용어는 이 책을 위해 만들어진 단어로 표준 용어는 아니다. 의미적 차이를 메꾸는 문제를 의미 체계의 문제라 부른다.

상태 없음(statelessness)

필딩 제약 조건 중 하나. 상태 없음 제약 조건의 장점은 클라이언트가 애플리케이션의 상태를 모두 책임지고, 서버가 모든 리소스 상태를 책임진다는 것이다.

상태 전이(state transition)

애플리케이션 또는 리소스 상태의 변화. 링크 관계는 상태 전이의 이름이다. 하이퍼미디어 컨트롤은 어떤 HTTP 요청이 특정 상태 전이를 발생시킬지 설명한다.

문서 끼워 넣기(transclusion)

임베딩된 링크는 한 표현을 다른 표현에 포함시킨다. 웹 브라우저가 HTML 문서 내에서 〈img〉 태그를 만나면, 바이너리 이미지를 얻기 위해 HTTP 요청을 보내고, 그 이미지의 렌더링을 동적으로 해당 HTML 문서의 렌더링에 삽입한다. 이미지와 HTML 문서가 싱크가 맞을 필요가 없다. 이 둘은 다른 서버에 있어도 된다.

단일 인터페이스(uniform interface)

필딩 제약 조건 중의 하나. 웹의 작용을 설명하는 네 개의 '인터페이스 제약 조건'(리소스 식별, 표현을 통한 리소스 조작, 자기 서술형 메시지, 애플리케이션 상태 엔진으로서의 하이퍼미디어)을 통칭으로 부르는 용어.

단일 인터페이스 제약 조건은 사람들이 'REST'라고 생각하는 대부분을 포함한다.

URI

리소스를 고유하게 식별하는 문자열

URL

URI는 표현을 얻기 위해 디레퍼런스될 수 있다. 모든 URI가 URL인 것은 아니다. URI urn:isbn:9781449358063을 디레퍼런스할 방법이 없으므로 이는 URL이 아니다.

찾아보기